아주 평범한 사람들

ORDINARY MEN
아주 평범한 사람들

101예비경찰대대와 유대인 학살

증보판

크리스토퍼 R. 브라우닝 지음

이진모 옮김

책과함께

일러두기

- 이 책은 Christopher R. Browning의 ORDINARY MEN(Harper Perennial, 2017)을 우리말로 옮긴 것이다. ORDINARY MEN은 1992년에 초판, 1998년에 2판, 2017년에 3판이 출간되었다. 1998년판에는 초판 출간 이후 촉발된 다니엘 골든하겐과의 논쟁을 주로 다룬 〈후기〉가 더해졌고, 2017년판에는 초판 출간 이후의 후속 연구 성과들을 정리한 〈이후 25년〉이 추가되었다.
한국어 초판은 1998년판을 저본으로 하여 2010년에 출간되었으며, 지은이가 쓴 〈한국어판 서문〉과 〈옮긴이의 말〉이 덧붙었다. 한국어 2판인 이번 책은 이 한국어 초판에 원저 2017년판의 〈이후 25년〉을 번역, 추가한 것이다.
- 지은이가 정보 보호를 위해 가명을 사용한 경우, 처음 언급될 때 별표(*)를 표기하여 이를 밝혔다.
- 옮긴이가 덧붙인 해설의 경우 간단한 내용은 〔 〕로 본문 속에 표시하고, 긴 내용은 각주로 넣었다.
- 언급되는 책이 한국에서 번역 출간된 경우에는 한국어판 제목을, 그렇지 않은 경우에는 원서명을 번역해 표기했다. 모두 처음 나올 때에는 원서명을 병기했다.
- 인명과 지명 등 고유명사는 국립국어원 외래어 표기법을 따르되, 기준이 명확하지 않을 경우에는 최대한 원어 발음에 가깝게 표기했다.

라울 힐베르크를 위하여

차례

지도: 1942~1943년 폴란드 및 루블린 구역 ······················· 8

한국어 초판 서문 ······························· 11

초판 서문 ······································ 16

1 ● 유제푸프에서의 어느 아침 ······················· 27

2 ● 치안경찰 ································· 31

3 ● 치안경찰과 최종해결: 1941년 러시아 ··················· 39

4 ● 치안경찰과 최종해결: 강제이송 ····················· 61

5 ● 101예비경찰대대 ····························· 77

6 ● 폴란드에 도착하다 ··························· 91

7 ● 집단학살의 서막: 유제푸프 학살 ···················· 99

8 ● 집단학살에 대한 성찰 ·························· 121

9 ● 워마지: 2중대의 추락 ·························· 131

10 ● 8월 트레블링카행 강제이송 열차 ··················· 145

11 ● 9월 말의 학살 ····························· 157

12 ● 다시 시작된 강제이송 ························· 167

13 ● 호프만 대위의 이상한 병 ················· 181

14 ● "유대인 사냥" ························· 189

15 ● 마지막 집단학살: "추수감사절 작전" ·············· 207

16 ● 그 이후 ·························· 221

17 ● 독일인, 폴란드인, 유대인 ·················· 227

18 ● 아주 평범한 사람들 ···················· 245

2판 후기 ···························· 293

3판 후기: 이후 25년 ······················ 349

감사의 말 ···························· 421

부록: 101예비경찰대대가 사살·이송한 유대인 수 ··········· 422

옮긴이의 말 ··························· 424

주 ······························· 440

찾아보기 ···························· 475

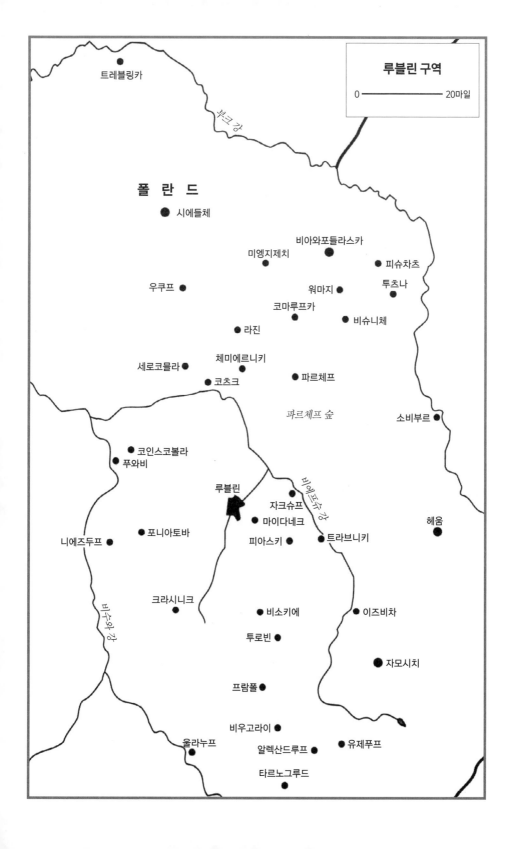

한국어 초판 서문

《아주 평범한 사람들》이 한국어로 번역된다는 것은 나로서 커다란 영광이 아닐 수 없다. 이번 한국어판은 《아주 평범한 사람들》의 열한 번째 외국어 판본이다. 1945년 나치 정권이 패망한 후 학계는 히틀러와 바이마르 민주주의의 몰락, 나치의 집권과 나치 독재의 성격 그리고 나치의 외교정책과 침략전쟁에 집중하여 연구를 시도했다. 나치 정권의 인종정책, 특히 나치 문서에 "최종해결die Endlösung"로 표기된 유럽 유대인 학살 프로그램은 뉘른베르크 국제전범재판에서 "반反인도주의적 범죄"라는 네 번째 항목이 기소장에 추가되면서 일부 주목을 받기는 했지만, 이후 학계에서 비교적 등한시되었던 것이 사실이다. 라울 힐베르크Raul Hilberg가 이룩한 기념비적인 업적인 《홀로코스트 유럽 유대인의 파괴The Destruction of the European Jews》(1961) 같은 몇몇 선구적인 연구서가 있기는 하지만 이는 거의 예외적이라고 할 수 있다.

이런 상황은 1960년대 예루살렘에서 열린 카를 아돌프 아이히만

Karl Adolf Eichmann 재판과 프랑크푸르트에서 열린 아우슈비츠 재판을 계기로 변하기 시작했다. 그러나 "최종해결"에서 극에 달한 나치의 인종 이데올로기와 인종박해가 히틀러와 나치즘 이해에 절대적으로 중요하다는 견해는 오늘날 폭넓게 수용되고 있지만 1980년대까지만 해도 그리 우세하지 않았다. 나치 정권의 한 학살부대에 대해 최초로 심층적인 사례연구를 시도한 《아주 평범한 사람들》이 출간된 것은 그 후 10년 이상이 지나서였다. 그리고 이 책은 독자들이 학살 메커니즘의 최고위층이나 중간 명령권자 단계뿐 아니라 마지막 단계의 집행자, 즉 현장에서 직접 학살을 수행했던 학살 집행자의 단계를 경험적으로 살펴볼 수 있도록 했다.

이러한 사례연구가 갖는 중요성에 의문을 제기하는 사람은 거의 없지만, 그렇다고 모든 이들이 내가 내린 결론에 대해 만족한 것은 아니다. 어떤 이들은 101예비경찰대대는 전형적인 학살부대가 아니었으며, 다른 전형적인 학살부대들의 경우 대원들은 학살 임무를 위해 훨씬 신중히 선발되었고 특별 교화교육과 강도 높은 훈련을 받았다고 지적했다. 물론 이 지적은 사실이다. 하지만 《아주 평범한 사람들》의 핵심, 즉 101예비경찰대대 대원들이 신중한 선발, 지독한 교화교육, 강도 높은 훈련 없이도 학살자가 되었다는 사실에는 제대로 주목하지 않았다. 이에 따르면 특별 선발이나 교화, 훈련은 학살부대를 창설하는 데 필요한 요인이었을지 모르지만 광범위하게 자행된 대규모 학살 행위의 전모를 설명하는 충분한 요인도, 필수적인 요인도 아니다.

어떤 비판자들은 학살 집행자들에 대한 연구에 사회심리학적 연구

성과, 특히 밀그램Milgram 실험 결과를 활용하는 데 반대했다. 한편 그들은 그렇게 인위적으로 설정된 실험실 연구의 경우, 특히 그것이 결과적으로 살인을 초래하는 행동을 보였다 할지라도 실생활 행동과는 무관하다는 것, 그리고 다른 한편 그 실험들은 살인자의 개인적 책임감을 부정한 결정론적 접근이었다는 것이 비판의 핵심이었다. 이에 대해 나는 이들 실험이 인간 행동에 깊이 뿌리박혀 있는 결코 무시할 수 없는 경향을 보여주는 명백한 증거를 던져준다고 주장하고 싶다. 경찰대원들이 폴란드에서 보인 행동의 실제 결과는 어떤 실험적 조건하에서 재구성될 수 없는 끔찍한 것이었다. 하지만 실험에서 나타난 권위에 대한 복종, 그리고 동료집단의 행동에 참가해야 한다는 동조同調의 압박감은 실제 상황과 유사했다. 게다가 이 실험들은 집단 안에서 인간들의 행동에 영향을 주는 동조라는 요소, 그리고 권위에 대한 복종이라는 요소가 학살 행위를 설명하는 데 얼마나 중요한지를 보여주면서 각 대원들의 행동에는 다양한 스펙트럼이 있다는 사실을 밝혀냈다. 이러한 사실은 주어진 조건에서 대다수 인간이 어떻게 행동할지 사회심리학적으로 예측이 가능하지만, 각 개인은 여전히 자신이 어떻게 행동할지 스스로 선택할 능력이 있음을 분명히 보여주었다.

특히 어떤 비판자들은 내가 학살의 중요한 동인으로서 101예비경찰대대 대원들이 품고 있던 반유대주의의 의미를 과소평가했다고 지적했다. 그중 한 사람인 다니엘 골드하겐Daniel Johnah Goldhagen은 이들이 인간 본성의 보편적 특성에 따라 상황적 요소에 반응하는 '평범한 **사람들**'이 아니라 '평범한 **독일인들**'이었으며[강조는 옮긴이가 한 것],

유대인 학살에서 느낀 그들의 '기쁨'은 수 세기 동안 문화적으로 각인된 그리고 독일인에게만 고유한 몰살 추구적eliminationist 반유대주의의 불가피한 산물이라고 주장했다. 독자들은 1998년 이후 이 문제를 둘러싼 논쟁에 대해 내가 어떻게 상세하게 반박했는지 잘 알 것이다.•

　만일 내가 오늘 이 책을 다시 쓴다면 몇 가지 내용을 조심스럽게 수정하고 싶다. 폴란드인과 유대인에 대한 독일인들의 자세를 서술한 17장의 내용은 결론에서 좀 더 분명하게 언급할 것이다. 어떤 비판자들이 받은 인상처럼 내가 전반적으로 문화적·이데올로기적 요소, 특히 반유대주의를 중요하지 않게 생각했다는 인상을 피하기 위해서이다. 문화적·이데올로기적 요소(의도주의)와 상황적·제도적 요소(구조주의)는 양자택일처럼 서로 상반되는 것이 아니라고 생각한다. 상황 요소는 독립적이거나 중립적인 것이 아니다. 동일한 상황 요소라 할지라도 각기 다른 사람들에게 서로 다른 방식으로 경험되고, 이해되고, '구성'된다. 각자 인지 과정에 사용하는 서로 다른 문화적·이데올로기적 렌즈가 바로 여기에서 영향을 미친다. 그럼에도 불구하고 나는 인간 본성의 근본적 요소들은 문화를 초월하여 폭넓게 적용될 수 있으며 따라서 101예비경찰대대 대원들의 행동과 집단 동력은 '평범한 사람들'의 행동으로 이해하는 것이 가장 옳다고 주장하고 싶다. 이 책이 지금까지 11개 언어로 번역, 출간되었다는 사실

• 이 책의 〈2판 후기〉와 이진모, 〈나치의 유태인 학살과 '평범한' 독일인들의 역할—골드하겐 테제를 둘러싼 논쟁〉, 《역사비평》 42, 1998, 249~267쪽 참조.

은 나의 견해가 서로 다른 역사와 정치문화를 가진 사람들 사이에서 폭넓게 호응을 얻고 있음을 의미하지 않을까 생각한다.

미국 채플힐에서

크리스토퍼 R. 브라우닝

1942년 3월 중순 무렵까지 홀로코스트의 전체 희생자 가운데 20~25퍼센트는 끔찍하게 목숨을 잃었지만, 75~80퍼센트는 아직 생존해 있었다. 그런데 겨우 11개월 후인 1943년 2월 중순, 희생자 대 생존자 비율이 완전히 뒤집혔다. 바로 이 홀로코스트의 절정기에 짧지만 강력한 집단학살의 파도가 몰아친 것이다. 그 중심지는 폴란드였다. 달리 표현하면 1942년 3월까지 폴란드 지역에서는 이미 2년 반이나 지속되었던 끔찍한 고통, 궁핍, 박해에도 불구하고 모든 대규모 유대인 공동체가 여전히 건재했다. 그런데 11개월 후, 폴란드 유대인들은 아직 미처 소개疏開되지 않은 채 남아 있던 몇 안 되는 게토나 노동수용소에서 살아남은 소수를 제외하고 대다수가 학살되었다. 폴란드 유대인에 대한 독일의 만행은 장기간에 걸쳐 단계적이거나 점진적으로 추진된 프로그램이 아니라 대규모 돌격 부대를 총동원해야 했던 대공세, 사실상 전격전 형태였다. 게다가 이 공세는 기묘하게도 독일의 러시아 전선이 위기에 빠진 시기, 즉 독일군이 크림 반도와

캅카스 방면에서 대대적인 공세를 재개했던 때부터 스탈린그라드에서 비참한 패배를 당할 때까지의 시기에 벌어졌다.

1942년 독일군의 공세는 결국 실패로 끝났지만, 유대인, 특히 폴란드 유대인에 대한 전격전은 그렇지 않았다. 우리는 이미 오래전부터 대도시 게토들에 수용되었던 유대인들, 그중 무엇보다 바르샤바와 우치Łódź의 유대인들이 어떻게 학살되었는지 잘 알고 있다. 그러나 사실 폴란드 유대인의 대부분은 소도시나 시골에 살고 있었으며, 이 지역 인구에서 유대인이 차지하던 비중은 30퍼센트 이상인 경우가 많았고, 어떤 경우에는 80~90퍼센트에 달하는 곳도 있었다. 독일인들은 이처럼 매우 넓은 지역에 흩어져 살고 있던 유대인들에 대한 대규모 학살을 과연 어떻게 조직하고 집행했을까? 그리고 2차 세계대전 중 군사적으로 가장 결정적인 시기에 이와 같이 넓은 지역에서의 집단학살을 놀랄 만큼 신속하고 조직적으로 집행할 수 있었던 많은 인력을 어떻게 조달했을까? 사실 죽음의 수용소를 유지하는 데 필요한 인력은 극히 소수였다. 하지만 많은 폴란드 유대인을 지역마다 집결시켜 주요 집단수용소로 이송하거나 현장에서 바로 사살하는 일이 주 임무였던 작전, 수많은 소규모 게토들을 소개하는 이들 작전의 경우는 상황이 달랐다.[1]

나는 이 의문의 해답을 찾기 위해 독일 슈투트가르트Stuttgart 근처 루트비히스부르크Ludwigsburg로 갔다. 독일에서 나치 범죄에 대해 형사소추를 총지휘하는 주 검찰청 중앙본부Zentrale Stelle der Landesjusti-zverwaltungen가 있는 곳이다. 이곳에는 나치가 폴란드 유대인들에게 저지른 범죄를 다룬 독일의 거의 모든 재판 기록이 소장되어 있다.

나는 이곳에 소장된 산더미 같은 기소장과 판결문을 다루다가 처음으로 나치 치하의 독일 치안경찰Ordnungspolizei 소속 예비경찰대대에 대한 기소장을 접했다.

나는 거의 20여 년 동안 홀로코스트 관련 문서자료 및 재판 기록과 씨름해왔지만 이 기소장들은 내게 난생처음 겪는 엄청난 충격과 혼란을 던져주었다. 이들 기소장의 내용을 보면, 사실 작전 참여와 회피에 관한 개인들의 소신 문제는 전쟁 당시부터 종전 이후까지 사태의 진행 경과에 의해 엄청나게 크게 영향을 받았다. 그리고 몇몇 학살 범죄자들은 이 문제에 관해 공개적으로 매우 열띤 토론을 펼쳤다. 이렇게 숨 막히듯 흥미로운 자료를 나는 이전에 한 번도 본 적이 없었다. 또한 홀로코스트의 극악무도한 행위와 당시 그 죄를 저지른 범죄자들의 인간적인 모습이 이토록 적나라하게 공존하는 것도 이전에는 한 번도 본 적이 없었다.

공판 전 취조 과정에 나온 대원들의 한 마디 한 마디를 광범위하게 인용한 기소장을 보니 재판이 대단히 방대한 분량의 피고인 증언에 기초했음이 분명했다. 게다가 이 가운데 많은 증언은 대개 피고들의 변명, 사과, 거짓으로 뒤섞인 다른 유사한 재판 기록들과는 매우 다르게 솔직하고 정직한 '느낌'을 갖고 있었다. 101예비경찰대대에 대한 수사와 기소는 함부르크 검찰의 지휘 아래 10년(1962~1972) 동안 계속된 기나긴 과정이었다. 서독에서 나치 범죄를 추적, 기소하는 데 가장 부지런하고 열성적인 기관 중 하나로 정평이 났던 함부르크 검찰은 아직 이 기록들을 보관하고 있었다. 그리고 나는 자료 열람 승인을 받는 데 성공했다.

아주 평범한 사람들

친위대Schutzstaffel: SS를 비롯한 대부분의 나치 학살 조직의 경우는 그 대원들이 어떤 인물들이었는지에 대한 재구성이 부분적으로만 가능하다. 이와 달리 예비경찰대대의 인사 기록은 대원들의 인적 구성에 대한 상세한 분석을 가능하게 해준다. 그들은 대개 함부르크 출신이었으며 그 가운데 많은 대원들이 수사 당시 아직 그곳에 살고 있었다. 그래서 나는 1942년 6월 폴란드로 투입될 당시의 인원인 500명보다는 적지만 부대 소속 210명에 대한 취조 기록을 연구, 분석할 수있었다. 이 취조 기록 파일은 대원들의 연령, 나치 당적 또는 친위대소속 여부, 그리고 사회적 배경에 대해 통계 분석을 할 수 있을 만큼대표성 있는 표본을 제공해주었다. 나아가 약 125건의 피고인 증언은 이 학살 부대의 내적 동력에 대해 이야기체로 상세하게 재구성하고 분석하게 할 수 있을 만큼 충분한 가치를 갖고 있었다.

궁극적으로 홀로코스트는 아주 기본적인 차원에서 볼 때 개별 인간들이 오랜 기간 동안 다른 인간들을 다수 살해했기 때문에 일어났다. 그리고 평범한 범죄자들은 점차 '전문 살인자'가 되어갔다. 이런인간 집단에 대해 집필할 때 역사가들은 수많은 어려움을 겪는데, 특히 사료 문제에 부딪히게 된다. 소련에서 학살을 일삼았던 수많은 부대와 달리, 101예비경찰대대의 경우 당시 작성된 관련 문서가 드물며 명백히 학살 행위와 관련된 공식 문서는 전혀 없다.[2] 이 부대들이언제, 어떤 규모로, 어느 지역에서 활동했는지 단서를 제공해줄 수있는 것은 몇 안 되는 유대인 생존자들의 증언뿐이다. 하지만 게토나수용소에서 악명 높은 범죄자들과 오래 마주했던 생존자들의 증언과달리, 투입 지역이 계속 변했던 101예비경찰대대 같은 부대에 관해서는 학살 생존자들의 증언이 알려줄 수 있는 사실이 별로 없다. 어느 날 갑자기 생면부지의 남자들이 불시에 들이닥쳐 학살 임무를 수행하고, 다시 어디론가 사라졌기 때문이다. 사실 다수의 생존자들은 학살이 예비경찰대대에 의해 집행되었다는 단서가 되는 그들의 특이한 녹색 제복조차 기억하지 못했다.

따라서 나는 101예비경찰대대에 관한 이 연구서를 쓰면서 1960년대에 이루어진 125건의 검찰 취조 기록에 크게 의존했다. 사건 발생 후 20년 이상이 지난 시점에, 한 특정 부대에 의해 겪게 된 동일한 사건에 관해, 그 부대에 속했던 125명 대원 각각의 기억들을 통해 다양하게 굴절된 형태로 작성된 사료를 읽을 때 객관적 엄밀성을 추구하는 역사가는 혼란에 빠진다. 이들 대원은 각자 연구 대상인 학살 사건에서 서로 다른 역할을 수행했기 때문이다. 그들은 각각 다른 것을 보고 달리 행동했다. 그 후 각 대원은 대대의 경험 가운데 특정 측면들을 기억에서 밀어내거나 단순히 잊어버렸고 혹은 그들에 관한 기억을 서로 다른 방식으로 재구성했다. 그 결과 불가피하게도 취조 기록은 혼란스럽게 나열된 다양한 기억들과 상이한 관점들을 보여줄 수밖에 없다. 역설적이긴 하지만 내가 만일 125개의 기억 대신 단 '하나'의 상세한 기억을 입수할 수 있었다면 차라리 그것만 믿고 훨씬 확실하게 하나의 환상을 그렸을 것이다.

게다가 서로 다른 시각과 기억들 외에 당시의 증언 상황도 또 하나의 장애물을 만들어냈다. 어떤 피고들은 기억나는 대로 진실을 증언했다가는 법적 책임을 지거나 처벌을 받게 될지도 모른다는 두려움에 고의로 거짓 증언을 한 것이다. 그리하여 자신도 모르는 사이에 스스로 억압하거나 왜곡해왔던 기억뿐 아니라 의식적 거짓말도 증인들의 진술 속에 뒤섞여버렸다. 또한 취조관들의 임무는 특정인에 의해 자행된 범죄의 기소 가능 여부를 입증할 명명백백한 증거를 수집하는 것이었다. 따라서 그들은 일차적으로 이러한 임무 수행과 관련된 문제에 대해 질문을 던졌다. 반면 그들은 변호사나 역사가에게 중요한 측면, 즉 경찰대원들의 경험에 포함된 포괄적인 측면, 구체적으로 그들이 각 상황에서 어떻게 느꼈으며, 어떻게 생각하고 행동했는지 등 여러 주관적인 측면은 체계적으로 수사하지 않았다.

그러므로 복합적인 사료들을 이용할 때 항상 그렇듯이 이 경우에도 여러 가지 진술과 시각이 엄격하게 검토, 평가되어야 했다. 특히 각 증인들의 신뢰도 평가가 중대한 관건이었다. 많은 증언들은 서로 상충된 내용의 다른 증언이 수용되는 경우 부분적으로 또는 전적으로 무시되었다. 이런 판정들 중에 다수의 경우는 판단이 어렵지 않고 명백했지만, 판정하기 매우 어려운 것도 있었다. 나는 가능한 한 신중함을 유지하려고 애썼다. 하지만 때로 나 자신도 모르는 사이에 순전히 본능적으로 판정을 내린 경우도 분명 있을 것이다. 이처럼 여러 역사가들이 동일한 사료를 근거로 하면서도 같은 사건을 다소 다르게 서술하는 것은 사실 피할 수 없다.

지난 수십 년간 역사학계 전반은 점차 '아래로부터'의 역사 서술에 관심을 기울이며, 지금까지 '상층부'의 정치와 문화를 우선적으로 다루어온 지배적인 역사 서술에 의해 무시된 주민 다수의 체험과 경험을 재구성하려고 노력해왔다. 특히 독일에서는 이러한 경향이 '평범한 사람들'의 공동경험에 관한 '두터운 묘사thick description'를 통해 달성되는 '일상사Alltagsgeschichte' 연구로 이어졌다. 그런데 어떤 역사가들은 이러한 방법론적 경향이 '제3제국' 연구에 적용될 경우 심각한 문제가 발생한다고 우려를 표명한다. 그들에 따르면 이는 결과적으로 일종의 '도피', 즉 연구 관심을 제3제국 인종 말살 정책의 전례 없는 잔혹함에 두지 않고, 제3제국에서도 비교적 방해받지 않고 이어진 지극히 일상적인 생활 측면으로 돌리는 경향을 보이게 된다는 것이다. 따라서 이 연구처럼 일개 경찰대대에 관한 사례연구 또는 미시사를 집필하려는 시도 자체가 어떤 이들에게는 바람직하지 않은 것으로 보일지 모른다.

하지만 방법론적으로 보면 '일상사'는 중립적이다. 일상사는 나치 지배하의 일상이 범죄적 나치 정권에 의해 얼마나 피할 수 없을 정도로 강력하게 침투되었는지를 낱낱이 밝히는 데 실패하는 바로 그 경우에만 '도피' 시도, 제3제국을 '정상적인 것'으로 서술하려는 시도가 될 것이다. 그렇지만 무엇보다도 독일군에게 점령된 동부 유럽 국가에 주둔했던 모든 사회계층 출신 수만 명의 독일인 점령자들에게 나치 정권의 집단학살 정책은 일상을 거의 동요시키지 않은 일탈적이거나 예외적인 사건들이 아니었다. 101예비경찰대대의 이야기가 보여주듯이 집단학살과 일상적 일과는 결국 하나가 되었다. 일상 자체가 몹시 비정상적인 것이 되어버린 셈이다.

이런 종류의 일상사 사례연구에 대해 제기될 수 있는 또 다른 비판은 학살자들을 이해하고자 노력하는 과정에서 학살자에 대한 감정이입 문제가 발생한다는 것이다. '학살자들의 이야기' 같은 주제를 다루는 역사 서술은 관련자들을 단순히 악마적 존재로 규정하는 어떠한 시도도 분명히 거부해야 한다. 집단학살을 자행하고 강제이송을 담당했던 예비경찰대대 대원들은 이 작전에 참가하는 것을 공개적으로 거부하거나 은밀하게 회피했던 다른 대원들과 마찬가지로 인간이었다. 따라서 모든 학살자나 회피자의 행위를 최대한 이해하고 설명하고자 한다면 동일한 상황에서 스스로 학살자 또는 회피자—양자 모두 인간—가 될 수 있었다는 사실을 인정해야 한다. 이러한 인정은 사실상 두 가지 행동 양식으로 감정을 이입하는 시도를 의미한다. 그럼에도 나는 설명이 변명을, 이해가 용서를 의미한다는 식의 상투적인 옛 설명 방식은 결코 수용할 수 없다. 설명은 변명이 아니며 이해는 결코 용서가 아니다. 범죄자들을 인간적 관점에서 이해하려는 시도 없이는 이 연구뿐 아니라 조잡한 일차원적 캐리커처 수준을 넘어서 홀로코스트 학살자들을 깊이 있게 다루는 어떠한 역사 연구도 불가능할 것이다. 유대계 프랑스 역사가 마르크 블로크는 나치에 의해 처형되기 직전 이렇게 썼다. "우리의 연구를 이끄는 목표는 결국 오직 한 단어 '이해understanding'이다."[3] 나는 바로 이 정신에 입각해서 이 책을 집필하고자 했다.

나는 여기서 분명히 언급해야 할 한 가지 조건하에서 검찰 취조 기록에 접근할 수 있었다. 독일에서는, 특히 지난 10여 년간 사생활 보호를 위한 조례와 법률이 점점 엄격해졌다. 함부르크 주와 그 재판 기록도 이 추세에서 예외가 아니다. 따라서 101예비경찰대대에 대한 재판 기록 열람이 허락되기 전에 나는 이 책을 집필할 때 관련자들의 실명을 사용하지 않기로 약속해야 했다. 그런데 대대 사령관 빌헬름 트라프Wolfgang Trapp 소령, 그리고 중대장 세 명 즉 볼프강 호프만Wolfgang Hoffmann 대위, 율리우스 볼라우프Julius Wohlauf 대위, 하르트비히 그나데Hartwig Gnade 소위의 경우 독일 외부의 기록보존소 발간 문헌들에서 이미 실명으로 언급되고 있기 때문에 사적 비밀 폭로에 해당되지 않으므로 이 책에서도 실명으로 언급했다. 하지만 이 책에 등장하는 다른 모든 대원들은 처음 언급할 때 각각 별표(*)를 붙여 가명을 사용했다. 이 책의 주석에서는 언급된 증언자들의 인명이 성의 첫 알파벳과 이름으로 표기되었다. 비밀 준수 서약과 가명 사용이 유감스럽게도 역사적 정확성을 제한하기는 하지만, 이 연구의 통합성이나 근본적인 활용가치를 감소시키지는 않는다고 믿는다.

이 연구의 진행과 집필 과정에 많은 사람들과 기관들이 큰 도움을 주었다. 알프레트 슈트라임 검사장은 내게 루트비히스부르크에 잘 수집되어 있는 독일 재판 기록 파일들을 열람할 수 있도록 허락해주었다. 또한 헬가 그라비츠 검사장은 함부르크에 소장된 재판 기록을 열람하도록 격려하면서 열람 신청을 후원해주었고 내가 함부르크에 머무는 동안 여러모로 많은 도움을 주었다. 연구 프로젝트 초기와 말기에 가진 두 차례 독일 문서고 방문 여행은 내가 재직하던 퍼시픽 루터란 대학의 재정 지원으로 가능했다. 그 외에도 독일 알렉산더 폰 훔볼트 재단이 나의 독일 연구방문을 한 차례 지원했다. 연구 작업과 집필은 대부분 퍼시픽 루터란 대학의 강의에서 해방되었던 안식년에 이루어졌으며, 이스라엘 방문에는 풀브라이트 재단의 장학금 지원이 큰 도움이 되었다. 이스라엘과 독일에서 내 연구가 수월하게 진행되도록 도와준 미국-이스라엘 교육 재단 사무국장 다니엘 크라우스코프에게 특히 감사드린다.

이주 평범한 사람들

노스웨스턴 대학의 피터 헤이스와 UCLA의 사울 프리들랜더는 그들의 단체가 개최한 학술대회에서 초기 연구 결과를 발표할 기회를 주었다. 인내심을 갖고 나의 발표를 경청하고, 좋은 제안을 해주고, 격려를 아끼지 않은 많은 친구들과 동료들에게 감사한다. 특히 필립 노드퀴스트, 데니스 마틴, 오드리 오일러, 로버트 호이어, 이언 커쇼, 로버트 젤라틀리, 예후다 바우어, 다이너 포랫, 마이클 매러스, 베티나 비른, 조지 모스, 엘리자베스 도맨스키, 지타 세레니, 카를로 긴즈부르크, 그리고 그사이 세상을 떠난 우베 아담을 마지막으로 언급하고 싶다. 라울 힐베르크에게는 특히 빚을 지고 있다. 그는 1982년 "최종해결"에서 치안경찰이 담당했던 없어서는 안 될 역할에 대해 주의를 환기시켰다. 늘 그렇듯이 홀로코스트 연구에서 앞으로의 목표를 제시해온 것은 바로 그였다.[4] 힐베르크는 이 연구의 출판에도 사적인 관심을 보여주었다. 이 책 서두의 헌사는 이번만이 아니라 이전에도 여러 차례 많은 호의를 베풀어준 그에 대한 나의 존경과 감사의 마음을 나타내는 매우 부족한 표현일 따름이다. 끝으로 또 한 권의 책이 만들어지는 동안 인내심과 이해심을 갖고 응원해준 내 가족에게 특별히 감사의 마음을 전한다.

1991년 11월
미국 터코마에서

1

유제푸프에서의 어느 아침

1942년 7월 13일, 101예비경찰대대 대원들은 아침 일찍 야전침대에서 몸을 일으켰다. 폴란드 도시인 비우고라이Biłgoraj에서 그들의 숙소로 사용된 커다란 학교 건물에 기상 나팔이 울려 퍼졌다. 대원들은 함부르크에서 온 중년의 남자들로서 노동자나 중하류 계층 출신이었다. 그들은 정규군에 복무하기에는 나이가 많아 치안경찰에 배치되었다. 그들 대부분은 독일 점령지에서 아무런 사전 경험도 없었다. 신병으로서 겨우 3주 전에 폴란드에 도착했던 것이다.

대원들이 대기 중이던 군용트럭에 올라탔을 때는 아직도 어둠이 짙게 깔려 있었다. 그들 모두는 탄약을 추가 지급받았으며 화물트럭에도 탄약상자를 실었다.[1] 대원들은 어떤 일이 그들을 기다리고 있는지 알지 못한 채 첫 임무를 수행하기 위해 출동했다. 대대의 트럭 행렬은 비우고라이를 출발하여 어둠을 뚫고 동쪽으로 향했다. 행렬은 울퉁불퉁한 돌길에서 더디게 나아갔다. 그래서 30킬로미터가 채 안 되는 목적지 유제푸프에 도달할 때까지 두 시간 반이나 걸렸다. 유제푸프는 초가지붕의 수수한 흰 집들이 모여 있는 전형적인 폴란드 마을이었다. 주민 가운데 1800명이 유대인이었다.

현장에는 정적이 흘렀다.[2] 101예비경찰대대 대원들은 트럭에서 뛰어내려 빌헬름 트라프 소령을 중심으로 반원형 대열로 정렬했다. 트라프는 부하들에게서 "파파 트라프"라는 애칭으로 불렸던 53세의 직업경찰이었다. 대원들이 지휘관으로부터 부대의 오늘 임무가 무엇인지 들어야 하는 순간이 다가왔다.

창백한 얼굴의 트라프는 신경이 곤두서 있었으며 눈에는 눈물이 맺혔고 연설 도중 감정을 억누르려 애쓰는 모습이 역력했다. 그는 하소연하는 듯한 말투로 작전에 대해 설명하기 시작했다. 부대는 오늘 엄청나게 난감한 임무 앞에 서 있고, 그 임무는 전혀 소령 자신의 마음에 들지 않으며, 일 전체가 매우 유감스럽지만 명령은 최고위층으로부터 내려왔다고 했다. 그리고 혹시 연합국이 독일 영토에 투하하고 있는 폭탄 때문에 여자들과 아이들이 막심한 피해를 입고 있다는 사실을 생각한다면 대원들의 임무 수행이 좀 쉬워질지 모르겠다고 말했다.

그리고 나서 소령은 임무에 대해 설명하기 시작했다. 작전에 참가했던 한 대원의 기억에 따르면 트라프는 독일에 해를 끼친 미국의 독일 상품 보이콧은 유대인이 뒤에서 부추긴 것이라고 말했다. 다른 두 대원에 따르면 트라프는 독일군에 저항을 펼치는 게릴라들과 연루된 유대인들이 유제푸프에 있다고도 했다. 대원들은 이제 마을에 거주하는 유대인들을 집결시키라는 명령을 받았다. 노동력이 있는 남자들은 별도로 집결되어 노동수용소로 이송되며, 다른 유대인들—여자, 노인, 어린이—은 예비경찰대대에 의해 현장에서 사살되어야 한다. 대원들이 수행해야 할 임무를 설명한 후 트라프는 특별한 제안을 했다. 나이 많은 선임 대원들 가운데 이 임무를 감당하기 어렵겠다고 느끼는 사람은 앞으로 나오라는 것이었다.[3]

2
치안경찰

어떻게 중년의 예비경찰들로 구성된 경찰대대가 1942년 여름 폴란드 마을 유제푸프에서 약 1500명의 유대인을 사살하는 임무를 떠맡는 사태가 벌어진 것일까? 이 의문에 대한 답을 찾기 위해서는 치안경찰 제도 그리고 나치 정책이 유럽 유대인 학살을 위해 치안경찰에 부여한 역할이 무엇이었는지에 대한 배경지식이 필요하다.

치안경찰은 양차대전 사이 기간(전간기) 독일에서 군사훈련과 장비를 갖춘 대규모 경찰 조직을 창설하려는 세 번째 시도의 결과물이었다.[1] 1차 세계대전 패전의 여파로 독일에서는 혁명이 일어났다. 황제의 군대는 해체 과정에 있었고, 혁명세력에 의해 쫓겨날지 모른다는 두려움이 있었던 장교들과 정부관료들은 반혁명 성향의 준군사조직인 이른바 의용장교단Freikorps을 조직했다. 1919년 국내정세가 안정되자 대부분의 의용장교단 대원들은 정규 경찰에 흡수되어 더이상 혁명적 위협이 재발하지 않도록 대비하는 대규모 상설 부대가 되었다. 그러나 1920년 연합국은 독일에 10만 명 이하의 군대만을 허용한 베르사유 조약에 대한 잠재적 위반이라는 점을 지적하며 이 부대의 해체를 요구했다.

1933년 나치 정권이 수립된 이후 5만 6000명 규모의 상설 '경찰부대'가 새로 창설되었다. 이 부대는 비밀리에 이루어진 독일의 재무장 계획에 따라 정규 군사교육을 받았으며 병영에 주둔했다. 그런데 1935년 히틀러가 베르사유 조약에 명시된 군축 조항을 공개적으로 파기하고 일반 병역의무를 재도입하면서 이 '경찰부대'는 증강되는 정규군에 신속히 편성되었다. 그들은 정규군에 장교와 하사관 요원을 공급함으로써 군 병력 훈련소로서 적지 않은 역할을 수행했다. 1942년의 군 장성 가운데 97명 이상이 1933년부터 1935년 사이에 '경찰부대'에 복무한 경력이 있었다.[2]

1936년 친위대 제국지도자Reichsführer-SS 하인리히 힘러Heinrich Himmler가 독일 경찰의 총수로 임명되고 제3제국의 모든 경찰 병력이 그의 휘하에 들어온 후, 경찰 내부에서는 본격적으로 대규모 군대 대형의 부대 배치가 이루어졌다. 힘러는 다양한 경찰 조직을 둘로 재편했으며 각각은 베를린에 있는 본부에 소속되었다. 첫 갈래인 라인하르트 하이드리히Reinhard Heydrich 휘하의 보안경찰Sicherheitspolizei 본부에는 한편에 나치 정권의 정적들을 담당했던 악명 높은 비밀경찰Gestapo, 다른 한편에 기본적으로 비정치적 범죄를 담당했던 민간경찰Kripo이 소속되어 있었다. 경찰 조직의 두 번째 갈래는 쿠르트 달루에게Kurt Daluege에게 속했던 치안경찰Ordnungspolizei이었다. 달루에게는 시의 방위경찰Schutzpolizei과 군郡의 지방경찰Gendarmerieverbände, 소도시의 마을경찰Gemeindepolizei을 총괄했다.

1938년 달루에게는 6만 2000명의 경찰을 휘하에 두었다. 그 가운데 약 9000명은 각각 108명 규모의 경찰백인대Polizei-Hundertschaften로 편성되었다. 독일의 10개 대도시에는 각각 3개 경찰백인대로부터 1개의 이른바 '경찰교육대Polizei-Ausbildngsabteilungen'가 조직되었다.

1938년과 1939년, 전쟁 위험이 점증하자 잠재적인 징집 대상자들은 정규군에 동원될 위험을 피하기 위해 치안경찰에 관심을 가졌으며 그 결과 치안경찰의 수가 급격히 증가했다. 치안경찰에 입대하는 청년들은 정규군에 징집되지 않았기 때문이다. 게다가 경찰대대는—미국의 향토방위군과 마찬가지로—지역적으로 조직되어 훨씬 더 안전할 뿐 아니라 고향 근처에서 복무할 수 있는 장점도 있었기 때문에 정규군 복무의 훌륭한 대안으로 보였다.

1939년 9월 2차 세계대전 발발 당시 치안경찰은 13만 1000명 규모에 도달해 있었다. 이렇게 크게 불어난 군사조직으로서 치안경찰에 대한 큰 위협은 정규군에 흡수되는 것이었다. 이런 위협을 피하기 위해 치안경찰은 비싼 대가를 치르고 타협을 했다. 치안경찰 소속의 많은 정예부대들은 방위군을 위해 동원될 수 있는 대략 1만 6000명 규모의 경찰사단으로 통합되었다(이 경찰사단은 1942년 힘러가 4친위대 경찰 근위사단 형태로 다시 돌려받을 때까지, 1940년 아르덴Ardennens 전투에 참가했으며 1941년 레닌그라드 침공에까지 동원되었다). 전쟁 초기 점령된 단치히Danzig에 긴급 배치되었던 2개 경찰연대도 1939년 10월 마찬가지로 방위군으로 이관되었다. 끝으로 치안경찰은 방위군의 헌병대인 야전 지방경찰대를 위해 8000명 이상의 병력을 제공했다. 그 대신 기타 병역의무 연령의 치안경찰들은 정규군 징집에서 면제되었다.

치안경찰은 방위군으로 차출된 병력 때문에 생긴 결원을 보충하기 위해 2만 6000명의 독일인 청년들(1918~1920년 사이에 출생한 9000명의 자원병과 1909~1912년 사이에 출생한 1만 7000명의 자원병)과 1939년 이전에 외국에 거주했던 이른바 독일인 해외동포 6000명을 징집하도록 허락받았다. 나아가 치안경찰은 1901년생에서 1909년생까지, 즉 당시에 징집 대상이 아니었던 예비군 91만 5000명을 소집할 권한도 부여받았다. 징집은 단계적으로 더 높은 연령층까지 점차 확대되어 1940년 중반 치안경찰은 24만 4500명 규모로 성장했다.[3]

전쟁 전에는 누구도 치안경찰을 전시동원 계획에 포함시키지 않았으며 전쟁 발발 당시에도 그들을 어떻게 배치할지에 대해 구상한 사람은 많지 않았다. 그러나 독일 방위군이 전격전에서 신속한 승리를 거두어 점령지가 급속히 확장되자 곧 전선 후방에 배치할 더 많은 병력이 필요해졌다. 따라서 전쟁 발발과 함께 독일에서는 여러 경찰백인대와 경찰교육대를 통합하여 각각 500명 규모의 21개 경찰대대가 조직되었고, 이 중 13개 대대가 폴란드를 공격 중인 방위군을 후방에서 지원하도록 배치되었다. 그들은 진격하는 독일군 후방에서 낙오된 폴란드 군인들을 체포하고, 폴란드군이 황급히 후퇴하며 버리고 간 무기를 수거하며, 전선 배후 지역의 치안을 유지하는 등의 기타 임무를 맡았다. 1940년 중반 2만 6000명의 젊은 신병들과 다수의 중장년 예비군들이 경찰대대에 배치되자 경찰대대의 수는 이미 101개로 증가했다. 그 가운데 13개 대대는 독일이 점령한 중부 폴란드, 이른바 총독령Generalgouvernement에 배치되었으며 7개 대대는 '통합된 서부 지역', 즉 독일에 의해 공식 합병된 서부 폴란드 지역에 주

아주 평범한 사람들

둔했다. 그리고 10개 대대는 점령된 체코의 보헤미아Bohemia와 모라비아Moravia, 이른바 보호령에 주둔했다. 그 밖에 6개 대대는 노르웨이에, 4개 대대는 네덜란드에 배치되었다.[4] 치안경찰은 점령된 유럽의 현 상태 유지를 위한 병력을 제공하는 필수불가결한 부대로 신속히 발전해갔다.

신설 경찰대대는 두 가지 방법으로 창설되었다. 첫째, 1939년 1차로 폴란드에 배치되었던 초창기 경찰대대 중에서 직업경찰과 전쟁 발발 전에 자원했던 대원들이 하사관 요원으로 특채되어 신설 대대에 배치되었으며, 그들의 빈자리는 전쟁 발발로 인해 소집된 중장년 예비역들로 보충되었다. 이 부대는 '예비경찰대대'로 불렸다. 둘째, 1939년 가을 치안경찰대에 배당된 2만 6000명의 청년 자원병들로 특별 대대가 편성되었는데 그들에게는 251~256, 301~325까지 대대 번호가 부여되었다. 그들이 사실상 치안경찰의 새 엘리트 부대가 되었다.[5]

총독령에서 치안경찰의 존재는 두 가지 방식으로 두드러졌다. 첫째, 총독령을 구성했던 네 구역—크라쿠프Kraków, 루블린Lublin, 라돔Radom, 바르샤바(다섯 번째 구역인 갈리치아Galicia는 1941년에 추가되었다)—에는 각각 상설 연대 사령부와 함께 치안경찰 사령관Kommandeur der Ordnungspolizei: KdO이 배치되었다. 각 구역은 3개 대대로 구성된 1개 연대를 보유했는데 이 3개 대대는 독일로부터 상시 교대제로 순환 배치되었다. 둘째, 전체 총독령에는 소규모 치안경찰 부대들의 느슨한 네트워크가 존재했다. 폴란드의 모든 주요 도시에는 방위경찰서가 설치되었으며 그들의 임무는 폴란드 시경찰을 감독하는 것이었다. 그 밖에 각 구역에 있는 중간 규모의 도시에는 합쳐서 30~40개 정도의 소규모 지방경찰서가 있었다. 방위경찰과 지방경찰대는 3개 경찰대대 지휘부와 마찬가지로 구역 치안경찰대 사령관 휘하에 소속되었다. 1942년 말 총독령의 치안경찰은 총 1만 5186명 규모로 성장했다. 치안경찰의 감독을 받던 폴란드 경찰의 규모는 1만 4297명이었다.[6]

명령계통은 아래로부터 볼 때 대대와 소규모 치안경찰의 네트워크로부터 각 구역 사령관KdO을 거쳐 크라쿠프에 있는 총독령 치안경찰 총장Befehlsinhaber der Ordnungspolizei: BdO에 이르렀으며 최종적으로 베를린에 있는 달루에게의 본부에 도달했다. 이것은 지역 치안경찰에게만 해당되는 사안들을 위한 정상 명령계통이었다. 그러나 치안경찰, 보안경찰, 그리고 기타 친위대 부대의 공동 작전이 요구되는 사안을 위해서는 하인리히 힘러에게서 출발하는 제2의 명령계통이 존재했다. 하인리히 힘러는 총독령에서 친위대·경찰 고위 지도자HSSPF인 프리드리히-빌헬름 크뤼거Friedrich-Wilhelm Krüger를 그의 개인 대리인으로 임명하여, 거세게 팽창하는 힘러의 친위대·경찰 제국의 한 조직 이상이 참가하는 모든 작전을 조율하는 특별한 책임을 부여했다. 총독령의 모든 구역에는 각각 1인의 친위대·경찰 지도자SS und Polizeiführer: SSPF가 있었으며 그들은 전체 총독령의 경우 크뤼거에게 위임된 것과 마찬가지의 책임과 권력을 보유했다. 1942~1943년 101 예비경찰대대가 주둔했던 루블린 구역의 친위대·경찰 지도자는 악랄하고 고약한 성격의 힘러의 심복 오딜로 글로보츠니크Odilo Globocnik였는데, 오스트리아에서 뇌물수수 때문에 당 총재직에서 쫓겨난 인물이었다. 이런 상황으로 인해 루블린 구역 치안경찰대는 달루에게와 베를린 본부에서 출발하여 크라쿠프의 치안경찰 총장과 구역 사령관을 거치거나, 또는 힘러에게서 출발하여 친위대·경찰 고위 지도자 크뤼거와 구역 친위대·경찰 지도자 글로보츠니크를 경유하여 명령을 받을 수 있었다. 그런데 폴란드 유대인 학살은 친위대와 경찰의 모든 조직이 연루된 프로그램이었기 때문에 "최종해결"에 치안경찰이 참여하는 데 결정적이었던 것은 사실상 두 번째 명령 계통이었다.

3
치안경찰과 최종해결:
1941년 러시아

치안경찰이 "최종해결", 즉 유럽 유대인에 대한 나치의 집단학살에 맨 처음 참가한 곳은 폴란드가 아니었다. 1941년 여름과 가을 러시아에서였다. 러시아 침공과 히틀러가 그곳에서 치르고자 했던 "파멸전" 준비를 위해 1941년 늦은 봄, 친위대 소속 4개 특수기동대Einsatzgruppen가 편성되어 집중교육을 받았다. 이 부대의 핵심은 하이드리히의 보안경찰Gestapo, Kripo과 보안대Sicherheitsdienst: SD 구성원이었다. 여기에 힘러 휘하 친위대의 군사조직인 무장 친위대Waffen-SS의 소규모 부대가 추가되었다. 그리고 9치안경찰대대의 3개 중대가 4개 특수기동대 가운데 3개 부대에 추가로 분산 배치되었다.[1] 따라서 4개 특수기동대에 배치된 총 3000명 가운데 약 500명이 치안경찰 소속이었다.

특수기동대는 러시아에서 자행될 정치적·인종주의적 집단학살에 참가한 전체 독일 부대의 선봉일 뿐이었다. 7월 초, 특별히 이 목적을 위해 폴란드 총독령의 보안경찰대원으로 구성된 다섯 번째 특수기동대가 러시아로 파견되었다. 원래의 4개 특수기동대가 전진하는 독일군 배후에서 소련 영토로 깊숙이 밀고 들어갔던 반면에, 다섯 번째 특수기동대 대원 대부분은 1939년과 1941년 사이 소련군이 점령했던 옛 폴란드 동부 지역에 상주하며 보안경찰 병력으로 작전을 수행했다.

힘러는 러시아 점령에 대비하여 북부·중부·남부 점령구역을 각각 담당하는 세 명의 친위대·경찰 고위 지도자HSSPF를 임명했다. 점령된 러시아에서 전개되는 전체 친위대 작전을 조율하는 책임이 이들에게 맡겨졌다. 초기의 대대적인 승전으로 최종 승리가 바로 눈앞에 다가온 것처럼 보였던 1941년의 들뜬 시기에 히틀러는 전진하는 독일군 전선의 후방에서 평화 고착 프로그램을 강화할 것을 지시했다. 7월 16일 그는 독일이 새로 점령한 동부 지역에서 결코 후퇴하지 않을 것이며, 그곳에 "에덴동산"을 만들기 위해 필요한 모든 조처를 할 것이라고 선포했다. 히틀러는 다행히 스탈린이 게릴라 투쟁을 지시했으며 이는 "우리에게 적대적인 자들은 누구라도 전멸시킬 기회를 제공해준다"라고 말했다. "당연히 이 광대한 지역은 최대한 신속히 평정되어야 한다. 이 임무를 가장 잘 달성하는 최선의 길은 우리를 미심쩍은 눈으로 바라보는 자들을 전원 사살해버리는 것이다."[2]

힘러는 히틀러의 이 같은 암시에 대해 주저하지 않고 신속히 반응했다. 그는 일주일 이내에 중부 HSSPF인 에리히 폰 뎀 바흐-첼레브스키Erich von dem Bach-Zelewski와 남부 HSSPF인 프리드리히 예켈른Friedrich Jeckeln에게 각각 친위대 1개 여단을 지원 병력으로 보냈으며 이로 인해 친위대의 학살 작전에 1만 1000명 이상이 추가 투입되었다.[3] 그 밖에도 최소한 11개 경찰대대가 러시아의 3개 HSSPF 소속 부대에 분산 배치되었다(그 가운데 9개 대대는 각각 300명 규모로, 얼마 전에 입대한 젊은 자원병들로 구성되었다). 이로 인해 이미 특수기동대에 배치되었던 500명에 이보다 10배가 넘는 5500명의 치안경찰이 추가 투입되었다.[4] 힘러는 7월 말에서 8월 중순 사이에 직접 동부전선을 돌면서 대원들에게 러시아 유대인에 대한 집단학살을 독려했다.

하지만 치안경찰은 이러한 대규모 병력 증강이 있기 전인 7월 말에 이미 러시아에서 학살 작전을 개시했다. 학살 작전의 무대는 시민의 절반 가까이가 유대인이었던 비아위스토크Białystok였다. 독일군의 전격적인 러시아 침공—이른바 바르바로사Barbarossa 작전—전날 밤 309경찰대대의 바이스Weis 소령은 휘하 중대장들을 소집했다. 러시아 침공에 참가할 모든 독일군과 경찰 조직에서와 마찬가지로, 그는 대원들에게 구두로 전달되어야 하는 몇 가지 명령을 공개했다. 첫 번째가 악명 높은 "인민위원 명령Kommissarbefehl"인데, 이에 따르면 반反독일적 행태가 의심되는 군과 민간행정기관 내부의 모든 공산당 간부들(인민위원)은 전쟁포로로 취급하지 말고 사살해야 했다.[5] 두 번째 명령은 이른바 "바르바로사 포고령"이었다. 이 포고령은 러시아 민간인에 대한 독일군의 작전 전체를 군사재판권으로부터 면제해주고 지역 전체에 대한 "집단적 보복조치"를 명시적으로 허용했다. 이는 사실상 러시아 민간인에 대한 "사살 허가증"과 같았다.[6] 바이스 소령은 여기서 한 걸음 더 나아갔다. 그는 이 전쟁의 적은 유대인과 볼셰비키이며 따라서 대원들은 유대인에게 무자비하게 대처해야 한다는 점을 이해하기 바란다고 설명했다. 그의 생각에 히틀러의 명령이 뜻

한 바는 모든 유대인을 연령이나 성별에 상관없이 제거해야 한다는 것이었다.[7]

비아위스토크에 들어온 후 바이스 소령은 6월 27일 자신의 부대에 유대인 거주 지역을 샅샅이 훑어가며 모든 유대인 남자를 체포하라고 명령했지만, 체포된 유대인들을 어떻게 처리해야 하는지는 구체적으로 알려주지 않았다. 그는 러시아 침공 작전 개시 전에 있었던 회의에서 중대장들에게 자신의 견해를 분명히 전달했기 때문에 유대인 포로의 처리 문제는 그들이 알아서 처리하도록 위임한 것이 분명했다. 작전은 박해Pogrom로 시작했다. 경찰들은 유대인들을 중앙 광장이나 유대교 회당으로 몰고 가면서 구타와 모욕을 가했으며 수염을 태우고 제멋대로 사살했다. 유대인 공동체의 지도자 몇 명이 221 보안사단 본부에 나타나 플루크바일Pflugbeil 대장 앞에서 무릎을 꿇고 군의 보호를 간청했을 때, 309경찰대대의 한 대원은 바지춤을 내리고 그들에게 오줌을 누었다. 그동안 대장은 고개를 돌려 다른 쪽을 바라보았다.

박해로 시작한 작전은 곧 체계적인 집단학살로 발전했다. 시 중앙 광장에 집결된 유대인들은 공원으로 끌려가 집단적으로 벽 앞에 세워져 사살되었다. 사살은 어두워질 무렵까지 계속되었다. 최소한 700명이 모여 있던 유대교 회당의 입구에는 석유가 뿌려졌다. 그리고 수류탄 한 발이 건물 안으로 떨어졌고 바로 불이 붙었다. 탈출하려고 뛰쳐 나오는 사람들은 입구에서 대기하던 경찰들에 의해 사살되었다. 불은 곧 유대인들이 숨어 있던 인접 주택들로 번졌으며 그곳에 숨어 있던 유대인들 역시 불타 죽었다. 이튿날 트럭 30대분의 시체가 공동묘지로 옮겨졌다. 대략 2000~2200명의 유대인이 학살되었다. 플루크바일 대장이 화재가 발생한 자세한 정황을 조사하기 위해 전령을 보냈을 때, 전령은 현장에서 만취 상태의 바이스 소령을 발견했다. 소령은 무슨 일이 벌어지고 있는지 아무것도 모른다고 주장했다. 그후 바이스와 그의 장교들은 플루크바일에게 사태에 관한 허위 보고서를 제출했다.[8]

6월 27일, 비아위스토크 유대인들에 대한 치안경찰의 첫 집단학살은 그들의 '지도자'의 요망사항을 본능적으로 옳게 간파했던 개별 지휘관들의 소행이었다. 그러나 7월 중순의 두 번째 집단학살은 분명히 친위대 최고위층—에리히 폰 뎀 바흐-첼레브스키, 쿠르트 달루에게, 하인리히 힘러—이 계획적으로 추진한 작전에 따라 집행되었다. 계속 동부로 전진 배치된 309경찰대대의 뒤를 이어 316, 322경찰대가 비아위스토크에 들어왔다. 이들 중 322경찰대대의 일간 기록물, 공식적 전쟁일지Kriegstagebuch, 그리고 다양한 보고서와 명령 기록은 소련 기록보존소들에 보관되어 있다가 서방으로 이관되었다. 이 자료들은 얼마 남지 않은 치안경찰 관련 자료들로서 우리가 비아위스토크에서 계속 일어난 사건들을 재구성할 수 있게 해준다.

322경찰대대의 경우 침공 이전에 작전 오리엔테이션을 받을 때 309경찰대대의 경우와 같이 난폭한 내용은 아니었지만 이념적인 독려가 빠지지 않았다. 레츨라프Rezlaff 소장은 6월 10일 바르샤바에서 경찰대대를 파병하는 연설을 통해 각 경찰대원들에게 "슬라브족을 상대할 때는 상전처럼 나서서 자신이 독일인임을 보여주도록 신중히 처신해야 한다"라고 충고했다.[9] 그리고 대원들은 7월 2일 러시아로 출발하기에 앞서 "모든 공산당 정치 위원들은 사살되어야" 하며 "강인하고 단호하고 무자비하게 행동해야 한다"라는 지시를 받았다.[10]

대대는 7월 5일 비아위스토크에 도착했으며 이틀 후 시 전역을 "샅샅이 수색하여 (…) 볼셰비키 정치위원과 공산주의자를 색출하라"는 명령을 받았다. 그 후의 전쟁일지를 보면 이것이 실제로 무엇을 의미했는지 분명해진다. 독일군이 도착하기 전에 유대인들이 자행했다고 전해진 약탈 사건을 빌미로 하여 명분상 "유대인 거주지역 수색"이 실시되었다. 독일 경찰들은 이 수색에서 트럭 20대 분량의 귀금속을 빼앗았다. 대대는 7월 8일까지 22명을 사살했으며 "피살자는 전원 유대인이었다".[11]

수색 작전이 벌어진 7월 8일 오후, 친위대 제국지도자이자 독일 경찰의 총수인 하인리히 힘러와 치안경찰 책임자 쿠르트 달루에게가 부대를 전격 방문했다. 중부 HSSPF인 바흐-첼레브스키가 힘러를 위해 베푼 저녁 만찬에는 경찰대대 사령관 나겔Nagel 소령도 초대되었다. 이튿날 아침 달루에게는 힘러를 수행하여 비아위스토크의 경찰대대를 시찰했다. 달루에게는 인사말에서 치안경찰들에게 "세계의 적敵인 볼셰비즘 퇴치 작전에 참가하게 된 것에 자부심을 가져도 좋다. 지금까지 어떠한 원정 작전도 이번 경우처럼 중요한 적이 없었다. 이제 볼셰비즘은 분명 독일과 유럽, 나아가 전 세계를 위해 결국 뿌리째 소멸될 것이다"라고 강조했다.[12]

사흘 뒤인 7월 11일에 316, 322대대를 지휘했던 경찰연대 본부 몬투아Montua 대령은 다음과 같은 명령을 내렸다.

기밀!

1. HSSPF의 명령에 따라 (…) 약탈자로 판결된 17세에서 45세까지의
   모든 유대인 남자는 계엄령에 의거해 사형에 처해져야 한다. 사형은
   도시, 마을, 주요 도로에서 떨어진 곳에서 집행되어야 한다. 묘지는
   순례지가 만들어지지 못하도록 평토되어야 한다. 사형 현장에 대한
   사진 촬영이나 구경꾼의 접근은 금지된다. 사형 집행 사실과 묘지의
   위치가 알려져서는 안 된다.
2. 대대장과 중대장은 이 작전에 동원되는 대원들에 대한 정신적 지도
   에 특히 관심을 기울여야 한다. 하루 동안 벌어진 일의 정신적 부담
   은 부대원 저녁 회식을 통해 희석되어야 한다. 나아가 대원들은 이
   조치의 정치적 불가피성에 대해 지속적으로 교육받아야 한다.[13]

전쟁일지는 이상하게도 몬투아의 학살 명령에 따라 비아위스토크
에서 야기된 사태에 대해 침묵하고 있지만, 이날 사태의 전모는 훗날
독일에서 집행된 재판 과정에서 낱낱이 밝혀졌다.[14] 물론 계엄령에
따라 '즉결' 처형되어야 했던 이른바 '약탈자'들에 대해서는 당시 어
떠한 수사나 재판, 판결도 없었다. 17세에서 45세인 것으로 보였던
유대인 남자들은 7월 12일 영문도 모른 채 체포되어 비아위스토크의
운동장으로 끌려왔다. 운동장이 거의 가득 찼을 때 바흐-첼레브스키
가 사건 현장을 방문했으며 유대인들은 모든 귀중품을 압수당했다.
그날은 몹시 더웠지만 유대인들은 물 한 모금 얻지 못했고 화장실에
가는 것조차 허용되지 않았다.

그날 혹은 다음 날 아침 대원들은 두 경찰대의 트럭을 이용해 유대인들을 운동장에서 도시 외곽의 숲에 파놓은 대(對)전차 참호로 실어 나르기 시작했다. 사살 현장 경비와 사살조 편성에 316대대 거의 전원과 16대대의 한 중대가 동원되었다. 바흐-첼레브스키가 다시 현장에 나타나 작전을 정당화하는 간단한 연설을 했다. 사살은 어두워질 때까지 계속되었다. 사살이 끝나지 않자 트럭 전조등을 켜놓고 계속 진행하려고 했지만 이것이 불충분한 것으로 드러나자 작전은 일시 중지되었다가 다음 날 완료되었다. 독일 법정이 밝혀낸 내용에 따르면 당시 적어도 3000명의 유대인이 사살되었다(물론 법정에서 밝혀진 숫자는 재판의 편의상 법률적인 논쟁에서 문제가 되지 않도록 하기 위해 항상 사실에 가장 가까워 보이는 숫자가 아니라 의심의 여지가 없는 최소한의 평가치가 제시된다는 점을 고려해야 한다).

　1941년 늦여름과 가을에 러시아 유대인 학살 작전에 속도가 붙었다. 그들의 전쟁일지에서 드러나듯 322경찰대대는 이 작전에 계속 참가했다. 7월 23일, 그때까지 공식적으로 방위군에 소속되어 있던 경찰대대가 "그들의 임무를 효과적으로 수행하기 위해 (…) HSSPF인 바흐-첼레브스키의 직접 지휘 아래로 이전 배치되었다."[15] 8월에 322경찰대대는 비아위스토크에서 민스크Minsk로 이동 배치되었다. 이동 과정에도 계속되었던 유대인 학살에서 리벨Riebel 소위가 이끄는 3중대는 특히 두각을 드러냈다. 8월 2일 3중대는 비아워비에자Białowieża 부근 숲 지대를 샅샅이 수색한 후에 전쟁일지에 이렇게 기록했다. "3중대는 출발 전에 유대인 학살을 집행해야 한다."[16] 이어서 리벨은 이렇게 보고했다. "1941년 8월 10일 이른 아침 비아워비에자 포로수용소에 수용된 유대인들에 대한 사살이 3중대에 의해 집행되었다. 16~45세의 유대인 남자 77명이 사살되었으며 작전은 별 탈 없이 끝났다. 아무런 저항도 없었다."[17] 이날의 일은 한 차례의 돌발사건이 아니었다. 왜냐하면 그로부터 닷새가 지난 후 리벨이 유사한 작전을 보고했기 때문이다. "나레브카-말라 Narewka-Mala 에서 집행된 유대인 사살 작전은 1941년 8월 15일 3중대에 의해 집행되었다. 여자 259명과 어린아이 162명이 코브린 Kobryń 으로 이송되었고 16~65세의 남자는 모두 사살되었다. 1941년 8월 15일 사살된 자는 유대인 232명과 약탈죄를 범한 폴란드인 1명이었다. 유대인 사살은 잡음 없이 집행되었으며 저항은 없었다."[18]

8월 말 경찰대대는 민스크에 주둔하고 있었으며 8월 29일 바흐-첼레브스키와 달루에게가 작전 협의를 위해 만났다.[19] 이 만남도 이전 비아위스토크에서처럼 치안경찰이 또다시 유대인 집단학살에 가담하게 되는 서막이었다. 8월 30일에는 8월 31일과 9월 1일에 있을 "철저한 유대인 처형 작전"을 협의하기 위해 대대사령관 나겔 소령이 나타났다. 대대는 이 작전에 2개 중대를 동원하기로 했다.[20]

8월 31일, 322경찰대대의 1중대와 3중대(이들은 이제 중부 경찰연대의 7중대, 9중대로 재편되었다)가 민스크의 게토에 진입하여 여성 74명을 포함, 약 700명의 유대인을 체포했다. 이튿날 리벨의 9중대는 전날 체포된 유대인 전원을 포함한 900명 이상의 유대인 사살 집행에 참여했다. 전쟁일지 기록자는 이날 처음 집행된 다수의 유대인 여자들에 대한 사살을 위해 무언가 정당화하는 설명을 남겨야 한다고 느꼈다. 일지에 따르면 여자들은 "수색할 당시 '유대인의 별'을 패용하지 않은 채 발견되었기 때문에 사살되었다. (…) 민스크에서도 특히, 여자들이 옷에서 유대인 표식을 떼어냈다는 것이 밝혀졌다".[21] 자신의 중대가 남긴 업적에 대해 높은 평가를 받으려는 열망에서 리벨은 의무적으로 이렇게 보고했다. "1941년 8월 31일 유대인 작전에서 체포된 유대인들은 9월 1일 사살되었다. 남자 290명과 여자 40명이 9중대에 의해 사살되었다. 사살은 별 문제 없이 집행되었다. 누구도 저항하지 않았다."[22]

10월 초 모길레프Mogilew에서 계속된 사살 작전에서는 유대인 여자들에 대한 사살을 정당화해야 할 필요성이 더이상 느껴지지 않았다. 10월 2일 전쟁일지는 이렇게 기록했다. "9중대. 15시 30분 전全중대, 중부 러시아 HSSPF 사령부 및 우크라이나 보조경찰과 공조하여 모길레프 게토에서 유대인 작전 수행: 유대인 남녀 2208명 체포, 도주하던 65명은 현장에서 사살." 그리고 다음 날 일지. "7중대, 9중대는 중부 러시아 HSSPF 사령부와 함께 모길레프 교외 숲속 야영지에서 멀지 않은 곳에서 유대인 남녀 총 2208명 사살(7중대 378명 사살, 9중대 545명 사살)."[23]

점령된 러시아 '중부' 지역에서 경찰대대가 유대인 학살에 개입한 것은 이번만이 아니었다. 얼마 남아 있지 않은 기록에 따르면 남부와 북부에서도 유사한 작전이 있었다는 사실이 드러났다. 총 5개 경찰대대(45, 303, 314대대로 구성된 남부 경찰연대에 304, 320대대가 추가되었다. 즉 그들 대부분은 최근 배치된 젊은 자원병으로 구성되었다)를 지휘했던 남부 러시아 HSSPF 프리드리히 예켈른은 암호로 된 자신의 일일보고에서 "명예"로운 일을 수행한 자들에게 "명예"를 부여하기 위해 조심스럽게 신경을 썼다. 다음은 예켈른의 보고서에서 밝혀진 사실이다(이 보고서는 누락된 것이 많아 불완전하기 때문에 앞뒤가 맞도록 재구성했으며, 사살된 사람은 모두 유대인이다).[24]

8월 19일: 314대대 25명 사살. 슬라부타Slavuta에서 45대대 522명 사살.

8월 22일: 45대대, 2회에 걸친 작전에서 각각 66명, 471명 사살.

8월 23일: 314대대, "숙청 작전"에서 367명 사살.

8월 24일: 314대대 294명, 45대대 61명, 기마경찰 113명 사살.

8월 25일: 남부 경찰연대, 1324명 사살.

8월 27일: 첫 번째 보고서에 따르면 남부 경찰연대 549명, 314대대 69명 사살. 두 번째 보고서는 남부 경찰연대가 유대인 914명을 사살했다고 기록.

8월 28일: 남부 경찰연대 369명 사살.

8월 29일: 포돌스키Podolski의 카메네츠Kamenets에서 HSSPF의 사령부 중대가 8월 26~27일에 1만 5000명, 28일에 7000명을 사살하는 동안 320대대는 봉쇄 조치.

8월 31일: 민코브츠키Minkovtsy에서 320대대 2200명 사살.

9월 1일: 남부 경찰연대 88명, 320대대 380명 사살.

9월 2일: 남부 경찰연대 45명 사살.

9월 4일: 남부 경찰연대 4144명 사살.

9월 6일: 남부 경찰연대 144명 사살.

9월 11일: 남부 경찰연대 1548명 사살.

9월 12일: 남부 경찰연대 1255명 사살.

10월 5일: 304대대 305명 사살.

　2차 세계대전이 끝난 후 서독에서 진행된 검찰 조사는 드문드문한 이들 기록에서 시작해, 45, 314경찰대대가 1941년 가을 소련 전역에서 닦았던 '죽음으로 가는 길'에 관한 추가 정보를 밝혀냈다. 7월 24일 45경찰대대가 우크라이나의 도시 셰페토브카Schepetovka에 다다랐을 때 지휘관인 베서Besser 소령은 남부 경찰연대의 책임자인 연대장 프란츠Franz에게 불려갔다. 프란츠는 베서에게 힘러의 명령에 따라 러시아 유대인들을 몰살해야 하며 45경찰대대가 이 작전에 참가해야 한다고 통보했다. 이 대대는 불과 며칠 만에 아직 셰페토브카에 남아 있던 유대인 수백 명을 사살했는데 여자와 어린이도 포함되었다. 8월에 우크라이나 여러 도시에서 집단학살이 계속되었는데 백 명에서 수백 명씩 사살되었다. 대대는 9월 베르디체프Berdichev와 빈니차Vinnitsa에서 유대인 수천 명을 사살하기 위한 봉쇄와 이송, 사살조 임무를 맡았다. 9월 29일과 30일에 키예프에서 자행된 잔인한 작전은 그 절정을 이루었는데, 바비야르Babi Yar 협곡에서 3만 3000명이 넘는 유대인들이 살해될 때에도 그들은 마을 봉쇄와 호송 감시, 그리고 사살을 떠맡았다. 대대는 연말까지 하롤Khorol, 크레멘추크Kremenchug, 폴타바Poltava 등에서 비슷한 소규모 작전을 더 집행했다.[25] 314대대도 7월 22일부터 매번 유대인을 수백 명씩 학살했다. 그 후 45대대가 그들과 합류하여 1941년 9월 빈니차에서 수천 명에 달하는 유대인 학살에 가담했으며, 10월 10~14일에는 드네프로

페트로프스크Dnepropetrovsk에서 유대인 7000~8000명을 학살했다. 훗날 조사에서 밝혀진 마지막 학살 작전은 1942년 1월 말 카르코프Kharkov에서였다.[26]

남부 러시아에서 나온 문서들은 치안경찰 부대들이 유대인 학살에 계속 폭넓게 참여한 사실에 관해 전반적인 조망을 가능하게 해주지만 자세한 세부 사실들은 보여주지 않는다. 반면 북부 러시아에서 나온 문서들의 경우는 이와 정반대다. 즉 이들은 전반적인 조망을 보여주지 않지만 하나의 사실, 즉 1941년 7월부터 코브노Kovno[Kaunas] 지방에 주둔했던 11경찰대대의 작전에 대해서는 대단히 생생하게 서술하고 있다. 그중 3중대는 그 지역 게토를 경비하는 임무를 맡았다.[27] 10월 중순 대대 사령관은 11대대의 2개 중대, 리투아니아의 보조경찰 2개 중대와 함께 민스크로 파견되었다. 707보안사단의 작전장교는 경찰대원들에게 첫 번째 임무(훗날 조사에서 나온 증언에 따르면 이런 임무는 단 두 번뿐이었다)를 부여했다. 민스크 동쪽에 위치한 스몰레비치Smolevichi 마을의 모든 유대인을 사살하라는 것이었는데, 이는 그들이 게릴라들을 지원하지 못하게 하려는 일종의 위협이자 경고 조치였다. 대대 사령관은 나중에, 자신은 이 조치에 항의했지만 명령권을 가진 장교와 사단장으로부터 독일 경찰은 단지 지역 봉쇄만 하고 사살은 리투아니아인에게 맡겨도 된다는 대답을 받았다고 주장했다. 스몰레비치의 유대인 학살은 명령대로 집행되었다.

10월 말 2개 치안경찰대대와 리투아니아 보조경찰은 방위군으로부터 민스크 남쪽 슬루츠크Slutsk에서 모든 유대인을 사살하라는 명령을 받았다. 마을 주민 약 1만 2000명 가운데 3분의 1이 유대인이었다. 명령은 또다시 이 작전이 독일군을 보호하기 위한 위협 조치라고 '정당화'했다. 그 지역 독일인들을 위한 민간행정기구 소장은 자신의 선임자인 민스크 총독 빌헬름 쿠베Wilhelm Kube에게 10월 27일 슬루츠크에서 어떤 일이 일어났는지에 대해 다음과 같이 보고했다.

발신: 지역 담당관
수신: 민스크 총독 귀하
장소, 날짜: 슬루츠크, 1941년 10월 30일
제목: 유대인 작전

1941년 10월 27일 전화 보고와 관련해 다음과 같이 서면으로 알려드립니다.

10월 27일 오전 8시경 리투아니아 코브노로부터 11경찰대대의 중위한 명이 도착하여 자신을 보안경찰대대장의 부관이라고 소개했습니다. 중위는 경찰대대가 이곳 슬루츠크에서 이틀 안에 모든 유대인을 사살하라는 임무를 받았다고 설명했습니다. 대대장은 4개 중대 규모—그중 2개 중대는 리투아니아 보조경찰—의 대대와 함께 이동 중이며 작전은 즉각 개시되어야 한다고 했습니다. 이에 대해 본인은 작전에 관해서는 대대장과 직접 협의해야 한다고 중위에게 답변했습니다. 30분쯤 후에 경찰대대가 슬루츠크에 도착했습니다. 요청에 따라 도착 즉시 대대장과 협의가 이루어졌습니다. 본인은 우선 대대장에게 마을의 모든 유대인들이 현재 노동 작업에 투입되고 있으며 극심한 혼란이 있을 것이기 때문에 사전 준비 없이 작전을 집행하는 것은 거의 불가능하다고 설명했습니다. 최소한 하루 전에 결정사항을 전달해주는 것이 그의 의무였을 것입니다. 따라서 본인은 작전을 하루 연기할 것을 요청했습니다. 그러나 그는 자신이 모든 도시들에서 이 작전을 집행해야 하며 슬루츠크를 위해서는 이틀밖에 시간이 없다는 이유를 들어 이를 거부했습니다. 이 이틀 안에 슬루츠크는 무조건 유대인 없는 도시가 되어야 한다는 것이었습니다. 본인은 유대인 제거는 마구잡이식으로 집행되어서는 안 된다는 점을 재차 강조하며 이에 대해 강력히 항의했습니다. 도시에 아직 남아 있는 유대인들 대부분은 장인이거나 장인의 가족이었습니다. 이 유대인 장인들은 경제 유지를 위해 없어서는 안 되기 때문에 단순히 제거되면 안 되었습니다. 나아가 본인은 백러시아인 장인들은 사실상 아예 없다는 사실과, 따라서 모든 유대인들이 제거된다면 모든 주요 공장들은 일시에 마비될 것이라는 사실을 지적했습니다. 협의를 마무리하며 본인은, 중요한 역할을 하고 있고 기능 증명서를 소지하고 있는 이들 모든 장인과 전문가를 공장에서 끌어내서는 안 된다는 점을 다시 한 번 강조했습니다. 나아가 아직 도시에 머물러 있는 유대인의 경우—특히 본인은 장인뿐 아니라 장인의 가족도 제거되지 않기를 바랐기 때문에—이들을 분류하기 위해 우선 게토로 집결되어야 한다는 점에 합의했습니다. 또한 분류를 위해 본인의 직원 2명을 동원하기로 했습니다. 중위가 본인의 견해를 부정하지 않았기 때문에 본인은 작전이 합의사항대로 집행되리라 굳게 믿었습니다.

그러나 작전 개시 몇 시간 뒤 심각한 문제가 발생합니다. 본인은 중위가 합의사항을 전혀 준수하지 않았음을 확인했습니다. 모든 유대인이 예외 없이 공장과 작업장에서 강제로 끌려나와 이송되었습니다. 일부는 게토를 거쳐 본인에 의해 파악, 분류되었지만 대부분은 바로 트럭에 실렸으며 도시 외곽으로 끌려가 사살되었습니다. 정오 직후부터 이미 전역에서 유대인 장인들이 모두 제거되어서 공장이 더이상 가동될 수 없다는 하소연이 들려왔습니다. 대대장이 이미 바라노비치Baranovichi로 떠났기 때문에 본인은 한참 찾은 끝에 부대대장인 어떤 대위와 접촉해 작전을 즉각 중지할 것을 요구했습니다. 작전이 본인의 지시대로 집행되지 않았으며 당시까지 발생한 손실만 해도 경제적으로 도저히 회복될 수 없는 정도였기 때문입니다. 대위는 본인의 주장을 듣더니 매우 놀라워하며, 자신은 사령관으로부터 지금까지 작전을 수행했던 다른 도시들과 마찬가지로 슬루츠크도 예외 없이 유대인 없는 도시로 만들라는 명령만 받았다고 설명했습니다. 이 숙청은 정치적 이유에서 집행되어야 하며 경제적 이유는 아직 어느 곳에서도 고려되지 않았다는 것이었습니다. 그러나 본인의 적극적인 개입으로 인해 그는 저녁 무렵에 작전을 중지했습니다.

그 밖에 작전 수행과 관련하여 본인은 대단히 유감스럽게도 이 작전이 마치 사디즘적이었다고 강조할 수밖에 없습니다. 작전이 집행되는 동안 도시 자체가 공포로 가득 찬 모습이었습니다. 독일 경찰과 리투아니아 보조경찰 모두 이루 형용할 수 없이 잔인하게 유대인과 백러시아인을 집에서 끌어내어 집결시켰습니다. 도시 전역에서 총성이 울렸으며 거리마다 학살된 유대인 시체가 즐비했습니다. 백러시아인들은 포위에서 벗어나기 위해 안간힘을 다했습니다. 유대인들, 그리고 그 가운데 장인들마저 백러시아인들 눈앞에서 잔인하게 학대받았다는 사실은 차치하고, 백러시아인들 역시 곤봉과 개머리판으로 마구 맞았습니

아주 평범한 사람들

다. 이는 유대인 작전이라고 부를 수 없었으며 차라리 혁명처럼 보였습니다. 본인 자신은 하루 종일 직원들과 함께 아직 구할 여지가 있는 사람들을 구하기 위해 계속 현장에 있었습니다. 본인은 여러 차례 말 그대로 총을 뽑아들고 독일 경찰과 리투아니아 보조경찰을 공장에서 몰아내야 했습니다. 본인 휘하의 지방경찰도 이 일에 투입되었지만, 보조경찰들의 마구잡이 총질 때문에 총에 맞지 않기 위해 자주 거리를 떠나야 했습니다. 전체 장면은 참혹함 그 이상이었습니다. 오후에 거리에는 말이 매여 있으나 주인 없는 마차들이 여기저기 무수히 서 있어서 시 행정당국에 연락하여 즉시 이를 처리하도록 조치해야 했습니다. 나중에 밝혀졌지만 이것은 방위군으로부터 탄약 운송 명령을 받았던 유대인들의 마차였습니다. 아무도 마차를 돌보지 않은 채 그저 유대인들을 마차에서 끌어내려 끌고 갔던 것입니다.

본인은 도시 외곽에서 집행된 사살 현장에는 없었습니다. 따라서 학살의 잔인함에 대해 아무것도 말할 수 없습니다. 그러나 피격된 자들 중 몇몇이 구덩이에 던져진 후 한참 만에 다시 기어나왔다는 사실을 강조하는 것으로 충분할 것입니다. 경제적 손실과 관련하여 본인은 제혁소가 가장 심한 타격을 입었다는 것을 언급하고자 합니다. 전문가 26명이 여기서 일하고 있었는데 이 중 최고 기술자만 15명이 사살되었습니다. 4명은 이송 도중 트럭에서 뛰어내려 탈출했고, 7명은 이미 도망쳐서 잡히지 않았습니다. 작업장은 현재 겨우 가동되고 있습니다. 수레 바퀴 공장에서는 5명이 작업하고 있었는데 그들 가운데 4명이 사살되었기 때문에 이제 공장은 1명에 의해 가동되어야 하는 상황입니다. 목수, 대장장이 같은 장인이 부족합니다. 그러나 본인은 오늘까지 아직 전체적인 상황을 파악할 수 없었습니다. 서두에 언급했듯이 장인의 가족도 사살에서 제외되었어야 합니다. 그러나 오늘 거의 모든 가정에서 몇 명 씩은 사라진 듯합니다. 도처에서 어느 가정에는 장인이, 다른 가정에 는 부인이, 또 다른 가정에는 자녀가 사라지고 없다는 보고가 들어오 고 있습니다. 이처럼 거의 모든 가정이 풍비박산 나버렸습니다. 이런 상 황에서 살아남은 장인이 의욕을 가지고 책임 있게 일할지 지극히 의심 스럽습니다. 게다가 그들 자신도 잔인하게 얻어맞은 결과 시퍼렇게 피 멍이 든 얼굴로 이리저리 방황하는 것을 보면 특히 그렇습니다. 우리를 전적으로 신뢰했던 백러시아인들은 아연실색한 모습입니다. 그들은 겁 에 질려 자기 생각을 자유롭게 표현하지 않습니다. 그러나 이날이 결코 독일에게 명예로운 날이 아니며 이날은 절대 잊히지 않을 것이라는 말 들이 돌고 있다고 합니다. 본인은 이 작전 때문에 지난 수개월 동안 우 리가 이룩했던 많은 것이 무너졌으며, 잃어버린 신뢰를 다시 회복하기 까지는 오랜 기간이 걸릴 것이라고 생각합니다.

끝으로, 작전 도중에 경찰대대에 의해 파렴치한 약탈이 자행되었으 며 유대인의 집뿐 아니라 백러시아인의 집도 마찬가지였다는 것을 지 적하지 않을 수 없습니다. 그들은 가죽 장화, 가죽, 옷감, 금, 기타 귀 금속 등 쓸 만한 것들은 모두 가져갔습니다. 방위군 군무원에 따르면 경찰들은 낮에 길거리에서 버젓이 손목시계를 빼앗았으며 손가락에 긴 반지도 무자비하게 빼 갔다고 합니다. 한 경리과장의 보고에 따르면 한 유대인 소녀는 경찰로부터 5000루벨을 가져오면 아버지를 즉시 풀어 주겠다는 소리를 들었다고 합니다. 소녀는 실제로 돈을 구하려고 여기 저기 돌아다녔다고 합니다. 게토 내부에서도 민간관리소에 의해 못질

아주 평범한 사람들

이 된 채 유대인의 재산목록이 붙어 있던 개별 막사가 경찰에 의해 뜯기고 약탈되었습니다. 부대가 숙식하던 임시 막사에서도 캠프파이어를 위해 창틀과 문짝이 뜯겨 나갔습니다. 화요일 오전에 본인이 약탈문제로 대대장의 부관과 협의하여 경찰이 더이상 시내로 들어오지 않을 것을 약속받았습니다. 그러나 불과 몇 시간 후에 약탈하고 있던 완전무장한 리투아니아 보조경찰 2명을 발견하고 그들을 체포하지 않을 수 없었습니다. 화요일에서 수요일로 넘어가는 밤에 대대는 슬루츠크를 떠나 바라노비치 방향으로 이동했습니다. 이 소식이 시내에 전해졌을 때 주민들은 기뻐 환호했음이 분명합니다.

보고는 이상입니다. 본인은 사안을 구두로 상세히 보도하기 위해 곧 민스크로 갈 것입니다. 현재 본인은 유대인 작전을 계속 수행할 수 없습니다. 우선 상황이 다시 진정되어야 합니다. 가능한 한 속히 안정되어 많은 어려움에도 불구하고 경제가 다시 살아나기를 바랍니다. 마지막으로 한 가지 요청이 있습니다. 미래에는 어떤 경우에도 본인이 경찰대대와 다시 마주하지 않도록 조처해주십시오.

작성자: 지역 담당관 카를[28]

경찰대대가 러시아 유대인 집단학살에 가담한 사실을 밝혀주는 문서는 많지 않다. 그럼에도 불구하고 이 문서는 그 어떤 타당한 의심도 뛰어넘어, 전후戰後 치안경찰이 제기한 핵심 알리바이를 반박하기에 충분하다. 핵심 알리바이에 따르면 달루에게는 힘러와 함께 치안경찰은 경비 업무나 또 다른 유사 업무를 하며 보안경찰을 지원하지만 치안경찰이 직접 사살에 가담해서는 안 된다고 합의했다. 이 주장은 전쟁이 끝난 후, 무장친위대 대원들이 자신들의 무죄를 입증하기 위해 내세웠던 알리바이와 아주 닮은꼴이다. 그들은 다른 친위대들이 이념적 동기에서 독자적으로 전개했던 작전이 있기는 했지만 자신들은 이러한 작전에 참가하지 않았으며 오직 평범한 군인으로서만 행동했다고 주장했다. 경찰대대가 내세운 이러한 알리바이는 적어도 한 건 이상 법정에서 그대로 받아들여졌다. 11경찰대대 대원들에 대한 재판에서 피고들은 민스크 지역에서 방위군의 명령에 따라 단 두 건의 사살 작전에 참가한 것은 사실이라고 인정했다. 그러나 그들은 그 후 달루에게로부터 온 복귀 승낙서를 제시하여 코브노로 돌아갔기 때문에 그곳에서 계속 자행된 학살 작전에 더이상 가담하지 않았다고 주장했다. 법정은 이를 받아들였던 것이다.[29]

그러나 남아 있는 문서들은 치안경찰이 1941년 여름과 가을에, 북부·중부·남부 HSSPF 관할구역뿐 아니라 비아위스토크에서도 자행된 러시아 유대인 집단학살에 직접 가담했다는 사실을 분명하게 입증해준다. 그 밖에도 7월 중순 비아위스토크와 9월 1일 민스크에서 자행된 집단학살은 각각 달루에게가 바흐-첼레브스키와 함께 그곳을 방문한 직후 발생했다. 이런 정황을 살펴볼 때 치안경찰에게 집단학살 가담을 면제해준 것이 아니라 오히려 단도직입적으로 촉구한 것이 분명하다.

사실 1941년 가을 이후에 러시아에서 발생한 집단학살에 관한 사료 현황은 좋지 않다. 그러나 1941~1942년 겨울에 전개되었던 군사적 위기상황 때문에 많은 치안경찰들이 최전선에 동원되어야 했고,

치안경찰은 이전보다 훨씬 드물게 학살 작전에 가담했을 가능성이 대단히 높다. 따라서 치안경찰이 1942년 가을 핀스크Pinsk 지역에서 집행된 유대인 집단학살에 광범위하게 가담한 것은 예외였다고 보인다.[30] 그리고 후방에 남아 있던 다른 경찰부대들은 점증하는 게릴라들의 무장 저항을 상대해야 했다. 그 외에도 1942년 치안경찰로 이동 배치된 보조부대 때문에 생긴 결원을 보충하기 위해 점령지역 주민들 중에서 차출된 남자의 수가 3만 3000명에서 30만 명으로 거의 10배가 증가했다.[31] 그리고 독일 경찰들의 부담을 덜기 위해 본래 사살 행위는 이들 부역자 보조부대에게 맡기는 경향이 점차 강해졌다. 학살로 인한 무거운 심리적 부담은 바흐-첼레브스키마저도 병들게 했다. 1942년 봄, 친위대 군의관은 제국지도자 힘러에게 바흐-첼레브스키의 심각한 와병에 대해 보고하면서, 친위대 지도자가 "특히 그 자신이 지휘했던 유대인 학살 및 동부에서의 견디기 어려운 경험과 관련된 악몽 때문에" 고통을 겪고 있다고 덧붙여 기록했다.[32]

4
치안경찰과 최종해결:
강제이송

1941년 가을 치안경찰이 러시아 유대인 학살에서 맡은 역할이 점점 축소되기 시작할 무렵, 달루에게는 "최종해결" 실현을 위해 새롭고 중대한 임무를 떠맡았다. '동부행' 유대인 이송열차의 경비였다. 1941년 9월 말 히틀러는 독일제국 영토로부터 유대인을 강제이송하는 작전의 개시를 승인했다. 이에 따라 라인하르트 하이드리히는 베를린의 유대인 문제 전문가 아이히만과 전 독일의 보안경찰 지부를 통해 작전 전체를 기획했다.[1] 작전 계획에서 유일하게 제외된 지역은 빈과 프라하였다. 그곳에서는 '유대인 해외이주 추진 중앙본부'가 강제이송 작전의 조직 임무를 맡았는데 이 본부는 아이히만이 이미 전쟁 발발 이전에 설립하여 그의 심복들이 운영하고 있었다. 하이드리히와 달루에게는 이 작전에서 각자의 부대가 맡을 업무에 관해 매우 신속하게 합의했다. 하이드리히의 보안경찰은 강제이송을 조직하며 달루에게의 치안경찰은 이에 대한 경비를 맡기로 했다. 지역 치안경찰은 아직 새로운 강제이송의 물결이 시작되기 전에 보안경찰의 요청에 맞추어 경비대를 배치하라는 지시를 받았다. 이는 합의사항에 따른 것이었으며 통상적으로 치안경찰은 이송 작전마다 장교 1명과 대원 15명을 파견했다.[2]

이 작전들의 규모는 어떠했을까? 1941년 가을부터 1945년 봄까지 260량 이상의 이송열차가 독일, 오스트리아, 체코의 유대인들을 직접 동부(폴란드와 러시아)의 게토와 학살수용소로 실어 나르거나 혹은 우선 프라하 북쪽에 위치한 테레지엔슈타트Theresienstadt의 중간게토로 이송해서 나중에 그곳으로부터 동부로 실어 날랐다.[3] 그리고 헝가리로부터 147량, 네덜란드 87량, 프랑스 76량, 슬로바키아 63량, 벨기에 27량, 그리스 23량, 이탈리아 11량, 불가리아 7량, 크로아티아로부터 6량의 이송열차가, 그리고 추가로 450량이 서부·남부 유럽으로부터 유대인을 강제이송했다(모두 최소 추정치). 이때 최소한 한 구간에서 독일 치안경찰이 호송을 맡았다.[4] 폴란드 도시들에 인접한 학살수용소로 유대인을 이송한 전체 열차의 수는 아직 추정 수치도 나와 있지 않으며 수백 량이라는 것만 밝혀진 상태이다. 실질적으로 이 모든 강제이송 열차들의 경비는 치안경찰이 담당했다.

이렇게 많은 이송열차를 경비한 경찰들은 이송 과정에서 어떤 경험을 했을까? 파울 잘리터Paul Salitter 소위가 1941년 12월 11일 뒤셀도르프Düsseldorf에서 리가Riga로 가는 이송열차를 경비하면서 남긴 생생한 보고서는 이미 영어와 독일어로 출간되었다.[5] 빈에서 소비부르Sobibór로, 그리고 갈리치아의 코워미야Kołomyja에서 베우제츠Bełżec까지 이동한 이송열차에 관한 2개의 다른 보고서도 주목할 가치가 있다. 그것들은 많은 치안경찰 부대들이 전쟁 기간 동안 1000번 이상 반복해서 수행했을 임무를 이해하기 쉽도록 분명히 보여주기 때문이다. 우선 빈에서 출발했던 이송 작전에 관한 보고서를 보자.

작성자 주소: 27/2, 라이히스브뤼켄 거리 46, 152경찰서

작성 장소, 날짜: 빈, 1942년 6월 20일

제목: 1942년 6월 14일 빈–아스팡역에서 소비부르까지 유대인 이송을 맡은 이송부대

참고: 1942년 3월 20일의 서신

이송부대는 지휘관인 1예비경찰중대 동부 소속 예비역 소위 피시만Fischmann, 예비역 하사관 2명, 예비역 경찰관 13명으로 구성됨. 친위대 하우프트슈투름퓨러Hauptsturmführer* 브루너Brunner의 사전 전화 요청에 따라 이송부대의 임무는 1942년 6월 14일 오전 11시 정각 아스팡역에서 개시됨.

1. 유대인 열차 탑승

아스팡역에 대기 중인 특별열차에 유대인을 탑승시키는 작업은 정오에 친위대 하우프트슈투름퓨러 브루너 및 유대인 해외이주 중앙본부의 하우프트샤르퓨러Hauptscharführer** 기르치크Girzik의 지휘·감독하에 개시되어 순조롭게 진행됨. 탑승 작업 완료 후 이송부대의 경비 임무

● 친위대 계급의 하나로 정규군 대위에 해당한다.

●● 친위대 계급의 하나로 정규군 원사에 해당한다.

개시됨. 유대인 총 1000명 이송. 오후 4시, 명단에 따른 유대인 인계.
열차 부족으로 인해 이송부대는 2등 열차 대신 3등 열차에 탑승.

2. 빈에서 소비부르로

Da 38 열차는 1942년 6월 14일 오후 7시 8분 빈에서 출발해 룬덴
부르크 Lundenburg[Břeclar], 브륀 Brünn[Brno], 나이세 Neisse[Nysa], 오펠
른 Oppeln[Opole], 쳉스토호바 Częstochowa, 키엘체 Kielce, 라돔 Radom, 데블
린 Deblin, 루블린 Lublin, 헤움 Chełm을 거쳐—예정되었던 이즈비차 Izbica로
가지 않고—소비부르로 향함. 1942년 6월 17일 오전 8시 5분 소비부
르 도착. 그 전날인 6월 16일 오후 9시 열차가 루블린에 도착했을 때 역
에서 대기 중이던 친위대 오버슈투름퓌러 Obersturmführer* 폴 Pohl이 15세
에서 50세 사이의 노동력이 있는 유대인 51명을 내리게 하여 노동수용
소로 보내고, 나머지 949명을 소비부르 노동수용소로 보내도록 지시
함. 2개의 명단, 식품을 실은 화물칸 3량, 10만 즈워티〔폴란드 화폐 단
위〕가 루블린에서 친위대 오버슈투름퓌러 폴에게 인계됨. 오후 11시
열차는 루블린에서 소비부르로 출발. 짐과 식량을 실은 열차 3량은 루
블린에서 30킬로미터 떨어진 트라브니키 Trawniki 유대인 수용소에서 친
위대 샤르퓌러 Scharführer** 마이어호퍼 Mayerhofer에게 인계됨.

---

* 친위대 조직에서 중대 규모인 슈투름(SS-Sturm)의 지휘관을 말한다. 정규군 중위에 해당한다.
** 친위대 조직에서 중대 규모인 샤르(SS-Schar)의 지휘관을 말한다. 정규군 중사에 해당한다.

3. 소비부르에서 유대인 인계

6월 17일 오전 8시 15분, 소비부르역 근처에 위치한 노동수용소에 열차 도착. 수용소 소장인 슈탕글 중위가 유대인 949명 인수. 즉시 '하역 작업'이 시작되어 오전 9시 15분경 종료됨.

4. 소비부르에서 빈으로

소비부르에서 루블린으로 돌아가는 귀환열차는 유대인 '하역 작업'이 끝난 직후인 오전 10시경 출발해 6월 18일 오전 2시 30분 도착. 이 열차에는 여비가 지불되지 않음. 루블린에서 크라쿠프까지는 정규 급행열차 편으로 이동. 이 열차는 6월 18일 오전 8시 13분 출발해 같은 날 오후 5시 30분 도착. 크라쿠프에서는 74예비경찰대대 3중대의 숙소에서 숙박. 6월 19일에 3중대가 경비대원 16명에게 각각 하루치의 식량을 제공함. 크라쿠프에서 6월 19일 오후 8시 8분 같은 정규 급행열차 편으로 출발해 6월 20일 오전 6시 30분 빈 동부역 도착.

5. 이송부대의 크라쿠프 체류

이송부대의 크라쿠프 체류 시간은 26시간 30분이었음.

6. 국경 통과

특별열차 편으로 6월 15일 오후 1시 45분에 제국과 총독령 사이의 국경을 넘어갔고, 정규 급행열차 편으로 6월 20일 오전 0시 15분 국경을 통과해 돌아옴.

7. 식사

이송부대 대원들은 이번 이송 작전 과정에서 4일간 조리가 필요 없는 찬 음식을 공급받음. 메뉴는 소시지, 빵, 잼, 버터였으며 그마저 양이 충분하지 않음. 크라쿠프에서 제공받은 74예비경찰대대 3중대의 하루 치 식사는 질도 좋고 양도 충분함.

8. 제안

찬 음식은 여름에 쉽게 부패하기 때문에, 향후 이송부대 대원들에게 는 행군식량을 공급해야 함. 6월 15일 소시지—부드러운 소시지였 음—를 공급받았을 때 이미 포장을 개봉하고 잘라 먹었기 때문에 부 패 위험으로 인해 3일 이상 먹을 수 없었음. 4일째부터는 열차의 뜨거 운 열 때문에 버터에서 상한 냄새가 나 대원들은 잼만 발라 먹어야 했 음. 식사량도 부족함.

9. 돌발사건

출발 당시와 여러 역들에서 정차하는 동안, 그리고 귀환 도중에 아무 돌발사건도 없었음.

작성자: 방위경찰의 관구 소위 피시만[6]

영문을 모른 채 열차에 오른 빈 유대인들—대부분 노인과 여 자—의 이송은 별 탈 없이 진행되었다. 피시만 소위가 2등 열차가 아 닌 3등 열차로 인한 불편함, 부족한 식사, 여름의 무더위 때문에 상

아주 평범한 사람들

해버린 버터 같은 사사로운 문제에 몰두할 수 있었을 정도였다. 물론 보고서는 유대인들이 61시간의 열차 운행 동안 물과 음식 없이 가축 수송용 화물열차에 갇힌 채 겪었을 힘든 상황에 대해서는 언급하지 않고 지나쳤다. 그러나 피시만 소위는 유대인 949명을 이른바 노동 수용소인 소비부르 수용소에 인계했을 때쯤, 일할 능력이 있어 선발된 다른 유대인들이나 짐과 식량이 그들과 함께 인계되지 않았다는 정황을 정확하게 인식하고 있었다. 소비부르에는 숲속 깊이 가스실이 있었지만 열차가 도착한 화물 전용 플랫폼에서는 보이지 않았다. 그러나 치안경찰 측이 대부분 부인한 것과 달리 피시만과 그의 부대는 분명 수용소 안에 들어갔으며 유대인들이 그곳에서 '하역'되는 것을 지켜보았다.

갈리치아의 코워미야에서 온 이송열차를 경비했던 치안경찰의 경우는 별 탈 없이 온 빈 이송부대보다 이동이 훨씬 힘들었다. 갈리치아 유대인들이 이미 1941년 여름과 가을에 공개적인 학살, 1942년 봄에 1차 이송의 소동을 경험했기 때문에, 많은 희생자들에게는 1942년 계속된 이송이 더이상 미지의 운명을 의미하지 않았음이 분명하다. 9월 중순 24연대에 속하는 133예비경찰대대의 한 중대장은 일주일 동안 이송 작전에서 경험한 것을 이렇게 보고했다.

7. /Pol. 24

수신: 렘베르크Lemberg 소재 갈리치아 지역 치안경찰대장

장소, 날짜: 렘베르크[르부프], 1942년 9월 14일

제목: 유대인 이주

1942년 9월 3일과 5일 스콜레Skole, 스트리Stryj, 코도로프Khodorov에서 유대인 이송 작전이 수행된 후, 24경찰연대의 7중대는 명령에 따라 1942년 9월 6일 밤 코워미야에 도착했습니다. 앞선 이송 작전에서는 이 지역 보안경찰대장인 크뢰펠린Krëpelin이 작전에 투입된 치안경찰의 지휘를 맡았으며 이에 대해서는 이미 상세히 보고한 바 있습니다. 여기서 본인은 즉각 범죄수사관이자 코워미야 보안경찰의 파견대 대장인 친위대 오버슈투름퓨러 라이트마리츠Leitmaritz 및 코워미야 보안경찰 지부의 헤르텔Hertel 중위와 접촉했습니다.

스트리에서의 경험과 달리 코워미야에서 1942년 9월 7일로 계획된 작전은 잘 준비되었고 모든 참가 기관에 용이했습니다. 언급된 기관들과 노동사무소는 유대인들에게 9월 7일 오전 5시 30분에 노동사무소의 집결지로 모여 등록하라고 공지했습니다. 실제로 유대인 약 5300명이 정해진 시간에 그곳에 모였습니다. 그 후 본인의 중대 전 병력을 동원해 유대인 거주 지역을 봉쇄하고 샅샅이 수색한 결과 유대인 600명을 추가로 발견하고, 등록했습니다.

'화물 적재'는 오후 7시경 종료되었습니다. 집결한 전체 유대인 중에서 약 1000명을 석방한 다음 4769명을 이송했습니다. 이송열차에는 1량마다 100명을 실었습니다. 그날 맹위를 떨쳤던 더위는 전체 작전에 큰 부담이 되어, 이송은 매우 어려웠습니다. 규정에 따라 모든 열차에 못을 박고 봉인하는 작업이 끝난 후인 오후 9시경 이송열차는 장교 1명과 대원 9명의 호송으로 베우제츠를 향해 출발했습니다. 그런데 운행 도중에 밤의 어둠을 틈타 유대인 여럿이 환기구 철망을 뚫고 도주하는 일이 발생했습니다. 그중 일부는 호송부대에 의해 즉각 발견, 사

아주 평범한 사람들

살되었으며 나머지 대부분은 그날 밤 또는 다음 날 역 경비대나 기타 경찰력에 의해 체포, 사살되었습니다. 직접 스타니스와부프Stanislawów로 귀환한 24연대 6중대의 이송대장이 본인에게 보고한 것처럼, 열차 대열이 길고 야간이라 어둡기도 했지만 경비대의 병력이 너무 빈약했습니다. 그러나 이송은 더이상 별 문제 없이 수행되었습니다.

9월 8일, 연로하고 병들거나 허약하여 더이상 이송이 불가능한 유대인 약 300명이 사살되었습니다. 본인은 1942년 9월 4일 공포된 '유대인 이송 시 탄약 사용에 관한 명령'을 9월 6일에야 들었습니다. 하지만 이 명령을 즉각 이행토록 지시하여 모든 사살의 90퍼센트는 카빈총 또는 소총으로 집행했고 단 한 번 예외적 경우에만 권총을 사용했습니다.

1942년 9월 8일과 9월 10일에는 쿠티Kuty, 코소프Kosov, 호로덴카 Horodenka, 차프라토프Zaplatov, 시니아틴Śniatyn에서 작전을 수행했습니다. 유대인 약 1500명이 코워미야로 이동되었는데 쿠티로부터는 50킬로미터, 코소프로부터는 35킬로미터의 도보 행군이었습니다. 그들은 주변 지역에서 온 다른 유대인들과 함께 코워미야 보안경찰 감옥의 뜰에서 밤을 지냈습니다. 이미 이곳에 도착해서 각각 10량의 열차에 타고 있던 호로덴카와 시니아틴에서 온 유대인들 외에 다른 많은 유대인들이 코워미야에서 다른 30량의 열차에 태워졌습니다. 1942년 9월 10일 이송열차로 베우제츠로 보내진 유대인은 총 8205명이었습니다.

1942년 9월 8일과 10일 코워미야 인근 지역에서 전개된 작전에서는 유대인 약 400명이 앞서 보고한 잘 알려진 이유 때문에 사살되어야 했습니다. 9월 10일까지 이곳에 모인 유대인을 한꺼번에 이송해야 하는 대규모 작전에서 보안경찰은 본인이 앞서 언급한 문제점에도 불구하고 모든 유대인들을 대기 중이던 30량의 열차에 모두 실었습니다. 당시 맹위를 떨치던 더위와 오랜 도보 행군으로 유대인들은 몹시 피로가 누적된 상태였으며 먹을 만한 것들을 공급받지 못한 채 며칠이나 대기하고 있었습니다. 이러한 상황을 고려할 때, 대부분 열차 한 칸에 180~200명씩 실었던 과적상태는 그야말로 최악이어서 이송에 엄청나게 해로운 영향을 미쳤습니다.

보안경찰이 호로덴카와 시니아틴에서 10량의 열차에 태운 유대인들이 얼마나 빽빽하게 실렸는지 본인은 알지 못합니다. 어쨌든 이송열차 두 대 모두 형편없이 불충분한 경비를 받으며 코워미야에 도착했는데 그 결과 환기구를 막고 있던 철망이 거의 모두 제거되었을 정도였습니다. 본인은 가능한 한 신속히 코워미야역에서 열차를 빼내 역구역 바깥 대기철로에 있던 30량의 열차와 연결하도록 조치했습니다. 그리고 유대인 치안대Ordnungsdienst와 코워미야역의 건설팀 직원들을 추가로 투입해, 불충분하게 봉인된 모든 열차를 해가 지기 전까지 규정에 따라 봉인하도록 지시했습니다. 경비대장 치츠만Zitzmann이 이끄는 장교 1명, 대원 15명으로 이루어진 경비대가 출발 시간까지 멈춰 있던 50량의 화물 이송열차를 경비하여 어떠한 탈출도 일어나지 않게 하는 임무를 부여받았습니다. 앞서 서술한 유대인들에 대한 압박, 폭염이 미친 부정적 영향, 그리고 거의 모든 열차 차량의 과도한 적재상태 때문에 오후 7시 30분경 해가 지고 어둠이 내리자 유대인들은 정지한 열차에서 계속 탈출하려고 시도했습니다. 오후 7시 50분, 예클라인Jäcklein 하사가 지휘하고 9명의 대원으로 이루어진 이송열차 경비대가 대기철로에 도착했습니다. 그러나 그들은 어둠 때문에 정지한 열차에서 유대인들이 탈출하는 것을 막을 수도, 도주하는 유대인을 사살할 수도 없었습니다. 무더위 때문에 모든 열차에서 유대인들은 완전히 알몸으로 있었습니다.

오후 8시 50분 열차가 예정대로 코위미야를 떠날 때 경비대는 각자 경비 위치에 자리 잡았습니다. 호송대는 본인이 처음 요구한 대로 5명은 선두 객차에, 5명은 후미 객차에 분산 배치되었습니다. 그러나 전체 열차 행렬의 길이와 여기 태워진 8205명이나 되는 유대인의 수를 고려할 때 이러한 분산 배치는 적합하지 않은 것으로 드러났습니다. 그래서 다음 역에서 경비대장 예클라인은 경비 병력을 전체 행렬에 분산되도록 배치했습니다. 경비대원들은 열차가 달리는 동안 유대인들의 탈출 시도를 효과적으로 막기 위해 차량의 제동실에 머물러야 했습니다. 출발한 지 얼마 되지 않았을 때부터 이미 유대인들은 각 열차에서 양측면뿐 아니라 지붕까지 뚫고 탈출하려 했습니다. 그들의 시도는 일부 성공하여, 스타니스와부프에 도착하기 5개 역 앞에서 예클라인 하사는 스타니스와부프 역장에게 전화를 걸어, 피해가 생긴 열차를 봉인하는 임시 보수 조치를 위해 못과 판자를 준비해줄 것과 이송열차의 경비를 위한 역 경비대 배치를 요청해야 했습니다. 열차가 스타니스와부프에 도착했을 때 역의 노동자들과 경비대가 열차의 수리와 경비를 위해 대기하고 있었습니다.

보수 작업은 한 시간 반 정도 걸렸습니다. 그럼에도 이후 열차가 다시 출발하여 몇 개 역을 통과한 뒤 정차한 역에서 또다시 유대인들에 의해 여러 칸에 커다란 구멍이 뚫리고 환기구 바깥쪽에 설치한 철망이 찢겨진 것을 확인했습니다. 한 열차에서는 유대인들이 심지어 망치와 가위를 사용해 철망을 제거하려고 시도하고 있었습니다. 심문 결과 그들은 도착할 다음 작업장에서 이 연장들이 필요하다고 설명해 보안경찰로부터 소지 허락을 받았다고 대답했습니다. 예클라인 경비대장은 이 연장들을 압수했습니다. 그는 계속된 운행 동안 역에 멈출 때마다 열차에 못질을 더 하도록 지시했습니다. 그러지 않았다면 이송열차의 운행 자체가 아예 불가능했을 것입니다. 오전 11시 15분 열차는 렘베르크에 도착했습니다. 경비 교대조가 도착하지 않았기 때문에 예클라인 경비대가 베우제츠까지 열차 경비를 계속 담당해야 했습니다. 렘베르크에 잠시 머문 후 열차 대열은 클라파로프Klaparov 교외의 역으로 이동했습니다. 그곳에서 'L' 자로 표기되어 강제노동수용소로 가도록 예정된 열차 9량이 친위대 오버슈투름퓌러 슐체Schulze에게 인도, 하역되었습니다. 그 후 슐체는 유대인 약 1000명을 추가로 열차에 태웠으며, 이송열차는 오후 1시 30분경 베우제츠를 향해 떠났습니다.

그런데 렘베르크에서 기관차를 교체할 때 너무 낡은 기관차가 연결되어 이후 계속된 운행에서는 정차가 반복되었습니다. 느리게 운행하는 열차에서는 뛰어내려도 별로 다치지 않았기 때문에 건장한 유대인들은 완력으로 열차 문을 열고 탈출했습니다. 기관사에게 좀 더 속도를 높이라고 거듭 지시했지만 기관차의 노후 때문에 기관사도 달리 어떻게 할 수가 없었고, 역이 아닌 곳에서 자주 정차하게 되자 상황은 점점 더 나빠졌습니다.

경비대는 렘베르크 출발 직후 이미 준비했던 탄약을 다 썼으며 방위군에게서 추가로 지급받은 200발의 탄약도 소진되어, 남은 이송 구간에 열차가 움직일 때는 돌에 의지하고, 정지했을 때는 총검을 사용해야 했습니다.

뜨거운 열기, 열차의 과적, 시체 냄새 때문에 점점 커가는 유대인들의 공포는 이송을 매우 어렵게 했습니다. 하적할 즈음에는 약 2000명이 열차 안에서 사망한 상태로 발견되었습니다. 오후 6시 45분 열차가 베우제츠에 도착했으며 오후 7시 30분 예클라인은 친위대 오버슈투름퓨러인 그곳 수용소 소장에게 열차를 인계했습니다. 오후 10시경 열차를 하적할 때까지 경비대는 수용소 밖 대기철로에서 경비 임무를 수행했으며 그동안 예클라인은 수용소에 머물렀습니다. 이송 도중 탈출한 유대인의 수는 앞서 서술한 특별한 상황 때문에 명시할 수 없습니다. 하지만 최소한 도망친 유대인의 3분의 2는 사살되거나 다른 방식으로 제거된 것으로 추정할 수 있습니다.

1942년 9월 7~10일의 작전에서 대단한 특이 상황은 발생하지 않았습니다. 투입된 치안경찰과 보안경찰 병력 사이의 협력은 매끄럽고 원만하게 수행되었습니다.

작성자: 방위경찰 예비역 소위, 경비대장 베스터만[7]

이 문서를 통해서 많은 사실이 분명해진다. 죽음의 열차에서 탈출하려는 강제이송 유대인들의 필사적인 노력, 독일이 투입했던 적은 경비 병력(유대인 8000명 경비에 경비병 단 10명), 상상을 초월할 정도의 처참한 환경—수 킬로미터에 걸친 도보 행군, 지독한 폭염, 며칠 동안 음식과 물 공급 없이 열차 1량에 200명이 실려 있던 상황 등등—, 이 환경 때문에 이미 열차 안에서 유대인의 25퍼센트가 더위와 질식과 기력 상실로 사망한 사실(경비병들이 추가로 지급받은 것을 포함한 전체 탄약을 소진하게 했던 탈출자 사살은 아예 차치하고), 모든 이송에서 이미 출발 전에 늙고 약하고 병든 유대인 수백 명이 일상적으로 사살되었다는 무심한 언급들. 게다가 이 "작전"은 문서에서도 드러나듯이 1942년 늦여름에 133예비경찰대대 대원들이 보안경찰과 함께 갈리치아에서 수행했던 수많은 유대인 작전 가운데 하나였을 뿐이라는 것.

물론 이 문서들은 "최종해결"의 말단 집행자들에 대해 우리가 좀 더 많이 알고 싶어하는 것들에 대해서는 별로 말해주지 않는다. 이들은 공간적인 거리나 일상 업무 뒤에 숨어서 관료주의적 미화법과 완곡어법을 통해 집단학살을 은폐할 수 있었던 배후 살인자들이 아니었다. 이들은 희생자들을 직접 대면했다. 이들의 동료들은 이미 이송이 불가능한 모든 유대인을 사살했으며, 뒤이어 그들 자신도 여러 시간에 걸쳐 잔인한 방법을 동원해 희생자들이 베우제츠의 가스실에 도착하기 전 열차에서 탈출하는 것을 저지했다. 위에 서술된 작전에 참가했던 대원들은 누구나 자신이 참가하고 있는 작전, 즉 갈리치아 유대인 몰살을 위한 집단학살 프로그램이 도대체 어떤 것인지 아무런 사소한 의심도 없이 명확하게 잘 알 수 있었다.

그런데 이 대원들은 어떻게 집단학살자로 변해갔을까? 그들이 맨 처음 살인을 집행했을 때 부대 안에서는 어떤 일이 일어났을까? 경찰대원들에게는 과연 선택의 여지가 있었을까? 만약 있었다면 그들은 어떻게 반응했을까? 살인이 한 주 내내, 한 달 내내 계속되었을 때 그들은 어떤 경험을 했을까? 코워미야 보고서와 같은 문서들은 우리에게 개별 사건에 대한 생생한 스냅 사진을 제공해주지만, 평범한 중년 독일 남자들이 집단학살자가 되도록 만든 인간적인 변화나 집단 심리적 정황에 대해 깊이 있게 통찰하도록 해주는 내용은 전혀 담고 있지 않다. 따라서 우리는 101예비경찰대대의 이야기로 다시 돌아가야 한다.

5

101예비경찰대대

1939년 가을 독일 방위군이 폴란드를 침공했다. 이 무렵 함부르크에 주둔하고 있던 101경찰대대는 즉시 방위군에 편입되어 폴란드로 파견된 최초의 경찰부대에 속한다. 그들은 슐레지엔Schlesien의 오폴레를 거쳐 독일-폴란드 국경을 넘었으며 쳉스토호바를 지나 폴란드 도시 키엘체에 도착했다. 그들은 그곳에서 독일 전선 배후에 뿔뿔이 흩어진 폴란드 군인들을 체포하는 일과 군사시설 접수 및 전쟁포로 수용소 경비 임무를 맡았다. 부대는 1939년 12월 17일 함부르크로 돌아왔으며 이들 중 직업경찰 약 100명이 추가적인 부대 편성을 위해 이동 배치되었다. 그들의 자리에 1939년 가을 소집된 중년의 예비역들이 배치되었다.[1]

중년의 예비역들에 대한 교육이 끝난 후인 1940년 5월, 대대는 함부르크에서 바르테가우Warthegau라는 곳으로 배치되었다. 이곳은 편입 영토로, 독일제국에 병합된 서부 폴란드 4개 지역 중 하나였다. 경찰대대는 6월 말까지는 포즈난Poznań[Posen]에, 그리고 그 후에는 우치(독일이 점령한 후 리츠만슈타트Litzmannstadt로 개명)에 주둔하면서 5개월 동안 "이송 작전"을 수행했다. 히틀러와 힘러가 이들 병합된 지역을 "독일화"하기 위해, 즉 이곳에 "인종적으로 순수한" 독일인만 거주시키려고 세웠던 인구학적 계획의 일환으로서, 모든 폴란드인과 유대인, 집시 같은 이른바 다른 "바람직하지 않은 요소"들은 모두 "편입 영토"로부터 중부 폴란드로 추방되어야 했다. 독일과 소련 사이의 협정(히틀러-스탈린 협정)은 오래전부터 소련 지역에 살았던 "독일 교포Volksdeutsche"•들을 새로 점령된 "독일 영토로 불러들여" 추방해버린 폴란드인들의 농장과 주택에 재정착하도록 하는 것이었다. 물론 히틀러와 힘러가 원했던 것처럼 편입 영토를 "인종적으로 정화"하는 작업은 결코 완수되지 않았다. 하지만 동부 유럽 지역을 인종적으로 재구성하려는 나치의 비전을 충족시키기 위해 수십만 명이 체스판의 말처럼 이리저리 밀려 다녔다. 경찰대대는 그들이 제출한 한 종합보고서에서 자신들이 "이주 작전"에 열렬히 동참했던 사실을 다음과 같이 찬양했다.

우리 병력은 바르테가우의 모든 관할구역에서 밤낮 쉴 새 없이 계속된 이주 작전에 100퍼센트 투입되었다. 매일 평균 약 350호의 폴란드 농가가 소개되었다. (…) 소개 작전이 최고조에 달했을 때는 부대가 8일

• 오래전부터 중부 유럽, 발트해 연안 지역, 소련 등지에 거주하던 독일인들을 총칭하는 역사적인 용어이다. 특히 16세기 이래 러시아 황실에 초청되어 갔던 장인, 상인 등 전문가 집단, 그리고 폴란드 분할로 프로이센이 획득한 영토에 정착한 독일인들이 중심을 이룬다. 이들은 1차 세계대전 패전 후 각국 지역민들로부터 강하게 배척되며 국수주의적 독일 민족주의의 지지기반이 되었다. 나치가 점령한 동부 유럽에서 나치의 강력한 협력 세력으로 활동했다.

아주 평범한 사람들

밤낮 동안 숙소로 돌아올 수 없었다. 대원들은 야간에 작전지역으로 이동할 때만 트럭에서 잠깐 눈을 붙일 수 있었다. (…) 최대 규모의 작전에서는 대대가 하루 동안 자기 병력과 10명의 통역사를 동원해 약 900호의 가구를 소개했다.

대대는 이주 대상 주민 58만 628명 가운데 총 36만 972명을 소개했다. 약 22만 명은 미리 도주해서 이 조치를 피했다.[2]

여기 투입되었던 예비역들 가운데 한 명인 브루노 프롭스트Bruno Probst*는 이 작전에서 대대가 수행한 역할을 다음과 같이 회상했다.

주로 작은 농촌 마을의 주민들을 강제이주시키는 과정에서 나는 첫 폭력 행위와 살인을 체험했다. 우리가 마을에 도착했을 때는 늘 이른바 이주위원회가 이미 구성되어 있는 것이 보통이었다. (…) 이들 이주위원회는 검은 제복을 입은 친위대원과 보안대SD와 민간인으로 구성되었다. 우리는 그들로부터 일련번호가 붙은 카드를 전달받았다. 마을의 집들에는 동일한 일련번호가 붙어 있었다. 우리에게 전달된 카드에는 우리가 이주시켜야 할 가구들이 표시되어 있었다. 먼저 우리는 노인, 병자, 유아를 막론하고 이 집들에 사는 모든 사람을 끌어내려고 했다. 그러나 우리의 조치는 곧 이주위원회 위원들로부터 질책을 받았다. 그들은 우리가 노인과 병자를 끌어내려고 쩔쩔매는 것에 이의를 제기했다. 물론 처음에 위원들은 우리에게 이들을 현장에서 사살하라는 명령은 하지 않고 노약자는 별 쓸모가 없다는 사실을 환기시키는 것으로 만족했다. 나는 노약자들이 집결지에서 사살되었던 두 가지 사례를 기억한다. 첫 번째는 고령의 남자였고, 두 번째는 고령의 여자였다. (…) 이 두 사람은 우리 대원들이 아니라 군 하사관들에 의해 사살되었다.[3]

다른 대원들도 이주 작전은 기억했지만 그중 누구도 이런저런 폭력 행위에 대해 기억하거나 인정하지 않았다.[4] 한 경찰은 대대가 포즈난에 머무는 동안 보안경찰에게 폴란드인 100~120명을 사살하는 임무를 띤 사살조를 제공했었다는 사실을 기억해냈다.[5]

5개월에 걸친 이주 작전을 수행한 대대의 다음 임무는 "평정 작전"이었다. 대대는 인근의 숲을 샅샅이 수색하여 앞서 수행된 이주 작전을 피해 도주했던 폴란드인 750명을 체포했다. 그런데 도주한 폴란드인을 색출하는 경찰의 임무에 새로 입주한 "독일 교포"들이 잘 협조해주지 않았기 때문에 대원들은 더욱 어려움을 겪었다. 자신들이 차지한 폴란드 주택에 원래 살고 있던 주민들이 무허가로 숨어서 거주하는 것을 항상 신고하지는 않았기 때문이다. 새 입주자들은 이런 방식으로 값싼 노동력을 활용하고 싶었던 것이었다.[6]

1940년 11월 28일, 대대는 우치 게토를 경비하는 임무를 맡았다. 우치 유대인 16만 명은 이미 7개월 전인 1940년 4월 말에 쳐놓은 철조망 울타리로 인해 도시의 다른 지역과 단절되었다. 이제 게토 경비가 101예비경찰대대의 주 임무가 되었으며 대원들은 어떤 유대인이든 경고판을 무시하고 울타리에 접근하면 "별도 지시 없이" 사살하라는 상시 명령을 받았다. 이 명령은 그대로 집행되었다.[7]

그러나 훗날 취조 과정에서 어떤 대원도 61경찰대대 1중대가 바르샤바 게토 경비 당시에 자행한 것처럼 그들도 역시 우치에서 과잉폭

　　　　　　　　　　　　　　　　　　아주 평범한 사람들

력을 행사했다는 사실을 기억하지 못했다. 바르샤바에서는 중대장이 게토 장벽에서 조준사격을 실시하도록 공개적으로 고무했다. 대부분의 악명 높은 저격수들은 다른 임무로 교대되지 않고 지속적으로 게토 경비만 맡았다. 중대 휴게실에는 인종주의 구호가 도배되어 있었으며 카운터 위에는 '다윗의 별'[유대인과 유대교를 상징하는 표식]이 걸려 있었다. 유대인 한 명이 사살될 때마다 휴게실 출입문에 표기되었으며 소문에 따르면 높은 점수를 획득한 날에는 "승리의 파티"가 열렸다.[8]

101경찰대대 대원들은 철조망 바깥에 주둔했기 때문에 갇혀 있는 유대인들보다는 비유대계 주민들과 더 많이 접촉했다. 브루노 프롭스트의 기억에 따르면 우치 게토를 둘로 나누고 있는 통로에서 경비대원들은 이른바 통행금지 시간 위반이라는 명목으로 폴란드인들을 체포하고 구타하기 위해 때때로 시계를 돌려놓는 장난을 치곤 했다. 그리고 그의 기억에 따르면 새해 전날 밤에 폴란드인 한 명을 사살하려 했던 한 만취한 경비대원이 실수로 "독일 교포"를 쏘았는데, 이를 은폐하기 위해 희생자의 신분증과 다른 유대인의 신분증을 바꿔놓은 사건도 있었다.[9]

1941년 5월 대대는 함부르크로 귀환하여 "사실상 해체되었다". 전쟁 발발 이전에 모병되어 하사관 이하의 계급을 달고 있던 모든 대대원들은 다른 부대로 분산 배치되었으며 부대는 소집된 예비군으로 보충되었다. 한 경찰대원의 말처럼, 이로써 101경찰대대는 "순수한 예비대대"가 되었다.[10]

1941년 5월부터 1942년 6월까지 대대는 새로 조직되었으며 강도 높은 훈련을 받았다. 대원들은 이 시기에 발생한 많은 사건 중에 단지 몇몇 사건만 기억하고 있었는데, 그 가운데 하나가 1942년 3월 뤼베크Lubeck 시에 대한 영국군의 무차별 공습이었다. 공습 직후 파괴된 시를 복구하기 위해 대원들이 투입되었기 때문이다.[11] 다른 하나는 함부르크 유대인들의 강제이송에 관한 기억이었다.

1941년 10월 중순부터 1942년 2월 말까지 59회에 걸쳐 수행된 이송을 통해 유대인 5만 3000명과 집시(신티 및 로마) 5000명이 독일제국 영토로부터 '동부', 구체적으로는 우치, 리가, 코브노, 민스크로 보내졌다. 5회에 걸친 코브노행 이송과 첫 번째 리가행 이송에 끌려간 사람들은 도착 즉시 사살되었다.[12] 그리고 끌려간 사람들이 즉시 사살되지 않고 우선 우치(오스트리아 '집시' 5000명이 이곳으로 보내졌다), 민스크, 리가의 게토로 보내져 감금되는 경우도 있었다.

즉각적인 학살은 피할 수 있었던 이들 이송열차 가운데 함부르크에서 온 것은 네 차례였다. 첫 번째 이송은 1941년 10월 25일 유대인 1034명을 싣고 우치로 떠났으며, 두 번째는 11월 8일 유대인 990명을 태우고 민스크로 갔다. 세 번째 이송열차는 11월 18일 함부르크 유대인 408명과 브레멘Bremen 유대인 500명을 태우고 민스크로 떠났으며, 네 번째는 12월 4일 유대인 808명을 싣고 함부르크를 떠나 리가로 향했다.[13]

101예비경찰대대 대원들은 함부르크 유대인 강제이송의 여러 단계에 연루되었다. 이송 대상 유대인의 집결지는 보안경찰이 몰수했던 모어바이데Moorweide 소재 프리메이슨 회관이었다. 이 건물은 대학도서관과 주택가 사이에 있으며 열차 운행이 매우 빈번했던 담토어Dammtor 역에서 불과 몇백 미터 떨어진 곳에 있었다. 따라서 누구도 이곳이 함부르크 시민들의 시야에서 벗어난 외딴곳이라고 말할 수 없는 장소였다. 101예비경찰대대 일부 대원들은 프리메이슨 회관의 경비를 맡았는데, 이곳에서는 유대인들이 집결, 등록되고 슈테른샨체Sternschanze역으로 가는 트럭에 실렸다.[14] 다른 대원들은 유대인들이 열차에 실리는 슈테른샨체역의 경비를 맡았다.[15] 그리고 마지막으로 101예비경찰대대는 네 차례의 열차 이송에서 최소한 세 차례 경비를 맡았다. 첫 번째 열차는 10월 25일에 우치로, 두 번째는 11월 8일에 민스크로, 그리고 마지막은 12월 4일 리가로 떠났다.[16] 이들 열차의 경비에 참여했던 한스 켈러Hans Keller*의 주장에 따르면 경비대원 자리는 이와 연결된 여행 기회 때문에 "대단히 인기가 좋아서" 몇몇 "특혜받은" 자들에게 돌아갔다.[17]

11월 8일 민스크행 이송에 참가했던 브루노 프롭스트는 다음과 같이 회고했다.

함부르크에서 유대인들은 독일이 새로 점령한 동부 지역에서 새로운 정착지를 얻게 될 것이라고 들었다. 유대인들은 보통 객차에 태워졌으며 내 기억에 이주 협의사항에 따라 연장, 삽, 도끼뿐만 아니라 커다란 부엌용 도구를 실은 열차 두 량도 후미에 연결되어 있었다. 우리 경비대를 위해 2등 객차 한 칸이 연결되었다. 유대인 객차 안에는 경비들이 없었다. 단지 어딘가에 정차할 때만 열차는 양측에서 경비를 받았다. 4일간에 걸친 이동 끝에 우리는 늦은 저녁 무렵 민스크에 도착했다. 우리는 목적지가 민스크라는 것을 이동 도중 바르샤바를 떠난 후에야 들었다. 민스크에서는 친위대가 우리 이송열차를 기다리고 있었다. 여기서도 유대인들은 아무런 감시도 받지 않은 채 대기 중이던 트럭에 실려 떠났다. 단 그들이 함부르크에서 가져왔던 짐들은 열차에 두고 내려야 했다. 그들은 짐들이 뒤따라 보내질 것이라고 들었다. 우리 부대는 차를 타고 정규 독일 경찰대대 대원들(예비대대에 속하지 않은)이 묵고 있던 러시아 병영으로 갔다. 바로 근처에 유대인 수용소가 있었다. (…) 우리는 앞서 언급한 경찰대대 대원들과의 대화에서 그들이 몇 주 전에 민스크에서 이미 유대인들을 사살했다는 것을 전해 들었다. 이 사실을 듣고 우리는 함부르크에서 우리가 호송해온 유대인들도 거기서 사살될 것이라고 결론지었다.

이송부대 대장인 하르트비히 그나데 소위는 이런 일에 관여하기를 원치 않았기 때문에 군 막사에 머물지 않고, 대원들과 함께 역으로 돌아가 야간열차 편으로 민스크를 떠났다.[18]

함부르크에서 리가로 가는 이송열차를 경비했던 치안경찰대의 임무 수행에 대해서는 아무 보고서도 남아 있지 않다. 그러나 12월 11일 뒤셀도르프에서 리가까지 간 경찰대대의 '유대인 수송'에 관한 잘리터 보고서는, 함부르크 동료들이 민스크에서 전해 들었던 것과 같은 정보를 경찰대원들이 그곳에서 마찬가지로 들었다는 사실을 생생하게 보여준다.

리가에는 주민이 36만 명 있었는데 이 중 3만 5000명이 유대인이었다. 유대인들은 사업의 세계에서는 어디서나 지배적인 지위에 있었다. 그러

아주 평범한 사람들

나 그들의 사업체는 독일군이 리가에 진주하자마자 즉각 폐쇄, 몰수되었다. 유대인들은 철조망으로 봉쇄된 뒤나Düna[Dvina]의 게토에 수용되었다. 현재 이 게토에는 노동력으로 활용되고 있는 단 2500명의 유대인 남자들만 남아 있다고 한다. 나머지 유대인들은 유사한 용도로 활용하기 위해 어디론가 보내지거나 라트비아인들에 의해 사살되었다. (…) 그들(라트비아인)은 유대인을 특히 증오한다. 그 때문에 그들은 해방 당시부터 오늘까지 이들 기생충과 같은 유대인의 박멸에 매우 열렬히 참가해왔다. 그러나 본인이 라트비아인 역무원들로부터 특히 확인할 수 있었듯이, 그들은 왜 독일인들이 유대인을 본국에서 처치하지 않고 라트비아로 보내는지 이해하지 못했다.[19]

1942년 6월, 101예비경찰대는 또 다른 임무 수행을 위해 폴란드로 배치되었다. 당시 대원 가운데 단 몇 명의 하사관만 처음 폴란드 작전 때 참가한 적이 있었으며, 두 번째 바르테가우 작전 때 참가했던 대원 또한 채 20퍼센트가 되지 않았다. 그들 중 몇 명은 포즈난과 우치에서 자신들이 "과잉폭력"이라 칭한 행위를 목격한 적이 있었다. 이보다 많은 수의 대원들은 함부르크에서 우치, 리가 또는 민스크로 가는 이송열차를 경비했었는데, 앞서 언급했던 것처럼 리가와 민스크 행에 참가했던 대원들은 러시아에서 자행된 유대인 집단학살을 경험하지 않을 수 없었다. 그러나 그 외 예비경찰대의 대부분은 독일이 동부 유럽에서 어떤 점령 정책을 집행했는지 아직 전혀 경험한 바 없는 대원들이나 사실상—1차 세계대전에 참전했던 중장년층을 제외하면—군 복무 경험이 전혀 없는 신참 대원들로 구성되었다.

대대는 장교 11명, 행정병 5명(임금, 식량, 숙소와 관련된 재정 업무에 종사), 하사관과 대원 486명으로 구성되었다.[20] 대대 정규 병력 규모를 채우기 위해 마지막 순간에는 인접한 빌헬름스하펜Wilhelmshaven과 슐레스비히-홀슈타인Schleswig-Holstein 주의 렌츠부르크Rendsburg뿐 아니라 멀리 떨어진 룩셈부르크에서 모집된 대원들이 추가되었다. 그러나 대원의 절대 다수는 여전히 함부르크와 인근 지역에서 태어나고 자란 사람들이었다. 이처럼 대원 구성에서 함부르크 지역 출신에 편중되고 이에 따라 대대의 정서가 지역성을 강하게 띠어, 룩셈부르크 출신뿐 아니라 빌헬름스하펜이나 렌츠부르크 출신도 자신들이 아웃사이더라고 느낄 정도였다.[21]

대대는 3개 중대로 분리되었으며 각 중대는 총원이 찼을 때 대략 140명으로 이루어졌다. 2개 중대는 대위가 지휘했으며 나머지 1개 중대는 대대의 최고참 예비역 소위가 지휘를 맡았다. 각 중대는 3개 소대로 구분되었으며 이 중 2개 소대는 예비역 소위가, 나머지 1개 소대는 최고 선임 병장이 지휘했다. 각 소대는 4개 분대로 나뉘었으며 병장이나 하사가 지휘했다. 대원들은 카빈총으로, 하사관들은 자동소총으로 무장했으며 그 외에 각 중대는 1개 중(重)기관총 부대를 보유했다. 중대와 별도로 행정병 5명과 군의관·위생병 각 1명, 그리고 여러 명의 운전병, 기록병, 통신병 등이 대대 사령부에 속해 있었다.

대대는 1차 세계대전 참전용사로 1급 철십자 훈장을 받은 53세의 빌헬름 트라프 소령이 지휘했다. 그는 1차 세계대전 종전 후 직업경찰이 되어 장교로 승진했다. 그리고 유대인 학살이 시작되기 얼마 전 2중대장에서 대대장으로 승진했는데, 그가 대대장으로 부임한 첫 발령지가 101경찰대대였다. 트라프는 1932년 12월에 나치당에 가입하여 당의 "옛 전사Alter Kämpfer"로 간주되었음에도 불구하고 친위대에 배치되거나 적절한 친위대 계급을 부여받지 못했다. 힘러와 하이드리히가 의식적으로 그들의 친위대 제국과 경찰 제국이 갖는 국가적·당적 요소를 서로 통합, 결속하려고 노력했음에도 말이다. 트라프는 분명히 친위대 재목으로 인정받지 못했다. 그는 곧 친위대에 소속되어 있는 젊은 대위 두 명과 갈등을 겪었다. 그들은 20년 후 법정 증언에서도 당시 상관인 트라프 소령을 경멸했었다는 것을 숨기지 않았다. 그들의 생각에 트라프는 지나치게 장교들의 임무에 간섭했던 연약하고 군인답지 못한 인물이었다.[22]

친위대에서도 하우프트슈투름퓌러 계급이었던 두 대위는 아직 20대 후반이었다. 1914년생인 볼프강 호프만은 16세 때 나치 학생동맹Schülerbund, 18세 때 히틀러 청소년단Hitlerjugend, 그리고 1년 뒤 친위대에 가입했으며 그 뒤인 1934년 인문계 고등학교 졸업시험인 아비투어Abitur를 보았다. 그는 1936년 브레슬라우Breslau에서 경찰에 입대하고, 1937년에는 나치당에 입당했다. 그리고 같은 해 장교 교육을 마치고 치안경찰 소위에 임관했다. 101예비경찰대대에는 28세인 1942년 봄에 왔다. 그해 6월에 그는 대위로 승진하여 3중대를 지휘했다.[23]

1913년생인 율리우스 볼라우프는 1932년에 김나지움을 졸업하고 1933년 4월 나치당과 돌격대Sturmabteilung: SA에 가입했다. 1936년에 친위대에 들어가 같은 해에 경찰간부 교육을 받기 시작했다. 1938년 치안경찰 소위에 임명되고 1942년 초 101예비경찰대대에 배치되었는데 같은 해 6월 폴란드로 이전 배치되기 직전 대위로 승진했다.[24] 그는 1중대를 지휘했으며 동시에 부대대장직을 맡았다. 나이가 많은 트라프와 대조적으로 호프만과 볼라우프는 정예교육을 받은 직업경찰이자 어려서부터 나치즘을 열렬히 지지했던 추종자인 동시에 청년 친위대 대원이었다. 이 세 가지는 힘러와 하이드리히가 그들의 친위대와 경찰을 위한 이상적 조건으로 생각했던 요소들이었다.

트라프의 부관은 하겐Hagen* 중위였는데 그에 대해서는 1943년 봄에 사망했다는 사실 외에 알려진 바가 없다. 대대에는 그 밖에 예비역 소위가 7명 있었는데, 이들은 호프만이나 볼라우프 같은 직업경찰이 아니라 치안경찰에 입대한 뒤 그들의 중산층 신분, 교육, 민간생활에서의 직업적 성공 등을 고려하여 장교 교육에 선발되었다. 이들을 최고 연장자부터 나이 순서대로 언급하면 다음과 같다.[25]

하르트비히 그나데: 1894년생, 운송업자, 1937년 이래 나치당원, 2중대장.

파울 브란트Paul Brand*: 1902년생.

하인츠 부흐만Heinz Buchmann*: 1904년생, 집안 소유 목재상의 소유주, 1937년 이래 나치당원.

오스카 페터스Oskar Peters*: 1905년생.

발터 호프너Walter Hoppner*: 1908년생, 차茶 수입상, 1930년에 나치당에 일시적으로 입당했다가 1933년 봄에 재입당.

한스 셰어Hans Scheer*: 1908년생, 1933년 5월 이래 나치당원.

쿠르트 드루커Kurt Drucker*: 1909년생, 영업사원, 1939년 이래 나치당원.

아주 평범한 사람들

이들의 연령은 33세에서 48세까지 분포되어 있다. 5명은 나치당원이었지만 친위대에는 소속되지 않았다.

우리가 개인 정보를 알고 있는 하사관 32명 가운데 22명은 나치당원이었으며 7명은 친위대 소속이었다. 연령대는 27세에서 40세까지 분포되어 있었으며 평균 연령은 33.5세였다. 그들은 예비군이 아니라 이미 전쟁 전에 경찰에 입대한 자들이었다.

평범한 대원들의 절대 다수는 함부르크 지역 출신이었다. 약 63퍼센트는 노동자 계층 출신이었으나 숙련 노동자는 거의 없었다. 그들 가운데에는 함부르크 지역에서 가장 전형적인 직업인 부두 노동자와 트럭 운전기사가 가장 많았지만 보세창고 노동자 및 건설 노동자, 기계 운전사, 선원, 식당종업원 등도 있었다. 약 35퍼센트는 하류 중산층 출신으로 그중 4분의 3은 여러 종류의 판매직이고 4분의 1은 다양한 공공기관이나 민간회사의 사무직이어서 사실상 모두 화이트칼라 노동자였다. 독립 자영 수공업 장인이나 소규모 자영업자는 매우 적었다. 단 몇 명(2퍼센트)만이 중산층 전문직으로 그중 가장 품위 있는 직업은 약사와 교사였다. 대원들의 평균 연령은 39세였으며 그중 절반 이상이 정규군으로 복무하기에는 너무 나이가 많다고 간주되는 37세에서 42세 사이여서 1939년 9월 이후 예비경찰직에 집중 징집되었다.[26]

일반 대원들 가운데 약 25퍼센트(174명 표본대상 가운데 43명)는 1942년에 당원이었다. 6명은 히틀러가 집권하기 전에 입당했던 "옛 전사"였고, 1933년에 입당한 대원이 6명이었다. 또 다른 6명은 독일 국내에서는 1933년부터 1937년까지 더이상 입당이 불가능했음에도 불구하고 원양 해운업에서 일했던 해외 거주 독일인으로서 입당이 허용되었다. 16명은 입당 제한이 풀린 1937년에 입당했고, 나머지 9명은 1939년이나 그 후에 입당했다. 하류 중산층 배경을 가진 대원 가운데 당원 비율은 30퍼센트로 노동자 계층 출신(25퍼센트)보다 약간 높았다.[27]

전체적으로 101예비경찰대대 대원들은 독일 사회에서 낮은 계층 출신이었다. 그들은 사회적 신분 상승이나 지리적 이동을 경험하지 않았다. 단지 소수만 경제적으로 자립한 상태였다. 도제교육이나 직업훈련을 제외하면 그들은 14, 15세에 초등학교Volksschule를 졸업한 후 어떤 교육도 더 받지 못했다. 그러다가 1942년까지 놀라울 정도로 높은 비율의 대원들이 나치당에 입당했다. 그러나 검찰 조사 보고서에 적절한 정보가 기록되어 있지 않기 때문에 우리는 이 중 몇 명이 1933년 이전에 공산당이나 사회민주당 당원 또는 노동조합 조합원이었는지 알 수 없다. 하지만 대원들의 사회적 성분을 볼 때 적지 않은 수가 그곳에 가입했다고 추측할 수 있다. 나이로 볼 때 그들이 성장한 시기는 모두 나치 이전이었다. 그들은 나치의 이념과는 다른 정치적 가치들과 도덕 규범을 아는 자들이었다. 그리고 그들 대부분은 가장 덜 나치화된 지역으로 명성 있던 함부르크 출신이었으며 다수는 정치문화적으로 반反나치 정서를 갖고 있던 사회계급 출신이었다. 그러므로 그들은 나치의 비전, 즉 '유대인 없는 인종적 유토피아'를 건설하기 위한 집단학살자를 배출하기에 매우 유망한 집단은 아니었을 것이다.

6
폴란드에 도착하다

러시아 유대인 학살이 시작된 후인 1941년 여름 어느 날, 힘러는 루블린의 친위대·경찰 지도자인 오딜로 글로보츠니크에게 유럽 유대인 학살에 관한 히틀러의 심중을 털어놓았다. 나아가 그에게 "유럽 유대인 문제의 최종해결"에서 가장 중요한 한 부분, 즉 폴란드 유대인 사회의 대부분을 차지하는 총독령 유대인의 제거에 관한 책임을 위임했다. 그는 여기서 유럽 유대인 학살에는 사살조 방식이 사용되었던 러시아 유대인의 처리 때와는 다른 방식, 즉 훨씬 효과적이고 덜 공개적이며 학살 집행자들에게 심리적 부담을 덜 주는 방식이 반드시 필요하다고 강조했다.

이러한 요청에 부응하기 위해 고안된 조직적이고 기술적인 해결방안이 '죽음의 수용소'였다. 희생자들을 특별수용소로 이송해 그곳에서 비교적 은밀하게 독가스로 살해하는 방식이었다. 계획된 작업라인assembly-line 방식은 매우 제한된 노동력만 필요했는데 대부분 죄수들 가운데서 선발된 자들이 이 작업을 맡도록 기획되었다. 가스실 방식을 위한 준비 작업은 1941년 가을 세 곳에서 시작되었다. 독일군에 의해 이미 병합된 슐레지엔의 카토비체Katowice 부근에 위치한 아우슈비츠/비르케나우Birkenau, 바르테가우의 우치 부근에 위치한 헤움노Chełmno, 그리고 글로보츠니크가 근무하고 있던 루블린 구역의 베우제츠였다. 대규모의 가스실 학살 작업은 1941년 12월 초 헤움노에서 시작되었으며, 비르케나우에서는 1942년 2월 중순,[1] 글로보츠니크의 베우제츠에서는 1942년 3월에 시작되었다.

글로보츠니크에게 맡겨진 임무는 엄청난 것이었지만 이 임무 수행을 위해 그에게 지원된 인력은 사실상 전혀 없었다. 글로보츠니크는 베우제츠 학살본부의 건설과 운영을 위해 독일 "안락사Euthanasie 프로그램"에 소속되었던 인력을 끌어들일 수 있었지만 그들은 모두 합쳐도 100명이 채 되지 않았다. 이는 단 한 개의 죽음의 수용소를 관리하는 데도 불충분한 데다, 글로보츠니크는 소비부르와 트레블링카에 추가로 죽음의 수용소를 더 건설해야 했다. 하지만 그에게 가장 어려운 문제는 수용소 건설과 운용이 아니었다. 훨씬 긴급한 과제는 게토를 소개하는 데 필요한 인원, 즉 희생자들을 집결시키고 강제로 죽음의 열차에 몰아넣을 인력을 어떻게 동원할 것인가였다. 루블린 구역만 해도 유대인이 거의 30만 명 살고 있었으며, 총독령 전체에서 강제이송해야 할 유대인은 모두 200만 명에 달했다!

결전의 해였던 1942년, 독일이 군사적으로 비관적인 상황에 처해 있던 그 시점에 도대체 어디에서 이렇게 거대한 병참지원 인력을 동원할 수 있었을까? 힘러는 글로보츠니크에게 임무 외에 사실상 아무것도 제공해주지 않았기 때문에 글로보츠니크는 임시변통으로 문제를 해결해야 했다. 힘러가 그에게 부여한 임무 수행을 위해 그는 자신의 자금과 재능에 의지하여 "사병"을 창설해야 했다.

폴란드 유대인에 대한 집단학살 작전—1942년 6월 라인하르트 하이드리히가 체코슬로바키아에서 암살당한 후 "라인하르트 작전"이라 명명된—을 조율하기 위해 글로보츠니크는 자신의 보좌관이자 동료인 오스트리아인 헤르만 회플레Hermann Höfle가 이끄는 특별팀을 구성했다. 이 팀에서 핵심 인물은 죽음의 수용소 책임자였던 크리스티안 비르트Christian Wirth와 그의 부관 요제프 오버하우저Josef Oberhauser, 강제이송 열차를 담당한 오스트리아인 헬무트 폴Helmuth Pohl, 작전을 감독하고 자주 현장에서 직접 작전을 지휘한 게오르크 미할센Georg Michalsen과 쿠르트 클라센Kurt Claasen과 오스트리아인 에른스트 레르히Ernst Lerch, 죽음의 수용소나 소개된 게토에서 압수·수집한 귀금속의 수집·분류·평가 임무를 관장한 게오르크 비퍼른Georg Wippern이었다.

글로보츠니크는 루블린 지역의 친위대·경찰 지도자로서 이 지역에서 전개되는 친위대 소속 부대들의 연합작전 전체를 총괄하는 책임을 맡았다. 따라서 그에게는 넓은 지역에 흩어져 있기는 했지만 지역 친위대와 경찰 조직 전체가 주어졌다. 이는 글로보츠니크에게 한편에는 보안경찰의 두 조직(비밀경찰과 민간경찰), 다른 한편에는 각종 치안경찰 조직 모두가 주어졌다는 의미였다. 치안경찰은 루블린 시에 위치한 본부 외에 구역을 관할하는 4개 지부가 있었으며, 각 지부에는 "유대인 문제"를 다루는 비밀경찰의 부서가 설치되어 있었다.

치안경찰의 존재는 세 가지 면에서 감지되었다. 첫째, 루블린 구역의 주요 도시마다 1개 방위경찰서Schutzpolizei가 있었으며 그들의 임무에는 폴란드 시경에 대한 감찰이 포함되어 있었다. 둘째, 시골 마을에는 작은 규모의 지방경찰 분소들이 있었다. 셋째, 루블린 구역에는 치안경찰 3개 대대가 주둔하고 있었다. 방위경찰과 지방경찰 외에 보안경찰 조직이 현지 상황에 정통한 소수 경찰대원들을 공급했다. 그러나 글로보츠니크가 의지할 수 있었던 최대 규모의 단일 경찰 예비 병력은 총 1500명 규모의 치안경찰대대뿐이었다. 그들은 글로보츠니크에게 없어서는 안 될 중요한 병력이었지만 전체 임무 수행에 필요한 병력으로는 아직 불충분했다.

그래서 글로보츠니크는 또 다른 두 가지 인력자원도 활용했다. 첫 번째는 점령지에 거주하던 독일 교포들로 구성된 이른바 특무대Sonderdienst였다. 이들은 독일이 점령한 후 현지에서 모집하여 교육한 뒤, 1940년 여름에 구역의 각 크라이스〔군郡에 해당하는 행정구역〕민간행정 기관장에게 배치했다.[2] 두 번째는 이들보다 훨씬 중요한 인력자원인 이른바 '트라브니키'였다. 글로보츠니크는 필요한 병력을 그 지역에서 모두 충당할 수 없었기 때문에, 소련 국경지방에서 비非폴란드인 자원 의용군Hilfswillige/Hiwis을 모집할 권한을 달라고 힘러를 설득했다. 자원 의용군 모집 임무의 핵심적인 역할은 "라인하르트 작전" 지휘부의 카를 슈트라이벨Karl Streibel에게 할당되었다. 그와 그의 부하들은 전쟁포로 수용소를 돌아다니며 우크라이나인, 라트비아인, 리투아니아인 포로들 가운데서 반공정신(그리고 동시에 반유대인 정서)이 투철한 자들을 선발했다. 슈트라이벨은 그들에게 굶어 죽지 않게 해주고 소련과의 전투에 투입되지 않을 것을 약속하는 대신 이른바 "의용군"으로 활동하도록 조직했다. 이들 의용군은 트라브니키에 있는 친위대 캠프에 와서 훈련을 받았으며 독일 친위대 장교와 독일 교포 출신 하사관의 지휘 아래 결국 같은 민족들로 구성된 부대를 형성했다. 그들은 치안경찰 다음으로 두 번째로 큰 규모의 병력을 형성했는데, 이로부터 게토 소개 작전을 위한 글로보츠니크의 사병이 탄생했다.

루블린 구역 1차 유대인 학살의 파도는 1942년 3월 중순에서 4월 중순까지 지속되었다. 루블린 게토의 주민 4만 명 가운데 90퍼센트인 약 3만 6000명이 베우제츠 죽음의 수용소로 이송되거나 즉결 처형을 통해 사망했으며, 추가로 1만 1000명에서 1만 2000명이 인근 지역인 이즈비차, 피아스키Piaski, 루바르투프Lubartów, 자모시치Zamość, 크라시니크Kraśnik에서 베우제츠로 보내졌다. 또한 같은 시기에 루블린 동쪽에 위치한 이웃 구역 갈리치아에서 약 3만 6000명이 베우제츠로 이송되었다.

베우제츠에서의 학살은 3개의 가스실을 갖추고 있던 목조 건물이 철거되고 그 자리에 6개의 거대한 가스실을 갖춘 석조 건물이 건설된 4월 중순부터 5월 말까지 잠정적으로 중단되었다. 5월 말 학살 작전이 재개되었을 때는 루블린 구역 자체의 유대인보다 서부 인접 구역인 크라쿠프 지역 유대인들이 우선적으로 그곳으로 이송되었다.

그 와중에 5월 초 루블린 구역에 있는 글로보츠니크의 두 번째 죽음의 수용소 소비부르가 "가동"되기 시작했다. 이때부터 6주 동안 루블린의 행정구역인 자모시치, 푸와비Puławy, 크라스니스타프Krasnystaw, 헤움에서 온 이송열차들이 연이어 소비부르에 도착했다. 6월 18일까지, 즉 루블린 게토에서 출발한 첫 이송 이후 3개월이 채 지나지 않은 기간 동안 이미 루블린 구역에서 강제이송되어 온 유대인 10만 명과, 크라쿠프, 갈리치아에서 온 6만 5000명이 모두 살해되었다. 그중 대부분은 베우제츠와 소비부르에서 독가스로 학살되었다.[3]

죽음의 수용소행 이송은 중부 유럽 유대인 전체에 대한 대대적인 이주 계획의 일부일 뿐이었다. 폴란드 유대인들이 집에서 끌려나와 죽음의 수용소로 이송되던 시간에 독일, 독일의 보호령인 오스트리아, 일종의 꼭두각시 국가인 슬로바키아로부터 온 유대인 강제이송 열차가 루블린 구역에서 하역되었다. 이들 가운데 몇몇 열차, 예를 들어 6월 14일 피시만 소위가 빈에서 호송해 온 열차는 소비부르로 직행했다. 하지만 다른 열차들은 여러 게토에 하역되었고, 이때 도착한 유대인들은 타국 출신 유대인들과 함께 바로 얼마 전 학살당한 유대인들이 잠시 머물렀던 곳에 임시 수용되었다.

그런데 이러한 대대적인 유대인 이동과 베우제츠, 소비부르에서 집행되던 집단학살은 6월 19일부터 20일 동안 일시 중단되었다. 총독령 전체의 운송역량에 과부하가 걸려서 "유대인 이송"이 원활하게 집행되지 못했기 때문이다.[4] 크라쿠프에서 베우제츠까지 가는 죽음의 열차는 7월 9일부터 주 2회로 재개되었으며, 바르샤바를 떠나 새로 세워진 트레블링카 죽음의 수용소로 가는 이송열차는 7월 22일에 정기 운행을 시작했다. 하지만 소비부르로 연결되는 철로가 보수됨에 따라 소비부르 수용소는 가을까지 실질적으로 접근이 불가능했다. 따라서 루블린 구역 자체에서는 죽음의 수용소행 이송이 7월 초에 아직 재개되지 않았다.

101예비경찰대대가 루블린 구역에 도착한 것은 총독령에서 "최종 해결"이 불가피하게 잠시 중단되었던 바로 이 시기였다. 1942년 6월 20일, 대대는 폴란드에서 전개될 "특별 작전"에 관한 명령을 전달받았다.[5] 서면으로 작성된 명령에는 작전의 성격이 구체적으로 언급되지 않았지만 대원들은 그들이 경비 임무를 담당할 것이라고 믿도록 암시받았다. 기록에 따르면 장교들조차도 그들을 기다리고 있는 "임무"가 실제 어떤 것일지 전혀 낌새를 알아차리지 못했던 것 같다.

대대를 태운 열차는 슈테른산체역에서 출발했는데,[6] 이곳은 지난가을 대대원 가운데 몇 명이 함부르크 유대인들을 동부로 이송할 때 출발했던 곳이었다. 대대는 6월 25일 남부 루블린 구역에 위치한 폴란드 도시 자모시치에 도착했다. 5일 후 대대 본부가 비우고라이로 이전됨에 따라 대대 소속 부대는 신속하게 인근 지역 마을인 프람폴Frampol, 타르노그루트Tarnogród, 울라누프Ulanów, 투로빈Turobin, 비소키에Wysokie, 그리고 약간 멀리 떨어진 자크슈프Zakrzów로 분산 배치되었다.[7]

학살이 일시 중단되기는 했지만 친위대·경찰 지도자 글로보츠니크와 그의 "라인하르트 작전" 참모들은 새로 도착한 경찰대대가 루블린 유대인과 관련하여 아무 일도 하지 않은 채 대기하도록 계속 둘 수는 없다고 생각했다. 학살을 진행하지 못하는 상황이더라도 유대인들을 중간게토와 중간수용소에 '집결'시키는 작업은 가능했기 때문이다. 101예비경찰대대 구성원 대부분의 경우, 유제푸프 지역에 투입되어 겪은 고통스런 기억은 그 이전 4주 동안 남부 루블린 구역에서 경험했던 다른 모든 사건들을 기억에서 밀어낼 정도로 강한 것이었다. 그렇지만 몇몇 대원은 그들이 유대인들을 작은 시골 마을들에서 대규모 게토와 수용소로 강제이주시키는 작전에 참가했다는 사실을 기억했다. 그들의 기억 속에서 어떤 경우는 이른바 노동 유대인work Jews만 체포해 화물트럭에 실어 루블린 근처의 수용소로 보냈다. 또 어떤 경우에는 그 지역에 거주하는 모든 유대인을 집결시켜 화물트럭에 태우거나 도보로 끌고 갔다. 가끔 인근 작은 마을들의 유대인들을 방금 유대인들이 철수되어 비게 된 마을로 강제이주시키기도 했다. 이 중 어느 작전에서도 집단학살이 발생하지는 않았지만 최소한 몇몇 경우에 연령이나 질병 때문에 이송이 어려운 유대인들은 현장에서 즉시 사살되었다. 그런데 어떤 경찰대원도 유대인을 끌어낸 곳이나 이주시킨 목적지를 정확하게 기억하지는 못했다. 이즈비차나 피아스키는 남부 루블린에 위치한 주요 "중간 경유" 게토였으나 이 지역 이름을 기억하는 대원은 전혀 없었다.[8]

이처럼 이주에서 학살에 이르는 과정이 지지부진하게 진행되자 글로보츠니크는 점차 인내심을 잃고 이를 극복할 새로운 학살 작전을 실험하기로 결심한 것이 분명하다. 그의 생각에 죽음의 수용소로의 이송이 불가능한 당시 상황에 남은 유일한 가능성은 사살조를 동원한 집단학살이었다. 이 테스트를 위임받은 부대가 101예비경찰대대였다.

아주 평범한 사람들

7

집단학살의 서막: 유제푸프 학살

글로보츠니크 혹은 그의 참모 중 한 사람이 예비경찰대대의 트라프 소령과 접촉하여 새로운 임무를 전달한 것은 아마 7월 11일경이었을 것이다. 트라프가 지휘하는 101예비경찰대대가 비우고라이 동남쪽으로 약 20킬로미터 떨어진 마을인 유제푸프에 출동하여 1800명의 유대인들을 집결시켜놓으라는 명령이었다. 그러나 전과 달리 이번에는 대부분의 유대인들이 강제이송될 필요가 없었다. 노동력 생산 연령의 남자들만 루블린에 있는 글로보츠니크의 수용소 가운데 한 곳으로 보내고 여자, 어린이, 노인은 현장에서 사살하라는 것이었다.

트라프는 인근 마을들에 분산되어 주둔해 있던 부대들에 소환 명령을 내렸다. 7월 12일, 2개 부대—호프만 대위를 포함하여 자크슈프에 주둔해 있던 3중대 3소대와 이미 유제푸프에 주둔해 있던 1중대의 몇몇 대원들—를 제외한 전 대대가 비우고라이에 집결했다. 트라프는 1, 2중대의 지휘관인 볼라우프 대위, 그나데 소위와 만나서 이튿날로 예정된 작전에 대해 통지했다.[1] 대대의 다른 장교들은 아마 트라프의 부관인 하겐 중위로부터 임무에 대해 전해 들은 것 같다. 왜냐하면 하인츠 부흐만 소위가 바로 그날 밤 하겐 중위로부터 임박한 작전의 세부사항에 대해 들었기 때문이다.

당시 38세였던 부흐만은 함부르크에서 집안 소유의 목재상을 경영했다. 그는 1937년 5월 나치당에 입당했으며, 1939년 치안경찰에 징집되어 폴란드에서 운전병으로 복무했다. 1940년 여름 그는 제대원을 제출했으나 받아들여지지 않았고 그 대신 장교 교육과정에 보내졌으며 1941년 11월 예비역 소위로 임명되었다. 1942년 그는 결국 1중대 1소대의 지휘권을 부여받았다.

임박한 집단학살 임무에 대해 전해 들은 부흐만은 하겐에게 자신은 함부르크 사업가이자 예비역 소위로서 "어떠한 경우에도 무방비 상태의 여자와 어린아이를 사살하는 그런 작전에는 결코 가담하지 않을 것"임을 분명히 밝혔다. 부흐만은 그 대신 다른 임무를 달라고 부탁했다. 그러자 하겐 중위는 부흐만이 선발된 남성 노동 유대인들을 루블린으로 호송하는 경비부대의 지휘를 맡도록 조치했다.[2] 그의 중대장 볼라우프 대위는 부흐만이 맡은 임무에 관해 보고받았지만 그 배경에 대해서는 보고받지 못했다.[3]

대원들은 전 대대가 대규모 작전의 수행을 위해 다음 날 아침 일찍 기상할 것이라는 것 말고는 다른 어떤 사실도 공식적으로 통보받지 못했다. 하지만 여러 대원들은 어떤 일이 일어날지 짐작은 하고 있었다. 볼라우프 대위는 일부 대원에게 다음 날 "엄청나게 흥미로운" 임무가 있을 거라고 말했다.[4] 그런데 이 말을 듣고 한 대원이 자신은 막사 경비를 맡아서 부대에 남아 있게 된 것에 대해 불평하자 중대 부관으로부터 이러한 대답을 들었다. "자네는 함께 가지 않아도 되는 것을 기뻐해야 해. 곧 어떤 일이 벌어질지 알게 될 거야."[5] 하인리히 슈타인메츠Heinrich Steinmetz* 병장은 2중대 3소대 대원들에게 자신의 부하 중 "겁쟁이들은 보고 싶지 않다"라고 경고했다.[6] 탄약이 추가로 지급되었다.[7] 훗날 한 경찰은 그의 부대가 채찍을 지급받았으며 그래서 "유대인 작전"에 관한 소문이 퍼졌다고 보고했다.[8] 그러나 다른 대원들은 채찍 지급에 대해 전혀 기억하지 못했다.

트럭 행렬은 새벽 2시에 비우고라이를 떠나 막 동틀 무렵 유제푸프에 도착했다. 트라프는 자신을 중심으로 반원형 대열로 대원들을 집합시키고 대대가 받은 사살 임무를 설명했다. 그러고 나서 그는 특별한 제안을 했다. 나이 많은 대원들 가운데 이 임무를 감당할 자신이 없는 사람은 앞으로 나오라는 것이었다. 잠시 침묵이 흐른 뒤 3중대원 오토–율리우스 심케Otto-Julius Schimke*가 앞으로 나왔다. 3중대 3소대를 이끌고 자크슈프에서 직접 유제푸프로 왔기 때문에 전날 비우고라이에서 있었던 장교회의에 참가하지 못한 호프만 대위는 하필 자신의 소대원 한 명이 첫 번째로 나선 것에 대해 몹시 화를 냈다. 그는 심케에게 비난을 퍼부었지만 트라프가 이를 제지했다. 트라프가 심케를 보호해준 뒤 10명 또는 12명의 대원이 추가로 앞에 나왔다. 그들은 소총을 반납했으며 소령으로부터 다음 명령이 있을 때까지 대기하라는 지시를 받았다.[9]

그러고 나서 트라프는 중대장들을 소집하여 각자에게 임무를 주었다. 1중대는 캄머Kammer* 병장, 2중대는 그나데, 3중대는 호프만을 통해 명령이 전달되었다. 3중대의 2개 소대는 마을을 포위해야 했다.[10]

그들은 탈출을 시도하는 자는 누구든지 사살하라는 분명한 명령을 받았다. 나머지 중대는 유대인들을 끌어내 중앙 광장에 집결시켜야 했다. 중앙 광장으로 이동할 수 없을 정도로 아프거나 몸이 약한 자들, 저항하거나 몸을 숨기려고 시도하는 자들, 그리고 모든 유아들은 그 자리에서 사살되어야 했다. 그 후 1중대의 몇몇 대원들은 중앙 광장에서 선발된 노동 유대인들을 수용소로 호송하며, 그동안 1중대의 나머지 대원들은 숲으로 가서 사살조를 편성해야 했다. 2중대는 3중대 3소대와 함께 중앙 광장에 모인 유대인들을 트럭에 태워 숲으로 보내는 임무를 맡았다.[11]

트라프는 임무를 하달한 후 시내로 돌아가서 남은 하루 가운데 얼마 동안은 본부로 사용된 교실에서, 얼마 동안은 폴란드인 소령의 집과 마을 교회 지도자의 집에서, 중앙 광장에서, 그리고 숲으로 향한 거리에서 방황하며 보냈다.[12] 그러나 그는 숲까지는 가지 않았으며 학살을 지켜보지도 않았다. 그는 눈에 띌 정도로 학살에서 거리를 두었다. 나중에 한 경찰은 이에 대해 분노에 찬 목소리로 이야기했다. "트라프 소령은 한 번도 그곳에 있지 않았다. 그는 유제푸프에 머물러 있었다. 도저히 눈 뜨고는 그 참혹한 광경을 볼 수 없었기 때문이다. 그 때문에 흥분한 우리 대원들은 '참을 수 없기는 우리도 마찬가지야'라고 말했다."[13]

사실 트라프는 자신의 절망적 심리 상태를 어느 누구에게도 숨기려 하지 않았다. 한 경찰은 중앙 광장에서 트라프 소령이 자기 가슴에 손을 얹고 "오, 하느님, 왜 제가 이런 명령을 받아야 했습니까?"라고 말하는 것을 들었다고 기억했다.[14] 또 한 대원은 그를 학교에

아주 평범한 사람들

서 보았다. "그날 나는 트라프 소령이 교실에서 뒷짐을 진 채 이리저리 왔다 갔다 하는 것을 똑똑히 보았다. 그는 우울한 표정을 지으며 내게 말을 걸었다. 그는 이런 식으로 말했다. '제기랄, (…) 이런 일은 내게 맞지 않아. 하지만 명령은 명령이야.'"[15] 또 다른 경찰대원은 다음과 같이 생생하게 기억했다. "트라프가 한번은 우리 방에 있는 의자에 매우 쓸쓸하게 홀로 웅크리고 앉아 몹시 울었다. 눈물이 정말 줄줄 흘러내렸다."[16] 또 다른 대원은 본부에서 다음과 같은 사실을 목격했다. "트라프가 흥분한 채 뛰어와서 내 앞에 갑자기 죽은 듯 멈추어 서더니 나를 유심히 쳐다보며 내게 이 작전에 동의하는지 물었다. 나는 그의 눈을 똑바로 쳐다보며 말했다. '아닙니다. 소령님!' 그러자 그는 다시 이리저리 뛰더니 어린아이처럼 울었다."[17] 훗날 대대 위생병은 그는 중앙 광장에서 숲으로 가는 길에서 울면서 오는 트라프와 마주쳤으며, 그래서 소령에게 도움이 필요한지 물었다고 증언했다. "그는 내게 모든 것이 정말 끔찍하다는 뜻으로만 대답했다."[18] 나중에 트라프는 유제푸프에서의 작전 경과를 돌이켜보며 그의 운전병에게 "언젠가 세상에서 유대인 학살에 대한 보복이 이루어진다면 신께서 우리 독일인들과 함께하시길"이라고 말했다.[19]

트라프가 울면서 자신이 내린 명령을 한탄하는 동안 대원들은 대대의 임무를 계속 수행했다. 하사관들은 부대의 일부를 2~4명으로 구성된 수색조로 분산 편성하여 유제푸프의 유대인 구역에 보냈다. 다른 경찰들은 중앙 광장으로 통하는 거리를 따라, 또는 중앙 광장 자체에서 경비를 서야 했다. 유대인들은 집에서 끌려나왔으며 거동이 어려운 노약자들은 그대로 사살되었다. 비명과 총성이 사방에 가득했다. 한 경찰이 기록했듯이 그곳은 작은 마을이어서 사람들은 모든 것을 다 들을 수 있었다.[20] 나중에 검찰 수사 과정에서 많은 경찰 대원들은 그들이 유대인 구역 수색에서 사살된 유대인들의 시체들을 목격했다고 인정했다. 하지만 사살에 참가했다고 자백한 사람은 단 두 명뿐이었다.[21] 마찬가지로 몇몇 경찰들은 유대인 "병원" 혹은 "양로원"에 있던 모든 환자들이 현장에서 사살되었다는 사실을 들은 바 있다고 인정했다. 하지만 사살 현장을 직접 보거나 사살에 참가했다고 자백한 사람은 아무도 없었다.[22]

'유아들을 사살하라는 명령을 듣고 대원들은 처음에 어떻게 반응했는가'라는 질문에 답변할 때 대원들의 증언에 가장 많은 차이가 있었다. 어떤 대원들은 노인과 병자 외에 갓난아기도 사살되었으며 죽은 채로 집과 문간과 거리에 방치되었다고 주장했다.[23] 또 어떤 대원들은 자신들이 적어도 첫 번째 작전에서는 유대인 구역의 수색과 소개 작업 도중에 갓난아기와 어린아이를 사살하는 것을 주저했다는 점을 특히 강조했다. 한 경찰은 "우리 구역에서 사살된 유대인 가운데 갓난아기나 어린아이는 한 명도 없었다. 나는 모든 대원들이 거의 암묵적으로 갓난아기와 어린아이들에 대한 사살을 자제했다고 말하고 싶다"라고 힘주어 말했다. 그 대원의 관찰에 따르면 나중에 다른 지역에서도 그랬지만 유제푸프에서 "유대인 엄마들은 심지어 죽음 앞에서조차 자기 아기를 꼭 끌어안고 있었다. 그래서 우리는 유제푸프에서 엄마들이 아기들을 안고 중앙 광장으로 오는 것을 묵인했다".[24] 또 한 대원도 이렇게 증언했다. "작전에 투입된 거의 모든 경찰들이 암묵적으로 갓난아기와 어린아이 사살은 가능한 한 피했다.

아주 평범한 사람들

나는 오전 내내 아주 많은 여자들이 소개될 때 갓난아기를 품에 안고, 어린아이의 손을 잡고 오는 것을 볼 수 있었다."[25] 이 두 경찰의 증언에 따르면 어떤 장교도 갓난아기와 어린아이가 엄마와 함께 중앙 광장으로 오는 것을 막지 않았다. 그렇지만 그들의 동료 중 한 사람은 소개 작전을 마친 후 호프만 대위가 자기 휘하의 3중대 3소대원들을 질책했다는 사실을 회상했다. "우리는 작전을 충분할 정도로 강력하게 수행하지 않았다."[26]

대부분의 유대인이 집결되자 1중대는 수색 작전에서 철수하여, 그들을 기다리고 있는 '끔찍한' 다음 임무를 위한 짧은 교육을 받았다. 대대 군의관과 수석 병장이 강사였다. 대원들과의 저녁 회식 때 아코디언을 멋지게 연주하곤 했던 군의관과 함께 기꺼이 자신의 바이올린을 꺼내 자주 분위기를 돋우던 음악 애호가 경찰은 이렇게 회상했다.

대대의 전체 장교들, 특히 우리 대대의 군의관 쇤펠더Schoenfelder* 박사가 함께 있었다. 그는 우리에게 희생자들을 즉시 사망시키려면 어떻게 사격해야 하는지까지 꼼꼼하게 설명했다. 설명한 것을 실제로 보여주기 위해 그가 인체의 윤곽, 적어도 어깨 윗부분을 그림으로 그리고, 조준을 위한 보조도구로서 총검이 어느 부위에 닿아야 하는지 표시하던 모습을 정확히 기억한다.[27]

1중대가 명령을 받고 숲으로 떠난 후에 트라프의 부관 하겐은 노동 유대인 선별 작업을 지휘했다. 인근 제재소 주인은 이미 트라프에게 그를 위해 일하는 유대인 25명의 명단을 제출했었고 트라프는 그들의 석방을 허락했었다.[28] 하겐은 통역자를 동원하여 장인들과 신체 건장한 남자들을 찾았다. 약 300명 정도의 노동자들이 가족과 이별하게 되었을 때 한바탕 소동이 일어났다.[29] 도보로 떠난 그들이 아직 유제푸프를 벗어나기 전에 숲으로부터 첫 총성이 들려왔던 것이다. "첫 발포 후 이 장인들 사이에서 심상치 않은 소란이 일어났으며 어떤 자들은 땅에 주저앉아 울음을 터뜨렸다. (⋯) 이 시점에 그들은 뒤에 두고 떠나온 가족이 사살되고 있다는 사실을 분명히 깨달았음이 틀림없다."[30]

1중대의 부흐만 소위와 룩셈부르크인들은 노동 유대인들을 인솔하여 작은 시골 역까지 몇 킬로미터를 행군했다. 그곳에는 객차 한 량을 포함한 여러 량의 열차가 그들을 기다리고 있었다. 노동 유대인들은 열차 편으로 루블린에 보내졌으며 부흐만과 경비병들에 의해 그곳 수용소 중 한 곳에 인계되었다. 부흐만에 따르면 그곳은 악명 높은 마이다네크 노동수용소가 아니라 다른 수용소였다. 그곳 수용소 당국은 노동 유대인들의 이송에 대해 전혀 모르고 있었지만 그들을 기꺼이 수용했다. 경비대는 당일 다시 비우고라이로 돌아왔다.[31]

그동안 캄머 병장은 1중대의 첫 사살조를 인솔하고 유제푸프에서 몇킬로미터 떨어진 숲으로 갔다. 대원들을 실은 트럭은 숲 가장자리 비포장도로가 숲 진입로와 갈라지는 지점에 멈춰 섰다. 대원들은 트럭에서 뛰어내려 대기했다.

유대인 35~40명을 실은 첫 번째 트럭이 도착하자 유대인과 같은 수의 경찰들이 앞으로 나와 그들과 일대일로 마주 섰다. 대원들은 각자 한 명의 포로를 맡아 캄머가 이끄는 대로 포로들과 함께 숲길을

아주 평범한 사람들

따라 걸었다. 그들은 하루 종일 열심히 사살 장소를 찾아 헤맸던 볼라우프 대위가 가리키는 지점에서 멈추고 숲으로 들어갔다. 그러고 나서 캄머는 유대인들에게 얼굴을 바닥으로 향한 채 일렬로 엎드리도록 명령했다. 경찰들은 그들 뒤에 가서 지시받은 대로 총검을 어깨뼈 위쪽 척추에 대고 캄머의 명령에 따라 일제히 사격을 가했다.

그동안 두 번째 사살조를 맡을 더 많은 1중대 대원들이 숲 가장자리에 도착했다. 첫 번째 사살조 대원들이 숲에서 나와 트럭에서 내린 장소로 이동하는 동안 두 번째 사살조는 같은 길을 행진하여 숲으로 들어갔다. 볼라우프는 이번에는 첫 번째 장소에서 몇 미터 떨어진 장소를 지정했다. 두 번째 학살 대상자들이 사살된 시체들을 보지 못하도록 하기 위해서였다. 이번 유대인들도 얼굴을 바닥으로 향한 채 엎드리도록 강요되었으며 동일한 사살 방식이 반복되었다.

두 사살조는 하루 종일 하차 지점과 숲 사이에서 "시계추와 같은 과정"을 반복했다. 점심때를 제외하면 사살은 해 질 무렵까지 쉴 새 없이 계속되었다. 오후 언제쯤인지 누군가 사살조 대원들을 위해 술을 "구해 왔다". 거의 휴식 없이 계속 사살하며 하루를 마친 대원들은 각자 몇 명이나 죽였는지에 대한 파악력을 완전히 상실했다. 한 경찰의 표현에 따르면 "어쨌든 엄청나게 많은 숫자였다".[32]

대원들은 트라프가 아침 일찍 이상한 제안을 했던 바로 그 순간 비로소 작전의 정체를 알게 되었다. 따라서 대원들이 그 제안에 대해 생각하고 반응하기엔 시간이 너무 짧았다. 단 12명 정도만 본능적으로 앞으로 나섰으며 그들은 총을 반납하여 이어진 학살에 가담하는 것을 면할 수 있었다. 많은 대원들에게는 아직 그들이 해야 할 임무의 참모습, 특히 자신들이 사살조로 선발되었다는 사실이 분명히 인식되지 않았었다. 그러나 곧이어 1중대가 중앙 광장으로 파견되고 대원들에게 경부 사격neck shot에 관한 설명이 있은 후 사살 집행을 위해 숲으로 보내지자, 그때 비로소 몇몇 대원들은 자신들이 기회를 놓친 것을 깨닫고 실수를 회복하려고 시도했다. 한 경찰대원은 자신이 평소 잘 아는 캄머 병장에게 가서 이 임무가 자신에게는 "역겨우니" 다른 일을 맡겨달라고 부탁했다. 캄머는 그 부탁을 받아들여 그에게 남은 시간 동안 숲 주변을 경비하는 임무를 주었다.[33] 마찬가지로 캄머를 잘 아는 다른 몇몇 대원들도 트럭의 이동 경로를 따라 경비하는 임무로 변경되었다.[34] 또 다른 대원 몇 명은 이미 사살이 얼마 동안 집행된 후에야 비로소 캄머에게 와 더이상 이 일을 할 수 없다고 말했다. 캄머는 이들을 사살조에서 제외하고 트럭 호송 임무로 재배치했다.[35] 다른 두 대원은 캄머에게 가지 않고 볼라우프 대위(친위대 하우프트슈투름퓌러이기도 한)에게 가는 실수를 범했다. 그들은 자신이 아이를 가진 아버지이며 이 임무를 더이상 할 수 없다고 주장했다. 이에 대해 볼라우프는 '그러면 너희도 바로 희생자 옆에 누울 수 있다'고 경고하며 이를 일언지하에 거부했다. 그럼에도 불구하고 점심때 캄머는 이 둘뿐 아니라 다른 몇 명의 나이 많은 대원들까지 이 임무에서 면제해주었다. 그는 이들을 한 하사관의 인솔로 중앙 광장으로 돌려보냈고 하사관은 트라프에게 이를 보고했다. 트라프는 이를 받아들여 이날 남은 시간 동안 임무를 면해주고 예정보다 일찍 비우고라이 숙소로 돌아가도록 허락했다.[36]

사살조 임무를 면하게 해달라고 부탁하지 못했던 어떤 대원들은 다른 방식으로 탈출구를 찾았다. 어떤 사수들이 너무 흥분해서 그리고 "의도적으로" 희생자를 명중시키지 못하는 경우가 발생했기 때문에 지휘관은 자동소총을 가진 하사관들에게 이른바 확인사살(또는 안락사살)을 하도록 지시해야 했다.[37] 어떤 대원들은 좀 더 일찍 탈출구를 찾았다. 예를 들어 1중대원 몇 명은 소개 작전 도중 빠져나와 가톨릭교회 신부의 사택 정원에 숨어 있었다.[38] 시간이 많이 지나서 자신들이 빠져 나온 것이 눈에 띌까 두려운 생각이 들 때까지 거기 숨어 있다가 중앙 광장으로 돌아온 그들은 인근 마을로부터 유대인들을 이송하기 위해 떠나려고 하는 트럭에 올라타 자신들이 왜 그동안 없었는지 이유를 설명했다.[39] 또 어떤 대원들은 수색 작업 동안 유대인들을 끌어내는 걸 원치 않았기 때문에 중앙 광장에서 서성거리고 있었다. 또 다른 대원들은 중앙 광장에 있으면 유대인 사살조에 동원될 것이 두려워 계속 유대인 집들을 수색하고 다니면서 시간을 끌었다.[40] 유대인들을 숲으로 싣고 갈 임무를 맡은 한 운전병은 단 한 차례 운행 임무를 수행한 뒤 자신을 이 임무에서 면제해달라고 요청했다. 그와 교대하여 유대인들을 죽음으로 태우고 간 다른 운전병은 "아마도 유대인들을 사살 현장으로 태우고 가는 것이 그에겐 정신적으로 견디기 어려운 일이었던 것 같다"라고 말했다.[41]

1중대가 숲으로 행군해 간 후, 유대인들을 끝까지 찾아내 트럭에 싣는 작업이 2중대에 맡겨졌다. 숲에서 첫 번째 총성이 들려오자 모여 있던 유대인들은 어떤 운명이 그들을 기다리고 있는지 분명히 알게 되었고, 수많은 사람들의 울부짖는 비명 소리가 중앙 광장을 가득 채웠다.[42]

그러나 그 후 유대인들은—독일인 목격자들의 증언에 따르면 "믿을 수 없을 만큼" "놀랄 만한"—차분한 행동을 보였다.[43]

희생자들이 평온함을 유지했던 반면, 독일 장교들은 점점 신경질적이 되어갔다. 사실이 너무 느리게 진행되어 하루 안에 끝낼 수 없다는 것이 분명해지기 시작했기 때문이었다. "작업 진행이 잘 안 된다!" 또는 "작업이 너무 느리다!"는 얘기가 자주 나왔다.[44] 그러자 트라프는 새로운 명령을 내렸다. 그때까지 마을 외곽을 포위하고 있던 3중대는 중앙 광장의 철저한 경비에 배치되었다. 그러데 소위의 2중대도 이제 사살조를 지원하기 위해 숲으로 이동하라는 명령을 받았다. 3소대의 슈타인메츠 병장은 대원들에게 사살 임무를 감당할 수 없다고 없을 것 같으면 말하라고 다시 한 번 기회를 주었다. 그러나 아무도 나서지 않았다.[45]

그러데 소위는 자신의 부대를 두 조로 나누어 각각 숲의 두 지역으로 보냈다. 그리고 학살 장면을 보기 위해 볼라우프의 1중대를 찾아갔다.[46] 그동안 셰어scheer 소위와 헤르게르트Hergert* 병장은 2중대 1소대와 3소대원 몇 명을 이끌고 숲의 특정 장소로 갔다. 그는 거기서 대원들을 네 조로 나누고 각 조에 사살 장소를 지정해준 다음, 가서 유대인들을 데려오도록 했다. 그때 그러데 소위가 셰어에게 와서 대원들이 숲속으로 더 깊숙이 들어가지 않는다고 비난했다.[47] 각 조가 두세 번 정도 유대인 집결지와 숲의 사살 장소를 왕복하면서 사살을 집행했을 때 셰어는 이 방식이 너무 느리다는 것을 깨달았다. 그는 헤르게르트에게 조언을 구했다. 헤르게르트는 이 사실을 기억했다. "그래서 나는 집결지에서 유대인을 숲으로 데려오는 일은 두 명

아주 평범한 사람들

이면 충분하며 그동안 나머지 사격병들은 다음 사격 장소로 이동, 대기할 수 있을 것이라고 제안했다. 또한 사살 장소를 이곳저곳으로 계속 이동하다 보니 숲길의 유대인 집결지와 점점 가까워졌다. 우리는 이 방식으로 계속 진행했다."[48] 헤르게르트의 제안에 힘입어 이후의 사살 작업은 훨씬 빨리 진행되었다.

처음부터 사살조로 지정된 1중대와 달리 추가 투입된 2중대 대원들에게는 어떻게 사살을 집행해야 하는지에 대해 상세한 설명이 없었다. 그들은 목표물 겨냥 보조도구인 총검을 장착하지 않았기 때문에 사격이 빗나가는 경우가 무수히 발생했고, 헤르게르트의 표현에 따르면 "희생자의 불필요한 부상을 초래"했다. 헤르게르트 부대의 한 대원도 그들이 정확하게 조준하는 것이 어려웠다고 보고했다. "처음에는 선 자세로 팔을 받치지 않은 채 쏘았다. 너무 높이 조준하자 두개골 전체가 터져 버렸다. 그 결과 뇌수와 뼛조각들이 사방으로 튀었다. 그러자 총검을 목 윗부분 척추에 대고 쏘라는 지시가 내려졌다.[49] 그러나 헤르게르트에 따르면 총검도 궁극적 해결책이 아니었다. "이제 오발은 훨씬 줄어들었지만, 또 다른 끔찍한 결과가 발생했다. 이 방식을 통해 불가피했던 근접사격으로 총알이 희생자의 두개골에 너무 강력하게 명중한 결과, 두개골 전체 또는 적어도 두개관 뒷부분이 부서져 피와 뼛조각, 뇌수가 주변에 뿌려졌고 사살조 대원들에게까지 튀었다."[50]

헤르게르트는 1소대 어느 누구도 사전에 임무 면제를 신청할 기회가 없었다는 점을 강조했다. 그러나 작전 시작 후 몇몇 대원이 그 또는 셰어에게 와서 여자와 어린아이를 사살할 수 없다고 말하자 그들에게는 다른 임무가 주어졌다.[51] 이 증언은 그의 부하 대원들 가운데 한 사람에 의해 확인되었다. "누구든지 사살을 집행하다가 더이상 견딜 수 없으면 신고하라는 말이 돌았다. (…) 나는 10여 차례 남자와 여자를 사살해야 했다. 그러다가 어느 순간 더이상은 사살할 수가 없었는데 이것이 헤르게르트 병장의 눈에 띄었다. 내가 나중에는 계속 잘못 쏜 것이었다. 그는 나를 사살조에서 면제해주었으며 다른 대원들도 곧 교체되었다. 그들도 순전히 더이상 견딜 수 없었기 때문이었다."[52]

드루커 소위의 2소대와 슈타인메츠 병장의 3소대 대부분은 다른 쪽 숲에 보내졌다. 볼라우프의 1중대가 35~40명의 커다란 집단으로 이루어졌던 것과 달리, 여기서는 셰어의 소대와 마찬가지로 한 조를 5~8명씩 작은 규모로 편성했다. 대원들은 맨 아래쪽 목뼈를 겨냥하라고 지시받았지만 여기서도 처음에는 총검 없이 사격이 이루어졌다.[53] 결과는 차마 눈 뜨고 볼 수 없는 것이었다. "사살조 대원들은 피와 뇌수와 뼛조각으로 범벅이 되었다. 그것들이 모두 대원들의 옷에 튀어 묻었던 것이다."[54]

드루커는 대원들을 사살조로 편성하면서 그중 약 3분의 1을 예비조로 두었었다. 결국 모든 대원이 사격에 참가해야 했지만 이런 방식으로 잦은 교대와 "흡연 휴식"이 가능했다.[55] 계속 트럭까지 왔다 갔다 하는 과정, 한눈에 들어오지 않는 숲 지대, 잦은 임무 교대로 인해 대원들은 한 조에 계속 고정되어 있지 않았다.[56] 이런 전반적인 혼란 상황은 작업을 지체하거나 회피할 기회를 만들어주었다. 서둘렀던 대원들은 가능한 한 지체했던 다른 대원들보다 훨씬 많은 유대인들을 사살했다.[57] 한 대원은 2회에 걸친 사살 후 "슬쩍 빠져나와" 숲가에 정차해 있는 트럭들 사이에 머물러 있었다.[58] 다른 한 대원은 아예 사살조에 들어가는 것을 이리저리 피했다.

어떤 경우에도 자신의 손으로 사살을 집행하는 것을 원치 않거나 아예 사살할 수 없었던 자들에게 이 임무를 피할 가능성이 전혀 없었던 것은 아니었다. 여기서는 엄격한 통제가 이루어지지 않았다. 따라서 나는 도착하는 트럭들 사이에 머물러 있으면서 그곳에서 무언가 일을 계속했다. 바쁘게 활동하는 척한 것이다. 이런저런 동료들이 내가 희생자들을 죽이러 함께 사살조에 들어가지 않는 것을 눈치채지 못할 리가 없었다. 그들은 혐오감을 표시하며 내게 "나쁜 자식", "겁쟁이" 등의 말로 비난을 퍼부었다. 그러나 나는 내 행동 때문에 어떤 처벌도 받지 않았다. 나는 여기서 내가 사살조 가담을 회피했던 유일한 대원이 아니었다는 점을 언급해야 한다.[59]

전쟁이 끝난 후 유제푸프 학살 때문에 취조받았던 사살조 대원 대부분은 2중대 3소대 소속이었다. 이날 사살조에 가담했던 경험이 이후 작전 과정에서 대원들에게 어떤 영향을 미쳤는지 그리고 그 경험이 이후의 "사살조 이탈자의 비율"에 어떤 영향을 초래했는지를 아마 가장 인상적으로 전해줄 수 있는 것은 그들의 증언일 것이다.

미용사 출신인 당시 40세 한스 데틀레만Hans Dettlemann*은 드루커에 의해 사살조에 배치되었다. "하지만 나는 첫 번째 사살 집행 때 첫 희생자를 도저히 쏠 수 없었다. 그래서 나는 돌아서서 (…) 드루커 소위에게 교체를 요청했다." 그가 소위에게 자신은 태생적으로 매우 심약하다고 설명하자 소위는 그만두도록 했다.[60]

과거에 렘츠마 담배회사의 영업사원이었던 발터 니하우스Walter Niehaus*의 첫 사살 대상자는 나이 많은 여자였다. "그 여자를 사살한 후 나는 선임자인 토니 [안톤] 벤트하임Tonie [Anton] Bentheim에게 가서 더이상 사살을 집행할 수 없다고 말했다. 그 뒤 더이상 사살에 가담하지 않아도 되었다. (…) 나는 이 한 번의 사살 집행으로 정신적으로 완전히 극한 상태에 처해 있었다."[61]

아우구스트 초른August Zorn*이 맡았던 첫 희생자는 매우 늙은 남자였다. 그는 그 노인에 대해 회상했다.

그 노인은 가는 길에 거듭 넘어지고 쓰러진 채로 있어서 다른 사람들과 보조를 맞출 수 없거나 맞추려 하지 않았다. 그래서 나는 계속 그를 부축해 일으키면서 끌고 가야 했다. 내가 사살 현장에 도착했을 때 동료들은 이미 사살을 마친 후였다. 사살된 유대인들을 보더니 그 노인은 다시 쓰러졌고 일어서지 않았다. 나는 총을 장전한 후 노인의 뒤통수에 대고 한 방을 쏘았다. 그런데 나는 이미 소개 작업 때부터 유대인에 대한 잔인한 취급 때문에 매우 흥분하고 혼란스러운 상태여서 너무 높은 지점을 조준했다. 이 한 방으로 노인의 두개골 뒤쪽이 박살났으며 뇌가 그대로 드러났다. 뼛조각들이 소대장 슈타인메츠 병장의 얼굴에까지 튀었다. 이러한 연유에서 나는 트럭으로 돌아가 거기 있던 상사에게 면제를 요청했다. 너무 고통스러워 더이상 할 수 없었다. 그는 내 요청을 들어주었다.[62]

재봉사 출신인 당시 37세 게오르크 카겔러Georg Kageler의 경우는 두 번째 사살 때 문제가 발생했다. "첫 번째 사살을 집행하고 트럭 도착 지점에 돌아가서 다음 사살 대상자로 한 모녀를 배정받은 후 이들과 대화를 나누었는데, 그들이 카셀에서 온 독일인이라는 것을 듣고 더이상 사살에 참여하지 않기로 결심했다. 이제 전체 작전이 내게는 너무나 거슬려서 나는 소대장에게 다시 가 아직도 몸이 아프니 임무를 면하게 해달라고 요청했다."[63] 카겔러는 중앙 광장 경비로 보내졌다. 사살 집행 전에 자신이 사살해야 할 희생자와 대화를 나누고 유제푸프에 독일 유대인들도 있다는 사실을 안 대원이 그만은 아니었다. 다른 임무를 달라고 요청했던 첫 번째 대원 심케는 중앙 광장에서 함부르크에서 온 유대인을 만났으며 다른 한 대원도 마찬가지였다.[64] 또 다른 대원도 살려달라는 애원에도 불구하고 그가 사살했던 첫 번째 유대인이 1차 세계대전 당시 훈장을 받았던 브레멘 출신 참전용사였다는 것을 기억했다.[65]

프란츠 카스텐바움Franz Kastenbaum*은 공식적인 취조 과정에서 자신은 폴란드 유대인 학살에 대해 아무것도 기억나지 않는다고 주장했다. 하지만 그는 어느 날인가 갑자기 소환도 없이 101대대에 관해 조사 중인 함부르크 검찰에 출두하여 자신이 당시 7~8명의 유대인 사살조에 속했다고 털어놓았다. 그에 따르면 사살조는 유대인들을 숲으로 끌고 가서 근접 경부 사격으로 사살했는데 이 과정은 네 번째 희생자까지 반복되었다.

민간인 사격은 내게 큰 거부감을 일으켜서 네 번째 희생자는 명중시키지 못했다. 정확하게 조준하는 것이 더이상 불가능했다. 나는 갑자기 구역질이 나서 사격선에서 물러섰다. 아니, 지금 나는 내 행동을 잘못 표현했다. 네 번째의 경우 내가 더이상 정확하게 맞힐 수 없었던 것이 아니라 의도적으로 빗나가게 쏘았던 것이다. 그러고 나서 나는 숲으로 달려가 구토한 후 나무에 기대앉았다. 근처에 아무도 없는 것을 확인하기 위해 숲 쪽으로 크게 외쳤다. 혼자 있고 싶었기 때문이다. 나는 당시에 완전히 제정신이 아니었다. 내 기억에는 두세 시간 숲에 혼자 앉아 있었던 것 같다.

카스텐바움은 다시 숲 가장자리에 가서 중앙 광장으로 돌아가는 빈 트럭에 올라탔다. 그는 어떤 처벌도 받지 않았다. 사살조가 뒤섞여 있었기 때문에 그가 이탈한 것은 눈에 띄지 않았다. 담당 검사에게 말한 바에 따르면, 그는 처음 취조에서 학살 행위를 은폐하려 한 행동 때문에 그동안 조금도 마음이 편할 날이 없었고 결국 증언하게 되었다고 했다.[66]

사살을 견디기 어려웠던 대원들 대부분은 아주 일찍 교체될 수 있었다.[67] 하지만 모두 다 그렇게 일찍부터 어려웠던 것은 아니었다. 어떤 사살조의 대원들은 각자 10~20명 정도를 사살한 다음 결국 교대를 요청했다. 그들 중 한 명은 이렇게 말했다. "나는 특히 내 옆의 대원이 너무 엉망으로 사격을 해서 교대를 요청했다. 그는 항상 너무 높게 조준해서 희생자에게 엄청난 고통을 초래했다. 많은 경우 희생자의 두개골 뒷부분이 깨져서 뇌수가 사방으로 튀었다. 나는 더이상 이를 지켜볼 수 없었다."[68] 트럭 도착 지점에 있던 벤트하임 병장은 피와 뇌수로 범벅이 된 채 풀이 죽고 정신이 나간 상태로 숲에서 나오는 대원들을 보았다. 그는 대원들이 교대를 요청하면 "슬그머니" 중앙 광장으로 가라고 충고해주었다.[69] 그 결과 중앙 광장에 모이는 대원의 수가 계속 늘어났다.[70]

1중대의 경우와 마찬가지로 드루커와 슈타인메츠의 지휘 아래 숲에서 사살을 계속했던 대원들에게도 술이 지급되었다.[71] 그런데 긴 여름날이 다 저물 때까지도 임무가 완료되지 않자 사살은 한층 무질서하고 성급해졌다.[72] 숲은 여기저기 시체로 가득 차서 유대인들을 엎드리게 할 자리를 찾기 어려웠다.[73] 완전히 어두워졌을 무렵, 즉 101예비경찰대대가 유제푸프 외곽 지대에 처음 도착한 지 약 17시간이 지난 밤 9시경, 마지막 유대인이 사살되자 대원들은 중앙 광장으로 돌아가 비우고라이로 떠날 준비를 했다.[74] 시체들을 매장할 계획은 전혀 없어서 죽은 유대인들은 숲 여기저기에 방치되었다. 공식적으로는 의복도 귀중품도 수집되지 않았지만 최소한 몇몇 경찰들은 희생자들에게서 시계, 귀금속, 돈을 빼내 챙겼다.[75] 유대인들이 광장에 남겨놓았던 수많은 짐가방은 소각되어야 했다.[76] 대원들이 열차에 올라 유제푸프를 막 떠나려던 순간, 머리에서 피가 흐르는 한 10세 소녀가 나타났다. 대원들이 그 아이를 트라프에게 데려가자 그는 아이를 품에 안으며 말했다. "너는 살려주마."[77]

대원들이 다시 비우고라이의 숙소에 도착했을 때 그들은 침통하고, 화가 나고, 괴로워하고, 동요했다.[78] 그들은 식사는 별로 하지 않고 술만 많이 마셨다. 술은 충분히 지급되었고 많은 대원들은 만취했다. 트라프 소령은 부대를 순회하며 책임은 고위층에 있다는 점을 재차 강조하면서 대원들을 위로하려 애썼다.[79] 그러나 술도 트라프의 위로도 막사를 지배했던 수치심과 공포를 씻을 수는 없었다. 트라프는 대원들에게 숲에서 있었던 일에 관해 이야기하지 말라고 부탁했지만[80] 그 점에 대해서는 아예 말할 필요도 없었다. 숲에 가지 않았던 대원들은 당시뿐만 아니라 나중에도 그에 관해 전혀 알려고 하지 않았다.[81] 그리고 학살 현장에 있었던 대원들 역시 당시뿐만 아니라 나중에도 그에 관해 전혀 이야기하고 싶어하지 않았다. 이렇게 101 예비경찰대대 내부에는 유제푸프 학살에 대해 아무 말도 하지 않는다는 암묵적인 합의가 있었다. "모든 사실이 금기였다."[82] 그러나 낮 동안에 벌어진 일에 대한 의식적인 침묵이 밤에 나타나는 악몽을 막을 수는 없었다. 유제푸프에서 돌아온 첫날 밤, 어떤 대원은 천장을 향해 마구 총을 쏘면서 잠에서 깼다.[83]

며칠 후 대대는 또 다른 학살 작전 출동을 가까스로 피할 수 있었던 것 같다. 트라프와 볼라우프의 지휘 아래 1, 2중대는 유제푸프 서쪽 12킬로미터 되는 지점에 지방도로를 따라 집들이 늘어서 있던, 이른바 길가 마을인 알렉산드루프Aleksandrów에 들이닥쳤다. 그들은 몇몇 유대인을 체포했고, 유대인들이나 경찰들이나 또 한 차례 집단 학살이 다가올 것을 두려움 속에 예견하고 있었다. 그러나 작전이 잠시 지체되더니 트라프는 작전을 중지시키고 유대인들을 다시 집으로 돌아가게 했다.

한 경찰은 "이때 유대인들이 각자 어떻게 소령 앞에 무릎을 꿇고 그의 손과 발에 입을 맞추려고 했는지"를 생생하게 기억했다. 그러나 "트라프는 이를 허용하지 않고 돌아섰다". 경찰대대는 왜 사태가 이상하게 반전되었는지 어떤 설명도 듣지 못한 채 다시 비우고라이로 돌아왔다.[84] 함부르크를 떠난 지 정확히 한 달, 그리고 유제푸프 학살 후 일주일이 되던 7월 20일, 101예비경찰대대는 비우고라이에서 북부 루블린 지역으로 이동 배치되었다.

8

집단학살에 대한 성찰

유제푸프에서는 500명 가운데 단 12명 정도의 대원들만 트라프 소령의 제안에 본능적으로 반응함으로써 임박한 집단학살에 참여하지 않을 수 있었다. 애초부터 사살에 참여하고 싶지 않다고 선언한 대원들의 수는 왜 이렇게 적었을까? 트라프의 제안이 갑작스러웠다는 것이 부분적인 원인일 수 있다. 대원들은 유제푸프 작전에 대해 들은 순간 매우 "당황했다".[1] 그들은 아무런 사전 경고도 받지 못했고 생각할 시간도 없었다. 트라프의 제안에 순간적으로 반응할 수 없었을 때 그들은 그만 첫 번째 기회를 놓치고 말았다.[2]

생각할 시간이 없었다는 것과 마찬가지로 중요한 역할을 한 것은 명령에 복종해야 한다는 강박관념이었다. 제복을 입은 사람들은 근본적으로 자신을 동료들과 동일시하며, 대열에서 성급히 빠져나오는 행동으로 집단으로부터 분리되지 않으려는 욕구가 크다. 대대는 바로 얼마 전에 전체 인원이 채워졌기 때문에 대부분의 대원들은 서로 잘 모르는 상태였다. 병영 생활을 하는 단체의 경우에 통상적이라고 할 수 있는 동료 간 결속이 아직 형성되지 않은 것이다. 그런 상황에서 그날 아침 유제푸프에서 트라프의 제안에 따라 앞으로 나서는 행동은 대원들로부터 이탈하는 것이며 자신이 너무나 "약한" "겁쟁이"임을 인정한다는 의미였다. 한 대원이 나중에 강조했듯이, 그 누가 "감히" 집결한 부대원들 앞에서 "체면을 잃고자" 하겠는가?[3] 여러 차례 사살을 집행한 끝에 결국 사살조 면제를 요청했던 한 대원은 "만약 누군가 내게 도대체 왜 처음에 다른 대원들과 함께 사살조에 참가했냐고 묻는다면, 나는 겁쟁이 취급을 받고 싶은 사람은 아무도 없다고 대답할 수밖에 없다"라고 말했다. 그는 처음부터 사살을 거부하는 것은 우선 노력하다가 나중에 더이상 계속 사살할 수 없게 된 것과 전혀 다르다고 덧붙였다.[4] 대열에서 나오기 위해서는 정말 용기가 필요했다는 것을 훨씬 잘 알았던 또 다른 대원은 아주 간단하게 표현했다. "나는 겁쟁이였다."[5]

취조받은 경찰대원들은 대부분 선택의 여지가 있었다는 것 자체를 부인했다. 그런데 다른 대원들의 반대 증언에 직면하자 그들 가운데 많은 대원들은 트라프의 제안 자체가 없었다고 부정하지는 않았지만 자신들은 그의 연설 가운데 이 부분을 못 들었거나 그에 대해 기억이 나지 않는다고 주장했다. 몇몇 대원들은 자신들이 과연 선택의 자유를 갖고 있었는지에 대해 입장을 밝히려고 애썼으나 적절한 표현을 찾지 못했다. 1960년대 취조 당시의 정치적 가치와 단어는 1942년 그들이 처해 있던 상황을 설명하는 데 무용지물이었다. 왜냐하면 학살 당시 대원들은 마치 전혀 다른 정치적 행성처럼 지금과는 다른 시대와 장소에 있었기 때문이다. 약 20명을 사살한 후에 면제를 요청했다고 인정한 한 경찰대원의 다음 이야기는 7월 13일 아침 당시 그의 마음 상태를 대원 대부분의 전형적인 주장과는 전혀 다르게 묘사한다. "나는 내가 상황을 소화할 수 있으며, 내가 없더라도 유대인들은 어차피 그들의 운명을 피할 수 없으리라 생각했다. (…) 나는 진심으로 우리가 이 문제에 관해 전혀 깊이 성찰하지 않았다고 말할 수밖에 없다. 우리 중 몇몇은 몇 년이 지난 후에야 비로소 당시 무슨 일이 일어났는지 깨달았다. (…) 나중에야 비로소 그것이 옳지 않았다는 자각이 처음으로 들었다."[6]

경찰대원들은 자신이 사살에 참여하든 안 하든 상관없이 유대인들의 운명은 어차피 같았을 것이라는 단순하고 편리한 합리화 외에 자신들의 행동에 관한 또 다른 정당화 논리를 개발했다. 아마 그중 가장 놀라운 것은 브레머하펜Bremerhaven에서 온 당시 35세 금속노동자의 주장일 것이다.

나는 어린아이만 쏘려고 노력했으며 그것은 가능했다. 엄마들은 대개 아이들의 손을 잡고 있었다. 내 옆의 동료는 엄마를 쏘았고 나는 그 엄마의 아이를 쏘았다. 왜냐하면 아이는 엄마 없이 더이상 살아갈 수 없다는 생각이 들었기 때문이었다. 엄마 없이는 더이상 생존 불가능한 아이를 죽여 구제erlösen한다는 것은, 말하자면 내게 일종의 양심 달래기였다.[7]

이 증언이 갖는 육중한 무게와 단어 선택에서 보이는 의미심장함은 '방출' 또는 '해방release'을 뜻하는 독일어 단어 erlösen이 종교적 의미로 사용될 때 '구원redeem' 또는 '구제save'를 뜻한다는 것을 모른다면 충분히 이해될 수 없다. 해방시켜준 사람은 '구원자'이거나 '구세주Erlöser'인 것이다!

경찰대원들의 동기나 의식과 관련하여 검찰 취조에서 가장 명백히 소홀하게 다뤄진 부분은 반유대주의 문제이다. 대부분의 경우 취조관들은 우선 이 문제를 전혀 추적하지 않았다. 그리고 관련 증인들은 자신들도 자칫하면 언제든지 피고가 될 수 있는 상황이었기 때문에 여러 가지 이해할 만한 이유에서 자발적으로는 진상 규명에 참고가 될 어떠한 증언도 하지 않았다. 몇몇 예외를 제외하면 반유대주의 문제 전체를 침묵 속에 그냥 지나쳤다. 분명한 것은 경찰대원들에게는 동료들 눈에 비칠 자신의 체면에 대한 관심이 희생자와의 어떠한 인간적인 교감보다 중요했다는 사실이다. 유대인들은 대원들이 인간적인 의무감과 책임감을 느끼는 영역 밖에 서 있었다. 이러한 '우리'와 '그들', '동료'와 '적'의 양극화는 물론 전시戰時에는 당연한 기준이다. 예비경찰대원들이 나치의 반유대주의 이론을 무의식적으로 받아들이기는 했지만 그들은 적어도 유대인들을 일반적인 적敵의 이미지로 파악했던 것 같다. 7월 13일 새벽, 학살 작전을 눈앞에 둔 대원들 앞에서 했던 트라프 소령의 연설에서도 이 점이 엿보인다. 즉 그는 당시 널리 퍼져 있던 민족의 적으로서의 유대인관에 호소했다. 유대인 여자와 어린이를 사살할 때, 대원들은 같은 시각에 적들의 무차별 공습으로 독일 여성과 어린이가 죽어가고 있다는 사실을 상기해야 한다고 말이다.

처음에는 단지 12명 정도의 대원들만 임박한 집단학살에 가담하

아주 평범한 사람들

지 않기 위해 나섰지만, 사살 시작 후에는 이보다 훨씬 많은 대원들이 눈에 띄지 않는 방법으로 학살자 역할을 회피하거나 면제를 요청했다. 얼마나 많은 대원들을 이 범주에 분류할 수 있을지 확실하게 말할 수는 없지만, 대체로 사살조에 편성된 경찰대원의 10~20퍼센트 정도라고 추정하면 무리가 아닐 것이다. 예를 들어 헤르게르트 병장은 그의 소대원 40~50명 가운데 5명을 면제해주었다고 고백했다. 우리는 심문받은 대원 대부분이 소속되어 있던 드루커와 슈타인메츠의 소대 중에서는 최대 네 차례의 사살 집행 후에 먼저 4명이 면제를 요청했으며, 한참 뒤에는 5~8명으로 구성된 1개 사살조 전원이 임무를 면제받았다는 사실을 확인할 수 있다. 이처럼 이런저런 방식으로 집단학살을 회피했던 대원 수는 결코 적지 않았지만, 그렇다고 해서 거꾸로 사살조에 편성된 대원의 최소한 80퍼센트가 유제푸프 유대인 1500명이 모두 학살될 때까지 사살을 계속했다는 사실을 희석시켜서는 안 될 것이다.

사살조에서 벗어났던 경찰대원들 대부분은 20~25년이 지난 후에도 순전히 육체적 혐오감이 그 주요 동기였다고 언급했을 뿐, 그 혐오감 뒤에 어떠한 윤리적 또는 정치적 가치관이 있었는지는 밝히지 않았다. 물론 예비경찰대원들의 평균 학력을 고려할 때 그들에게서 추상적인 원칙이나 가치관에 대한 섬세한 표현을 기대하기는 어렵다. 그러나 그런 성격의 증언이 없었다고 해서 언급된 역겨움의 원인이 순수한 인간적 본성 속에 있지 않았다고 해석하면 안 된다. 나치즘은 이러한 인간적 본성을 강력하게 부정하며 극복하고자 했다. 그럼에도 불구하고 대원들은 그들이 받들었던 정권의 본질과 자신들의 느낌 사이에서 어떤 모순도 의식하지 못했던 것 같다. 물론 이들 경찰이 너무 심약해서 사살을 계속하지 못했다는 것이 대대의 작전상 '효율성'이나 사기 측면에서 당연히 문제를 초래했지만, 이러한 행동은 본질적으로 경찰의 기본적인 기강이나 정권의 권위에 대한 도전은 아니었다. 사실 힘러는 1943년 10월 4일 그의 악명 높은 포젠Posen 연설에서 고위 친위대 간부들을 대상으로, 이런 종류의 '허약함'을 관용한 데 대해 직접 개인적으로 제재를 가했다. 그는 복종을 모든 친위대원들의 핵심 덕목으로 강조했지만 분명히 예외를 두었다. "어떤 대원이 정신적으로 극한 상태이고 심약하다고 느낀다면 그에게 이렇게 말할 수 있다. 좋다. 너는 군복을 벗어라."[8]

경찰대원이 자신의 행동을 뒷받침하기 위해 정치적 또는 윤리적 동기를 가진 반反정부의 입장을 명백히 밝힌 것은 비교적 드물었다. 하지만 한 대원은 자신이 열성적인 공산당 당원으로서 나치즘을 총체적으로 반대하기 때문에 "유대인 조치"에 대해 단호하게 반대했다고 설명했다.[9] 또 한 대원은 오랜 사회민주당 당원으로서 유대인 학살에 반대했다고 말했다.[10] 세 번째 대원은 그가 나치에 "정치적으로 신뢰할 수 없는 불평분자"로 알려졌었다고 증언했지만 자신의 정치적 입장에 대해서는 더이상 말하지 않았다.[11] 또 다른 여러 대원들은 자신들의 행동이 바로 그들이 나치 정권의 반유대주의에 반대했었다는 것을 뒷받침해준다고 주장했다. 조경사 출신의 한 대원은 "전에 이미 시행되었던 '유대인 조치'로 인해 많은 유대인 고객을 잃었다. 그래서 나는 이미 함부르크에 있을 때부터 반유대주의적 조치에 반대하는 입장을 갖고 있었다"라고 주장했다.[12] 또 다른 경찰대원은 상

세히 논하지는 않았지만 자신을 "유대인의 절친한 친구"라고 표현했다.[13]

자신이 왜 사살조 참가를 거부했었는지를 가장 상세히 설명한 두 대원은 모두 자신들이 경찰에서 승진하고 싶은 야망이 없었기 때문에 더욱 자유롭게 행동할 수 있었다는 사실을 강조했다. 한 대원은 자신의 행동양식에서 앞으로 혹시 있을지 모르는 경력의 불이익을 감수했다고 말했다. "왜냐하면 나는 직업경찰이 아니었고 되고 싶지도 않았으며, 독립된 숙련 장인으로서 고향에 내 사업체를 가지고 있었기 때문이다. (…) 그렇기 때문에 내가 경찰 경력에서 승진하지 못한다 해도 나에겐 별일이 아니었다."[14]

부흐만 소위는 당시 자신의 사살 거부에 대해 윤리적인 근거를 들었다. 예비역 장교이자 함부르크 사업가로서 그는 무방비 상태의 여자와 어린이를 쏠 수 없었다. 그러나 그는 또한 자신의 상황이 동료 장교들과 같지 않았다는 것을 부연하면서 경제적 자립의 중요성을 강조했다. "나는 나이도 어느 정도 많았던 데다가 예비역 장교이고 고향에 잘나가는 사업체를 갖고 있었기 때문에 진급이나 승진이 별로 중요하지 않았다. 반면 중대장은 무엇인가 되기를 원하는 젊은 직업경찰이었다." 그러나 부흐만은 사실 나치가 의심의 여지 없이 "세계주의적"이고 친유대주의적이라고 비판했던 관점도 갖고 있었다. "나는 특히 해외에까지 뻗어 있던 사업 경험을 통해, 당시 정세를 더 잘 내다볼 수 있었다. 그 밖에도 나는 이미 이전의 사업 활동을 통해 많은 유대인을 잘 알고 있었다."[15]

실질적으로 모든 대원들, 그러니까 하루 종일 사살에 참가했던 대원들도 유제푸프에서 그들에게 요구되었던 임무에 대해 불쾌감과 비통함을 느꼈다. 1중대의 캄머 병장에게 "만일 다시 그 일을 해야 한다면 나는 미쳐버릴 것이다"라고 했던 한 대원의 절규는 많은 대원들의 정서를 그대로 표현해주었다.[16] 그러나 이후 작전에서 단순한 불평을 넘어서 이런 종류의 임무로부터 이탈한 대원은 단지 소수였다. 대가족을 부양해야 했던 여러 나이 많은 대원들은 전투지역으로의 배치는 오직 본인의 명확한 동의가 있을 때에만 가능하다는 복무규정을 활용했다. 한 대원은 서명을 거부했고 다른 한 대원은 이미자신이 했던 동의 서명을 취소하기도 했다. 두 대원은 결국 모두 독일로 복귀 조치되었다.[17] 가장 극적으로 반응한 것은 다시 부흐만 소위였다. 그는 트라프에게 함부르크로 복귀시켜달라고 요청하면서, 트라프가 직접 개인적으로 명령하지 않을 경우에는 더이상 유대인에 대한 어떤 작전에도 참가하지 않겠다고 선언했다. 결국 그는 함부르크 본부로 이동 배치 청원서를 보내, 당시 자신의 부대가 폴란드에서 수행하고 있는 모종의 "경찰 본연의 임무와 무관한 작전"에 자신이 "부적합"하다는 이유를 들면서 함부르크로의 복귀를 요청했다.[18] 부흐만은 11월까지 기다려야 했지만 그의 청원은 결국 성공했다.

그러므로 트라프와 루블린에 있는 그의 상관이 직면했던 문제는 윤리적이거나 정치적인 동기를 가진 소수의 반대 세력이 아니었다. 어느 시점에 더이상 사살에 참여할 수 없었던 대원들만이 아니라 끝까지 사살에 참여했던 대원들에게도 해당되는 전반적인 사기 저하가 오히려 심각한 문제였다. 사기 저하는 무엇보다 경악스런 사살 과정 자체에 대한 거부감 때문이었다. 따라서 101예비경찰대대가 루블린 구역에서 "최종해결"을 실현하는 병력으로 계속 동원되려면 경찰대원들의 심리적 부담을 신중하게 고려하고 가능한 한 축소하는 전략의 변화가 필요했다.

그 때문에 후속 작전에서는 두 가지 중요한 변화가 도입되었고 몇몇 예외를 제외하곤 계속 그렇게 유지되었다. 첫째, 101예비경찰대대는 이제 대부분 게토 소개와 강제이송 집행에 투입되었으며, 그곳에서 집행된 공개적 집단학살에는 더이상 투입되지 않았다. 이를 통해 대원들은 더이상 살인의 공포와 직접 대면하지 않게 되었으며 루블린 구역 북부에서 이송되어 온 유대인들에 대한 학살 임무는 트레블링카 죽음의 수용소로 넘겨졌다. 둘째, 죽음의 열차에 유대인들을 싣는 과정에서 나타난 잔인한 강요 그리고 이송 불가능한 유대인에 대한 체계적인 사살로 특징지어지는 끔찍한 이송 작전은 이제 101예비경찰대대 단독이 아니라 대부분 트라브니키 부대와 합동으로 수행되었다. 트라브니키는 점령된 소련 지역에서 구성된 보조부대로서 전쟁포로 수용소에서 선발되어 친위대에 의해 훈련된 부대였다. 게토소개와 이송 작전에서 가장 힘든 임무는 대개 이들에게 부여되었다.

대대 지휘부가 유제푸프 작전으로 초래된 대대의 심리적 사기 저하에 대해 얼마나 우려했는지는 그로부터 며칠 후 알렉산드루프에서 발생했던 이상한 사태를 가장 설득력 있게 설명해준다. 아마 트라프는 새 작전이 시작되기 전에 이번에는 트라브니키 대원들이 사살 임무를 맡을 것이라는 약속을 받았던 것 같다. 그런데 일이 그렇게 진행되지 않자 그는 이미 대원들이 집결시킨 유대인들을 다시 석방하도록 지시했다. 요약하자면, 그는 예비경찰대대를 학살 작전에 계속 효과적으로 통합하기 위해서는 경찰대원들의 심리적 부담 경감이 필수적이라고 판단했으며 이를 위해 임무 분담을 희망했다. 즉 유대인 학살은 마을이나 숲에서 경찰대원들에 의해 집행되는 것이 아니라 대부분 죽음의 수용소에서 집행되어야 하며, 강제이송 현장에서 사살이 불가피할 경우에도 가장 힘든 "막일"〔사살〕은 트라브니키에게 맡겨야 한다는 것이었다. 이후 작전에서는 이러한 역할 분담이 실제로 이루어졌다. 그런데 나중에 드러나듯이 이러한 변화는 예비경찰대대가 "최종해결"에서 그들에게 맡겨진 역할에 점차 적응하도록 만들었다. 그들이 도대체 어떤 역할에 익숙해졌으며 전체 학살 과정에 어떻게 적응해갔다는 말인가? 여기서 한 가지 사실만 미리 언급하자면, 얼마 후 그들이 다시 사살 임무 앞에 서게 되었을 때 그들은 결코 "미쳐버리지" 않았다. 오히려 그들은 점차 효과적이고 무감각한 학살 집행자로 변해갔다.

9

워마지:
2중대의 추락

루블린 구역 경찰대대는 7월 13일 유제푸프 집단학살이 있기 전에 이미 이동 명령을 받았다.[1] 루블린 구역은 북부·중부·남부 등 3개 "보안지대security sector"로 분할되었다. 101예비경찰대대에는 서쪽에서 동쪽으로 볼 때 푸와비, 라진Radzyń, 비아와포들라스카Biała Podlaska 군郡을 포괄하는 북부지역이 배당되었다. 자신의 2중대가 비아와포들라스카에 배치되자 그나데 소위는 군청 소재지인 비아와에 중대 본부를 설치했다. 1소대의 일부는 피슈차츠Piszczac에, 나머지 대원들은 투츠나Tuczna에 배치되었는데 두 곳 모두 군의 남동쪽에 위치했다. 2소대는 남쪽에 있는 비슈니체Wisznice로 보내졌고, 3소대는 남서쪽에 위치한 파르체프Parczew, 정확히 말하면 이웃한 라진 군에 배치되었다.

비아와포들라스카 군에서 집행된 "최종해결"은 1942년 6월 10일에 개시되었는데 이날 유대인 3000명이 비아와에서 소비부르로 이송되었다. 우선 작은 촌락들에서 수백 명이 비아와와 비슈니체 사이에 있는 워마지Łomazy 마을로 끌려왔다.[2] 그러고서는 그나데 소위의

2중대가 도착할 때까지 학살 작전이 잠시 중단되었다. 워마지 유대인들은 101예비경찰대대가 트라브니키 부대와 처음으로 공동 수행할 다음 학살 작전의 목표로 예견되었다. 유대인을 집결시키는 임무는 대부분 2중대 병력에 할당되었으며 트라브니키 대원들로 우선 사살조를 편성하도록 했다. 이런 방식으로 독일 경찰들이 유제푸프에서 경험했던 커다란 심리적 부담에 또다시 처하는 것을 막고자 했던 것이다.

8월 초 하인리히 베케마이어Heinrich Bekemeier* 병장이 지휘하고 있던 15~18명 규모의 3소대가 직접 워마지에 배치되었다. 주민의 절반은 폴란드인, 나머지 절반이 유대인이었다. 베케마이어 부대는 그곳에서 몇 주 동안 별 사건 없는 나날을 보냈다. 유대인과 폴란드인 주민들은 서로 나뉘어 살기는 했지만 유대인 구역이 철조망으로 봉쇄되거나 경비가 이루어진 것은 아니었다.³ 독일 경찰들의 숙소는 유대인 구역 안의 학교에 있었다.

작전 하루 전날인 8월 16일, 워마지에 있던 하인리히 베케마이어는 그나데 소위의 전화를 받았다. 그나데는 그에게 다음 날 아침 유대인 "이송"이 있을 것이며 대원들은 오전 4시까지 대기하고 있어야 한다고 통보했다. 베케마이어는 이것이 무엇을 뜻하는지 "분명히" 간파했다.⁴ 같은 날 그나데는 드루커 소위와 셰어 소위를 비아와 중대 본부로 불러 보안대 장교가 동석한 가운데 그들에게 다음 날 친위대와 공동으로 수행할 임무에 관해 전달했다. 모든 유대인들이 사살되어야 했다.⁵ 다음 날 새벽, 인근 지역인 비슈니체에 주둔하고 있던 2소대에는 30분간의 이동을 위해 화물트럭이 지원되었다.⁶ 1소대는 화물트럭을 지원받지 못했기 때문에 말이 끄는 폴란드 마차를 징발했으며 경찰들은 이것을 타고 꼬박 밤을 새우며 이동했다. 그들은 새벽에야 현장에 도착했다.[7]

워마지에서 그나데는 하사관들을 불러 유대인 구역을 소개하고 유대인들을 학교 마당에 집결시키라고 지시했다. 그는 하사관들에게 사살은 트라브니키 "보조경찰"들이 맡을 것이므로 경찰들은 대부분이 일을 하지 않아도 되지만 유대인 체포는 "예전에 했던 대로" 해야 한다고 설명했다. 달리 표현하면 집결장소로 이동할 수 없는 유아, 노인, 병자, 허약자는 그 자리에서 즉시 사살되어야 한다는 것이었다. 그런데 한 분대장의 증언에 따르면 이번에도 어린이들 대부분이 집결장소에 함께 끌려왔다. 유제푸프에서와 마찬가지로 경찰들은 이 소개 작업 도중 독일 유대인뿐 아니라 함부르크 출신 유대인마저도 사살했다. 강제로 끌려온 유대인이 많아져서 곧 학교 마당이 넘쳐나자 옆에 있는 운동장도 사용되었다. 사살을 병행하여 집행된 강제집결 작업은 두 시간 만에 끝났다.[8]

그리고 나서 1700명의 워마지 유대인들은 앉아서 대기해야 했다. 먼저 젊은 남자 60~70명이 선발되어 지급받은 삽을 들고 트럭에 실려 숲에 갔다. 몇 사람은 달리는 트럭에서 뛰어내려 탈출에 성공했다. 한 유대인은 독일 경찰을 공격했는데 하필 그 경찰은 대대 최고 권투선수였다. 경찰은 공격한 유대인에게 즉시 반격을 가하여 실신시켰다. 유대인들은 숲에 도착한 후 커다란 구덩이를 파는 작업에 투입되었다.[9]

워마지에서는 죽음을 앞에 둔 유대인들과 그들을 감시하는 경찰들이 몇 시간이나 기다려야 했다. 그런데 갑자기 독일 친위대 장교가 이끄는 50명 정도의 보조경찰 트라브니키 부대가 그곳에 들이닥쳤다. 훗날 한 경찰은 이렇게 증언했다. "이들 트라브니키는 도착하자마자 곧 휴식을 취했다. 그때 나는 그들이 배낭에서 식사 외에 보드카를 꺼내 마시는 것을 보았다." 친위대 장교와 그 나데도 많이 마셨다. 다른 하사관들에게서도 마찬가지로 술 냄새가 났지만 두 지휘관만큼 많이 마시진 않은 듯했다.[10] 대원들에게는 버터 바른 빵이 식사로 지급되었다.[11]

구덩이 파는 작업이 거의 끝나가고 보조경찰들과 경찰들이 식사를 마치자 1킬로미터에 달하는 "죽음의 행렬"이 시작되었다.[12] 몇몇 대원들은 미리 마차를 타고 숲으로 가서 그곳에 새로운 봉쇄망을 설치했다.[13] 다른 대원들은 각각 200~300명의 유대인과 함께 무리 지어 행진했는데 도중에 쓰러지는 자들은 사살되었다.[14] 그러나 이 방식이 너무 느리다고 판단되자 남아 있던 모든 유대인을 한꺼번에 숲으로 이동시키기로 결정되었다. 폴란드 마을에서 모아온 밧줄을 이어서 집결한 유대인 주위를 한 바퀴 둘렀다. 유대인들은 일어나서 그들을 둘러싼 밧줄을 잡아 올린 채 숲을 향해 행진했다. 훗날 토니 벤트하임 병장은 그다음 진행 과정을 이렇게 묘사했다.

이 행렬은 매우 둔하게 움직였다. 추측하건대 앞쪽이 빨리 행진하여 밧줄이 팽팽해지자 맨 뒤쪽에서는 커다란 무리가 좁은 장소에 한데 몰리게 되어 거의 발걸음을 제대로 옮길 틈조차 없어졌다. 그로 인해 유대인들은 넘어질 수밖에 없었으며 무리가 운동장을 이미 빠져나갔거나 거의 다 빠져나가려고 할 때 처음으로 넘어진 사람들은 밧줄에 매달린 채 끌려갔다. 무리 안에서조차 사람들이 넘어지고 밟히는 사태가 벌어졌다. 이런 식으로 넘어지고 대열의 뒤에 남게 된 유대인들은 앞으로 나아가도록 무자비하게 재촉받았으며 사살되기도 했다. 그러나 첫 총성이 울린 후에도 상황은 달라지지 않았고 뒤쪽에 몰린 유대인 무리는 여전히 앞쪽으로 나아가지 못했다. 이때 우리는 다른 명령을 받지 못했으며 나는 이미 이런 식으로는 도저히 전진할 수 없다고 생각하면서 혼자서 또는 동료들과 함께 유대인들 뒤를 따르고 있었다. 첫 총성 뒤에도 변화가 없자 나는 이와 비슷하게 소리쳤던 것 같다. "이 무슨 어이없는 짓인가? 밧줄을 치워라!" 그러자 내 소리를 듣고 보조경찰을 포함한 전체 행렬이 멈추어 섰다. 내 기억에 보조경찰들은 망연자실한 표정으로 나를 돌아보았다. 나는 다시 한 번 외쳤다. "너희들은 무장하고 있지 않은가? 밧줄을 치워!" (…) 내가 두 번째로 외치자 유대인들은 그제야 밧줄을 내려놓았다. 이제 전체 행렬이 정상적으로 앞으로 나아갔다. 나는 곧장 학교 마당으로 돌아갔다. 흥분도 되고 화도 나서 학교에 들어가 술을 들이켰다.[15]

행렬이 숲에 도착하자마자 유대인들은 성별에 따라 분리되어 세 군데 집합장소로 보내졌다. 그곳에서 그들은 옷을 벗어야 했다. 여자들은 속옷을 입어도 된다는 허락이 있었으나 남자들은 한 곳에서는 완전히 벌거벗어야 했고 다른 한 곳에서는 적어도 팬티는 허용되었다. 대원 몇 명은 옷가지와 귀중품을 수거하라는 명령을 받았는데 대원들의 지갑도 후에 검색될 것이라는 경고가 있었다. 유대인들은 자신들의 옷 꾸러미를 들고 와 쌓여 있는 옷 더미 위에 올려놓고 검사를 받았다. 귀중품들은 커다란 상자, 또는 펼쳐진 모포 위에 던져 넣었다. 그 후 유대인들은 얼굴을 바닥으로 향한 채 엎드려서 8월의 뜨거운 햇볕 아래 또다시 몇 시간이나 기다려야 했다.[16]

증인들 대부분의 주장에 따르면 그나데 소위는 "신념에 찬 나치"이며 반유대주의자였다. 그리고 그는 어떤 때는 우호적이고 가까이하기 쉽지만, 또 어떤 때는 포악하고 잔인해서 전혀 예측할 수 없는 성격이었다. 그의 포악한 면은 술을 마시면 한층 뚜렷하게 드러났다. 알려진 모든 사실에 의하면 그는 앞서 서술된 워마지 작전이 있던 날 오후에 술을 마구 퍼마셨다. 폴란드에서 사실상 그는 점점 "알코올 중독자"가 되어갔다.[17] 그나데의 심해지는 알코올 중독 증상은 대대 안에서 이상한 일이 아니었다. 술을 마시지 않았던 한 대원은 이렇게 술회했다. "대부분의 대원들은 단지 유대인을 많이 사살했다는 이유로 폭음을 했다. 학살자의 삶은 정말 맨정신으로는 견디기 어려웠기 때문이다."[18]

그나데의 음주가 시시한 주제였다면 워마지에서 처음으로 발산되기 시작한 그의 사디즘은 그렇지 않다. 지난가을, 그와 그의 대원들은 그들이 함부르크에서 이송해 온 유대인들의 학살에 연루되는 것을 피하기 위해 곧바로 민스크를 떠나는 야간열차를 탔었다. 유제푸프에서도 그나데는 다른 동료 장교들에 비해 특별히 사디스트적인 행동으로 주목받은 일이 없었다. 이 모든 것이 워마지 숲에서는 달라졌다. 그나데는 그때 유대인들이 대규모 구덩이를 파는 작업이 끝나가는 것을 지켜보면서 무언가 "재미있는 일"을 하고자 했다.

　　　　　　　　　　　아주 평범한 사람들

사살이 채 시작되기도 전에 그나데 소위는 개인적으로 유대인 노인 20~25명을 골라냈다. 모두 긴 턱수염이 있는 남자였다. 그나데는 이 노인들을 구덩이 앞에서 기어가도록 했다. 그가 기어가라는 명령을 하기 전에 그들은 옷부터 벗어야 했다. 그 유대인들이 벌거벗은 채 땅을 기는 동안 그나데 소위는 주변을 향해 외쳤다. "하사관들 어디 있나? 몽둥이 없어?" 그러자 하사관들이 숲으로 달려가서 몽둥이를 가져와 기어가고 있던 유대인들을 폭행했다.[19]

사살 준비가 끝나자 그나데는 유대인들이 옷을 벗은 지점으로부터 구덩이 쪽으로 유대인들을 몰아붙이기 시작했다.[20] 유대인들은 작은 무리를 지어 경비병들 사이의 좁은 길을 통해 30~50미터 정도를 뛰어 구덩이로 가야 했다.[21] 구덩이의 삼면은 흙을 쌓아 올려서 둑이 되었으며 다른 한쪽은 열린 채 약간 경사를 이루었는데 유대인들은 이쪽으로 몰아넣어졌다. 만취한 흥분 상태의 자원 보조경찰들은 유대인들이 구덩이 입구로 들어오자마자 사격을 가했다. "그 결과 처음에 사살당한 유대인들로 인해 입구가 막혀버렸다. 그러자 몇몇 유대인들이 구덩이로 들어가 입구의 시체를 치웠다. 이제 많은 유대인들이 구덩이로 밀려들어 왔으며 보조경찰들은 둑 위에서 사격 대형을 갖추었다. 그곳에서 희생자들을 향해 총격이 가해졌다.[22] 사격이 계속되면서 구덩이가 차기 시작했다. "뒤이어 들어온 유대인들은 이미 죽어 넘어져 있는 유대인들 위로 넘어가야 했으며 나중에는 구덩이 안의 시체들이 거의 구덩이 밖까지 넘쳐났기 때문에 기어 올라가야만 했다."[23]

대개 손에 술병을 든 보조경찰들은 그나데나 장교들과 마찬가지로 점점 취해갔다.[24] "그나데 소위는 여러 차례 둑 아래로 떨어질 뻔하면서 둑 위에 서서 권총으로 사격을 했고, 그의 보안대 장교들은 보조경찰들과 마찬가지로 구덩이 아래로 내려가 사격했다. 술기운 때문에 더이상 둑 위에 서 있을 수 없었기 때문이다." 구덩이에는 피로 물든 지하수가 점점 불어나기 시작해 곧 보조경찰들의 무릎 위까지 차게 되었다. 취기가 더해가면서 사격병들은 하나둘 몸을 가누지 못하고 넘어졌다. 그나데와 장교들은 서로 상대방을 비난하며 크게 소리를 질렀는데 구덩이 주변 30미터까지 들릴 정도였다. 한 친위대 장교가 "너희 개똥 같은 경찰 놈들은 도대체 총을 안 쏘고 있잖아"라고 부르짖었다. 이에 대해 그나데는 "좋아, 그렇다면 이제 우리 대원들이 쏴야겠군"이라고 응수했다."[25]

이에 드루커와 셰어 소위가 자신의 하사관들을 불러모아 사살조를 편성해 보조경찰들이 먼저 했던 것처럼 사격을 집행하라는 명령을 전달했다. 그러나 헤르게르트 병장에 따르면 하사관들은 이 방법을 거부했다. "왜냐하면 이미 구덩이에 지하수가 불어나서 수위가 50센티미터를 넘었기 때문이다. 그 밖에도 전체 구덩이 지대에 시체가 널려—좀 더 상세히 말하자면 이미 둥둥 떠—있었다. 내 기억에 특히 끔찍했던 것은 사살 집행 때 여러 유대인들이 정확하게 맞지 않아서 아직 살아 있었으며 그럼에도 불구하고 확인사살 없이 뒤이어 들어온 희생자들에 의해 뒤덮였다는 것이다."[26]

하사관들은 각각 2개 사살조를 편성하여 둑의 양쪽에 서로 마주보도록 배치한 후 사살을 계속하기로 결정했다. 유대인들이 구덩이

아주 평범한 사람들

가장자리에 줄지어 엎드리면 반대편 언덕에 서 있던 경찰들이 사살을 집행했다. 3개 소대 모두가 8~10명 규모의 사살조를 여러 개 편성하여 각각 연이어 5~6발씩 사격한 후에 교대되었다. 약 2시간 후에는 만취 상태에 있던 보조경찰들을 깨워서 오후 7시까지 독일 경찰 대신 사살을 계속하도록 했다. 마지막에 그때까지 살려놓았던 노동 유대인들이 구덩이를 흙으로 덮었고 그다음 그들도 사살되었다.[27] 흙으로 얇게 덮인 시체로 가득 찬 집단묘지 표면 아랫부분에서는 무엇인가가 아직도 움직이고 있었다.[28]

1, 2소대는 당일 밤 숙소로 복귀했지만 베케마이어 그룹은 워마지에 머물렀다. 며칠 후 그들은 유대인 구역을 다시 한 번 샅샅이 훑었다. 경찰들은 집의 지하실을 수색했으며 나무판자 밑에 감춰진 은신처를 찾아서 유대인 20~30명을 추가로 체포했다. 베케마이어는 이 사실을 그나데에게 전화로 보고했으며 그나데는 체포된 유대인을 사살하라고 지시했다. 베케마이어와 그의 소대는 폴란드 경찰 3~4명을 동반한 채 유대인을 숲 가장자리로 끌고 가 바닥에 엎드리라고 명령한 다음 경부 사격으로 그들을 사살했다. 이번에도 총검이 조준의 보조도구로 사용되었다. 전 대원은 최소한 한 번, 몇몇 대원들은 두 번 사격에 참가했다. 시체 매장은 폴란드인 시장에게 맡겼다.[29]

101예비경찰대대는 이로서 수천 명에 대한 '학살 작전'에서 두 번째로 사살에 참여했다. 그러나 워마지 학살은 여러 가지 관점에서 유제푸프 학살과 달랐다. 워마지에서는 탈출 시도가 훨씬 더 많았던 것 같다.[30] 희생자들은 젊고 튼튼한 노동 유대인들조차 사살을 면할 수 없다는 것, 따라서 그들 모두에게 어떤 운명이 기다리고 있는지 처음부터 분명하게 알고 있었기 때문이다. 그 결과 이번에는 유대인들이 더 적극적으로 도망치거나 숨으려고 애썼지만, 학살 방식 역시 유제푸프에서 볼 수 있었던 즉흥적이고 숙달되지 않은 방식과 비교할 때 훨씬 "효율적"이었다. 3분의 1 정도의 사격병을 가지고 절반 정도의 시간만 소요하여 더 많은 유대인(1700명)을 학살했다. 그 밖에도 귀중품과 옷가지가 수거되었으며 시체들은 집단묘지에 암매장되었다.

살인자들이 느끼던 심리적 부담도 훨씬 줄어들었다. 사살은 대부분 보조경찰들에 의해 수행되었는데 그들은 사살 후 괴로움을 쉽게 잊으려고 술을 마신 게 아니라 아예 처음부터 만취 상태였다. 벤트하임 병장에 따르면 그의 대원들은 이번엔 사살에 가담하지 않아도 되어 "무척 기뻐했다".[31] 경찰대원은 직접 사살에 참여하지 않게 되자 자신들이 집단학살에 연루되었다는 느낌을 분명 거의 갖지 않았다. 유제푸프의 일을 겪은 후, 이제 그들에게는 유대인을 강제로 끌어내고 이동시키고 결국 다른 대원들에 의해 사살되도록 경비하는 일 정도는 비교적 무해한 것으로 보였다. 심지어 만취한 보조경찰들을 대신하여 또다시 여러 시간 동안 사살을 집행해야 했던 경찰대원들조차 유제푸프 사건으로 느꼈던 것과 같은, 공포스럽고 오랫동안 그들을 따라다니는 악몽 같은 기억 때문에 고통스러워하지 않았다. 물론 이번에는 그들이 희생자와 일대일로 얼굴을 마주하지 않았다. 가해자와 피해자의 개인적인 연결은 차단되었다. 유제푸프에서와는 완전히 대조적으로, 단 한 명의 경찰만 그가 사살한 특정 유대인의 신상을 기억했다.[32] 쉴 새 없이 그리고 끝없이 이어지는 사살 참여를 신속한 교대를 통해 피할 수 있었다는 사실도 학살 과정을 탈인간화depersonalization하는 데 도움이 되었다. 유제푸프에서는 이와 달리 쉴 새 없이 사살이 오래 계속되었다는 점이 두드러졌었다. 다시 말해 그들의 이번 사살 작전 참여는 덜 개인적이었을 뿐만 아니라 한층 제한적이었다. 습관화habituation라는 요소도 영향을 주었다. 이미 한 번 살인을 경험했기 때문에 두 번째에서는 첫 번째와 같은 정신적 충격을 겪지 않은 것이다. 다른 많은 일들처럼 살인도 적응할 수 있는 사안이었다. 그리고 또 다른 한 가지 점에서 워마지 학살은 유제푸프의 경우와 뚜렷하게 차이를 보인다. 이번 경우 가해자들은 첫 번째 경우처럼 트라프의 제안에 따라 그들 각자가 짊어져야 했던 '선택의 고통' 앞에 서지 않았다. 이것도 그들에게 일종의 심리적 부담을 줄여주는 결과를 가져왔던 것 같다. 이번에는 사살에 가담할 마음의 준비가 되지 않았던 대원들이 물러날 수 있는 기회가 주어지지 않았다. 또한 사살 도중 혼란에 빠져 더이상 사살하지 못하게 된 다른 대원을 대체할 별도의 예비 사살조가 편성되지도 않았다. 사살조에 편성된 모든 대원들은 명령에 따라 사격대열에 나섰다.[33] 그렇기 때문에 사격병은 이후 자신이 학살 행위를 피할 수도 있었다는 뚜렷한 죄의식을 지닌 채 살아갈 필요가 없었다.

물론 이는 그들에게 전혀 선택의 여지가 없었다는 점을 말하려는 것이 아니다. 그들에게 유제푸프에서처럼 그렇게 공개적으로 명백하게 사살을 회피할 기회가 주어졌던 것이 아니라는 점을 말하고자 하는 것이다. 사살조에 편성된 모든 대원들은 이미 온 신경을 곤두세워야 했다. 훗날 헤르게르트 병장은 이번 작전에서는 처음부터 보조경찰을 사살조에 투입한 것이 아니라 실질적으로 모든 대원이 사격조에 편성되었다는 점을 특히 강조했다. 하지만 그는 몇몇 대원들이 숲 속에 "숨어 있었다"는 사실도 인정해야 했다.[34] 하지만 그 수는 매우 적었던 것 같다. 유제푸프 학살 때와 달리 이번에는 단 두 대원만이 의식적으로 이런저런 방식으로 사살조 참가를 피했다고 증언했다. 게오르크 카겔러Georg Kageler는 다른 대원과 함께 두 차례에 걸쳐 위마 지에서 숲으로 유대인을 호송했으며 그리고 나서는 "다음 임무를 피 하기 위해 대충 '숨어 있었다'".[35] 파울 메츠거Paul Metzger*는 숲 가장자 리에서 유대인들이 탈의장소에서 갑자기 도망치는 것을 막기 위한 경비 임무를 수행하고 있었다. 그는 유제푸프에서 두 번에 걸친 사살 후에 화물트럭들 사이에 "숨어" 있었던 대원이었다. 그는 위마지에 서 어느 유대인이 탈출해 갑자기 그가 있는 쪽으로 달려왔을 때 그냥 지나가도록 했다. "그 순간 이미 술에 취해 있던 그나데 소위가 어느 경비대원이 유대인을 그냥 가도록 했는지 알고자 했다. 나는 자진해 서 신고하지 않았으며 다른 동료대원도 이를 보고하지 않았다. 그나 데 소위는 술 때문에 상황을 제대로 파악할 정신 상태가 아니어서 나 는 그로 인해 어떤 처벌도 받지 않았다."[36]

카겔러나 메츠거가 한 행동은 위험부담이 없는 일이 아니었으나 그들은 어떤 불이익도 받지 않았다. 그러나 대부분의 경찰대원들은 사격수 역할을 피하기 위해 특별히 어떤 노력을 하지는 않은 듯하다. 위마지에서는 모두에게 내려진 명령에 누구나 복종해야 한다는 명령 복종심이 동료 대원들의 행동에 동조하려는 일반적인 심리 상태를 더욱 강화하는 요소로 작용한 것이다. 이러한 상황은 사살조 가담 여 부 선택권이 대원들 개인에게 주어졌지만 사살조에 불참하는 일이

아주 평범한 사람들

곧 동료들로부터의 이탈인 동시에 자신의 '약함'을 노출하는 것을 의미했던 유제푸프에서의 상황보다 차라리 훨씬 견디기 쉬웠다.

　유제푸프에서 트라프는 선택의 자유를 주었지만 동시에 유대인 학살 작전의 주춧돌을 놓았다. 그는 "우리는 유대인을 때리고 괴롭히는 것이 아니라 사살할 임무를 받았다"라고 훈시했다.[37] 유제푸프에서 트라프 자신이 느낀 개인적인 부담이 얼마나 컸는지는 당시 대원 모두가 느낄 수 있었다. 유제푸프 이후의 유대인 작전 대부분은 대대 단위가 아니라 중대 또는 소대 단위로 수행되었다. 따라서 부하들에게 어떤 행동을 요구하는지, 어떤 행동을 옹호하는지를 결정하는 것은—워마지의 그나데처럼—이제 중대장의 일이 되었다. 그나데가 구덩이 옆에서 보여준 불필요하고 경악할 만한 사디즘은 이런 측면에서 부대장들 각자가 선택한 지도방식의 한 사례일 뿐이었다. 이런 사례는 곧 수북이 쌓였다. 집단학살이 끝난 후 아직도 취한 상태였던 그나데와 트라브니키의 지휘관인 친위대 간부가 워마지 학교 마당에서 토니 벤트하임과 마주쳤다. 그나데가 물었다. "자네는 몇 명이나 죽였나?" 병장이 한 명도 죽이지 않았다고 대답하자, 그나데는 비웃으며 말했다. "그래, 뭐 달리 기대할 수 있겠나, 자네는 가톨릭 신자 아닌가."[38] 워마지에서 그나데가 보였던 이런 리더십과 트라브니키의 도움으로 2중대 대원들은 비정한 학살자로 나아가는 중요한 걸음을 내디뎠다.

10

8월 트레블링카행 강제이송 열차

1942년 6월 위마지는 유대인들이 밀집해 살았지만 기차역에서 멀리 떨어져 있기 때문에 유대인들을 다른 곳으로 쉽게 이송할 수 없는 외딴 마을이었다. 그 결과가 8월 17일의 집단학살이었다! 하지만 북부 루블린 구역의 경우에는 대부분의 유대인들이 철도 노선 근처에 위치한 라진, 우쿠프Łuków, 파르체프, 미엥지제치Międzyrzecz에 살고 있었다. 그래서 101예비경찰대대가 "최종해결"에 기여할 수 있는 일은 이제 지역에서의 소규모 집단학살이 아니라, 게토를 소개하고 유대인들을 라진 대대 본부에서 북쪽으로 110킬로미터쯤 떨어진 트레블링카 죽음의 수용소로 이송하는 것이었다.

트레블링카행 첫 이송열차는 1942년 7월 22일 밤늦게 바르샤바를 떠나 이튿날 아침 죽음의 수용소에 도착했다. 그때부터 매일 바르샤바와 인근 구역에서 오는 유대인 이송열차가 트레블링카에 도착했다. 8월 5일에서 24일 사이에 라돔과 키엘체에서도 약 3만 명이 트레블링카로 보내졌다. 수용소의 학살 능력이 이미 한계에 도달했음에도 불구하고 글로보츠니크는 매우 성급하게 이제 북부 루블린 구역의 유대인들도 이송을 시작하기로 결정했다. 라진 군에 속한 마을인 파르체프와 미엥지제치에 거주하는, 그래서 예비경찰대대의 "보안구역security zone" 한복판에 있는 유대인들이 첫 번째 이송 대상이 되었다.

워마지로 이동 배치되었던 베케마이어 그룹을 제외하고 슈타인메츠의 2중대 3소대는 파르체프에 주둔해 있었다. 도시의 다른 지역과 철조망이나 담장으로 분리되어 있지 않았던 유대인 구역에는 유대인이 5000명 넘게 살고 있었다. 그러나 봉쇄된 게토가 없다는 사실이 그 유대인 공동체가 독일 점령군에게 모든 일상에서 차별과 모욕을 당하지 않았다는 의미는 아니었다. 슈타인메츠가 회고하듯이 그의 대원들이 도착했을 때에는 이미 간선도로가 유대인 묘비로 포장되어 있을 정도였다.[1] 8월 초 파르체프 유대인 약 300~500명이 마차에 실려 경찰 경비를 받으며 그곳에서 5~6킬로미터 떨어진 숲으로 끌려갔다. 유대인들은 거기서 한 친위대 부대에 인계되었다. 경찰대원들은 즉각 귀환했는데 떠날 때까지 어떤 총성도 듣지 못했기 때문에 그 유대인들에게 무슨 일이 일어났는지는 알 수 없었다.[2]

훨씬 대규모의 강제이송이 임박했다는 소문이 파르체프에 파다하여, 많은 유대인들이 숲으로 도망쳤다.[3] 하지만 대부분은—워마지 집단학살이 있은 지 꼭 이틀 만이었던—8월 19일 아침 예비경찰대대 1, 2중대가 자원 보조경찰과 함께 갑자기 시내로 진입해 들어왔을 때 아직 도시에 남아 있었다. 트라프는 대원들에게 유대인들을 마을에서 2~3킬로미터 떨어진 한 기차역으로 데려가라고 지시했다. 그

아주 평범한 사람들

때 그는 "간접적"이지만 오해할 여지 없이 분명한 어투로, 행진하기 어려울 만큼 너무 늙거나 병든 유대인들은 그 자리에서 사살할 것을 재차 암시했다.[4]

2중대는 유대인 지역을 봉쇄하고 1중대는 유대인 수색 작전을 펼쳤다.[5] 오후에는 체포된 유대인들의 긴 행렬이 중앙 광장에서 역까지 이어졌다. 이날 파르체프에서 약 3000명이 이송되었다. 며칠 후에는 보조경찰의 도움 없이 전체 작전이 반복되어 아직 파르체프에 남아 있던 유대인 약 2000명이 마찬가지로 트레블링카로 보내졌다.[6]

경찰들의 기억에, 두 차례에 걸친 파르체프 유대인 이송 작전은 비교적 순조로웠다. 모든 것은 순탄하게 진행되었으며 사살은 거의 없었다. 그리고 첫 번째 작전에 참가했던 보조경찰들도 술에 취해 마구 잔인한 행동을 하지는 않았던 것 같다. 더욱이 두 번째 이송 작전 시에는 해야 할 "지저분한 일"이 적었기 때문인지 보조경찰의 존재가 필요하다고 느껴지지도 않았다. 경찰들은 파르체프 유대인들이 어디로 보내지고 그들에게 무슨 일이 일어날지 잘 알지 못했다. 그러나 하인리히 슈타인메츠가 나중에 고백했듯이, "이 이송이 유대인들에게 죽음으로 가는 길을 의미한다는 것을 모두 분명히 알고 있었다. 그들이 어떤 수용소에서 살해될 것이라고 추측했다".[7] 직접 사살에 참여하지 않는 한 이러한 사실 인식은 101예비경찰대대 대원들에게 아무런 마음의 갈등도 일으키지 않았던 것 같다. 사실 파르체프 이송으로 발생한 희생자 수는 유제푸프와 워마지 학살에서 발생한 희생자를 합친 것보다 더 많았는데도 말이다. 그들에게는 분명히 이 원칙이 적용되었다. "보지 않으면 마음에서도 멀어진다." 사실 슈타인메츠 소대의 몇몇 대원들에게 기억 속에 가장 생생히 남아 있는 일은 그들이 파르체프 북쪽에서 경비를 설 때 하루 종일 질퍽한 풀밭에서 발이 젖은 채로 서 있었을 때였다.[8]

101예비경찰대대에게 파르체프 이송보다 훨씬 더 기억에 남는 일은 8월 25~26일에 미엥지제치의 유대인 1만 1000명을 트레블링카로 이송한 것이었다.[9] 미엥지제치 게토는 1942년 8월 라진 군 전체에서 가장 큰 규모였다. 그곳에는 우쿠프의 1만 명, 라진 읍의 6000명보다 많은 1만 2000명이 거주하고 있었다. 루블린 구역에는 1942년 6월 게토 관리 본부가 민간 관리에서 친위대로 인계되었기 때문에 방금 언급한 세 군데 게토에 관한 경비는 이제 라진 보안경찰청에서 파견된 대원들의 관할이었다.[10]

남부 루블린 구역의 이즈비차 혹은 피아스키에서와 마찬가지로 미엥지제치도 주변 지역의 유대인들을 집결시켜 트레블링카로 보내는 "중간게토"로 정해졌다. 다른 지역에서 오는 더 많은 유대인들을 수용하기 위해 미엥지제치 게토는 정기적으로 주민을 소개해야 했다. 이 소개 작업 중 첫 번째이자 가장 큰 규모의 작전이 101예비경찰대대의 1중대, 2중대 3소대, 3중대 1소대 그리고 보조경찰 및 라진 보안경찰과의 연합작전으로 8월 25~26일 수행되었다.[11]

7월 말, 대대 사령부를 비우고라이에서 라진으로 옮겼을 때 1중대 대원들은 그곳뿐 아니라 코츠크Kock, 우쿠프, 코마루프카Komarówka에도 분산 주둔하고 있었다. 3중대 1소대 역시 라진 군, 체미에르니키Czemierniki 읍에, 그리고 2중대 3소대는 파르체프에 주둔해 있었다. 이들은 미엥지제치에서 작전을 수행하기 위해 이동 명령을 받았다.

아주 평범한 사람들

그중 일부 대원들은 8월 24일 밤 미엥지제치에 도착했는데 이때 한 부대는 다른 유대인들을 추가로 실어 오는 마차 행렬을 따라왔다.[12] 다른 경찰대원들 대부분은 캄머 병장의 지휘 아래 8월 25일 새벽 라진에 집결했다. 볼라우프 대위는 처음에 그곳에 없었는데 그 이유는 읍에서 나오는 트럭 행렬이 그의 사택 앞에 멈췄을 때 밝혀졌다. 볼라우프는 군복 외투를 어깨에 걸친 채 배 모양의 군모를 쓴 임신 4개월의 젊은 신부와 함께 집에서 나와 한 트럭에 올라탔다. 한 경찰대원은 "볼라우프가 앞쪽 조수석에 자리를 잡는 동안 나는 그의 부인을 위해서 내 자리를 내주어야 했다"라고 기억했다.[13]

볼라우프 대위는 101예비경찰대대 복무를 시작하기 전에 자신의 경찰 경력 측면에서 다소 어려움을 겪었다. 1940년 4월 그는 105경찰대대와 함께 노르웨이로 파견되었는데 그의 선임자가 그의 교체를 요구했던 것이다. 볼라우프가 유능하고 영리하기는 하지만 전혀 규율을 지키지 않으며 지나치게 자만심이 강하다는 것이 이유였다.[14] 함부르크에 복귀한 그는 그곳의 선임자로부터 후방 근무에 관심이 없으며 철저한 관찰이 필요하다는 평가를 받았다.[15] 그러고 나서 볼라우프는 1941년 봄 방금 우치에서 돌아온 101경찰대대에 배속되었다. 그런데 이것이 그의 경찰 경력에서 전환점이었다. 신임 대대장 트라프 소령은 몇 달 후 그를 승진시켜 중대장에 임명해줄 것을 본부에 추천했다. 트라프는 볼라우프가 좋은 군인으로 실천력이 있고 에너지가 넘치며 리더십을 갖고 있다고 기록했다. 그 밖에도 그는 나치의 기본 원칙에 따라 행동하기 위해 노력하며 부하들에게도 이런 의미에서 영향을 주려고 애쓴다고 평했다. "그는 언제든지 무조건적으로 나치 국가를 위해 헌신할 준비가 되어 있다"[16]라고 평가한 트라프의 추천 덕분에 결국 볼라우프는 대위로 승진하여 1중대 지휘를 맡았으며 트라프를 보좌하는 부대대장이 되었다.

다른 경찰들에게 볼라우프는 거만한 허풍쟁이 또는 떠버리였다. 한 대원은 대위가 마치 장군처럼 일어선 채로 차를 타고 갔다고 기억했다. 또 다른 대원은 볼라우프가 경멸적인 투로 "작은 로멜"●이라 불렸다고 진술했다.[17] 그러나 1중대 기록병은 볼라우프가 에너지가 넘치며 자신이 지휘해야 할 임무의 모든 측면에 관해 판단이 확고하고 책임감이 있으며, 맡은 임무를 해결해가는 능력을 보유하고 있었다고 기억하고 있었다.[18] 그의 휘하에서 마지못해 활동했던 소대장 부흐만 소위는 그가 그나데 소위보다 더 "솔직하고 성실"하며(사실 그나데 소위라는 인물이 특별히 수준 높은 비교 기준으로 간주될 수는 없지만) 특별한 반유대주의자는 아니었다고 평가했다. 볼라우프는 장교의 책임을 중시했으며 무엇보다 결혼한 지 얼마 되지 않은 사랑에 빠진 청년이었다.[19]

볼라우프는 원래 결혼식을 6월 22일로 예정했는데 대대가 갑자기 폴란드로 이동 배치되는 바람에 당황했다. 그래서 그는 부대가 목적지인 비우고라이에 도착하기도 전에 잠시 함부르크로 돌아가게 해달라고 간청했다. 그의 애인이 이미 임신했으니 서둘러 결혼식을 올릴 수 있게 해달라는 것이었다. 트라프는 처음에는 거절했다가 결국 그

● 에르빈 로멜(Erwin Rommel)을 가리킨다. 2차 세계대전에서 활약한 가장 유명한 독일 장군의 한 명으로 '사막의 여우'라고 불렸다.

에게 특별휴가를 허락해주었다. 볼라우프는 6월 29일에 결혼했으며 유제푸프 작전 수행을 위해 제때에 폴란드에 주둔하고 있던 부대로 복귀했다. 그의 중대가 라진에 주둔했을 때 그는 신부를 신혼여행차 그곳으로 오도록 했다.[20]

부흐만의 생각처럼 볼라우프는 어떤 경우에도 갓 결혼한 신부에게서 떨어지고 싶어하지 않았기 때문에 신부를 미엥지제치 "이주 작전"에 데려왔을지도 모른다. 어쩌면 자만심 강하고 허풍 떨기 좋아하는 대위가 아내에게 깊은 인상을 주려고 자신이 폴란드 유대인들의 생사를 지배하는 주인인 양 과시하고 싶었을 수도 있다. 그의 부하들은 분명 후자일 것이라고 확신하며, 모두들 그가 여자를 데려와서 그들이 집행하고 있는 끔찍한 학살의 현장을 지켜보도록 했다는 데 대해 분노와 경악을 금치 못했다.[21] 중대장은 그렇지 않았을지 모르지만 1중대 대원들은 아직 수치심 같은 것을 느낄 수 있었다.

볼라우프와 그의 신부, 그리고 1중대 대부분을 태운 트럭 행렬이 라진에서 북쪽으로 30킬로미터가 채 안 되는 미엥지제치에 도착했을 때 작전은 이미 진행 중이었다. 보조경찰과 보안경찰이 유대인들을 집결시키기 시작해 여기저기서 총성과 비명이 들려왔던 것이다. 볼라우프가 상세한 지시를 받으러 간 사이 대원들은 기다려야 했다. 그는 20~30분 후 돌아와 부하들에게 여러 가지 임무를 부여했다. 어떤 대원들은 외부 봉쇄망의 경비에 보내지고 나머지는 보조경찰대와 함께 수행되는 소개 작전에 배치되었다. 그리고 도주를 시도하는 자뿐만 아니라 마을 외곽의 역까지 행진하기에 너무 늙거나 병들고 약한 자들은 모두 사살하라는 통상적인 명령이 내려졌다.[22]

볼라우프가 돌아오기를 기다리던 대원들은 아직 이른 아침 시간인데도 이미 만취해 있던 한 보안경찰 장교와 마주쳤다.[23] 보조경찰들 역시 취해 있다는 것이 곧 분명해졌다.[24] 그들이 너무 자주 그리고 거칠게 사격을 해서 경찰대원들은 오발탄에 맞지 않기 위해 계속 엎드려야 했다.[25] 대원들은 길거리고 집이고 도처에 사살된 유대인들의 시체가 즐비한 것을 목격했다.[26]

보조경찰과 경찰대대원에 쫓겨 유대인 수천 명이 중앙 광장으로 밀려왔다. 그들은 거기에 쪼그리고 앉아 있어야 했으며 일어서거나 달리 움직이는 것은 허용되지 않았다. 8월 늦여름의 폭염 때문에 날씨가 몹시 더워서 여러 시간 기다리는 동안 졸도하거나 실신하는 유대인들이 속출했다. 게다가 중앙 광장에서는 매질과 사살이 계속되었다.[27] 가까이서 이 광경을 지켜보던 볼라우프 부인은 기온이 계속 오르자 군복 외투를 벗었다. 드레스 차림의 부인은 광장에서 눈에 확 띄었다.[28]

오후 2시경 외곽 경비병들이 중앙 광장으로 불려왔으며 1~2시간 뒤 역으로 가는 행진이 시작되었다. 수천 명을 이동시키기 위해 보조경찰과 경찰대대 병력이 총동원되었다. 더이상 행진할 수 없는 "발병이 난 자foot sick"들은 사살된 후 거리에 방치되었다. 즐비한 시체들이 역으로 가는 길가를 장식했다.[29]

역에서는 더 끔찍한 일이 유대인들을 기다리고 있었다. 그들을 열차에 싣는 작업이었다. 보조경찰과 보안경찰이 열차 1량에 120~140명을 싣는 동안 예비경찰대대 대원들은 경비를 서며 감시했다. 한 대원은 이렇게 기억했다.

작업이 잘 진행되지 않으면 채찍과 총이 사용되었다. 유대인들을 열차에 싣는 작업은 그저 끔찍하기만 했다. 열차 10량 또는 20량에 대한 '적재'가 동시에 진행되었기 때문에 이 불쌍한 사람들의 소름 끼치는 비명 소리가 대기를 가득 채웠다. 전체 화물열차는 매우 길어서 열차 전체가 한눈에 다 보이지 않을 정도였다. 아마 적어도 50~60량쯤은 되었을 것이다. 열차 한 량이 다 적재되면 문이 닫히고 못질이 가해졌다.[30]

101예비경찰대대는 열차가 떠날 때까지 기다리지 않고 모든 열차가 봉인되자마자 서둘러서 출발했다.

미엥지제치 게토의 소개는 대대가 "최종해결"에 참가한 전체 기간을 통틀어 최대 규모의 이송 작전이었다. 미엥지제치에서는 노동 허가서를 발급받은 단 1000명의 유대인만, 그것도 폴란드인들에 의해 대체될 수 있을 때까지만 게토에 머물 수 있었다.[31] 따라서 약 1만 1000명이 강제이송 대상이었다. 훗날 경찰들의 보고에 따르면 이송 작전 도중 "수백 명"이 사살되었다. 대원들은 사망자가 정확히 몇 명이었는지 알지 못했지만[32] 나중에 시체를 찾아내 매장했던 생존 유대인들은 그것을 알고 있었다. 그들의 수는 960명이었다.[33]

미엥지제치 이송 작전이 1942년 당시 나치의 기준에 비추어 볼 때조차 얼마나 야만적이었는지를 파악하기 위해서는 이 숫자를 좀 더 넓은 시각에서 볼 필요가 있다. 1942년 7월 22일에서 9월 21일 사이에 유대인 약 30만 명이 바르샤바로부터 강제이주되었다. 이 두 달동안 총격에 의해 사살된 유대인은 총 6687명으로 기록되어 있다.[34]

즉 바르샤바의 경우 즉시 사살된 유대인과 이주된 유대인의 비율은 2퍼센트인데 미엥지제치에서는 거의 9퍼센트였다. 미엥지제치 유대인들은 "도살장으로 끌려가는 양"처럼 조용히 행진하지 않았다. 그들은 상상할 수 없이 사납고 잔인하게 끌려갔기 때문에, 점차 무감각하고 냉담해져갔던 대대원들에게조차 결코 씻을 수 없는 선명한 기억을 남겼다. 이는 "보지 않으면 마음에서도 멀어진다"의 경우가 아니었던 것이다.

작전이 비교적 순조롭게 진행되어 대원들의 기억에 남아 있지 않은 파르체프 이송 작전과, 반면 그토록 잔혹한 것으로 기억된 일주일 후의 미엥지제치 이송 작전 사이의 극단적인 대비가 발생한 까닭은 무엇일까? 독일 측에서 보면 가해자와 희생자 사이의 수적 대비가 열쇠였다. 파르체프에서는 유대인 5000여 명의 처리를 위해 치안경찰 2개 중대와 1개 보조경찰대 등 총 300~350명이 배치되었다. 두 배 이상의 유대인들이 이주되어야 했던 미엥지제치에서는 치안경찰 5개 소대, 지역의 보안경찰, 1개 보조경찰대 등 총 350~400명이 투입되었다. 즉 후자의 경우 이송대상자 수에 비해 이송 작전에 투입된 병력의 비율이 전자보다 훨씬 적었다. 즉, 각 대원들에게 부과된 짐이 크면 클수록 그들은 더욱 잔인하고 야만적으로 행동했던 것으로 보인다.

글로보츠니크가 바르샤바와 라돔 구역의 유대인과 북부 루블린 구역 유대인을 트레블링카로 이송하는 작전을 동시에 수행하도록 성급하게 재촉한 결과, 죽음의 수용소의 수용 역량이 감당하지 못할 과부하가 초래되었다. 8월 말이 되자 트레블링카 수용소에서 학살을 기다리는 유대인 숫자가 증가했으며 신속히 소각될 수 없었던 시체들이 산더미처럼 쌓여갔다. 과부하가 걸린 학살 기계들이 결국 멈춰 섰고, 바르샤바, 라돔, 루블린 구역으로부터의 이송이 잠정적으로 중단되었다. 그중에는 우쿠프에서 트레블링카로 가는 2개 열차도 포함되어 있었고, 그 첫번째 열차는 8월 28일로 예정되어 있었다.[35] 사태가 이렇게 되자 글로보츠니크와 죽음의 수용소 감독을 맡았던 크리스티안 비르트가 수용소를 재조직하기 위해 급히 트레블링카로 갔다. 그들은 철로 수리 작업으로 인근 지역에서 고립되어 그동안 비교적 한가했던 소비부르 수용소로부터 프란츠 슈탕글Franz Stangl을 소환하여 트레블링카 수용소 소장에 임명했다. 이렇게 수용소가 재조직된 지 일주일이 지난 9월 3일 바르샤바에서 트레블링카로 가는 강제이송이 다시 시작되었으며, 2주일 후인 9월 중순 라돔 구역으로부터의 이송도 재개되었다. 북부 루블린 구역으로부터의 이송은 9월 말에야 재개되어서 101예비경찰대대 대원들은 그 사이 짧은 휴식을 즐겼다.

11

9월 말의 학살

북부 루블린 보안 구역에서 강제이송 작전이 재개되기 직전, 101예비경찰대대는 또 다른 여러 곳에서 집단학살에 가담했다. 첫 번째는 코츠크에서 북서쪽으로 9킬로미터 떨어진 세로코믈라Serokomla에서였다. 이 마을에서는 이미 1940년 5월에 독일 교포로 구성된 자위대Selbstschutz가 집단학살을 자행한 적이 있었다. 이들 일종의 민병대는 1939년 가을과 1940년 봄에 하인리히 힘러의 측근이었던 루돌프 폰 알펜슬레벤Ludolph von Alvensleben의 지휘 아래 점령된 폴란드 지역에서 결성되었다. 세로코믈라 학살을 포함한 여러 차례의 집단학살 후에 이들 '자위대'는 이른바 특무대로 통합되어 군郡의 민간 행정기구장 관할에 들어갔다.[1]

1942년 9월 독일인들은 다시 세로코믈라를 방문했다. 브란트 소위가 이끄는 1중대의 한 소대가 근처에 위치한 코츠크에 주둔했다. 브란트는 한스 켈러 병장과 부하 10명에게 세로코믈라 주변에 살고 있는 유대인들을 찾아내서 마을로 데려오도록 명령했다.[2] 9월 22일 브란트의 소대는 아침 일찍 코츠크로 출발해 지역 북서쪽에 있는 교차로를 향해 갔다. 그곳에서 그들은 볼라우프 대위의 지휘 아래 북서쪽으로 20킬로미터 떨어진 라진에서 오는 1중대의 다른 소대들과 합류했다. 그 밖에 동쪽으로 15킬로미터 떨어진 체미에르니키에 주둔했던 페터스Peters 소위가 지휘하는 3중대 1소대도 그들과 합류했다. 이들 예비경찰은 볼라우프 대위의 지휘 아래 세로코믈라로 계속 이동했다.

볼라우프는 마을 바로 앞에서 행렬을 멈추게 하고 명령을 내렸다. 마을 전체를 내려다볼 수 있는 근처의 언덕 두 곳에 기관총이 배치되었다. 브란트의 소대원 몇 명은 지역의 유대인 구역을 봉쇄하라는 명령을 받았고, 1중대 나머지는 유대인들을 몰아오라는 명령을 받았다.[3] 볼라우프는 대원들에게 아직 사살에 대해서는 말하지 않고 "통상적으로 행동하라"고만 지시했다. 그러나 대원들은 이러한 간접적인 명령을 도망치거나 숨으려고 하는 유대인들, 그리고 더는 뛰어갈 수 없는 유대인들을 모두 그 자리에서 사살하라는 명령으로 이해했다. 지금까지는 예비 소대로서 구체적인 임무에 투입되지 않았던 페터스 소위의 소대는 마을에서 1킬로미터 떨어진 자갈 채취장으로 보내졌다. 두 군데 언덕에 설치된 기관총 진지로부터 이 소대의 출발과 배치를 관찰할 수 있었던 켈러 병장은, 볼라우프가 그때까지 단지 '이송'에 대해서만 말했음에도 불구하고, 세로코믈라 유대인들이 사살될 것이 분명하다고 생각했다.

11시경 200~300명 정도 되는 세로코믈라 유대인들의 집결이 완료되었다. 햇볕이 좋은 따뜻한 날이었다. 그때 볼라우프가 "갑자기"

아주 평범한 사람들

모두를 사살하라고 명령했다.⁴ 그러자 유리히Jurich* 병장의 명령에 따라 1중대 일부 대원들은 페터스 소위의 소대 사격병들을 지원하기 위해 자갈 채취장으로 보내졌다. 12시경 1중대 나머지 대원들은 마을 유대인들을 20~30명씩 집단으로 마을로부터 끌어내기 시작했다.

페터스 소위의 부대는 유제푸프에서 봉쇄 조치를 맡았었기 때문에 사살조 임무를 피할 수 있었다. 워마지에서도 그의 대원들은 2중대가 맡았던 사살에 가담하지 않았다. 그러나 세로코믈라에서는 그들에게도 결국 전환점이 다가왔다.

이곳에서는 워마지에서와 마찬가지로 노련한 자원 보조경찰대의 도움 없이 사살이 집행되었으며 유제푸프에서처럼 볼라우프에 의해 조직되었다. 유대인들이 20~30명씩 무리를 지어 자갈 채취장에 도착하자마자 한 그룹씩 같은 수로 구성된 사살조에 인계되었다. 그래서 이번에도 경찰들은 자신이 사살할 유대인들과 일대일로 마주하게 되었다. 귀중품이 수거되지도 않았으며 아무도 옷을 벗을 필요가 없었다. 노동 인력을 선발하지도 않았다. 연령과 성별에 대한 어떠한 고려도 없이 그저 모든 유대인이 사살되어야 했다.

사격병들은 '그들의' 유대인을 각각 자갈 채취장 옆의 폐기물 더미들 가운데 한 더미 위로 데려갔다. 거기서 유대인들은 대원들에게 등을 돌린 채로 2미터 깊이의 비탈 앞에 나란히 세워졌다. 대원들은 명령에 따라 가까이에서 경부 사격을 실시했고 총에 맞아 죽은 이들은 비탈로 굴러 떨어졌다. 얼마 동안 순서에 따라 다음 유대인 그룹이 같은 자리에 세워졌고 그들은 앞서 사살된 가족과 친구들의 시체 더미를 보면서 역시 사살되었다. 이런 방식으로 여러 차례 사살이 반복된 후에야 비로소 사격병들은 사살 장소를 변경했다.

사살이 계속되는 동안 켈러 병장은 기관총 진지에서 천천히 걸어 내려와 유리히 병장에게 가 그와 함께 가까이서 사살 장면을 지켜보았다. 유리히는 볼라우프 대위가 그에게 이 "지저분한 일"을 명령하고 자기는 슬그머니 세로코믈라로 돌아가 한 폴란드 경찰지서에 "숨어" 있는 것에 대해 불만을 표시했다.⁵ 볼라우프는 이번에는 그의 젊은 부인과 함께 오지 않아서 과시할 필요가 없었기 때문에 사살 현장을 직접 보고 싶은 의욕이 없었던 듯하다. 후에 볼라우프는 세로코믈라 작전에 대해서는 아주 희미한 기억조차 없다고 주장했다. 아마도 그의 마음은 다가올 여행, 신부를 독일로 데려갈 여행에 가 있었을 것이다.

사살은 오후 3시까지 계속되었다. 유대인들을 매장하는 절차는 전혀 없어서 죽은 유대인들의 시체는 자갈 채취장에 그대로 방치되었다. 경찰대원들은 돌아오는 길에 코츠크에 들러 오후 간식을 먹었으며 저녁엔 숙소에서 특별히 술을 배급받았다.⁶

세로코믈라 집단학살 3일 후 1중대의 욥스트Jobst* 병장은 민간 복장을 한 채 폴란드 통역사 한 명과 함께 코츠크를 떠났다. 세로코믈라와 탈친Talcyn의 마을들 사이에 숨어 살며 지하 저항운동을 하는 한 폴란드 게릴라를 유인해 체포하기 위해서였다. 욥스트가 만들었던 함정은 성공적이어서 그는 그 폴란드인을 체포할 수 있었다. 그러나 그는 돌아오는 길에 폴란드 게릴라의 매복에 걸려 살해당하고 말았다. 겨우 탈출한 폴란드인 통역사는 어두워진 지 한참 후에야 코츠크에 도착해 병장의 죽음을 알렸다.⁷

아주 평범한 사람들

자정쯤 유리히 병장은 라진에 있는 대대 사령부에 전화해 이 사실을 보고했다.[8] 전화 통화 후 유리히와 대화했던 켈러는 사령부가 그 마을에 보복 작전을 집행하려는 움직임이 없다는 인상을 받았다. 그러나 곧 라진에 있는 트라프 소령으로부터 루블린 본부의 명령을 전달하는 전화가 왔다. 보복 조치로 200명을 사살하라는 내용이었다.[9]

4일 전에 세로코믈라를 급습했던 바로 그 부대들이 9월 26일 이른 아침 다시 코츠크 북서쪽에 있는 같은 교차로에 집결했다. 이번 지휘관은 이미 독일로 떠난 볼라우프가 아니었다. 부관 하겐 중위와 대대 참모를 대동하고 나타난 트라프 소령이 직접 작전을 지휘했다.

그들이 탈친에 도착했을 때 전체 중대원들은 마을 가장자리 길가에 놓여 있던 욥스트 병장의 시체를 발견했다.[10] 그 후 독일 경찰들은 마을을 봉쇄하고 폴란드 주민들을 집에서 끌어내어 학교로 보냈다. 이미 많은 사람들이 마을에서 도망친 상태였지만,[11] 마을에 남아 있던 사람들은 학교 체육관에 집결되었고 트라프가 선별 작업을 실시했다.

가능한 한 지역 주민들과의 불화를 최소화하기 위해 트라프와 부관들은 폴란드인 시장과 협의하여 선별 작업을 집행했다. 2개 범주의 폴란드인들이 요주의 인물로 분리되었다. 지역민이 아니거나 일시적으로 탈친에 거주하는 사람들, 그리고 충분한 생존 기반이 없는 사람들이었다.[12] 트라프는 적어도 한 명의 대원을 교실에 보내 그곳에 모여 절망의 비명을 지르며 울고 있던 여자들을 진정시켰다.[13] 이런 방식으로 폴란드 남자 78명이 선별된 후 마을 밖으로 끌려 나가 근처에서 사살되었다. 훗날 한 독일 경찰의 증언에 따르면 이때 사살된 사람

들은 "가난한 사람들 가운데서도 가장 가난한 사람들"이었다.[14]

부흐만 소위는 중대의 일부 대원들과 함께 바로 라진으로 돌아갔으며 다른 대원들은 코츠크에서 점심을 먹었다. 그들은 식사 도중 오늘의 사살이 끝이 아니라는 소식을 들었다. 200명으로 정해진 보복 살인 할당량을 채우려면 아직 멀었던 것이다. 그래서 트라프는 지역 주민과의 관계를 계속 악화시키지 않으면서 임무를 완수할 기발한 방법을 생각해냈다. 대원들에게 탈친에서 더 많은 폴란드인을 사살하게 하지 않고, 이제는 코츠크 게토에 가서 유대인들을 사살하도록 한 것이다.[15]

그의 부하 가운데 한 운전병이 훗날 주장하기를 당시 자신은 라진으로 가는 도중에 변두리에 있는 게토에 멈춰서 다가올 작전에 대해 경고를 했다고 주장했다.[16] 하지만 이런 경고는 이미 포위된 상태의 게토 주민들에게 아무 소용이 없었다. 독일 경찰의 수색대가 게토에 들이닥쳐 나이와 성별에 상관없이 눈에 띄는 자는 모두 체포했다. 처형 장소로 뛰어갈 수 없었던 유대인 노인들은 현장에서 사살되었다. 한 경찰은 나중에 이렇게 설명했다. "나는 수색 작전에 참가해야 했지만 여기서도 거리를 빙빙 돌아다니며 작전에 빠지는 데 성공했다. 나는 어떤 형태든지 유대인 작전이라면 반대했기 때문에 단 한 명의 유대인도 사살하지 않았다."[17]

그러나 이런저런 방식으로 살인을 회피했던 소수의 행동은 늘 그렇듯 확고한 의지를 가지고 임무에 충실했던 다른 이들에게 아무런 영향도 주지 못했다. 경찰의 포위에 걸려든 유대인들은 게토에서 나와 뒤쪽에 벽으로 둘러싸인 마당이 있는 어떤 집으로 밀려갔다. 각각

30명씩 집단으로 그 집 마당에 밀려온 유대인들은 벽을 따라 엎드리도록 강요되었다. 그 후 브란트 소위의 명령에 따라 기관총을 소지한 하사관들이 사살을 집행했다. 그들의 시체는 방치되었다가 다음날 게토에서 온 노동 유대인들에 의해 공동묘지에 매장되었다.[18] 작전 직후 트라프 소령은 욥스트 병장 습격 살해에 대한 보복으로 "깡패" 3명, 폴란드인 "공범" 78명, 그리고 유대인 180명을 처형했다고 루블린에 보고했다.[19] 할당량인 200명보다 더 많은 261명이나 살해한 것이다. 분명히 유제푸프에서 학살이 자행되는 내내 눈물을 쏟았으며, 폴란드인들에 대한 무분별한 학살 앞에서 뒷걸음쳤던 대원들이 이젠 주어진 보복 살인 임무의 할당량을 초과하는 학살을 집행하면서도 더이상 어떤 거부감도 느끼지 않았다.

트라프 소령이 폴란드 유대인 학살에서 자신이 맡은 역할을 점차 받아들이기 시작했던 반면 부흐만 소위는 달랐다. 유제푸프 이후 그는 트라프에게 자신은 직접 자신에게 내려오는 명령 없이 유대인 작전에 참가하지 않을 것이라고 밝혔다. 그는 또한 이동 배치를 요청했다. 부흐만은 장교 교육과정에 참가하고 예비 소위로 임관하기 전인 1939년 대대가 폴란드에 처음 투입되었을 때 트라프 밑에서 운전병으로 복무한 적이 있었기 때문에 이 사안에서 다른 동료 대원들보다 유리했다. 그는 대대장을 개인적으로 잘 알고 있었고 트라프가 자신의 형편에 대해 "이해했으며" 자신이 취한 행동에 대해 전혀 "분노"하지 않는다고 느꼈다.[20]

트라프는 부흐만을 즉시 독일로 이동 배치하지는 않았지만 그를 보호했으며 유대인 작전을 피하고 싶다는 그의 요청을 들어주었다.

부흐만은 라진에서 대대 사령부와 같은 건물에 배치되어 있었기 때문에 그리 어렵지 않게 '명령 불복종'을 피하는 방법을 찾았다. 유대인 작전이 예정되었을 때마다 대대 사령부의 명령은 그의 부관인 그룬트Grund* 병장에게 직접 전달되었다. 부관이 부흐만에게 임박한 작전에서 소대와 함께 갈 것인지 물으면 그는 그것이 유대인 작전이라는 것을 알아차리고 거절했다. 그는 이런 식으로 미엥지제치에도 세로코믈라에도 1중대와 함께 가지 않았다. 그러나 유대인 작전이 예정되지 않았던 탈친에서 트라프가 폴란드인 선별 작업을 하는 동안 그는 처음엔 학교 건물에 머물러 있었다. 그러다가 소령이 코츠크 게토의 유대인 학살 명령을 내리기 전에 부흐만을 곧장 라진으로 돌려보낸 것은 우연이 아니었다.

라진에서 부흐만은 감정을 숨기려고 애쓰지 않았다. 오히려 그는 "유대인을 취급하는 방식에 대해 격분했으며 기회가 있을 때마다 이 생각을 공개적으로 표현했다".[21] 주변 사람들에게 그는 매우 "신중하고" "점잖은" 사람이며 군인이 되고 싶은 욕망이 없는 "전형적인 민간인"이었다.[22]

탈친은 부흐만에게 마지막 지푸라기였다. 그가 돌아온 오후, 당직 경찰이 보고하러 왔다. "부흐만은 도착 즉시 숙소로 들어가 두문불출했다. 우리는 개인적으로 서로 잘 아는 사이였음에도 불구하고 부흐만 소위는 며칠 동안 내게 아무 말도 하지 않았다. 그는 단지 매우 분개하며, '다시는 이런 일에 가담하지 않을 테다. 이젠 정말 지긋지긋하다'라고 말하며 몹시 불만을 터뜨렸다."[23] 부흐만이 불평만 했던 것은 아니다. 그는 9월 말에 직접 함부르크 본부에 편지를 보내 독일

아주 평범한 사람들

로의 이동 배치를 긴급히 요청했다. 자신이 폴란드에서 그의 부대에 맡겨진 "경찰 본연의 임무와 무관한 작전"을 도저히 수행할 수 없다는 이유에서였다.[24]

트라프는 그의 행동을 관용, 보호해주었지만 그의 부하들은 그에 대해 여러 가지 뒤섞인 반응을 보였다. "내 부하들 가운데 어떤 대원들은 나를 이해했지만 또 어떤 대원들은 나를 헐뜯는 말을 하고 경멸 어린 시선을 던지기도 했다."[25] 그러나 또 어떤 대원들은 부흐만의 예를 따라 캄머 병장에게 "이런 작전에 더이상 가담할 수 없으며 가담하고 싶지도 않다"라고 말했다. 캄머는 이에 관해 상부에 보고하지 않은 채 그들을 "아무짝에도 쓸모없는 놈들"이라며 고함을 쳤다. 그러나 대부분의 경우 그는 이 대원들이 유대인 작전에 참가하지 않도록 필요한 조처를 해주었다.[26] 이로써 캄머는 트라프가 처음부터 보였던 예를 따랐다. 유대인 학살 임무를 수행할 경찰이 부족하지 않은 한, 부흐만이나 그의 예를 따른 대원들에 대해 문제를 제기하는 것보다 그들의 요청을 들어주는 것이 훨씬 쉬웠다.

12

다시 시작된 강제이송

101예비경찰대대는 1942년 9월 말까지 유대인 약 4600명과 폴란드인 78명에 대한 학살에 가담했으며, 유대인 약 1만 5000명을 트레블링카 죽음의 수용소로 강제이송하는 데 협력했다. 이러한 학살 활동은 3개월 동안 8회의 작전에 걸쳐 이루어졌다. 이 가운데 3회—파르체프로부터의 첫 번째 이송, 워마지 학살, 미엥지제치로부터의 이송—는 경찰대원들이 트라브니키로 구성된 자원 보조경찰대와 합동작전으로 수행했으며, 나머지 5회—유제푸프, 파르체프, 세로코믈라, 탈친, 코츠크로부터의 2차 이송—는 단독 작전이었다.

　흥미로운 사실은 경찰대원들은 이들 작전을 각각 별개의 사건으로 기억하고 있었다는 것이다. 그들은 각각의 사건에 관해 구체적인 사실들을 상세하게 증언할 수 있었으며 날짜도 상당히 정확하게 댈 수 있었다. 하지만 10월 초에서 11월 초 사이에 101예비경찰대대가 투입되는 작전 횟수가 급격히 증가했다. 반복되는 게토 소개로 인해 수만 명의 유대인들이 라진에서 이송되어야 했기 때문에 작전이 연이어 계속되었다. 그렇기 때문에 6주간에 걸친 이 죽음의 사건 정황을 재구성하는 것은 매우 어려운 작업이다. 한 작전이 끝나면 곧바로 다음 작전으로 넘어갔기 때문에 대원들의 기억은 흐릿했다. 그들은 몇 개의 특별한 사건에 대해서는 아직도 기억할 수 있지만 이것들을 전체 사건의 시간적 흐름 속에 재배치할 수는 없었다. 따라서 빠른 속도로 연속된 사건들은 경찰대원들의 정돈되지 않은 기억들과 일일이 대조해야 한다. 나는 무엇보다도 유대계 폴란드인 역사가 타티아나 브루스틴-베렌슈타인Tatiana Brustin-Berenstein과 바르샤바 유대인역사연구소의 연구 성과에 의지하여 이러한 사건들을 재구성해보았다.[1] 이들의 연구는 종전 직후에 수행된 것이다.

9월 초 루블린 구역 치안경찰의 배치에 변화가 생겼다. 동부 루블린 구역의 경계를 따라 비아와포들라스카, 흐루비에슈프Hrubieszów, 헤움 등 3개 군을 포괄하는 네 번째 보안구역이 신설되었다. 이 조치로 그나데가 이끄는 2중대의 1, 2소대를 비아와포들라스카 군에서 라진 군 북쪽에 있는 마을인 미엥지제치와 코마루프카 읍으로 이동 배치하는 것이 가능해졌다.[2]

9월 마지막 주에 아직 비아와포들라스카에 남아 있던 대부분의 유대인들이 2중대를 따라 이동했다. 그들은 일제히 체포되어 이제 거의 빈 상태나 마찬가지이던 미엥지제치 게토로 보내졌다.[3] 미엥지제치 중간게토는 9월과 10월에 라진 군의 여러 마을과 코마루프카에서 직접 온 유대인, 그리고 파르체프를 경유하여 보힌Wohyń과 체미에르니키에서 강제이송된 유대인들로 새로 채워졌다.[4] 경찰대원들은 이 모든 이송 작전들 가운데에서 유일하게 2중대 2소대의 정기적

아주 평범한 사람들

인 주둔지였던 코마루프카로부터의 이송 작전을 기억했다.[5] 이유는 간단했다. 코마루프카 유대인 중에는 함부르크 출신 여성이 한 명 있었는데, 그 여성은 한 경찰대원이 전에 자주 갔던 함부르크 밀러토어Millertor 영화관의 주인이었다.[6] 우쿠프 게토도 마찬가지로 라진 군의 여러 작은 마을에서 온 유대인들을 일시적으로 수용했던 중간게토였다.[7] 물론 이러한 집결 과정은 종착지인 트레블링카 죽음의 수용소로 이어지는, 그리고 북부 루블린 구역을 "유대인 없는 지역"으로 만들려는 체계적인 노력의 불길한 서막일 뿐이었다.

라진 군의 게토들에 대한 "10월 공세"의 작전 조율은 운터슈투름 퓨러Untersturmführer● 프리츠 피셔Fritz Fischer가 이끄는 보안경찰 분소가 맡았다. 보안경찰은 1942년 6월 라진, 우쿠프, 미엥지제치 게토의 관리를 장악했다.[8] 그러나 그들이 동원할 수 있는 병력은 매우 제한되어 있었다. 라진 분소와 우쿠프 초소에는 아마 총 40여 명의 독일 보안경찰과 독일 교포 "보조경찰"이 있었을 것이다. 피셔에게는 그 외에도 20명의 자원 보조경찰대가 있었다. 미엥지제치, 우쿠프, 라진 지방경찰은 총 40~50명의 대원으로 이루어졌다.[9] 따라서 보조경찰까지 모두 포함해도 동원된 지방경찰과 보안경찰의 수가 전혀 충분치 않았기 때문에 피셔는 위에 언급된 게토들을 소개하기 위해 전적으로 외부의 도움에 의지해야 했다. 이번에도 101예비경찰대대는 게토 소개에 동원된 병력 중에서 가장 큰 비중을 차지하여 그들 없이는 게토 소개 작전이 제대로 집행될 수 없었다.

● 친위대 조직에서 소대 규모인 슈투름(SS-Sturm)의 지휘관을 말한다. 정규군 소위에 해당한다.

10월 1일 트레블링카행 이송이 재개되어 유대인 약 2000명이 라진 게토에서 죽음의 수용소행 기차에 실렸다. 10월 5일에 5000명, 8일에는 2000명이 우쿠프에서 추가로 이송되었다. 이와 병행하여 10월 6일과 9일, 수천 명이 미엥지제치에서 이송되었다. 입증하는 관련 증언은 없지만 우쿠프와 미엥지제치에서 온 열차는 아마 적재가 된 후 도중에 연결되었던 것 같다. 라진 게토 소개는 남아 있던 유대인 2000~3000명이 미엥지제치로 옮겨진 10월 14일과 16일 사이에 종료되었다. 미엥지제치로 이송된 유대인들은 거기서 잠깐 머문 뒤에 10월 27일과 11월 7일 다른 곳으로 이송되었다. 아직 코츠크에 있던 700명은 11월 6일 우쿠프로 옮겨졌다. 미엥지제치 게토가 소개된 다음 날 3000명이 우쿠프에서 트레블링카로 이송되었다.[10]

이송과 이송 사이에는 추가적인 사살이 이따금씩 집행되었다. 일단 은신에 성공했거나 게토 소개를 피했다가 체포된 자들, 또는 열차에 자리가 없거나 청소 작업을 시키기 위해 의도적으로 게토에 남겨두었던 자들이 그 대상이었다. 6주간에 걸친 학살이 종료되었을 때, 101예비경찰대 대원들은 총 8회의 작전에 투입되어 유대인 2만 7000명 이상을 트레블링카로 이송하는 작업을 지원했다. 그리고 수색 작전과 적어도 네 차례에 걸친 '소탕 작업'에서 약 1000명 이상을 학살했다.

훗날 대원들이 개별 작전들에 대해 기억해낸 내용은 아주 다양했다. 10월 1일 라진에서 2000명을 이송한 첫 작전은 운터슈투름퓌러 피셔의 지휘 아래 1중대와 보조경찰 20명이 합동으로 수행한 것이었다. 그때 보조경찰들이 유대인들을 기차역으로 몰아가기 위해 경고 사격을 많이 하기는 했지만 현장에서 즉시 사살된 유대인은 몇 명 안 되었던 것 같다.[11] 이튿날인 10월 2일 슈타인메츠 병장이 이끄는 2중대 3소대는 너무 늦게 도착해서 미엥지제치로 이송될 수 없었던 유대인 100여 명을—그나데의 명령에 따라—사살했다. 이 사살을 끝내고 파르체프 게토의 해체가 완료되었다.[12]

이어서 1중대와 2중대가 각각 우쿠프와 미엥지제치 중간게토 소개 작전을 동시에 집행했다. 그나데 소위는 9월 초 미엥지제치에 중대의 새 본부를 설치했다. 2중대 대원들은 이곳의 폴란드어 지명이 발음하기 어려웠기 때문에 이곳에 어울리는 독일어로 멘셴슈레크menschenschreck, 즉 '인간 공포'라는 별칭을 붙였다. 그나데의 운전병 알프레트 하일만Alfred Heilmann*은 어느 날 밤 그나데를 태우고 보안경찰대 본부이자 감옥으로 사용된 미엥지제치 중심부의 한 건물로 갔던 일을 기억했다. 5시간에 걸친 회의가 진행되는 동안 지하실에서 계속 끔찍한 비명 소리가 들려왔다. 그때 친위대 장교 두세 명이 건물 밖으로 나오더니 지하실 창문을 통해 감옥 안으로 기관총 사격을 가했다. 그러고 나서 그들 중 하나가 "아, 이제 조용히 살 수 있겠군" 하고 말하고는 다시 건물로 들어갔다. 하일만이 조심스럽게 지하실 창문에 가까이 다가갔는데 몹시 심한 악취가 나서 발걸음을 돌려야 했다. 건물 위층에서는 시간이 갈수록 큰 소리가 나더니 결국 자정쯤에 그나데가 술에 만취한 채 나타났다. 그는 운전병에게 내일 아침 게토가 소개될 것이라고 말했다.[13]

오전 5시경 미엥지제치에 주둔하고 있던 2중대가 기상했다. 코마루프카에서 온 드루커의 2소대와 대규모의 보조경찰대가 그들과 합류했다. 보조경찰대와 나머지 치안경찰이 유대인들을 마을의 광장으로 몰아넣는 동안 드루커의 대원들이 봉쇄를 맡았던 것이 분명하다. 그나데와 다른 경찰들은 집결된 유대인들을 조용히 시키기 위해 채찍을 사용했다. 몇몇 유대인들은 무리가 역으로 출발하기 전에 이미 구타로 사망했다.[14] 하일만은 보안경찰 감옥의 수감자들이 어떻게 지하실에서 끌려나와 어디로 보내지는지 지켜보았다. 그들은 오물로 범벅인 채였고 피골이 상접한 것을 보니 며칠간 아무것도 먹지 못한 것이 분명했다. 끌려나온 희생자들은 정해진 수가 채워지면 무리를 지어 역을 향해 뛰어가야 했다. 뛰어갈 수 없는 자들은 그 자리에서 사살되었으며 그 외에도 행군이 느려지거나 하면 경비병들이 즉시 대열을 향해 무차별 사격을 가했다.[15]

폴란드인 구경꾼들을 저지하기 위해 소규모의 경찰 병력이 이미 역에 배치되어 있었다. 그나데가 열차의 적재를 감독했으며 가축 수송 열차에 가능한 한 많은 인원을 채워 넣기 위해 총과 채찍이 거침없이 사용되었다. 22년이 지난 후 그나데의 부하였던 한 상사는 이렇게 고백했다. "유감스럽게도 나는 이 전체 사안이 그나데 소위에게 커다란 즐거움이었던 듯 보였다고 말하지 않을 수 없다."[16] 이러한 그의 고백은 증인들이 옛 동료에 대해 비판하기를 얼마나 주저하는지를 고려할 때 대단히 이례적인 것이었다.

그러나 이렇게 극에 달한 잔인한 폭력도 동원 가능한 운송력이 충분치 않다는 사실을 바꿀 수는 없었다. 결국 유대인 150명—대부분 여자—이 힘겹게 닫힌 열차 문 앞에 남아 서 있었다. 그나데는 드루커를 불러 이들을 근처 묘지로 데려가도록 지시했다. 경찰대원들은 묘지 입구에서 "구경꾼들"[17]을 쫓아내고 오스트만Ostmann* 병장이 트럭에 사격병들을 위한 보드카를 싣고 올 때까지 기다렸다. 오스트만은 지금까지 사격병이 되는 것을 피할 수 있었던 파이퍼Pfeiffer*라는 부하에게 이렇게 말했다. "자, 파이퍼, 너도 어서 마셔라. 이제 쏠 때가 됐다. 여자 유대인도 있으니. 지금까지는 용케 피해왔지만 이젠 너도 해야 한다." 약 20명으로 구성된 사격조가 묘지로 보내졌다. 이들에게 역시 각각 약 20명으로 이루어진 유대인 그룹이 배정되었다. 그룹은 우선 남자들, 뒤이어 여자와 아이들로 구성되었다. 그들은 묘지 담장을 따라 얼굴을 바닥으로 향하고 엎드린 채 경부 사격으로 사살되었다. 경찰대원들은 각자 7~8차례씩 사살에 가담했다.[18] 한 유대인이 묘지 입구에서 주사기를 들고 드루커에게 덤벼들었으나 신속히 제압되었다. 나머지 유대인들은 운명을 포기한 채 심지어 첫 사격이 시작된 뒤에도 조용히 앉아 있었다. 한 경비대원은 "그들은 무척 여위었으며 거의 아사 직전인 것처럼 보였다"라고 술회했다.[19]

10월 6일 미엥지제치로부터의 이송과 3일 후 계속된 다른 이송에서 총 몇 명이 희생되었는지는 더이상 정확히 확인할 길이 없다. 이에 대한 증인들의 주장은 매우 커다란 차이를 보인다.[20] 어쨌든 게토는 10월 중순경 다시 2000~3000명으로 채워졌다. 이 유대인들은 10월 14일 새벽 라진에 집결되었으며 100대가 넘는 마차에 실렸다. 이들의 느린 마차행렬은 폴란드 경찰과 독일 교포 특수기동대 및 1중대 일부에 의해 감시받으며, 29킬로미터 북쪽에 위치한 미엥지제치로 출발하여 해 질 무렵 그곳에 도착했다. 빈 마차들은 라진으로 돌아갔다.[21]

미엥지제치 게토는 10월 27일과 11월 7일, 노동 유대인 1000명만을 남긴 채 완전히 소개되었다. 치안경찰이 라진의 보조경찰대나 보안경찰의 지원을 받지 않았던 것을 보면 이번 작전은 10월 초에 있었던 작전보다 소규모였던 것 같다. 이제 그나데가 전적인 책임을 맡았다. 그는 이송 과정에 새로운 단계로 "알몸 수색"을 도입했던 것 같다. 이송대상 유대인들은 중앙 광장에 모이자마자 두 개의 막사로 가서 옷을 벗고 귀중품 수색을 받아야 했다. 싸늘한 가을 날씨에도 불구하고 속옷만 입도록 허용되었다. 그들은 이런 빈약한 복장으로 역으로 뛰어가 트레블링카행 가축 수송 열차에 타야 했다.[22] 예비경찰대대는 8월 말부터 11월 7일까지 최소 2만 5000명을 '인간 공포'의 도시에서 트레블링카로 이송했다.

그나데와 대원들이 미엥지제치로부터 유대인을 강제이송하는 동안 우쿠프에 있던 1중대도 같은 일을 했다. 그곳에서는 더이상 볼라우프 대위가 지휘를 맡지 않았다. 그동안 그와 트라프 소령 사이의 관계가 점점 악화되었고, 소령은 볼라우프가 그의 젊은 부인을 미엥지제츠 게토 소개 작전에 데려와 구경시킨 것에 대해 경악했음을 공개적으로 밝혔다.[23] 볼라우프는 세로코믈라 집단학살 이후 부인을 함부르크까지 데려다주고 그곳에서 며칠 머물렀다. 10월 중순 라진으로 돌아온 후 그는 황달에 걸렸다. 11월 초 공군 조종사였던 그의 유일한 형제가 사망했으며 며칠 후 그의 부친도 드레스덴에서 사망했다. 볼라우프는 장례식에 참석하러 드레스덴에 갔다가 병가를 내고 함부르크에 돌아가 황달 증세로 통원치료를 받았다. 회복 도중에 그는 자신이 생존해 있는 유일한 아들이므로 전선 근무에서 면제해달라는 요청이 수용되었다는 통보를 받았다. 볼라우프는 1943년 1월 개인 사물을 가져가려고 잠시 라진에 돌아왔다.[24]

대위가 이런 식으로 101예비경찰대대에서 근무 면제를 받은 반면, 부하들에게는 그렇게 숨 쉴 시간이 주어지지 않았다. 그들은 워마지와 파르체프에서 온 슈타인메츠의 대원들(2중대 3소대), 그리고 보조경찰대와 함께 10월 5일에 유대인 5000명, 10월 8일에 2000명을 우쿠프에서 강제이송했다. 이 두 차례 이송에 관한 대원들의 기억 역시 몹시 차이를 보였다. 어떤 경찰들은 가끔 사격이 있었을 뿐 사실상 누구도 사살하지 않았다고 주장했다.[25] 또 어떤 대원들은 사살이 많이 있었다고 기억했고,[26] 한 경찰은 가까스로 유탄을 피할 수 있었다고 기억했다.[27] 첫 이송의 경우 집결지였던 돼지 시장 앞 광장에서 유대인평의회 의장과 유대인 지역유지들이 학살당했다. 이 첫 이송 때 숨었던 많은 사람들은 이송 직후 발각되어 3일 후 이송되었다.[28] 우쿠프 이송이 8월 미엥지제치 이송보다 훨씬 질서정연하고 인간적으로 집행되었다는 한 경찰의 증언은 미엥지제치에서 드러났던 전례 없는 잔혹함으로 볼 때 별로 신빙성이 없다.[29]

첫 이송 작전 후 슈타인메츠의 소대는 파르체프로 복귀했으며 대대 본부는 라진에서 우쿠프로 이전되었다. 11월 6일 브란트 소위와 유리히 병장은 마지막 유대인 700명이 코츠크에서 우쿠프로 이송되는 것을 감독했다. 유리히는 많은 유대인들이 빠진 것을 발견하고 유대인평의회 의장을 사살했다. 이번에도 라진에서 미엥지제치로 가는 이송 때와 마찬가지로 마차가 이용되어 이들은 자정이 되어서야 우쿠프에 도착했다.[30]

다음 날인 11월 7일 아침 3000~4000명을 우쿠프에서 트레블링 카로 이송하는 마지막 작전이 시작되었다. 이 작전은 며칠 동안 계속되었다.[31] 자신들에게 임박한 것이 무엇인지 알고 있는 유대인들은 행진을 하며 이런 노래를 불렀다. "우리는 트레블링카로 여행을 떠난다." 유대인 게토 경찰이 숨어 있던 몇몇 유대인들에 대해 알고도 보고하지 않았던 사실이 드러나자 치안경찰은 이에 대한 처벌로 이송 대기 중이던 유대인 40~50명을 현장에서 사살했다.[32]

이 마지막 이송의 경우 많은 유대인들이 끈질기게 은신처에 숨어 있었다. 이송열차가 떠난 뒤 보안경찰은 명단을 가지고 생존해 있는 유대인을 은신처에서 나오게 하려고 시도했다. 새 신분증이 배부될 것이며 이를 위해 자진 신고하는 자들은 이송을 면제해주지만 새 신분증 없이 발각되는 사람은 현장에서 사살된다고 게토 전체에 공지했다. 절망에 빠졌던 많은 유대인들은 혹시 다음 이송 때까지 다소 숨 쉴 여유를 얻을지 모른다는 희망에서 은신처에서 나와 자진 신고했다. 적어도 200명이 모였을 때 그들은 우쿠프 외곽으로 끌려갔으며 11월 11일에 사살되었다. 다음 그룹에 대한 사살은 11월 14일 집행되었다.[33]

101예비경찰대대 대원들은 이 두 차례에 걸친 학살 작전 중 적어도 하나에 연루되었다. 이 시기에 트라프와 1중대 대부분이 각기 다른 장소에 있었던 것이 분명하기 때문에 부흐만은 일시적으로 소령의 보호 없이 문제를 해결해야 했다. 그런데 지역 보안경찰이 갑자기 그와 대대 사령부의 투입 가능한 나머지 대원들—지금까지 집단학살에 직접 가담하는 것을 피할 수 있었던 행정병과 통신소대 대원들

아주 평범한 사람들

과 운전병들—에게 학살 작전에 참가해야 한다고 강요했다. 그때까지 수없이 많은 유대인 학살 작전에 참가해서 이미 둔감해져 훗날 단지 희미하게만 당시를 기억할 수 있었던 동료들과 달리, 이 신참들에게는 우쿠프에서 있었던 유대인 학살 기억이 아직도 매우 생생하게 남아 있었다.[34] 한 경찰은 이미 작전 전날 밤에 임박한 사살 집행에 관한 정보가 돌았다고 회고했다.

이날 저녁 이른바 전선 복지의 일환으로 베를린 경찰의 위문공연단이 우리를 방문했다. 이들은 가수와 연예인으로 구성되었다. 이들도 임박한 유대인 사살에 대해 이미 들어 알고 있었다. 그들은 이 사살에 참가할 수 있게 해달라고 요청하고 심지어 간청하기까지 했다. 이들의 요청은 대대에 의해 수용되었다.[35]

다음 날 아침 회의에서 돌아온 부흐만은 대원들을 게토로 통하는 출입구 근처의 보안경찰 건물로 데려갔다. 대원들이 길 양쪽에 배치된 후 게토 철문이 열리고 유대인 수백 명이 밀려나왔다. 경찰들은 이들을 마을 밖으로 호송했다.[36]

다음 유대인 행렬을 경비하기 위해 추가 병력이 필요해서, 대대 사령부 대원들에게 보안경찰 본부에 집결하라는 명령이 내려졌다. 그들은 며칠 전 그들이 머물던 학교 건물의 창문을 통해 우쿠프 유대인들이 어떻게 역으로 끌려가는지 지켜보았다. 이제는 그들 자신이 참가할 차례였다. 그들은 보안경찰로부터 50~100명의 유대인 그룹을 인계받아 도시 외곽으로 나가는 같은 길을 따라갔다.[37]

그동안 첫 번째 행렬은 큰 길에서 벗어나 모래밭으로 통하는 길로 접어들었다. 한 친위대 장교가 행렬을 멈추게 하더니 부흐만의 부관 한스 프루츠만Hans Prutzmann*에게 유대인 사살을 시작하라고 지시했다. 그러자 프루츠만이 15~25명으로 구성된 사살조를 편성했는데 대대 보유의 총으로 무장한 위문공연단 자원병들이 주축을 이루었다. 유대인 남자들은 옷을 모두 벗어야 했고, 여자들은 속옷이 허용되었다. 그들은 신발을 신발 더미 위에, 옷을 옷 더미 위에 올려놓고 약 50미터 떨어진 처형 장소로 끌려갔다. 그들은 거기서 얼굴을 바닥으로 향한 채 엎드려야 했으며 통상적인 방식인 경부 사격으로 사살되었다. 이때 경찰 사격병들은 총검을 끼워서 조준 보조도구로 사용했다. 부흐만은 멀리 떨어지지 않은 곳에 여러 친위대 장교들과 함께 서 있었다.[38]

대대 사령부 대원들이 모래밭에 도착했을 때는 사격이 이미 진행 중이었다. 부흐만이 그들에게 다가가 이곳에 데려온 유대인들을 사살하기 위한 사살조를 편성해야 한다고 알렸다. 군복 보관실을 담당했던 대대 사령부의 한 대원은 사살에 참가하지 않게 해달라고 요청했다. "우리가 데려온 유대인 가운데는 아이들도 있었는데 그 당시 나도 세 아이의 아버지였기 때문에 사살에 가담할 수 없으니 다른 임무를 줄 수 없겠냐고 소위에게 설명했다." 다른 여러 대원들도 이와 같이 대체 임무를 요청했다.[39]

이로써 부흐만은 유제푸프에서의 트라프와 같은 처지에 처했으며 기본적으로 똑같은 방식으로 반응했다. 보안경찰의 친위대 고위 장교가 그에게 치안경찰의 부하들과 함께 유대인 집단학살을 집행하라

아주 평범한 사람들

고 명령했을 때 그는 이에 따랐다. 그런데 자신이 유제푸프에서 그랬던 것처럼 그에게 다른 임무를 달라고 분명하게 요청하는 부하들 앞에 섰을 때 그는 이 요청을 받아들여 4명을 면제해주었다. 사살이 계속되자 부흐만은 자리를 떴다. 부흐만은 그가 평소 잘 알고 있으며 요청에 따라 사살조에서 면제해주었던 최고참 사령부 대원과 함께 사살 장소로부터 한참 떨어진 곳으로 물러났다.

　얼마 후 대대의 통신소대원들과 운전병들에게 우쿠프 보안경찰에 의해 끌려온 유대인들에 대한 다음 사살을 맡으라는 명령이 내려졌다. 이때 부흐만은 현장에 없었다.[40] 그가 수없이 반복해서 요청했던 대로 함부르크로의 이동 배치가 결국 받아들여진 것이다. 그는 함부르크에서 우선 방공부대 장교가 되었다가 1943년 1월부터 8월까지 함부르크 경찰청장의 부관으로 근무했다. 그 후 부흐만은 자기 소유의 목재상에서 일을 재개할 수 있었으며 사업차 전쟁 말기에 프랑스, 오스트리아, 체코슬로바키아까지 두루 방문했다. 치안경찰에서 제대하기 직전에 그는 예비역 중위로 진급했다.[41] 분명히 트라프는 그를 폴란드에서 (우쿠프 학살을 제외하면) 유대인 작전에 투입되지 않도록 보호해주었을 뿐 아니라 그의 인사 기록에 전적으로 긍정적인 평가가 남도록, 그리고 그의 향후 경력에 해가 될지도 모르는 어떤 부정적인 평가도 남지 않도록 지켜주었다.

13

호프만 대위의 이상한 병

1942년 가을 무렵 101예비경찰대대 대부분은 유대인 학살을 거의 주요 임무로 수행하고 있던 반면, 친위대 하우프트슈투름퓨러 볼프강 호프만 대위가 이끄는 3중대는 아직까지 학살에 직접 가담하지 않아도 되는 행운을 누리고 있었다. 유제푸프에서는 3중대의 2개 소대가 초기에 학살 현장을 외부로부터 봉쇄하는 임무를 받았기 때문에 어떤 대원도 사살조에 편성되어 숲으로 보내지지 않았다. 대대가 북부 루블린 구역의 보안지대로 이동 배치되었을 때에는 3중대의 2, 3소대가 푸와비 군으로 갔으며 호프만 자신이 직접 이끄는 3소대는 푸와비 읍에 배치되었다. 호프너 소위의 2소대는 그 근처, 즉처음에는 쿠루프Kurów, 나중에는 반돌린Wandolin에 주둔했다. 푸와비 군에 살던 유대인들은 이미 대부분 1942년 5월에 소비부르 수용소로 강제이송되어 그곳에서 첫 번째로 학살되었다. 지역의 나머지 유대인들은 푸와비에서 동쪽으로 약 6킬로미터 떨어진 코인스코볼라Końskowola의 집결게토collection ghetto에 모여 있었다. 이런 이유 때문에 인근의 라진 군에 주둔해 있던 페터스 소위의 1소대만 8월의 강제이송과 9월 말의 학살에 연루되었다. 그래서 처음엔 폴란드 저항군조차 3중대의 푸와비 주둔을 방해하지 않을 정도였다. 훗날 호프만의 보고에 따르면 "이 지역은 비교적 평온"했으며 10월 이전까지는 "무장 불순세력"들과의 충돌이 단 한 차례도 없었다.[1]

그러나 10월 초 3중대의 행운은 끝이 났다. 1500~2000명을 수용하고 있던 코인스코볼라 집결게토가 이웃 라진 게토들과 마찬가지로 소개되어야 했다.[2] 그리고 루블린 구역의 북부는 "유대인 없는 지역"이 되어야 했다. 이 임무를 위해 체미에르니키에 주둔하고 있던 페터스 소위의 소대를 포함하여 3중대 소속 3개 소대 전부, 야머Jammer* 중위가 지휘하는 12명의 지역경찰대(폴란드 지방경찰의 활동을 감독하는 것이 이들의 주 업무였다), 메스만Messmann* 중위가 이끄는 지역경찰 기동대 그리고 100명가량의 자원 보조경찰대와 루블린 친위대 등 상당한 병력이 집결되었다.[3] 호프만은 푸와비에서 3중대 전체를 모아놓고 1쪽으로 된 지시사항을 읽었다. 대원들은 게토를 샅샅이 수색해서 모든 유대인을 중앙 광장으로 끌고 와야 한다. 그러나 유대인 가운데 너무 늙거나 허약하고 병들어서 움직이기 어려운 자들, 그리고 갓난아기들은 끌고 올 필요 없이 그 자리에서 사살해야 한다. 그는 이것이 표준화된 지침으로서 오랫동안 실시되어왔다고 부언했다.[4]

경찰대원들은 코인스코볼라로 갔다. 현지에서 최고 계급의 경찰 장교였던 호프만은 야머, 메스만과 협의하여 부대 배치를 결정했다. 예전과 달리 이번 경우는 보조경찰들이 다른 일부 경찰과 함께 봉쇄 임무를 받았다. 1진으로 게토에 들어가는 수색조 임무는 3중대와 메

스만이 이끄는 지방경찰 기동대 일부가 맡았다. 각 수색조에는 특정 구역이 할당되었다.[5]

당시 게토에는 이질이 돌아서 많은 유대인들이 중앙 광장으로 갈 수 없거나 침대에서 일어나지도 못하는 상황이었다. 그래서 첫 수색이 시작되자마자 여기저기서 총성이 울렸다. 한 경찰은 "나는 어느 집 안에서 노인 약 6명을 사살했다. 침대에 누워 있는 사람들이었는데 그들은 내게 분명히 그렇게 해달라고 부탁했다"라고 회고했다.[6] 첫 수색 작전이 완료되어 생존한 유대인들이 중앙 광장에 끌려온 후, 이번에는 그때까지 봉쇄 임무를 맡았던 부대가 또 한 차례 수색에 동원되었다. 그들은 이미 자신들의 경비 초소에서 수많은 총성을 들은 후였다. 다시 한 번 게토를 샅샅이 훑는 임무를 수행하면서 그들은 도처에 시체가 널려 있는 것을 목격했다.[7]

훗날 취조 과정에서 많은 대원들은 무엇보다 코인스코볼라 게토에서 병원으로 사용되던 건물을 기억했다. 그곳은 사실 3~4층으로 된 간이 침대들이 가득 찬 커다란 강당과 다를 바 없었다. 지독한 냄새가 났다. 5~6명으로 구성된 경찰 수색조는 병원에 진입해서 대부분 이질을 앓고 있던 환자 40~50명을 제거하라는 명령을 받았다. "여하튼 그들은 거의 모두 매우 수척했고 영양실조 상태였다. 피골이 상접한 상태였다고도 말할 수 있다."[8] 가능한 한 빨리 끔찍한 냄새에서 벗어나려는 희망에서 경찰대원들은 강당에 들어서자마자 총을 난사하기 시작했다. 총알 세례 속에서 침대 위층에 있던 희생자들이 아래로 떨어졌다. 훗날 한 경찰은 "이런 행동은 내 자신에게 정말 역겹고 부끄러웠기 때문에 나는 황급히 돌아서서 강당을 빠져나왔다"라고 보고했다.[9] 다른 경찰은 이렇게 기억했다. "나는 환자들을 보면서 그 중 한 명도 제대로 쏠 수 없었고, 그래서 의도적으로 모두 빗나가게 쏘았다." 그리고 이런 행동은 사실에 같이 참가했던 상관의 눈에 띄었다. "작전이 끝나자 그는 나를 옆으로 불러내서 '반역자', '겁쟁이'라고 비방하며 호프만 대위에게 보고하겠다고 위협했다. 그러나 그는 그렇게 하지는 않았다."[10]

중앙 광장에 끌려온 유대인들은 한편에는 남자들, 그리고 또 한편에는 여자와 아이들로 나뉘었다. 경찰대원들은 18~45세까지의 유대인들, 특히 숙련공들을 찾아냈는데 그중에는 여자도 몇 명 있었다. 이들은 푸와비 시 외곽에 있는 기차역으로 끌려가 루블린 노동수용소로 가는 열차에 실렸다. 그들은 너무 쇠약해진 상태였기 때문에 다수가 역까지 가는 5킬로미터 행진을 견뎌내지 못했다. 증인들에 따르면 500~1000명 정도가 노동 인력으로 선발되었는데 그중 약 100명은 행진 도중 기진맥진한 채 쓰러져 결국 사살되었다.[11]

노동력이 있다고 평가된 사람들이 도시 밖으로 보내지는 동안 여자와 어린이 800~1000명 정도와 많은 노인들은 사살되기 위해 도시 외곽의 숲으로 끌려갔다. 우선 남자들이 얼굴을 바닥으로 향한 채 엎드려 사살되었다. 다음은 여자와 어린이들 차례였다.[12] 한 경찰이 뮌헨 출신의 유대인평의회 의장을 지낸 한 독일계 유대인과 대화를 나누었는데 이 사람도 결국 끌려갔다.[13] 노동 유대인들을 역까지 호송했던 경비조가 다시 코인스코볼라에 돌아왔을 때 중앙 광장은 텅 비어 있었고 숲에서 들려오는 총소리를 들을 수 있었다. 이 대원들은 게토를 다시 한 번 "청소하라"는 명령을 받은 후 잠시 휴식 시간을

아주 평범한 사람들

얻었다. 그때는 이미 늦은 오후였고 일부 대원들은 편안한 농가를 찾아내 그곳에서 카드놀이를 했다.[14]

25년이 지난 후 볼프강 호프만은 자신의 지휘 아래 단 하루 동안 유대인 1100~1600명이 학살된 코인스코볼라 작전에 대해 더이상 아무것도 기억할 수 없다고 말했다. 그의 기억상실은 아마도 사법적인 책임, 즉 처벌에 대한 두려움 때문만이 아니라 푸와비에 주둔하는 동안 그를 힘들게 했던 건강 문제 때문이기도 했다. 당시 그는 자신을 괴롭힌 통증이 8월 말에 맞았던 이질 예방주사 때문이라고 생각했다. 그런데 1960년대에 와서 그는 자신의 병이 유제푸프에서의 집단학살로 인한 커다란 심리적 스트레스 때문이라고 주장하는 것이 훨씬 편리하다고 판단했다.[15] 원인이 무엇이었든지 간에 호프만이 1942년 9~10월부터 설사와 위경련에 시달렸던 것은 사실이었다. 그의 증언에 따르면 식물성 대장염이라고 진단된 그의 병은 자전거나 자동차를 탈 때처럼 흔들릴 때마다 심하게 악화되어 9~10월에 수행된 부대의 작전에서 거의 지휘를 하지 못할 정도였다. 그럼에도 불구하고 그는 "군인다운 투지"와 곧 나을 것이라는 희망에서 10월 말까지 병가를 내려고 하지 않았으며 11월 2일에야 비로소 의사의 지시에 따라 군병원에 입원했다.

그러나 호프만의 부하들은 모두 한목소리로 이와 전혀 다른 견해를 밝혔다. 그들의 관찰에 따르면 호프만을 꼼짝 못하도록 침대에 붙잡아두었던 "의심스러운" 위경련 발작 시기는 이상스럽게도 그의 중대에 곤혹스럽거나 위험한 임무가 임박했을 때와 꼭 일치했다. 어느 날 저녁에 대원들에게 다음 날 있을 작전이 공지되면 그들은 내일은 중대장이 아파서 침대에 누워 있게 될 것이라고 예측하는 것이 상식이 되었을 정도였다.

이뿐만 아니라 또 다른 두 요소 때문에 호프만의 행동은 부하들을 더욱 신경질 나게 했다. 우선 그는 몸이 아팠지만 여전히 항상 엄하고 가까워지기 어려운 전형적인 '병참 장교'로 흰 옷깃과 장갑을 좋아했다. 또한 그는 제복에 친위대 휘장을 달고 다니며 부하들에게 상당한 경의를 요구했다. 호프만이 학살 작전을 두려워한다는 것이 명백해지자 부하들에게는 그의 도피적 태도[꾀병]가 위선의 극치로 보여서, 부하들은 그를 히틀러 소년단의 10~14세 그룹을 칭하는 용어였던 "핌프Pimpf"라고 놀려댔다.

둘째로 호프만은 병 때문에 이동하기 어려운 자신의 약점을 만회하기 위해 부하들을 가능한 한 엄격하게 감독하려 했다. 그는 침대에 누운 채 모든 명령을 내리겠다고 고집하여 실제 중대장으로서뿐 아니라 소대장 몫까지 했다. 모든 순찰과 작전에 앞서 하사관들은 호프만의 침실에 가서 세부 지시를 받아야 했으며 작전 후에는 다시 그에게 가서 개인적으로 보고해야 했다. 푸와비에 주둔했던 3소대는 소위가 없어서 유스트만Justmann* 상사가 소대를 이끌었다. 하지만 그는 호프만의 명백한 승인 없이는 소대 임무에 대해 어떤 지시도 할 수 없었다. 유스트만과 다른 상사들은 자신들이 지휘관이 아닌 단순한 소대 리더로 격하된 것처럼 느껴 이를 몹시 못마땅해했다.[16]

호프만은 11월 2일에서 25일까지 푸와비 군병원에 입원해 있었으며, 그 후에는 회복을 위해 독일에 가서 연초까지 휴가를 보냈다. 그는 이어서 한 달간 부대를 지휘하다가 다시 치료를 위해 독일로 갔

아주 평범한 사람들

다. 호프만이 두 번째로 독일에 체재하고 있을 때 트라프가 그의 중대 지휘권을 박탈했다는 소식을 들었다.

트라프와 호프만 사이의 관계는 1월에 이미 나빠져 있었다. 대대장이 그의 모든 장교와 하사관 그리고 전 대원들에게 도둑질이나 약탈을 하지 않을 것, 또는 돈을 내지 않은 채 물건을 가져가지 않을 것을 서약하는 특별서약서를 제출하라고 지시한 것이 계기였다. 호프만은 상관인 트라프에게 자신은 이러한 부당한 요구 때문에 자존심이 몹시 상하므로 명령을 받아들일 수 없다고 격하게 반박하는 내용의 서신을 보냈다.[17] 그 밖에도 트라프는 코인스코볼라 집단학살 작전에서 그의 임시 대리인으로 지방경찰 기동대를 지휘했던 메스만 중위로부터 호프만이 푸와비에서 별로 한 일이 없다는 안 좋은 이야기를 들은 터였다. 그 후 트라프가 사실 확인을 위해 3중대의 카를센Karlsen* 병장에게 자문을 구했고, 그는 트라프에게 호프만의 병에서 보인 패턴에 관해 확인해주었다. 1943년 2월 23일 트라프는 호프만의 중대장직 박탈을 상부에 요청했다. 그가 늘 중요한 작전에 앞서 병가를 내는데 이런 "결점투성이 근무 태도"는 대원들의 사기에 좋지 않다는 것이 이유였다.[18]

자만심에 차 있고 예민한 성격의 호프만은 자신의 면직 소식을 듣고 몹시 불쾌해했으며 다시 한 번 "장교와 군인으로서 자신의 명예"가 깊이 상처를 입었다는 입장을 강력히 표명했다. 그리고 그는 트라프가 개인적인 이유에서 이런 결정을 내렸다고 비난했다.[19] 트라프는 이러한 비난에 대해 상세히 반박했으며 결국 트라프의 입장이 상부에 받아들여졌다. 루블린 구역 치안경찰 사령관은 호프만의 행동이 "결코 만족스럽지 못하고", "만약 그가 실제로 병에 걸렸다면 복무규정에 따라 병가를 내야 했는데 그렇게 하지 않은 것은 무책임한 행동이며, 그러므로 호프만은 다른 부대로 이동 배치될 것이고 거기서 스스로 능력을 새로 입증해야 할 것"이라고 결론지었다.[20]

결국 호프만은 1943년 가을 러시아 전선에 투입되었던 다른 경찰대대에 배치되었는데 그곳에서 공로를 세워 2급 철십자훈장을 받았다. 그리고 나중에 민스크 근처에서 백러시아 1개 보조경찰대대를 지휘하게 되었으며 이어서 캅카스 자원병 대대를 맡기도 했다. 종전 무렵 그는 포즈난에 있는 경찰 군단장의 제1참모장교였다.[21] 치안경찰대 면직 이후 이러한 그의 경찰 경력을 살펴볼 때 1942년 가을 호프만이 보였던 행동이 부하들과 소령이 의심했던 것처럼 비겁함 때문이라고 결론짓기는 어렵다. 그는 분명히 병을 앓고 있었다. 그 병이 101예비경찰대대의 학살 작전 때문에 발생했는지는 확인할 길이 없지만 그는 심리적 이유에서 발생하는 과민성 대장염 증상을 보였다. 그리고 그가 맡았던 임무는 분명히 이 증상을 악화시켰다. 게다가 호프만이 폴란드 유대인 학살과 관련된 임무를 피하기 위해 자신의 병을 이용했다고는 보이지 않는다. 그는 오히려 병 때문에 군병원으로 후송되면 자신이 지휘관으로서의 임무를 제대로 수행하지 못하게 된다는 점을 우려했던 것이 분명하다. 그래서 자신의 병을 상관에게조차 숨기는 등 몹시 애를 썼던 것이다. 만약 집단학살 때문에 호프만이 실제로 복통을 앓았다면 그것은 그가 학살을 몹시 곤혹스럽게 느꼈으며, 그래서 가능한 한 그 곤혹감을 극복하려고 심적으로 몹시 애를 썼다는 것을 뜻한다.

14

"유대인 사냥"

101예비경찰대대 대원들은 유제푸프, 워마지, 세로코믈라, 코인스코볼라 등에서 벌어진 집단학살과 미엥지제치, 우쿠프, 파르체프, 라진, 코츠크 게토 소개 작업 등에 연이어 동원되면서 1942년 11월 중순까지 적어도 6500명의 폴란드 유대인 직접 학살과 적어도 4만 2000명 이상을 트레블링카 가스실로 강제이송하는 작전에 참가했다. 그러나 그들의 집단학살 행진은 아직 끝난 것이 아니었다. 루블린 구역 북부의 마을과 게토에 살던 유대인 학살이 끝나자마자 예비경찰대대는 앞서 진행된 작전이 시작되기 전에 도주해 숨은 유대인들을 모두 색출하여 체계적으로 제거하라는 명령을 받았다. 간단히 말해 그 지역을 완전히 "유대인 없는 지역"으로 만드는 임무를 받은 것이다.

1년 전인 1941년 10월 15일 총독령 폴란드의 총독 한스 프랑크Hans Frank는 게토 밖에서 체포되는 유대인들은 특별법정에 세워져 사형을 선고받을 것이라고 공포했다. 이 포고령은 부분적으로는 폴란드 주재 독일인 보건소 직원들의 요청에 의한 것이었다. 보건소 의사들은 게토 안에서 굶주린 유대인들이 식량을 구하기 위해 몰래 게토를 빠져나가게 되면 게토 안에 만연된 전염병인 티푸스가 외부로 확산될 위험이 있으므로, 극단적인 조치로 이들을 게토에 묶어두어야 한다는 생각이었다. 예를 들어 바르샤바 구역 보건국장이었던 람브레히트Lambrecht 박사는 "아사의 두려움보다 교수형에 처해질 두려움이 더 크다"는 논리를 내세우며 유대인들의 게토 이탈을 금지하는 법령이 제정되어야 한다고 주장했다.[1] 그러나 프랑크식 포고령 시행에 대해 곧 이의가 제기되었다. 체포된 유대인을 호송하고 경비할 병력이 충분치 않을 뿐 아니라 이송 거리가 대부분 너무 멀고 특별법정 재판까지의 과정이 번거로워서 시간 소모가 크다는 비판이었다. 대안으로 제시된 해결책은 간단했다. 게토 밖에서 체포되는 유대인들은 모든 법적 절차를 생략하고 모두 현장에서 사살하는 것이었다. 이 문제와 관련해 1941년 12월 16일에는 프랑크와 각 구역 총독들 사이에 면담이 있었는데 바르샤바 구역 부총독은 이에 대해 다음과 같은 기록을 남겼다. "면담 참석자들은 마을 외곽에서 체포되는 모든 유대인들을 사살할 수 있도록 지시한 치안경찰대대 사령관의 사살 명령을 대단히 환영했으며 사령관에게 감사를 표했다."[2]

간단히 말해서, 폴란드 유대인들은 그들이 체계적으로 죽음의 수용소로 보내지기 전에도 게토 바깥에서는 이미 즉결 처형 대상이었다. 하지만 루블린 구역에서는 이 사살 명령이 그리 엄격하게 집행되지 않았다. 여기서는 폴란드 총독령의 기타 구역과 달리 유대인들 대부분이 아직 게토에 집결되어 있지 않았기 때문이었다. 루블린 구역 북부의 작은 도시와 마을에 살던 유대인들은 1942년 9, 10월에야 비로소 중간게토인 미엥지제치와 우쿠프에 보내졌다. 사실 트라프의 부대가 오기 전에 이곳에 주둔했던 306경찰대대가 이따금씩 마을 외곽에서 발견되는 유대인들을 사살하기는 했다.[3] 그러나 체계적인 추적은 모든 유대인들이 게토에 집결된 이후 비로소 시작되었으며, 게토가 소개된 이후에 대폭 강화되었다.

8월 말 대대의 보안구역 내에서 완전히 소개되어야 할 첫 번째 게토로 파르체프가 지정되었다. 그곳에 주둔했던 2중대 3소대를 이끈 슈타인메츠 병장에 따르면 이 지역에서는 유대인들이 계속 발견, 체포되었다. 그나데는 슈타인메츠에게 체포된 유대인들을 사살하라고 명령했다. "그나데 소위의 명령은 이후에 파르체프 외의 지역에서 체포되는 경우에도 적용되었다. (…) 나는 내 지역에 유대인이 한 명도 없게 하라는 명령을 받았다."[4] 드루커 소위도 8월 말 대대 사령부로부터 "마을 외곽에서 배회하는 유대인들은 발견 즉시 현장에서 사살하라"는 명령을 받았다고 기억했다. 그렇지만 유대인들을 마을에서 중간게토로 최종 이송할 때까지 이 명령이 빈틈없이 지켜지지는 않았다.

그런데 늦어도 10월부터는 명령이 철저하게 집행되기 시작했다.[5] 게토로 들어가지 않는 유대인들은 모두 사살될 것이라는 경고 현수막이 도처에 걸렸다.[6] 이제 '사살 명령'은 중대에게 공식적인 지시사항에 속해서 경찰들은 순찰 나가기 전에 늘 이 사항을 반복해서 전달받았다.[7] 모든 대원들에게 대대의 보안구역에는 유대인이 단 한 명도 살아 있어서는 안 된다는 것이 분명해졌다. 그래서 공식 용어로 표현하자면 대대는 "의심 가는 물체"를 찾아 "숲 순찰"을 다녔다.[8] 아직 생존해 있는 유대인들은 마치 동물처럼 탐지되어 사살되어야 했기 때문에 101예비경찰대대 대원들은 "최종해결"의 이 단계를 비공식적으로 "유대인 사냥Judenjagd"이라고 불렀다.[9]

"유대인 사냥"은 여러 모습을 띠었다. 그중 가장 극적이었던 것이 1942년 가을, 그리고 1943년 봄에 경찰대대가 두 차례에 걸쳐 수행했던 파르체프의 "숲 청소" 작전이었는데 두 번째는 방위군과의 연합작전이었다. 그런데 1942년 10월에 수행된 첫 번째 작전의 경우 유대인들이 주 희생자였던 것 같지만 실제로는 유대인뿐만 아니라 폴란드 게릴라들이나 도주한 러시아 전쟁포로들도 수색 대상이었다. 3중대의 게오르크 레플러Georg Leffler*는 이렇게 기억했다.

우리는 많은 유대인들이 숲속에 숨어 있다고 들었다. 그래서 근접전 대형으로 숲을 수색했으나 유대인들이 잘 숨어 있어서인지 한 명도 찾아내지 못했다. 그래서 우리는 구역을 나누어 다시 한 번 숲을 샅샅이 수색했다. 이때 비로소 우리는 땅바닥에 가느다란 환기 파이프가 몇 개 꽂혀 있는 것을 발견했다. 여기에 유대인들이 땅굴을 파고 숨어 있는 것이 분명하다고 판단되었다. 숨어 있던 유대인들이 곧 체포되었다. 저항은 한 군데에서밖에 없었다. 이 경우 몇몇 대원들이 땅굴에 뛰어 들어가 저항하는 자들을 끌고 나왔고, 현장에서 사살했다. (…) 유대인들은 얼굴을 땅 쪽으로 향한 채 엎드려야 했고, 경부 사격으로 사살되었다. 누가 사격조에 속했는지는 기억나지 않는다. 내 생각에 옆에 서 있던 대원들이 그들을 사살하라는 명령을 받았다. 연령이나 성별과 무

아주 평범한 사람들

관하게 유대인 약 50명이 모두 사살되었다. 그곳에 전 가족이 함께 숨어 있었다. (…) 사살은 공개적으로 집행되었다. 사살 현장 바로 근처에 파르체프 폴란드인들이 몇 명 서 있었지만 봉쇄 조치는 전혀 없었다. 사살 집행 후 아마 호프만이 이 폴란드인들에게 반쯤 완성된 지하 땅굴 한 곳에 시체를 매장하도록 지시했을 것이다.[10]

대대의 다른 대원들도 마찬가지로 땅굴을 찾아내서 20~50명의 그룹으로 이루어진 유대인들을 사살했던 것을 기억했다.[11] 한 경찰대원은 10월 수색 작전에서 희생된 유대인이 총 500명에 달할 것으로 추정했다.[12]

1943년 봄이 되자 대원들은 이전과 조금 다른 상황에 직면했다. 살아남은 소수의 유대인들이 대부분 저항 게릴라들이나 도주한 러시아 전쟁포로들과 합류하는 데 성공한 것이다. 수색 작전 과정에 도주했던 러시아 전쟁포로들과 유대인들이 만든 숲 기지가 발견되었는데 그들은 무장 저항을 시도했다. 결국 교전 끝에 유대인과 러시아인 약 100~120명이 사살되었다. 대대 역시 적어도 한 건의 불행한 일을 겪었다. 트라프의 부관인 하겐 중위가 한 대원이 잘못 발사한 총에 맞아 사망한 것이다.[13]

"유대인 사냥"은 숲으로 도주한 유대인에 대한 수색과 사살에 그친 것이 아니었다. 당시 아직 학살되지 않은 많은 수의 유대인들은 독일 점령당국이 몰수하여 자체 조직으로 경영하고 있던 여러 대농장에 노동 인력으로 보내졌다. 그런데 어느 날 파르체프 부근 야블론Jablon 대농장에 슈타인메츠 병장의 소대가 갑자기 들이닥쳐서 유대인 노동자 30명을 트럭에 싣고 숲으로 가 모두 경부 사격으로 사살했다. 자기 농장의 노동자들이 사살될 것이라고 사전 통보를 받지 못했던 독일인 대농장 관리인이 항의했지만 아무 소용이 없었다.[14] 반면 푸와비 부근의 판비츠Pannwitz 대농장의 관리인에게는 이와 정반대로 유대인 노동자들이 너무 많았던 것이 문제였다. 게토에서 근처 숲으로 도망쳤던 유대인들 가운데, 도움과 식량을 얻으려고 농장의 노동 유대인 가정에 피신하는 자들이 점점 늘었기 때문이었다. 따라서 농장 관리사무소 측은 유대인 노동자의 수가 눈에 띄게 증가한 것을 확인할 때마다 호프만 대위에게 전화로 연락했으며, 호프만은 독일 경찰을 보내 늘어난 수만큼 유대인들을 사살했다.[15] 호프만이 군병원에 입원하자 그의 후임자 메스만 중위가 기동타격대를 편성하여 푸와비 주변 반경 50~60킬로미터 안에서 체계적으로 소규모 그룹의 유대인 노동자들을 찾아내 사살하도록 지시했다. 메스만의 운전병이었던 알프레트 슈페어리히Alfred Sperlich*는 유대인 수색 작전을 이렇게 기억했다.

우리는 대농장과 유대인 숙소가 차로 금방 갈 수 있는 곳일 경우 차를 타고 빠른 속도로 농장에 갔으며 도착 즉시 경찰들이 뛰어내려 바로 유대인 숙소를 덮쳤다. 숙소에 있던 모든 유대인들은 끌려 나와 농장에 있던 짚 더미, 감자 저장용 구덩이나 퇴비 더미 옆에서 사살되었다. 희생자들은 늘 거의 벌거벗은 채 바닥에 엎드려 경부 사격으로 사살되었다.

그러나 부대에서 농장으로 가는 도로가 쉽게 보이도록 노출되어 있는 경우에는 경찰들은 조심스럽게 도보로 접근해 갔다. 유대인들이 미리 도주하지 못하게 하기 위해서였다. 경찰이 접근해 오는 것이 잘 보이지 않았던 숲 근처 농장의 경우 경찰들이 예상했던 것보다 훨씬 많은 유대인들을 찾아냈다.[16]

어떤 유대인들은 숲이 아니라 시내에 숨어 있어서 비교적 오래 생존할 수 있었지만 그들도 점차 색출되었다.[17] 가장 기억에 남는 사건은 코츠크에서 독일인을 위해 일하던 폴란드 통역사가 한 지하 은신처를 알아내 신고한 일이었다. 그곳에서는 유대인 4명이 체포되었다. 이어진 "심문" 과정에서 그들은 마을 외곽에 있는 저택에 또 하나의 지하 은신처가 있다고 털어놓았다. 별로 어려움이 없을 것이라고 생각했기 때문에 독일 경찰 한 명과 독일인 통역사가 그곳으로 출동했다. 그러나 이번 경우는 대단히 드물게도 유대인들이 무기를 가지고 있었다. 그들은 경찰을 향해 총을 쏘며 저항했고, 그래서 경찰이 요청한 지원병이 오고 총격전이 벌어졌다. 결국 유대인 4~5명은 도주를 시도하다 사살되었으며 8~10명은 사망하거나 중상을 입은 채 지하실에서 발견되었다. 다른 4~5명은 부상 없이 체포되었는데 이들도 "심문"을 받은 후 그날 저녁 사살되었다.[18] 그 후 경찰은 이미 도주한 이 집의 주인인 폴란드 여자를 찾아 나섰다. 유대인들에게 은신처를 제공해주었던 그 여자는 근처 마을에 사는 부모 집에서 발견되었다. 브란트 소위는 그 여자의 아버지에게 곤혹스러운 양자택일, 즉 자신의 목숨과 딸의 목숨 가운데 하나를 선택하도록 했다. 그는 딸을 넘겨주었고 그 여자는 그 자리에서 사살되었다.[19]

가장 흔했던 "유대인 사냥" 형태는 밀고자들이 신고한 여러 "지하 땅굴"을 찾아내 유대인들을 제거하기 위한 소규모 숲 순찰이었다. 대대는 유대인들의 은신처를 찾아내는 밀고자와 "숲을 달리는 사람들"의 네트워크를 구축했다. 생존을 위해 필사적으로 몸부림치던 유대인들은 종종 숲 근처의 밭, 농장, 마을에 와서 식량을 훔치곤 했는데 폴란드인들은 자발적으로 이를 독일 당국에 신고했다. 지역 경찰 초소에 이런 신고가 들어오면 숨어 있는 유대인을 찾아내기 위해 소규모 순찰대가 파견되었다. 진행 과정은 거의 모두 동일했다. 폴란드인들은 경찰을 직접 땅굴로 안내했고 경찰대원들은 우선 그곳에 수류탄을 던져 넣었다. 첫 번째 공격에서 죽지 않고 땅굴에서 뛰쳐나온 유대인들은 얼굴을 바닥으로 향한 채 엎드려 경부 사격으로 사살되었다. 시체는 통상적으로 가장 가까운 폴란드 마을 주민들에 의해 매장되도록 방치되었다.[20]

이런 식의 수색은 "아주 빈번"하여 훗날 경찰들은 그들이 참가했던 순찰 횟수를 기억할 수 없을 정도였다. 한 경찰은 "우리에게 그것은 대체로 매일 먹는 빵과 같았다"라고 말했다.[21] 다른 경찰도 "유대인 사냥"과 관련하여 "매일 먹는 빵"이란 표현을 사용했다.[22] 대원들은 그들이 무장 게릴라와의 전투에 출동하는지 아니면 밀고에 따라 비무장으로 추정되는 유대인을 찾으러 가는지 수색조장의 행동을 보면 쉽게 알 수 있었다.[23] 적어도 한 경찰의 증언에 따르면 수색 작전의 대부분은 압도적으로 "유대인 사냥"이었다. "그런 작전은 우리의 주된 임무였으며 실제 게릴라 소탕 작전에 비해 출동 횟수가 훨씬 많았다."[24]

유제푸프에서 시작한 101예비경찰대대의 활동은 생존 유대인 수색 작전과 함께 거의 완전한 하나의 순환 서클을 형성했다. 학살, 강제이송, 경비, 봉쇄, 도피한 유대인 수색, 사살. 초기의 충격적인 학살에 참여한 이후 그들이 참가한 많은 대규모 이송 작전 동안에는 실질적으로 전 대원이 적어도 봉쇄 조치에 투입되었다. 그들은 수많은 유대인들을 열차에 몰아넣었지만 열차여행의 저편에서 벌어진 집단학살로부터는 내심 거리를 둘 수 있었다. 자신들이 강제이송한 유대인들의 운명과 자신들은 아무 관계가 없다는 생각이 확고했던 것이다.

그러나 "유대인 사냥"은 달랐다. 그곳에서 그들은 다시 희생자들과 얼굴을 맞대고 마주 섰으며 사살도 개인적인 성격을 띠었다. 이보다 한층 중요한 것은 경찰대원들이 다시 각자 상당한 정도의 선택권을 갖고 있었다는 점이다. 사살조 참여냐 회피냐의 선택권이 어떻게 행사되는지에 따라 대대가 얼마나 "강한 사나이"들과 "겁쟁이"들로 분열되어 있었는지를 보여주었다. 유제푸프 작전 이후 몇 달 동안 많은 대원들은 점차 무감각하고 냉담한 그리고 여러 경우에는 매우 열렬한 살인자로 변해갔다. 반면 단지 제한적으로만 살인에 동참했으며 특별한 노력이나 별다른 처벌 없이 피할 수만 있다면 즉각 이를 회피했던 대원들도 있었다. 그러나 이 비동조자들 가운데 끊임없이 위협받는 자신의 도덕적 자율성 영역을 지키는 데 성공한 대원은 소수였다. 그들은 도덕적 자율의식이 살아 있는 한, 학살에 참여하지 않기 위해 용기를 내서 여러 가지 행동 패턴과 영리한 전략을 개발해나갔으며 그 결과 냉혹한 살인자가 되어가는 과정에서 자신을 지킬 수 있었다.

대원 가운데 열성적으로 살인에 참가한 자들에 관한 증언은 없을까? 브란트 소위의 부인은 이와 관련하여 자신의 남편을 면회하러 폴란드에 갔을 때 목격한 한 사건을 생생히 기억할 수 있었다.

나는 어느 날 아침 남편과 함께 숙소 정원에서 식사를 하고 있었다. 그때 소대의 한 대원이 오더니 뻣뻣한 태도로 "소위님, 저는 아직 아침을 아직 먹지 못했습니다"라고 말했다. 남편이 그를 궁금한 표정으로 쳐다보자 그는 한술 더 떠 "저는 아직 유대인을 한 명도 죽이지 못했습니다"라고 말했다. 하도 철면피 같은 말에 기가 막혀 나는 화를 내며—내 기억이 정확하다면—"형편없는 놈"이라고 거칠게 쏘아댔다. 남편은 그를 돌아가게 하고는 나를 질책하면서 그런 식으로 말하면 자기가 매우 곤란한 지경에 처하게 될지도 모른다고 말했다.[25]

이 소대원에게서 나타난 현상, 즉 살인에 대한 점증하는 무감각증은 유대인 학살 작전에서 돌아온 경찰대원들 대부분이 보인 행동에서도 나타났다. 유제푸프나 그 후에 있었던 초기 학살 작전에서 사살을 마친 대원들은 충격에 빠진 채 비통한 마음으로 숙소에 돌아왔다. 그들은 배고픔도 잊은 채, 자신들이 방금 행한 일에 대해 아무 말도 할 수 없었다. 그런데 이후 학살 작전이 쉴 새 없이 이어지자 그러한 예민함은 점차 무뎌졌다. 한 경찰은 이렇게 회고했다. "점심때 몇몇 동료들이 어떤 작전 동안에 경험했던 일에 대해 웃기는 농담을 했다. 나는 그 이야기를 듣고 그들이 방금 사살을 마치고 왔음을 알 수 있었다. 그런데 내가 기억하는, 특히 기가 막힌 대화는 그때 한 대원이 우리는 '학살된 유대인의 뇌'를 먹고 있다고 말한 것이다."[26] 이 "농담"을 별로 유쾌하게 받아들이지 않은 경찰은 증인 자신뿐이었다.

이러한 분위기 속에서 사살조나 "유대인 사냥" 수색조를 편성하는 것은 장교나 하사관들에게 그리 어려운 일이 아니었다. 누가 자원할 것인지 묻기만 하면 되었다. 이 점은 특히 아돌프 비트너Adolf Bittner*가 강조했다. "무엇보다도 선임자가 사살조 편성에 관해 물으면 기본적으로 지원자가 충분히 있었다는 사실을 단정적으로 증언하지 않을 수 없다. (…) 나아가 지원자가 너무 많아서 어떤 대원들은 제외되는 경우도 자주 있었다는 점을 덧붙일 수밖에 없다."[27] 그러나 다른 대원들은 그렇게 단정적이지 않아서 장교나 하사관들이 지원자를 찾기도 했지만 때로는 둘러서 있는 대원 가운데 몇 명—대개 기꺼이 사살조가 되기를 원하는 것으로 알려진—을 지정하기도 했다고 주장했다. 베케마이어 병장이 설명했듯이 "요약하자면 그렇게 많은 인원이 필요치 않았던 소규모 작전의 경우 지원자가 충분히 나왔다고 말할 수 있다. 아주 많은 인원이 필요했던 대규모 작전의 경우에도 지원병이 많이 나왔지만 그래도 충분치 않을 경우에는 다른 대원들도 편성되었다."[28]

발터 치머만Walter Zimmermann*도 베케마이어와 마찬가지로 소규모 작전과 대규모 작전 사이의 차이점을 지적했다. 그는 특히 후자와 관련하여 이렇게 증언했다.

내 기억에는 어떤 경우에도 본인이 더이상 원치 않는다고 하면 계속 사살조에 참가하라고 강요되지 않았다. 소대나 조별 투입의 경우에 관한 한 나는 솔직히, 소규모 작전에서는 다른 동료들보다 유대인 사살이 쉬웠던 대원들을 항상 발견할 수 있었다는 사실을 인정하지 않을 수 없다. 그래서 각 조장은 적합한 사격수를 찾는 데 전혀 어려움이 없었다.[29]

"유대인 사냥"에 가기를 원치 않거나 사살조에 편성되기를 원치 않는 자들은 세 가지 행동 양태를 보였다. 그들은 사살에 대한 반감을 숨기지 않았고, 거기에 지원하지 않았으며, 사살조나 "유대인 사냥" 수색조가 편성될 때 장교나 하사관으로부터 멀리 떨어져 있었다. 어떤 대원들은 그저 그들의 태도가 이미 잘 알려져 있어서 사살 작전에 투입되지 않았다. 유제푸프에서 첫 번째로 사살조 면제를 요청했던 오토-율리우스 심케는 게릴라 소탕 전투에 자주 참가했지만 "유대인 사냥"에는 한 번도 투입되지 않았다. 그는 자신이 "첫 번째 사건 때문에 이후 다른 유대인 작전에서도 면제되었다는 것은 자명하다"라고 말했다.[30] 아돌프 비트너도 자신이 이후 작전에서도 면제된 것은 그가 일찌감치 그리고 공개적으로 "유대인 작전"에 대해 반대 입장을 밝혔기 때문이라고 생각했다.

나는 첫날부터 동료들에게 내가 이 조치에 동의하지 않으며 결코 자발적으로는 참가하지 않을 것이라고 분명히 밝혔다는 점을 강조하고 싶다. 처음 유대인 수색이 전개되었던 어느 날 한 동료가 내 앞에서 어느 유대인 여자를 곤봉으로 때리는 것을 보고 나는 그의 얼굴에 주먹을 날렸다. 이에 관해 보고서가 작성되었고 나의 행동이 상관에게 알려졌다. 그러나 나는 이 때문에 공식적으로 처벌받지는 않았다. 물론 한 조직이 어떻게 움직이는지 아는 사람들은 공식적인 처벌 외에도 이를 능가하는 교활한 횡포가 있을 수 있음을 알 것이다. 그래서 나는 일요일 근무를 했으며, 특별경비병으로 배치되었다.[31]

그 대신 비트너는 한 번도 사살조에 편성되지 않았다.

유제푸프에서 동료들의 빈정거림에도 불구하고 트럭 사이에서 꾸물거리고 있었던 구스타프 미하엘손Gustav Michaelson*도 그 명성으로 인해 유대인 작전에서 면제되었다. 잦은 "유대인 사냥"과 관련하여 그는 이렇게 회고했다. "아무도 이 작전과 관련하여 내게 다가오지 않았다. 장교들은 이 작전을 위해 '사나이'들을 데려갔는데 그들의 눈에 나는 '사나이'가 아니었다. 내 생각이나 행동과 같은 입장이었던 다른 동료들 역시 그런 작전에 참가하지 않을 수 있었다."[32]

하인리히 포이히트Heinrich Feucht*는 자신이 어떻게 한 번의 예외를 빼곤 거의 모든 사살조에서 빠질 수 있었는지에 대한 설명에서 자신은 작전상 소대장에게서 멀리 떨어져 있었다고 말했다. "우리는 늘 1미터 정도 행동의 자유가 있었다. 나는 경험을 통해 항상 소대장과 가까이 서 있는 대원들부터 먼저 작전에 투입된다는 것을 재빨리 알아차렸다. 따라서 나는 늘 사건의 중심에서 가능한 한 멀리 떨어지려고 노력했다."[33] 비슷한 입장을 가진 다른 대원들도 마찬가지로 사살에 참가하지 않기 위해 뒷전에 머물러 있으려고 했다.[34]

하지만 때로는 멀리 떨어져 있거나 "겁쟁이"로 알려지는 것만으로는 충분치 않았다. 그때는 살인을 회피하기 위해 노골적인 거부가 필요했다. 3중대 2소대의 호프너 소위는 열렬한 "유대인 사냥꾼"으로 변해갔다. 결국 그는 자신의 소대에서 모든 대원이 사살에 참가하도록 관철시키려고 했다. 그래서 그때까지 한 번도 사살에 참가하지 않았던 몇몇 대원들이 처음으로 유대인을 사살하게 되었다.[35] 그러나 아르투어 로어바우흐Arthur Rohrbauch*는 무방비 상태의 민간인에게 총을 쏠 수가 없었다. "내가 쏠 수 없다는 것을 호프너 소위도 알고 있었다. 그는 전에도 이미 내게 좀 더 강해져야 한다고 말한 바 있었다. 같은 뜻에서 그는 나도 곧 경부 사격을 배우게 될 것이라고 말한 적이 있었다." 하이덴Heiden* 하사와 다른 대원 5명이 함께 출동했던 숲 순찰에서 로어바우흐는 유대인 여자 3명과 어린이 1명을 마주쳤다. 하이덴은 대원들에게 그들을 사살하라고 명령했지만 로어바우흐는 그냥 그 자리를 떠나버렸다. 그러자 하이덴은 자신이 총을 들고 직접 그 유대인들을 사살했다. 로어바우흐는 자신이 처벌받지 않은 것이 트라프 덕분이라고 생각했다. "생각해보면 나는 그 노인 때문에 어려움을 겪지 않았다."[36]

그러나 좀 더 소심한 대원들은 근처에 장교들이 없고, 생각을 같이 하는 믿을 만한 동료들 사이에 있을 때에만 사살 임무를 피했다. 마르틴 데트몰트Martin Detmold*는 이렇게 회고했다. "소규모 작전의 경우 잡힌 유대인들을 다시 놓아주는 일이 흔히 발생했다. 이런 일은 상관이 알 수 없을 것이라고 확신할 때 일어났다. 우리는 시간이 흐르면서 동료들을 어떻게 평가할 것인지 그리고 주어진 명령과 달리 체포된 유대인을 사살하지 않고 감히 놓아줄 수 있을지에 대한 판단법을 깨달아갔다."[37] 대대 통신대 대원들도 자신들이 시 외곽 지역에서 통신망 설치 작업을 하던 도중에 마주친 유대인들을 못 본 척 무시했다고 주장했다.[38] 가까운 거리에서 집행되는 경부 사격이 아닌 원거리 사살의 경우 적어도 한 경찰대원은 그저 "허공으로" 총을 쏘았다.[39]

101예비경찰대대 대원들은 "유대인 사냥" 동안 유대인을 몇백 명이나—실은 아마도 수천 명—사살했을까? 이에 관해 부대 내부에서 작성된 통계 보고는 남아 있지 않다. 그러나 이 "유대인 사냥"이 "최종해결"에서 얼마나 중요한 비중을 차지했는지는 폴란드에서 활동했던 다른 3개 경찰대가 작성한 보고서에서 엿볼 수 있다.

게토가 소개되기 전에 도주했던 대부분의 유대인들이 결국 은신처에서 발각되어 사살된 지 한참 후인 1943년 5월부터 10월까지, 루블린 구역 치안경찰 사령관KdO은 크라쿠프에 있는 상관BdO에게 자기 대원들이 사살한 유대인 숫자를 다달이 보고했다. 여기에는 101예비경찰대대에 의해 사살된 유대인 숫자도 포함되어 있었다. 루블린 구역에서 자행된 학살의 절정이 한참 지난 시점인 이 6개월 동안에 사살된 유대인 수는 총 1695명에 달했는데 이는 월 평균 약 283명이다. 그런데 여기에서 특히 두 달이 주목된다. 다시 한 번 대대적인 숲 수색이 펼쳐졌던 8월과 소비부르 죽음의 수용소에서 탈출했던 유대인들이 다시 체포되었던 10월이다.[40]

바르샤바 지방경찰소대의 한 보고서는 "유대인 사냥" 절정기의 살상률에 대해 더 많은 사실을 시사해준다. 인근 도시와 농촌 지역 순찰을 주 임무로 했던 80명밖에 안 되는 이 부대는 리브셔Liebscher 소위가 지휘했는데 그는 "최종해결"에 매우 적극적이고 열렬히 참여하기로 악명 높은 인물이었다. 1943년 3월 26일부터 9월 21일까지 그가 작성했던 일일보고서에는 자신의 부대가 유대인을 총 1094명 사살했다고 나와 있다. 대원 1명이 평균 약 14명을 사살한 셈이다. 유대인들은 바르샤바 게토의 최종적인 소개를 피하고자 필사적으로 몸부림을 쳤는데, 그러기 위해서는 리브셔의 순찰 영역을 통과해야 했다. 따라서 4월과 5월이 특히 학살의 절정기였다는 사실은 그리 놀랄 일이 아니다. 리브셔의 보고서는 매일 벌어진 각각의 다양한 사건에 대해 상세히 서술했으며 "주어진 규정에 따라 조치하였음"이란 문장으로 보고서의 끝을 맺었다. 여기에는 날짜와 장소, 사살된 남녀의 숫자가 간단히 기록되었다. 나중에는 이 제목조차 불필요하다고 간주하여 어떠한 설명도 없이 그저 날짜, 장소, 유대인 남자와 여자의 숫자로 된 목록을 작성했다.[41]

그들이 처했던 상황으로 보아 101예비경찰대대는 아마 루블린 동쪽에 위치한 갈리치아 구역의 라바루스카Rawa Ruska에 주둔했던 133예비경찰대대와 가장 잘 비교될 수 있을 것 같다. 여섯 차례에 걸친 주간 보고서에 따르면 133예비경찰대대는 1942년 11월 1일부터 12월 12일까지 은신처에 숨어서 이송을 피했거나 베우제츠로 이송되던 도중 기차에서 뛰어내렸던 유대인 481명을 사살했다. 이 대원들은 유대인들이 이미 이송 작전으로 소개되었고 "유대인 사냥"으로 유대인 없는 지역이 되었던 곳에서 6주라는 짧은 기간에 1인당 평균 약 3명의 유대인을 사살한 것이다.[42]

"유대인 사냥"은 지금까지 학계에서 거의 주목받지 않았지만 "최종해결"에서 매우 중요하고, 통계적으로도 의미심장한 단계였다. 적지 않은 비율의 유대인 희생자들이 총독령에서 이런 방식으로 살해되었다. 그리고 통계에 대한 분석은 우선 제쳐놓는다 해도 "유대인 사냥"은 심리적 측면에서 학살 집행자들을 연구하는 데 핵심적 열쇠를 제공해준다. 수많은 독일인 점령자들은 폴란드에서 여러 차례 게토 소개 장면을 목격했거나 직접 동참했지만 이는 각 개인들에게 인생의 몇 번 안 되는 짧은 순간들로서 쉽게 잊힐 수 있었다. 하지만 "유대인 사냥"은 이 같은 짧은 사례가 아니라 집요하고 무정하게 오랜 기간 지속되었던 작전이었다. 또한 여기에서 '사냥꾼'들은 그들의 '먹이'를 탐지하고 개인적으로 직접 대면한 상태에서 학살했다. "유대인 사냥"은 일시적으로 지나가는 한 단계가 아니라, 찾아낼 수 있는 한 최후의 유대인까지도 죽이겠다는, 흔들리지 않는 마음가짐과 의도가 드러난 실존적인 조건이었다.

15

마지막 집단학살:
"추수감사절 작전"

1942년 10월 28일, 총독령의 친위대·경찰 고위 지도자인 빌헬름 크뤼거는 루블린 구역의 유대인 게토 여덟 군데가 계속 유지될 것이라고 발표했다.[1] 이 8개 게토 가운데 4곳, 즉 우쿠프, 미엥지제치, 파르체프, 코인스코볼라가 101예비경찰대대가 담당하는 보안구역 안에 있었다. 그러나 가을에 집행된 강제이송 이후에 실제 남아 있던 게토는 먼저 언급된 우쿠프와 미엥지제치 두 곳이었으며 그 밖에는 루블린 구역의 다른 지역에 피아스키, 이즈비차, 브워다바Włodawa 게토가 아직 남아 있었다. 한편으로는 굶어 죽거나 발각될 위험, 다른 한편으로는 배신과 사살의 위험에 쫓겨, 10월과 11월 강제이송 작전 당시 숲으로 피신했던 많은 유대인들이 결국 다시 문을 연 우쿠프와 미엥지제치 게토로 돌아왔다. 무엇보다 혹심한 겨울 추위가 숲 생활을 점차 불가능하고 위험하게 만들었기 때문이다. 쌓인 눈 때문에 모든 움직임이 흔적을 남겼으며 쌓인 채로 얼어버린 대변 때문에 건초 더미 안에 숨어 있었던 유대인들이 발각된 경우도 한 건 이상 있었다.[2]

그래서 강제이송이 일단 종결된 것으로 보이자 많은 유대인들은 숲에서 사냥감으로 사느니 차라리 허용된 게토로 돌아가는 것이 생존 가능성을 더 높여줄 것이라고 판단했다.

그러나 실제로 라진 군으로부터의 강제이송은 잠정적으로 중단되었지만 우쿠프와 미엥지제치 게토에서의 삶은 계속 위험이 남아 있는 상태였다. 우쿠프의 경우 게토 관리소장인 요제프 뷔르거Josef Bürger는 12월 게토 주민의 수를 줄이기 위해 유대인 500~600명을 사살했다.[3] 1942년 12월 30일 미엥지제치에서는 그때까지 브러시 공장에 고용되어 있어서 가을의 이송을 면할 수 있었던 유대인 500명이 트라브니키 노동수용소로 이송되었다.[4] 그리고 이튿날 밤 11시경에는 인접 지역인 비아와포들라스카에서 온 만취한 보안경찰들이 미엥지제치에 나타나, 제야의 축제 분위기에 "장난삼아" 아직 남아 있는 유대인들을 사살하기 시작했다. 그들의 광란은 라진에서 온 동료 보안경찰들이 그들을 쫓아낼 때까지 계속되었다.[5]

그 후 그나마 비교적 조용했던 4개월이 끝날 무렵 결국 마지막이 다가왔다. 5월 1일 밤, 지난가을 그곳에서 수많은 이송을 집행했던 2중대가 미엥지제치 게토를 포위했다. 그들은 트라브니키에서 지원 부대가 도착한 아침 무렵에 게토로 진입하여 유대인들을 중앙 광장에 집결시켰다. 훗날 한 경찰관은 그 작전에서 이송된 유대인의 수가 3000명 정도라는 이야기를 들었다고 시인했지만, 다른 경찰대원들은 대체로 700~1000명으로 추산했다.[6] 반면 한 유대인 증인은 그 수를 4000~5000명으로 추정하기도 했다.[7] 이번에도 유대인들은 그 나데가 설치한 탈의 막사에서 철저히 몸수색을 받았으며 모든 귀중

아주 평범한 사람들

품을 압수당한 후 화물차에 실렸다. 그런데 1량에 너무 많은 인원을 실어 문을 닫을 수 없을 정도였다. 이 중 일부는 루블린 구역의 마이다네크 노동수용소로 보내졌지만 대부분은 트레블링카의 가스실로 보내져 이른바 미엥지제치 "5차 작전"의 대미를 장식했다.[8] "6차 작전"은 5월 26일에 실시되어 또 다른 유대인 1000명을 마이다네크로 보냈다.[9] 최종적으로 이 시점에 수용소에는 단 200명만이 남아 있었다. 그들 가운데 몇 명은 탈출할 수 있었지만 그 외 170명은 1943년 7월 17일 보안경찰의 "7차"이자 마지막 작전에서 사살되었다. 이후 미엥지제치는 "유대인 없는 지역"으로 선포되었다. 그나데의 2중대가 미엥지제치 이송 작전을 재개한 것과 같은 시점인 5월 2일, 루블린에서 온 친위대 부대는 트라브니키에서 온 우크라이나인 보조경찰과 함께 우쿠프 게토를 소개하고 다시 한 번 유대인 3000~4000명 정도를 트레블링카로 이송했다.[10]

1942년 6월 폴란드에 왔던 예비경찰대대의 많은 대원들은 점차 새로운 임무를 부여받았으며, 그들 가운데 1898년 이전에 출생한 선임 대원들은 1942년에서 1943년으로 넘어가는 겨울에 독일 본토로 귀환했다.[11] 동시에 대대 각 소대에서 일정 수의 대원들이 차출되어 브란트 소위가 이끄는 특수부대에 편성되었다. 이 특수부대는 폴란드 한복판에 순수한 독일인만의 거주지를 만들려는 힘러와 글로보츠니크가 세운 계획의 일환으로 폴란드인들을 마을에서 퇴거시키는 작전을 지원하기 위해 구역 남부의 자모시치에 파견되었다.[12] 그리고 1943년 초 대대의 젊은 하사관으로 구성된 한 그룹은 무장친위대에서 특수교육을 받았다.[13] 얼마 후 그나데 소위는 루블린에 경비

중대를 조직하기 위해 이전 배치되었다. 당시 그는 슈타인메츠 병장을 부관으로 데려갔다.[14] 그러다가 5월에 수행될 강제이송 작전에 협력하기 위해 그나데는 다시 한 번 잠시 미엥지제치에 돌아왔다. 셰어 소위도 루블린으로 이전 배치되어 그곳에서 2개 "사냥 소대" 가운데 하나를 맡았다. "사냥 소대"는 게릴라 집단을 더욱 철저히 발본색원할 목적으로 특별히 만들어진 부대였다. 101예비경찰대대는 대원들이 이렇게 여러 부대로 이동함에 따라 결원이 생기자 이를 채우기 위한 보충인력을 배치받았는데, 특히 베를린 출신 경찰 한 그룹이 2중대를 보충했다.[15] 하지만 전체적으로 볼 때 대대는 그때부터 더이상 본래의 병력 규모에 이르지 못했다.

"최종해결"에 대한 그들의 참여는 "추수감사절 작전"에서 절정에 이르렀다. 이 작전이 수행된 1943년 11월, 그동안 단행된 잦은 이동과 재배치로 대대에는 유제푸프에서 첫 집단학살에 참가했던 경찰 가운데 단지 일부만이 남아 있었다. "추수감사절 작전"은 전체 전쟁 기간 중 독일인들이 유대인을 대상으로 수행한 최대 규모의 단일 작전이었다. 루블린 구역에서 유대인을 총 4만 2000명 학살했던 이 작전은 키예프 근처에서 3만 3000명을 죽음으로 내몰았던 악명 높은 바비야르Babi Yar 집단학살을 훨씬 능가했다. 이 "추수감사절 작전"을 능가한 것은 1941년 10월 오데사 유대인을 5만 명 이상 집단학살한 루마니아 사례뿐이다.

"추수감사절 작전"은 폴란드의 모든 유대인을 말살하기 위해 힘러가 전개했던 십자군전쟁의 절정이었다. 1942년 학살 작전이 가속화되자, 영향력 있는 기업가들과 군부 지도자들은 힘러에게 전쟁 수행에 중요한 가치가 있는 작업장에서 유대인 노동력이 제거되는 사실에 대해 항의했다. 힘러는 이 주장을 단지 공연한 트집이라고 보았지만, 일단 친위대의 통제 아래에 있는 수용소와 게토의 일부 노동 유대인들을 강제이송과 학살 조치에서 제외하는 것에 동의한다고 밝혔다. 힘러는 이런 식으로 전시 경제에 유대인 노동자들이 필요하다는 실용적 주장을 수용하면서도 동시에 모든 유대인의 운명이 결국 오직 자기 손안에 있다는 사실을 분명히 했다. 노동수용소와 노동게토를 강제이송과 학살 대상에서 제외한 것은 단지 일시적인 조치였다. 힘러는 "총통인 히틀러의 희망에 따라 그곳에서도 언젠가는 유대인들이 사라져야만 한다"는 생각에 조금도 변함이 없었다.[16]

앞서 언급했듯이 루블린 구역에서는 미엥지제치, 우쿠프, 피아스키, 이즈비차, 브워다바 노동수용소가 1942년과 1943년 사이의 겨울을 무사히 넘길 수 있도록 그 존속이 허용되었다. 이 중 마지막 세 곳은 1943년 3월과 4월에 소개되었으며 미엥지제치와 우쿠프는 언급했듯이 한 달 후인 5월에 비슷한 운명을 겪었다.[17] 그 후 독일인이 루블린 구역에서 생존을 허용한 유대인은 오딜로 글로보츠니크의 노동수용소 제국에 있던 약 4만 5000명이었다. 여기에는 루블린 게토의 일부 생존자들 외에 소개된 바르샤바와 비아위스토크 게토에서 이송된 노동자들도 포함되어 있었다.

늦어도 1943년 가을 힘러에게는 두 가지 사실이 분명했다. 첫째는 그의 "사명"을 완수하려면 수용소에 있는 노동 유대인들도 살해되어야 한다는 것이었다. 둘째는 이제 생존할 가능성이 거의 없다는 것을 분명히 깨달은 유대인들이 지난 6개월 사이에 바르샤바(4월), 트레블링카(7월), 비아위스토크(8월), 소비부르(10월)에서 저항운동을 시작했다는 것이다. 1943년 봄까지 폴란드 유대인들은 아무리 나치라 해도 경제적 유용성을 고려할 때 독일 전쟁경제에 중요하게 기여하고 있는 유대인 노동자들을 죽일 만큼 비합리적이지는 않을 것이라는 가정에 집착했다. 그래서 그들은 남은 유대인 자신들이 생존할 수 있는 유일한 길은 "노동을 통한 구원"뿐이라는 필사적인 전략을 추구했다. 이 전략과 그 뒤에 숨어 있던 생존에 대한 희망이 바로 유대인들로 하여금 온갖 박해에도 불구하고 계속 고분고분하게 행동하도록 만든 결정적인 전제조건이었다. 유대인들이 이렇게 가정하고 행동한 것은 한편으로 너무나도 잘 이해할 수 있는 일이지만, 불행하게도 잘못된 판단이 되고 말았다. 그러자 유대인들은 한 걸음, 한 걸음씩 환상에서 깨어났다. 독일인들이 바르샤바와 비아위스토크 게토를 완전히 소개하려 했을 때 유대인들은 저항했으며, 트레블링카와 소비부르 죽음의 수용소가 곧 폐쇄될 것이라는 것을 감지했을 때 그들은 소요를 일으켰다. 이러한 상황에 직면하자 힘러는 절망한 유대인들의 추가 저항 없이 루블린의 노동수용소들을 점차적·순차적으로 하나씩 소개하는 것은 불가능하다고 판단하게 되었다. 루블린 노동수용소들의 유대인 노동자들은 단 한 번의 전격적인 대규모 작전을 통해 일시에 학살되어야 했다. "추수감사절 작전"의 구상은 이렇게 태동했다.[18]

이런 대규모 집단학살에는 치밀한 계획과 철저한 준비가 필요했다. 최근 글로보츠니크의 후임자로 부임했던 친위대·경찰 지도자 야코프 슈포렌베르크Jakob Sporrenberg는 자신의 상관인 빌헬름 크뤼거와

아주 평범한 사람들

이 작전을 협의하기 위해 크라쿠프로 갔다. 그리고 협의 결과를 담은 특별 문서 파일을 가지고 돌아와 다양한 지시를 내리기 시작했다.[19] 10월 말경 유대인 포로들은 마이다네크, 트라브니키, 포니아토바Poniatowa 수용소 바로 근처에 구덩이를 파라는 명령을 받았다. 구덩이는 깊이가 3미터, 폭이 1.5~3미터였지만 지그재그형으로 만들어졌다. 공습에 대비한 대피소로 계획된 것이라는 주장이 그럴듯하게 들리도록 하기 위함이었다.[20] 그 후 총독령 전 지역으로부터 친위대와 경찰부대의 동원이 개시되었다. 11월 2일 저녁 슈포렌베르크는 크라쿠프, 바르샤바 구역의 무장친위대, 크라쿠프에서 온 22경찰연대, 루블린에 주둔했던 25경찰연대(101예비경찰대대 포함), 루블린 보안경찰대 등 작전에 투입될 여러 부대의 지휘관들과 작전 회의를 가졌다. 이 회의에는 마이다네크, 트라브니키, 포니아토바의 수용소 소장들과 슈포렌베르크의 참모들도 참석했다. 회의실이 가득 찼다. 슈포렌베르크는 크라쿠프에서 가져온 특별 문서 파일에 근거해 여러 지시사항을 전달했다.[21] 집단학살은 다음 날 아침 시작되었다.

101예비경찰대대 대원들은 실질적으로 루블린 "추수감사절" 집단학살의 모든 과정에 참여했다. 대대는 11월 2일 구역 수도에 도착하여(트라프는 아마 슈포렌베르크가 주관한 작전 회의에 참석했을 것이다) 숙박했다가 11월 3일 아침 일찍 정해진 위치로 출동했다. 그중 한 팀은 루블린 주변에 널려 있는 소규모 노동수용소에서 유대인들을 시내 중심에서 남동쪽 방향으로 몇 킬로미터 떨어진 간선도로에 위치한 마이다네크 집단수용소로 끌고 갔다.[22] 예비경찰대대 대원 대부분은 간선도로에서부터 여러 차례 굴곡을 거치며 수용소의 숙소를 지나,

수용소 안쪽의 입구까지 이어지는 길 양편에서 각각 5미터 간격으로 배치되었다. 그리고 루블린의 여러 노동수용소에서 끌려온 유대인들의 끝없는 행렬이 그들 앞을 지나갔다.[23] 자전거를 탄 여성 경비대원들은 "구 비행장 수용소"에서 온 여성 유대인 5000∼6000명을 호송했다. 그들은 그동안 죽음의 수용소에서 수집한 옷 더미를 분류하는 작업을 했었다. 시간이 지남에 따라 또 남성 유대인 8000명이 행진해 지나갔다. 이로써 이미 수용소에 있던 3500∼4000명을 포함하여 희생자의 숫자는 1만 6500∼1만 8000명으로 늘어났다.[24] 유대인들이 길 양편에 서 있는 경찰대원들의 울타리 사이를 지나 수용소로 들어가는 동안, 트럭에 장착된 두 커다란 스피커에서 다른 모든 소리를 뒤덮을 만큼 엄청나게 시끄러운 음악이 흘러나왔다. 그럼에도 그 소음을 뚫고 수용소로부터 쉴 새 없이 총성이 들려왔다.[25]

유대인들은 우선 맨 뒷줄에 있는 막사로 가 옷을 모두 벗어야 했다. 그리고 완전히 알몸인 상태로 두 팔을 들고 두 손은 목 뒤에 깍지를 끼고 막사에서 나와, 무리를 지어 울타리의 작은 구멍을 통해 수용소 뒤쪽에 파놓았던 구덩이로 가야 했다. 막사에서 구덩이로 가는 이 길도 101예비경찰대대 대원들이 경비를 맡았다.[26]

구덩이에서 10미터밖에 떨어지지 않은 곳에서 경비를 섰던 1중대의 하인리히 보홀트Heinrich Bocholt*는 그가 목격한 학살 과정을 다음과 같이 묘사했다.

내가 서 있던 지점에서는 어떻게 유대인이 막사에서 벌거벗은 채로 다른 대원들에 의해 밀려나오는지 잘 관찰할 수 있었다. (…) 바로 내 앞

　　　　　　　　　　　아주 평범한 사람들

구덩이 가장자리에 자리 잡고 있던 사살조는 보안대 대원들이었다. (…) 사살조 뒷줄에는 약간의 거리를 두고 계속 자동소총의 탄창을 채워 사살조 대원들에게 전달해주는 또 다른 보안대 대원이 몇 명 서 있었다. 구덩이마다 이런 사살조가 배치되었다. 당시 구덩이가 모두 몇 개였는지는 정확하게 기억나지 않는다. 사살이 동시에 집행된 구덩이가 여러 개 있었을 것이다. 나는 벌거벗은 유대인들이 구덩이 앞으로 밀려와 그들보다 먼저 사살된 유대인들의 시체 위에 엎드려야 했다는 것을 또렷이 기억한다. 그러면 이 엎드린 유대인들을 향해 각각 일제 사격이 가해졌다. (…) 이 작전이 얼마나 오래 계속되었는지는 확실하게 말하기 어렵다. 내 기억에 내가 한 번 교대된 것을 보면 짐작건대 하루 종일 계속된 것이 분명하다. 희생자 수에 대해서 구체적으로 말할 수는 없지만 분명 엄청나게 많았다.[27]

슈포렌베르크는 피셀러 슈토르히 경비행기를 타고 수용소 상공을 선회하면서 아주 먼 거리에서 학살 현장을 관찰했다. 폴란드인들은 인근 가옥의 지붕 위에서 이 광경을 지켜보았다.[28]

같은 날, 루블린에서 동쪽으로 40킬로미터 떨어진 트라브니키 노동수용소(희생자는 6000명에서 1만 명으로 추정)와 소규모의 다른 여러 노동수용소에서도 다른 독일인 부대들에 의해 같은 방식으로 유대인 학살이 집행되었다. 루블린에서 서쪽으로 50킬로미터 떨어진 포니아토바에는 유대인 1만 4000명이, 부진Budzyń과 크라시니크에는 3000명이 아직 살아 있었다. 부진과 크라시니크 두 곳은 앞으로도 계속 유지되어야 했다. 부진에서는 비행기 제작소 하인켈Heinkel에서 노동 작업이 진행되었으며, 크라시니크에서는 루블린의 친위대·경찰 지도자들을 위한 개인용품이 생산되고 있었다. 한편 동시다발적인 집단학살이 벌어진 11월 3일 포니아토바의 대규모 노동수용소는 투입할 독일인 병력이 없어서 아직 소개되지 않았다. 하지만 수용소는 이미 봉쇄되었고 전화선마저 단절되어 있었다. 그래서 포로들은 마이다네크과 트라브니키에서 무슨 일이 벌어졌는지 전혀 전해 들을 수 없었기 때문에, 이튿날인 11월 4일에 그들에게 무슨 일이 벌어질지 사전 경고를 받을 수 없었다. 여기서도 불시에 전격적인 기습이 이루어졌다.

그런데 101예비경찰대대의 많은 대원들의 기억 속에서는 두 수용소에서 벌어진 집단학살이 각각 한 수용소, 즉 마이다네크 또는 포니아토바에서 2~3일 동안 전개된 단일한 작전으로 응축되었다. 하지만 몇몇 증인은—각각 한 소대에서 적어도 한 명—두 수용소에서 벌어진 학살에 대해 각각 기억할 수 있었다.[29] 이러한 정황을 종합해볼 때 101예비경찰대대는 아마 11월 3일 작전을 마친 후 다음 날 아침 일찍 루블린에서 서쪽으로 50킬로미터 떨어진 포니아토바로 이동했던 것이 분명해 보인다.

이번에는 대대가 여러 장소에 분산 배치되지 않았다. 그들은 탈의실로 사용된 막사에서 사살 장소인 지그재그형의 구덩이로 가는 길가에 또는 사살 장소에 직접 배치되었다.[30] 그들은 인간 울타리를 형성했으며, 완전히 벌거벗은 포니아토바 노동 유대인 1만 4000명은 목 뒤에 두 손을 깍지 낀 자세로 그 울타리를 통과하여 죽음으로 행진했다. 그동안 또다시 확성기 차량이 동원되어 엄청나게 커다란 소

아주 평범한 사람들

리로 음악을 내보냈지만 사살 집행의 소음을 뒤덮지는 못했다. 마르틴 데트몰트는 이를 가장 가까이서 관찰한 증인이었다.

나와 우리 조는 구덩이 바로 정면에서 경비 임무를 맡았다. 구덩이는 폭 3미터, 깊이 3~4미터 되는 커다란 지그재그형 참호들로 구성되었다. 나는 내가 서 있던 위치에서 (…) 유대인들이 어떻게 맨 끝의 막사에서 옷을 벗도록 강요받고 모든 귀중품을 압수당하는지, 그러고 나서 우리가 형성한 인간 울타리를 지나 경사진 입구를 거쳐 참호로 밀려들어 가는지 목격할 수 있었다. 구덩이 가장자리에 서 있던 보안대 대원들에 의해 사살이 집행되는 지점으로 계속 몰린 유대인들은, 구덩이 가장자리에 서 있던 다른 보안대 대원들에 의해 자동소총으로 사살되었다. 나는 조장이었기 때문에 좀 더 자유롭게 움직일 수 있었는데, 사살 현장에 직접 다가가기도 했다. 그때 나는 새로 도착한 유대인들이 앞서 사살된 희생자들의 시체 위에 엎드리고는 마찬가지로 자동소총의 집중 사격으로 사살되는 것을 보았다. 이때 보안대 대원들은 사살된 유대인들의 시체가 층층이 쌓여서 새로 도착한 유대인들이 3미터 높이까지는 그 시체 위에 엎드릴 수 있도록 주의를 기울였다. (…)

이 작전 전체는 내 평생 보았던 가장 끔찍한 일이었다. 집중 사격을 받았음에도 죽지 않고 부상을 당한 유대인들이 이른바 확인사살 없이 사망한 희생자들과 함께 산 채로 묻히는 것을 자주 볼 수 있었다. 나는 부상자들이 시체 더미 속에서 친위대 대원들을 저주했던 것을 기억한다.[31]

다른 대원들은 이미 오래전부터 유대인 집단사살에 익숙해 있었다. "추수감사절 작전"은 그중 누구에게도 데트몰트가 받은 것과 같은 깊은 인상을 남기지 않았다. 그런 대원들이 새롭고 인상적으로 느낀 것은―지금까지는 비교적 차단된 죽음의 수용소에만 제한적으로 해당되었던―그 많은 시체들의 처리 문제였다. 그나데의 특별경비중대에 속했던 빌헬름 게브하르트Wilhelm Gebhardt*는 집단학살 후 루블린에 남아 있었는데 훗날 이렇게 회상했다. "루블린에서는 며칠 동안 끔찍한 냄새가 진동했다. 불탄 시체에서 나는 전형적인 냄새였다. 누구나 마이다네크 수용소에서 엄청난 수의 유대인 시체가 소각되고 있다는 사실을 짐작할 수 있었다."[32]

루블린 주민들은 시체 타는 냄새를 멀리서 맡았지만 3중대 대원 다수는 포니아토바에서 시체가 어떻게 처리되는지 훨씬 직접적으로 경험할 수 있었다. 포니아토바는 푸와비에서 남쪽으로 35킬로미터밖에 떨어져 있지 않았기 때문에 대원들은 가끔 그곳으로 갈 일이 있었으며, 어떤 대원들은 노동 유대인들이 실제로 시체를 파내서 소각하는 작업을 수행할 때 이들을 감시하는 임무를 맡았다. 경찰대원들은 어떻게 시체가 구덩이에서 파내지고 마차에 실려 소각장으로 옮겨지는지, 그리고 어떻게 유대인 노동자들에 의해 기차 레일로 만들어진 소각로grill 위에 놓이고 불태워지는지를 상세히 관찰할 수 있었다. "도저히 참을 수 없는 악취"가 주위에 가득했다.[33] 소각이 진행되는 동안 경찰대원들을 가득 태운 트럭 한 대가 잠시 수용소 앞에 멈춰 섰다. 그때 "몇몇 대원들은 반쯤 부패한 시체 냄새와 형체를 보고 구역질이 나서 트럭 여기저기에 토해야 했다."[34] 경찰대원들이 돌아와서 3중대 신임 중대장인 하슬라흐Haslach* 대위에게 이를 보고했을 때, 대위는 그들의 상황 설명을 "믿을 수 없어했다". 그래서 카를센 병장에게 "자, 그럼 우리가 가서 직접 한번 살펴보자"라고 말했다. 그들이 현장에 도착했을 때는 이미 모든 작업이 끝난 후였다. 그러나 한 협조적인 친위대원이 그들에게 구덩이와 기차 레일로 된 가로 4미터, 세로 8미터의 "소각로"를 보여주었다.[35]

"추수감사절 작전"이 끝나자 루블린 구역은 실제로 "유대인 없는 지역"이 되었다. "최종해결"을 위해 101예비경찰대대가 수행했던 살인적 임무도 이로써 막을 내렸다. 확인된 통계에 근거해서 추정할 때 유제푸프와 워마지 작전에서 학살된 유대인 6500명과 "유대인 사냥"에서 사살된 1000명, 그리고 마이다네크와 포니아토바에서 사살된 적어도 3만 500명을 모두 합쳐, 101예비경찰대대는 적어도 유대인 3만 8000명에 대한 학살에 직접 가담했다. 1943년 5월 초에 또 한 번 최소한 3000명을 미엥지제치에서 트레블링카로 강제이송했기 때문에 예비경찰대대에 의해 죽음의 수용소행 열차에 실린 유대인 수는 4만 5000명으로 증가했다. 이로써 채 500명도 안 되는 1개 예비경찰대대가 죽음으로 몰아넣은 전체 유대인 수는 최소 8만 3000명을 기록하게 되었다.

16

그 이후

101예비경찰대대가 "최종해결"에서 맡았던 임무를 완수했을 무렵, 전쟁의 흐름은 독일에 불리하게 전개되었다. 그러자 경찰대원들이 무장 게릴라와 적의 군대, 즉 소련군을 상대하는 실제 전투에 투입되는 일이 빈번해졌다. 대대는 1943년 봄 하겐 중위가 부하 대원이 실수로 발사한 총에 맞아 사망하여 좀처럼 없었던 자체 사상자를 기록할 때까지 희생자라고는 거의 없었다. 그러나 전쟁 마지막 해에 접어들면서 희생된 장교들의 숫자는 급격히 증가했다. 그나데 소위, 호프너 소위, 페터스 소위가 전사했으며 드루커 소위는 부상 때문에 독일로 후송되었다.[1] 1944년 초 트라프 소령조차 독일로 돌아갔다.[2] 몇몇 대원들은 진격해 오는 소련군에 체포되었으나 대부분은 제3제국이 패전으로 붕괴했을 때 독일로 돌아올 수 있었다.

종전 후 많은 대원들이 전쟁 전의 직업에 복귀했다. 친위대 하우프트슈투름퓌러 호프만과 볼라우프, 그리고 병장 32명 중 12명에게는 이것이 경찰 복무의 계속을 뜻했다. 내가 분석한 하급 경찰 174명

중 12명도 예비경찰대대에 복무한 경력을 활용하여 종전 후 경찰에서 계속 경력을 쌓는 데 성공했다. 전후戰後에 대대적으로 단행된 탈나치화에도 불구하고 이들 26명이 어떻게 아무 문제 없이 정규 경찰에 수용되었는지에 대한 정보는 취조 기록에 거의 나타나 있지 않다. 그렇지만 나중에 언급할 당시 상황을 고려할 때 이는 별로 놀라운 일이 아니다. 예비경찰대대 대원 가운데는 나치당원이 2명밖에 없었지만, 하사관 중에는 9명이 있었으며 그중 3명은 나치당과 친위대에 동시에 속해 있었다. 호프만과 볼라우프 역시 당연히 당과 친위대에 속해 있었다. 호프만은 자신이 친위대 대원이었기 때문에 영국군에 의해 잠시 구금된 적이 있다고 언급했다. 하지만 그는 폴란드 당국에 의해 심문을 받고 나서 석방되었으며 그 후 곧 함부르크 경찰에 복귀했다.[3]

한편 101예비경찰대대 대원 가운데 폴란드에서 수행한 학살 관련 사안 때문에 전쟁 후 어려움을 겪은 대원은 핵심 친위대 장교가 아니라 역설적으로 트라프 소령과 부흐만 소위였다. 이들을 어려움에 처하게 한 사건의 배경은 유대인 학살과는 아무 관련이 없었다. 탈친에서 사살조에 속했던 한 경찰관이 단순히 사적인 이유에서 그의 부인에 의해 고발되었는데, 그는 취조 과정에서 자신의 상관이었던 대대장 트라프 소령, 중대장 부흐만, 캄머 병장의 이름을 언급했다. 이들 4명은 1947년 10월 폴란드 당국에 넘겨졌다. 이들에 대한 재판은 1948년 7월 6일 시에들체Siedlce에서 열려 단 하루 만에 끝났다. 재판은 탈친에서 경찰대원 1명을 살해한 테러의 보복조치로 경찰대대가 폴란드인 78명을 학살했던 사건에만 초점을 맞추고, 폴란드 유대인

　　　　　　　　　아주 평범한 사람들

들에게 자행한 훨씬 잔인하고 수많은 학살 행위들은 전혀 다루지 않았다. 부인에 의해 고발된 경찰대원과 트라프는 사형 선고를 받았고 1948년 12월 사형이 집행되었다. 부흐만은 8년, 캄머는 3년의 징역형에 처해졌다.[4]

101예비경찰대대는 1960년대에 다시 사법부의 수사 대상에 올랐다. 1958년 나치 범죄에 대한 기소를 주도하고 관련 업무의 조율을 주 과제로 하는 주 검찰청 중앙본부가 슈투트가르트 북쪽 루트비히스부르크에 설치되었다. 중앙본부 직원들은 다양한 부서에 배치되었는데 각각의 부서들은 다양한 '범죄군'을 조사하는 임무를 부여받았다. 여기에서 특정한 범죄군에 대해 개괄적인 조사가 끝나고 주요 혐의자들의 소재가 밝혀지면, 그때 사안에 대한 사법적 수사권이 혐의자들이 거주하는 연방주의 검찰에 넘겨졌다. 수사관들이 101예비경찰대대 내부의 몇몇 증인에게 접근하게 된 것은 루블린 구역에서 자행된 다양한 범죄군 수사 과정에서였다. 1962년 이 사안은 생존한 대원 대부분이 아직 거주하고 있던 함부르크 경찰 및 검찰청에 이관되었다.

1962년 말에서 1967년 초까지 101예비경찰대대 대원 210명이 취조를 받았으며 그중 대다수가 두 차례 이상 취조를 받았다. 최종적으로 기소된 것은 14명이었다. 호프만 대위, 볼라우프 대위, 드루커 소위, 슈타인메츠 병장, 벤트하임 병장, 베케마이어 병장, 그룬트 병장, 그라프만Grafmann* 상병, 멜러Mehler* 상병, 그리고 다른 예비경찰대대 대원 5명이었다. 1심 재판은 1967년 10월에 시작되었으며 판결은 이듬해 4월에 내려졌다. 호프만·볼라우프·드루커는 8년, 벤트하임은 6년, 베케마이어는 5년 징역형에 처해졌다. 그라프만과 기타 예비경찰대 대원 5명은 유죄로 판명되었으나 판사의 재량에 따라 처벌은 받지 않았다. 소급입법에 근거했던 뉘른베르크 국제전범재판에 가해졌던 여론의 비판을 피하기 위해 재판부가 그들에게 1940년의 형법을 적용한 결과였다. 슈타인메츠, 그룬트, 멜러는 재판 도중 건강이 악화되어 재판 진행이 어려워지자 별도의 재판 일정이 잡혔기 때문에 이 평결에 포함되지 않았다. 이후 오랫동안 계속된 항소 재판은 결국 1972년에 모두 종료되었다. 최종적으로 벤트하임과 베커마이어는 유죄로 판결되었지만 처벌은 받지 않았다. 호프만은 징역 4년, 드루커는 3년 6개월로 감형되었다. 이처럼 1심에서 5년 이상의 징역형에 처해진 피고 5명 가운데 단 3명에게만 최종적으로 처벌이 관철되고 그것도 감형으로 확정되자 검찰 측은 다른 대원들에 대해 진행 중이던 재판을 포기했다. 더이상의 재판이 무의미하다는 판단에서였다.

이상에서 살펴본 전후戰後 사법적 청산 결과는 얼핏 보면 매우 불충분해 보일지 모른다. 하지만 101예비경찰대대 재판은 옛 치안경찰 구성원에 대해 성사되었던 몇 안 되는 재판에 속한다는 사실을 잊어서는 안 된다. 경찰대대 수사는 대부분의 경우 기소 단계에 도달하지조차 못했다. 그리고 재판에 회부된 몇 안 되는 사례에서 유죄 판결에 이른 경우는 거의 없다. 이와 비교해보면 101예비경찰대대 재판은 독일 재판부가 경찰대대의 활동에 대해 비교적 성공적으로 사법적 청산을 이룩한 드문 성공 사례이다.

101예비경찰대대 대원 210명의 취조 기록은 여전히 함부르크 검찰청 기록보존소에 보관되어 있다. 이 기록물들은 이 연구를 위한 1차적이고 없어서는 안 될 귀중한 자료이다. 재판 준비 과정에서 검찰이 기울인 경탄할 만한 노력의 결과인 이 자료들은 결과적으로 정의 구현에 크게 기여했다. 나는 이 귀한 자료들이 역사 연구에 한층 더 유익하게 활용되기를 희망한다.

17

독일인, 폴란드인, 유대인

101예비경찰대 대원들이 검찰 취조 과정과 법정에서 증언한 내용은 물론 매우 신중하게 해석되어야 한다. 자신들의 증언이 경우에 따라 자신뿐 아니라 동료들에게 유죄 선고를 가져다줄지 모른다는 두려움이 각 증인을 무겁게 짓눌렀다. 물론 25년이나 되는 시간적 거리 때문에 당시 기억이 희미해지거나 왜곡되기도 했다. 그러므로 처벌을 피하기 위해서 거짓 증언만 한 것이 아니라는 점도 고려해야 한다. 그 밖에도 심리적 방어 메커니즘, 무엇보다 무의식적인 억압repression과 투영projection이 이들의 증언에 매우 큰 영향을 미쳤다. 증언의 신뢰성을 흔드는 이러한 문제점들은 독일인-폴란드인-유대인 사이의 운명적인 삼각관계를 심층적으로 분석해볼 때 아주 심각하게 드러난다. 간단히 말해서 그들은 독일인과 폴란드인 사이의 관계나 독일인과 유대인 사이의 관계를 묘사할 때 각별히 자기변명에 치우쳤다. 반면 폴란드인과 유대인 사이의 관계에 대한 묘사는 특별히 악성 비방적이다. 전자의 두 관계에 관해 옛 경찰대원들이 남긴 증언을 먼저 분석해보면, 폴란드인-유대인 관계에 대한 그들의 묘사에 내포된 불균형과 왜곡을 훨씬 잘 깨달을 수 있을 것이다.

그들이 독일인-폴란드인 관계를 묘사한 내용에서 특별히 두드러지는 것은 사실상 어떤 논평도 하지 않았다는 점이다. 경찰대원들은 폴란드인 게릴라, 강도, 도적에 대해 일반적인 사실을 말하지만 이들 집단이 가진 성격, 특히 반反독일적 성격에는 초점을 맞추고 있지 않다. 오히려 이들 '범죄 집단'을 독일이 폴란드를 점령하기 전에 존재했던 토착적 문제로 묘사한다. 여기서 대원들은 게릴라와 강도 집단의 존재를 두 가지 방식으로 풀어간다. 첫째는 독일인, 특히 독일 경찰은 토착적인 무법 상태의 문제 때문에 혼란을 겪고 있던 폴란드를 지켜주었다는 것을 암시하려고 한다. 둘째는 경찰은 유대인이 아니라 주로 게릴라와 강도 집단 퇴치에 몰두했다고 주장함으로써 유대인과 관련된 경찰 투입의 빈도와 강도를 은폐하려고 한다.

어떤 증인들은 자신들이 독일인-폴란드인 사이의 우호 관계를 지키려고 특별히 노력했다는 사실을 언급했다. 호프만 대위는 자신의 중대와 푸와비 주민 사이의 우호적인 관계를 노골적으로 자랑했다. 그는 메스만 중위가 이끄는 지역경찰 오토바이 부대가 매우 약탈적이고 "눈에 보이는 사람들"을 마구잡이로 사살하여 폴란드 지역 주민들의 분노를 초래했기 때문에 메스만 중위를 징계하는 절차를 밟았다고 주장했다.[1] 또한 부흐만 소위는 탈친에서 벌어진 테러에 대한 보복조치로서 처형할 희생자를 선발할 때 트라프 소령이 폴란드 시장과 협의했으며, 그 결과 신분이 확실한 지역 주민이 아닌 낯선 외지인이나 빈민만 사살하도록 했다고 보고서에 남겼다.[2]

아주 평범한 사람들

독일이 폴란드에서 우호적인 점령정책을 폈다는 사실을 부정한 증인은 단 두 명에 불과했다. 브루노 프롭스트는 경찰대대가 활동 초기인 1940~1941년에 포즈난과 우치에서 폴란드 주민들을 잔인하게 추방했으며 재미 삼아 주민들을 무자비하게 괴롭혔다는 사실을 기억해냈다. 독일 경찰이 1942년에 폴란드인들을 어떻게 다루었는지 증언할 때 그는 더욱 비판적이었다.

당시 폴란드에서는 악의를 가진 이웃이 (독일 경찰에) 고발하거나 연락만 해도, 무기를 소지했거나 유대인 또는 강도 집단을 숨겨준 것 같다는 혐의로 온 가족이 몰살될 수 있었다. 내가 아는 한 폴란드인이 이런 혐의로 체포되어 관할 경찰에 넘겨진 적은 한 번도 없었다. 내가 직접 관찰한 것이나 동료들로부터 들은 바에 의하면 우리 부대는 그런 혐의가 있는 폴란드인들을 늘 현장에서 바로 사살했다.[3]

독일인과 폴란드인 사이의 '장밋빛' 관계에 의문을 제기한 두 번째 증인은 생존한 옛 경찰대원이 아니라 라진에 있는 남편을 잠시 방문했던 브란트 소위의 부인이었다. 부인의 증언에 따르면 당시—제복 경찰은 말할 것도 없고—독일 민간인들조차 폴란드인들을 대할 때는 '지배인종master race'으로 행동하는 것이 지극히 일반적이었다. 예를 들어 폴란드인들은 시내에서 인도를 걸어가다 맞은편에서 독일인들이 오면 비켜서야 했으며, 독일인들이 상점에 들어오면 폴란드인 손님들은 나가야 했다. 하루는 독일에 적대적인 폴란드 여자들이 라진 시내에서 길을 가던 브란트 부인과 동행자의 길을 막아섰다. 두 사람은 경찰을 부른다고 위협함으로써 겨우 이들을 지나칠 수 있었다. 이 소식을 들은 트라프 소령은 매우 분노하면서 중앙 광장에 있는 폴란드 여자들을 모두 사살해야 한다고 소리쳤다. 브란트 부인의 견해에 따르면 이 사건은 독일인들이 폴란드인에 대해 어떤 자세를 갖고 있었는지를 보여주는 좋은 사례이다.[4]

독일 경찰과 폴란드 여성들 사이의 성적 관계는 단 두 건의 증언에서만 언급되었다. 호프만은 부하 한 명이 금지령에도 불구하고 폴란드 여성과 성관계를 가졌다가 성병에 걸렸는데 자신은 이 사실을 상부에 보고하지 않고 보호해주었다고 주장했다.[5] 다른 한 경찰은 운이 좋지 않았다. 그는 폴란드 여성과의 성관계 금지령을 위반한 죄로 "징벌 수용소"에서 1년을 보냈다.[6] 아무튼 이러한 금지령이 존재했다는 사실 자체가 증언자 대부분이 적당히 침묵했던 당시 독일인과 폴란드인의 현실적인 관계에 대해 많은 것을 알려준다.

독일 경찰들은 그들이 유대인에게 가했던 잔혹한 행동을 폴란드인에게도 할 수 있었을까? 내가 보기에는 잔혹 행위의 사례는 훨씬 적지만 폴란드인의 생명에 대해서도 유대인과 마찬가지로 점점 무감각과 무관심이 증가했던 것 같다. 1942년 9월에 탈친에서 한 동료가 폴란드 게릴라의 테러로 사망하자 대대가 그에 대한 보복으로 폴란드인들을 집단학살했던 사건이 있었다. 당시만 해도 대원들은 이 사건이 혹시 어떤 후유증을 가져올까 봐 우려했다. 트라프는 "없어도 되는" 폴란드인 78명을 사살하도록 했는데 상부로부터 지시받은 보복 할당량에 못 미치자 폴란드인 대신 유대인을 사살하도록 했다. 그러나 브루노 프롭스트가 기억하듯이 늦어도 1943년 1월에는 이와 다른 태도가 우세해졌다. 호프너의 3중대 2소대는 오폴레에서 막 영화관에 가려던 순간, 한 독일 경찰대원이 폴란드인으로부터 공격을 받고 살해되었다는 소식을 들었다. 호프너는 보복하기 위해 대원들과 함께 니에즈두프Niezdów 마을로 급히 달려갔으나 노인들을 제외한 모든 주민들이 도피했다는 사실을 발견했다. 작전 중에 공격당한 독일 경찰이 사망한 것이 아니라 단지 부상만 당했다는 소식을 들었음에도 불구하고 호프너는 노인 12~15명, 그것도 대부분 여자였던 남은 폴란드인 주민 전원을 사살하고 마을 전체를 불태웠다. 보복 작전을 마친 그와 대원들은 오폴레로 돌아와 영화를 관람했다.[7]

유대인에 대한 태도를 증언한 내용들에서도 폴란드인에 대한 증언에서와 유사하게 의식적으로 침묵하거나 생략하는 부분이 눈에 띈다. 그 이유 가운데 하나는 순전히 법적 처벌에 대한 우려였다. 독일 형법에서는 한 인간을 죽인 행위를 살인으로 규정할 때 인종적 증오심 같은 "기본 동기"가 있었는지 여부가 한 가지 중요한 범주로 작용한다. 어떤 대원이 자신의 반유대주의적 입장을 공개적으로 실토한다면 그것은 자신의 법적 처지를 매우 심각하게 위협할 수 있었을 것이며, 옛 동료의 반유대주의적 태도에 대해 말한다면 그는 신속히 그 동료에 대한 반대 증인으로 채택되는 난감한 처지에 처했을 것이다.

그러나 옛 예비경찰대대 대원들이 반유대주의에 대해 상세히 증언하지 않은 이유는 단순히 법적인 고려 때문만은 아니다. 그들은 나치즘의 총체적 현상, 그리고 당시 자신과 동료들의 정치적 입장에 관해 전반적으로 침묵하고 싶었던 것이다. 여기에는 훨씬 더 일반적이고 깊은 의미가 숨어 있다. 만일 자신의 행동이 지녔던 명백히 정치적이고 이데올로기적인 측면을 시인한다면, 다시 말해 재판이 진행되던 1960년대의 정치문화나 일반적으로 수용되는 규범과 정반대인, 도덕적으로 완전히 거꾸로 선 나치즘의 세계가 당시 그들에게 전적으로 옳게 보였다고 인정한다면, 그들은 어떤 체제에나 그저 적응하는 정치적·도덕적 기회주의자로 비칠 수 있었다. 이것이 그들 가운데 누구도 정면으로 마주할 수 없었던 또는 마주하기를 원치 않았던 진실이었다.

16세에 나치 학생동맹, 18세에 히틀러 청소년단, 19세에 나치당과 친위대에 가입했던 나치 엘리트 호프만 대위는 대부분의 경찰대원들과 마찬가지로 자신의 행동에 정치적이고 이데올로기적인 동기가 있었다는 것을 부인했다. "내가 1933년 5월 친위대에 가입한 것은 당시 친위대가 단지 국가수호 단체라고 생각했기 때문이지 어떤 특정한 이데올로기적 입장 때문은 아니었다."[8] 반면 드루커 소위는 자신의 나치즘관에 대해 여전히 애매하기는 하지만 호프만 대위보다 훨씬 더 정직하게 설명했다. 그는 피고인 가운데 자신이 가졌던 과거의 입장 문제와 심각하게 대면하고자 노력했던 유일한 인물이다.

나는 돌격대 훈련 과정에서만 나치즘에 관한 이데올로기 교육을 받았으며 그 시대의 나치 선전을 통해서도 어느 정도 영향을 받았다. 나는 해군 돌격대 소대장이었는데, 소대장은 의무적으로 나치당원이 되어야 했기 때문에 2차 세계대전 발발 얼마 전에 나치당에 입당했다. 당시 시대적 분위기의 영향에서 내가 유대인에 대해 가졌던 입장은 분명 혐오감이라고 할 수 있다. 그러나 내가 유대인들을 특별히 미워했다고 말

아주 평범한 사람들

할 수는 없다. 어쨌든 나는 오늘날 당시 내 입장이 그랬다는 느낌을 갖고 있다.[9]

옛 동료 대원들이 잔인하고 반유대주의적이었다고 언급한 몇 안 되는 경우들은 보통 평대원들이 특정 장교들에 대해 증언한 것이었다. 예를 들어 증인들은 마지못해 그나데가 잔인하고 사디스트적 기질을 가진 술꾼인 동시에 "신념에 찬" 나치이자 반유대주의자였다고 인정했다. 여러 증인들은 두 병장에 대해서도 매우 부정적으로 증언했다. 부흐만이 더이상 유대인 작전에 참가하지 않아도 되도록 면제되었을 때 그를 대리했던 루돌프 그룬트Rudolf Grund는 "독한 난쟁이"라는 별명을 얻었다. 작은 체구를 지닌 그가 부하들을 제압하기 위해 늘 고함을 질렀기 때문이다. 증인들은 그를 "특히 거칠고 시끄러우며", "매우 저돌적이고", "임무 수행에 대한 뜨거운 열정"을 과시했던 "110퍼센트 나치"로 특징지었다.[10] 하인리히 베케마이어는 자부심에 차 있으며, 언제나 나치 훈장을 달고 다녔던 "매우 불쾌한 사람"으로 묘사되었다. 부하들은 그를 싫어했으며, 그가 "거칠고 잔인하게" 대했던 폴란드인과 유대인에게는 특히 공포의 대상이었다. 옛 부하들의 증언에 따르면 베케마이어는 워마지 근처에서 한 무리의 유대인들에게 노래를 부르며 시궁창을 기라고 한 적이 있었다. 그러다가 기진맥진한 한 노인이 쓰러졌고 두 손을 높이 들어 베케마이어에게 자비를 구했지만 병장은 그의 입안에 총을 집어넣어 사살했다. 증인들은 하인리히 베케마이어가 "형편없는 개"였다고 결론지었다.[11] 하지만 이처럼 노골적인 고발성 증언은 옛 동료뿐 아니라 인기

없던 옛 상관에 대해서조차 지극히 예외적이었다.

경찰대원들이 유대인에 대해 보인 여러 가지 태도들은 취조 중에 나온 덜 직접적이고, 그런 만큼 덜 조심스러운 증언에서 드러났다. 예를 들어 어떻게 시골 폴란드인 주민들 가운데서 유대인을 구별해 낼 수 있었는가 하는 질문에 대해 어떤 이들은 복장, 머리스타일, 전체적인 외모를 언급했다. 하지만 또 어떤 이들은 25년 전 나치의 전형적인 인식 틀을 반영하는 용어, 즉 유대인들은 폴란드인들과 비교할 때 "더럽고", "단정하지 않으며", "불결했다"는 표현을 사용했다.[12] 물론 어떤 경찰들의 표현은 유대인들을 박해받는 인간으로 인식한 다른 유형의 섬세함을 보여주기도 했다. 유대인들은 헌옷을 입었고 아사 직전이었다는 것이었다.[13]

사실 당시 유대인들의 행동을 묘사한 증언에서도 유사한 이분법이 엿보인다. 어떤 대원들은 마치 유대인들 스스로 자신의 죽음에 책임이 있다는 식으로 암시했다. 그들은 유대인들이 그저 수동적이었다는 점을 강조함으로써 자신들의 학살 행위를 정당화하려는 듯 보였다. 예를 들어 다음과 같은 증언들이다. 유대인들은 아무 저항도, 도망치려는 시도도 하지 않았다. 그들은 자신들의 운명을 순순히 받아들였다. 그들은 구체적인 명령을 기다리지도 않은 채, 사살되기 위해 자발적으로 엎드렸다.[14] 반면 희생자들의 품위를 분명히 강조한 증언도 있었다. 유대인들은 "놀랄 만하고", "믿을 수 없는" 태도를 지켰다고 했다.[15]

독일인과 유대인 사이의 성적 관계에 대해 묘사한 몇 안 되는 증언도 있다. 그러나 이들은 독일 경찰과 폴란드 여성 사이에 있었던 금지된 로맨스나 단순한 성적 욕구 충족과는 매우 다른 그림을 보여준다. 독일 경찰과 유대인 여성이 관련된 경우, 이는 명백히 무력한 자에 대한 권력자의 지배 문제—강간과 관음증의 형태를 띤—가 사안의 본질이었다. 유대인 여성을 강간하려다 들켰던 한 경찰은 나중에 자신의 부인에 의해 연합국 점령당국에 고발당했고 폴란드에 넘겨졌다. 그는 트라프, 부흐만, 캄머와 함께 법정에 세워졌던 대원이었다. 당시 현장에서 이를 목격했던 하사관은 강간범을 상관에게 보고하지 않았다.[16] 둘째 사례는 밤에 보드카를 마신 채 게토를 순찰했던 페터스 소위에 관한 보고이다. 그는 "만반의 준비를 갖춘 채" 유대인의 집으로 들어가, 침대에 누워 있는 여자의 이불을 걷어내고 그 여자를 바라보다가 다시 자리를 떠났다. 아침이 오면 그는 다시 맑은 정신이 되었다.[17]

그리고 다음의 두 경우를 제외하면 독일인들의 묘사 속에서 유대인들은 대부분 익명의 집단이었다. 첫째, 독일 경찰들은 독일계 유대인들과의 만남을 자주 언급했으며 거의 항상 그들이 어느 도시 출신인지 정확하게 기억해낼 수 있었다. 1차 세계대전에서 공로를 세워 훈장을 받았던 브레멘 출신 퇴역 군인, 카셀 출신 모녀, 함부르크에서 온 영화관 주인, 뮌헨 유대인평의회 의장 등. 이 경험들은 경찰대원들에게 예기치 못했던 것이라—적대적이고 낯선 민족으로서의 유대인에 대한 일상적인 그림과 극명하게 달라서—충격적이었음이 틀림없다. 그래서 이 경험은 그들의 기억 속에 생생하게 남아 있었다.

둘째, 독일 경찰들의 눈에 자신들을 위해 일했던 유대인, 특히 식당 하녀들은 단순히 유대인이 아니라 그들에게 봉사한 일꾼이라는 그들만의 고유한 정체성을 부여받았다. 한 경찰은 우쿠프에서 유대인 노동자들을 위해 자신이 추가 식량 배급을 받아준 것을 기억했다. "유대인들은 우리를 위해 일했음에도 불구하고 사실상 먹을 것을 전혀 받지 못했기 때문이다." 또 그는 게토가 소개될 때 유대인 게토 경찰대장의 부인이 탈출하도록 도왔다고 주장했다.[18] 미엥지제치에서는 게토 소개 당시 부대 식당에서 일하던 한 유대인 하녀가 그에게 와서 엄마와 여동생을 구해달라고 애원하자 가족들을 식당으로 데려오도록 허락했다.[19] 코츠크에서는 한 경찰이 9월의 사살 작전 도중 울고 있는 한 유대인 여자를 보았고, 역시 식당에 가도록 해서 구해주었다.[20]

그러나 경찰과 유대인 식당 하녀들 사이에 이루어졌던 빈약한 인간 관계는 결국 아주 드문 경우에만 그들의 목숨을 구할 수 있었다. 예를 들어 한 경찰은 우쿠프에서 강제이송 작전이 펼쳐지던 때 자신의 식당 하녀 두 명이 일하러 오지 않자 그들을 찾으러 유대인 집결 장소로 갔다. 경찰은 거기서 하녀들을 발견했지만 지휘관인 친위대 대원은 한 명만 데려가도록 허락했다. 그러나 얼마 후 그 여자마저 다시 끌려가고 말았다.[21]

경찰들은 자신들을 위해 일했던 유대인 일꾼들의 생명을 구할 수 없었을 뿐 아니라 직접 그들을 사살해야 했던 경우를 가장 생생하게 기억했다. 어느 날 호프만 대위는 네링Nehring* 하사를 침실로 부르더니 좋은 포도주 한 병을 선물하며, 그가 전에 경비대원으로 근무했던 대농장에 출동해 그곳에서 일하고 있는 유대인들을 사살하라고 말했다. 네링은 농장에 있는 많은 유대인들을 "개인적으로 잘 알고 있었"

기 때문에 그 임무를 맡고 싶지 않았지만 달리 도리가 없었다. 그와 그의 대원들은 이 임무를 역시 푸와비에 주둔하고 있던 지방경찰대 장교 및 다른 대원 4~5명과 함께 분담해서 집행해야 했다. 네링은 그 장교에게 자신은 많은 유대인들과 잘 아는 사이이기 때문에 사살 집행에 참가할 수 없다고 설명했다. 장교는 호프만보다 협조적이어서 자신의 대원들만으로 유대인 15~20명을 사살하도록 조치했고, 네링은 현장에 가지 않아도 되었다.[22]

코츠크에서는 블루마Bluma와 루트Ruth라는 두 식당 하녀가 탈출하기 위해 도움을 요청했다. 한 경찰은 "소용없다"고 충고했지만 다른 경찰들은 그들이 도망치도록 도왔다.[23] 2주 후 경찰은 한 지하 은신처에서 체포된 다른 유대인 수십 명과 함께 블루마와 루트를 발견했다. 두 사람을 알아본 한 독일 경찰은 이제 무슨 일이 벌어질지 알았기 때문에 그들을 놓아주려고 시도했지만 결국 체포된 유대인들을 모두 사살하라는 명령을 받았다. 그는 이 명령 집행을 거부하고 자리를 떠났지만 블루마와 루트를 포함해 체포된 유대인들은 전원 사살되었다.[24]

드루커의 2중대 2소대가 코마루프카에 있을 때에는 유타Jutta와 하리Harry라는 두 유대인 여자가 부대 식당에서 일하고 있었다. 어느 날 드루커는 이들이 더이상 식당에 머물 수 없으며 사살되어야 한다고 말했다. 그러자 몇몇 대원들이 유타를 숲으로 데려가 대화를 나누는 척하다가 등 뒤에서 사살했다. 잠시 후 하리도 딸기를 따다가 뒤에서 머리에 총을 맞아 죽었다.[25] 경찰들은 지난 몇 달 동안 자신들을 위해 식사를 준비했으며 이름을 알고 있던 유대인들을 사살하는 데 특별한 노력을 기울였다. 사살되더라도 그 유대인들이 알지 못하도록 '배려'했던 것이다. 이처럼 1942년 독일인과 유대인의 관계는 '끔찍하게 불안한 기다림의 고통' 없이 신속하게 사살되도록 해주는 것이 인간적 연민의 표현으로 여겨지는 극단적인 지점에 도달해 있었다!

이상에서 살펴보았듯이 독일인이 폴란드인과 유대인에 대해 어떤 태도를 보였는지에 관해 경찰대원들이 증언한 내용은 매우 불충분하다. 반면 그들은 폴란드인이 유대인에게 보인 태도에 대해서는 매우 자주, 그리고 몹시 악의적으로 언급했다. 물론 이러한 증언을 평가할 때는 적어도 두 가지 요소를 명심해야 한다. 첫째, 독일 경찰들은 "최종해결"에 협력하고 유대인을 찾아내도록 도왔던 폴란드인들과 당연히 폭넓게 교류했다. 이 폴란드인들은 그들의 거친 반유대주의적 행위를 통해 독일 점령군의 호감을 사려고 노력했다. 반면 유대인들을 도왔던 폴란드인들이 가능한 한 독일인들과 사귀지 않으려고 최선을 다했다는 것은 언급할 필요도 없을 것이다. 그러므로 독일 경찰들이 직접 교류했던 폴란드인들의 행동양식과 그들이 독일인에게 보인 호감에는 원천적으로 반유대주의적 편견이 있었던 것이다.

내 생각에 이 원천적인 편견은 둘째 요소를 통해 더욱 왜곡되었던 것 같다. 즉, 폴란드인이 가진 반유대주의에 대한 독일인들의 증언 내용에는 적지 않게 주관적 견해가 많이 투영되어 있다고 보면 공정할 것이다. 대원들은 동료들에게 부담이 되는 고발성 증언을 하지 않았으며 자기 자신에 대해 진실에 가까운 증언을 하고 싶어하지 않았다. 이런 상황에서 폴란드인에게 책임의 일부를 전가할 수 있다는 것은 분명 커다란 심리적 위안을 의미했다. 그래서 그들은 독일인들의 태도를 평가할 때는 몹시 망설였던 반면, 폴란드인들의 범죄에 대해서는 솔직히 터놓고 말할 수 있었다. 사실 폴란드인들이 저지른 범죄의 몫이 크면 클수록 독일인들이 져야 할 책임은 줄어드는 것이다. 아래에 언급될 증언들을 평가할 때 반드시 이런 한계점들을 명심해야 한다.

독일인들이 폴란드인들을 고발하는 내용은—집단학살 자체와 마찬가지로—유제푸프 보고서에서부터 시작했다. 한 경찰의 증언에 따르면 폴란드 시장이 중앙 광장에서 독일인들에게 슈납스[독일식 소주의 일종]를 제공했다.[26] 다른 경찰의 증언에 따르면 폴란드인들은 유대인들을 집에서 끌어내는 작업을 도왔으며 그 밖에도 정원 벙커나 이중벽 뒤에 있던 유대인의 은신처를 밀고했다. 심지어 독일인들이 수색을 마친 후에도 폴란드인들은 오후 내내 계속 유대인들을 개별적으로 중앙 광장으로 데려왔다. 그들은 유대인들이 끌려가자마자 유대인들의 집에 들어가 약탈을 자행했으며 사실 집행이 끝난 다음에는 유대인들의 시체에서까지 물건을 약탈했다.[27]

전형적으로 폴란드인을 비난한 사람은 호프만 대위였다. 그는 자신의 중대가 코인스코볼라에서 자행했던 집단학살에 대해서는 아무것도 기억할 수 없다고 주장한 반면, 다음 사건에 관해서는 매우 상세하게 기억했다. 외부 봉쇄가 풀리고 그의 3중대가 유제푸프 중심부로 진입한 후, 두 폴란드 대학생이 그를 자기 집으로 초대하여 함께 보드카를 마셨다. 처음에 이 두 젊은 폴란드인은 호프만과 함께 그리스어·라틴어 시를 주고받았으나, 끝내 그들의 정치적 견해를 숨기지 않았다. "그들 둘 다 폴란드 민족주의자로서 자신들이 지금까지 어떻게 취급받았는지에 대해 매우 분개하며 역설했고, 히틀러에 대해서는 자신들을 유대인으로부터 해방시키는 그저 좋은 일을 하는 인물이라고 여겼다."[28]

대원들이 "유대인 사냥"에 관해 증언할 때는 은신처와 땅굴이 대부분 폴란드 "정보원들", "밀고자들", "숲을 달리는 사람들", 그리고 굶주린 유대인들의 곡식 도둑질 때문에 성난 농민들에 의해 발견되었다는 사실을 누구도 빠뜨리지 않았다. 여기에서 경찰대원들이 선택한 언어는 폴란드인의 행동에 대한 단순한 정보 제공을 넘어서는 내용을 함축하고 있었다. 그들의 증언에서는 "배반"이라는 개념이 반복해서 사용되었는데 여기에는 의심할 나위 없이 강한 도덕적 평가가 담겨 있다.[29] 이 점이 가장 두드러진 것이 구스타프 미하엘손의 증언이다. "폴란드 주민들이 숨어 있던 유대인들을 배반하고 우리에게 밀고한 것이 당시 나로서는 매우 당혹스러웠다. 유대인들은 숲속이나 땅굴 등 은신처에 잘 위장하고 숨어 있었기 때문에 폴란드 주민들이 배반하지 않았다면 결코 발견되지 않았을 것이다."[30] 미하엘손은 한 번도 사살에 참가하지 않았던 소수 "심약한" 경찰 가운데 한 명이었다. 그러므로 전적인 위선이라는 비난을 받지 않고 폴란드인의 행동에 도덕적인 비판의 목소리를 낼 수 있었다. 그러나 이러한 평가는 다른 대부분의 경찰들에게는 적용될 수 없다. 왜냐하면 그들이 "배신자"라고 비난하는 그런 폴란드인들을 고용하고 그러한 행동에 포상을 하는 것이 바로 독일인의 정책이었다는 사실은 한 마디도 언급하지 않았기 때문이다.

훨씬 균형 잡힌 시각에서 사실을 바라본 것은 다시 한 번 가차 없이 솔직했던 브루노 프롭스트였다. 그는 폴란드 밀고자들이 제공한 정보에 따라 "유대인 사냥"에 착수한 일이 자주 있었다고 보고하면서 다음 사실을 부언했다. "내가 기억하기에 당시 우리는 유대인들을 숨겨준 폴란드인들에 대한 학살을 이전보다 점점 더 체계적으로 집행하기 시작했다. 우리는 폴란드인이 유대인을 숨겨준 사실이 밝혀질 때마다 그들의 농장까지 모두 불태워버렸다."[31] 한 경찰대원에 따르면 코츠크에서도 비슷한 일이 있었다. 유대인을 자신의 저택 지하실에 숨겨주었다가 발각된 폴란드 여주인이 유대인과 함께 사살된 것이다. 이 대원을 제외하면 경찰대원 210명 가운데 프롭스트는 유대인들을 숨겨준 폴란드인들이 독일인들에 의해 체계적으로 학살되었다는 사실을 인정한 유일한 증인이었다.

프롭스트는 또 다른 사건에 대해서도 이야기했다. 어느 날 호프너 소위가 이끄는 수색대가 유대인 10명이 숨어 있던 벙커를 발견했다. 한 젊은이가 앞에 나오더니 자신은 폴란드인이며 아내와 함께 있기 위해 그곳에 숨어 있었다고 말했다. 호프너는 그에게 그곳을 떠나든지 유대인 아내와 함께 사살되든지 하나를 선택하라고 했다. 폴란드 청년은 후자를 선택하여 아내와 함께 사살되었다. 프롭스트는 여기에 주석을 붙였다. 호프너는 자신의 제안을 진지하게 생각하지 않았다는 것이다. 프롭스트의 생각에 만약 청년이 떠나는 쪽을 선택했다면 호프너는 분명히 "도주를 시도했다"는 구실로 사살했을 것이다.[32]

독일 경찰들은 폴란드인들이 연루된 다른 사건들을 더 증언했다. 코인스코볼라에서 폴란드 농민 복장으로 위장한 한 여자가 봉쇄 경계를 서고 있던 한 경찰에게 다가왔다. 근처에 서 있던 폴란드인들이 그 여자는 변장한 유대인이라고 말했으나 경찰은 그 여자를 통과시켰다.[33] 그 밖에도 일련의 경찰들은 폴란드인들이 유대인을 체포한 다음 독일 경찰이 와서 그들을 사살할 수 있을 때까지 잡아두었다고 보고했다.[34] 그들에 따르면 경찰이 도착하기 전에 유대인들이 구타당하는 일도 빈번하게 일어났다.[35] 하지만 폴란드 경찰이 독일 경찰과 함께 순찰을 돌았으며 사살에 참가한 것은 두 번이라고 말한 증인은 단 한 명뿐이었다.[36] 토니 벤트하임은 이와 정반대의 경우를 하나 설명했다. 코마루프카에서 한 폴란드 경찰이 유대인 네 명을 체포했다고 보고하자 드루커는 벤트하임에게 그들을 사살하라고 명령했다. 벤트하임은 사살을 집행하기 위해 묘지로 데려갔으나 자동소총이 장전되지 않았다. 그러자 그는 함께 갔던 폴란드 경찰에게 "혹시 이 일을 처리하고 싶나?"라고 물었다. 그러나 "뜻밖에도 그는 이를 거절했다". 벤트하임은 폴란드 경찰의 총을 빌려 유대인들을 사살했다.[37]

유대인 학살에 폴란드인들이 연루된 사실에 대한 독일인들의 증언이 거짓은 아니다. 비극적이지만 그들이 폴란드인들에게 책임을 떠넘겨 집행하도록 했던 여러 종류의 잔인한 행동들은 다른 보고서를 통해서도 입증되며 폴란드인들은 사실 너무 자주 그렇게 행동했다. 결국 홀로코스트는 극소수의 영웅과 너무 많은 범죄자와 너무 많은 희생자의 이야기이다. 독일인들의 증언에서 잘못된 점은 그들이 가졌던 여러 겹으로 왜곡된 시선이다. 경찰들은 유대인들을 도운 폴란드인들이 있었고, 그 때문에 독일인에 의해 처형된 폴란드인들이 있었다는 사실에 대해서는 거의 침묵했다. 그리고 일부 폴란드인들이 "배반"과 밀고를 하도록 선동한 것은 바로 자신들이었다는 사실도 전혀 언급하지 않았다. 지나치게 반유대주의적이었던 다른 동부 유럽 국민들과는 아주 대조적으로, 폴란드 주민들 가운데서는 대규모 살인 보조부대—악명 높은 자원 보조경찰대—에 한 명도 모집되지 않았다는 사실 역시 한 마디도 언급하지 않았다. 그러므로 폴란드인들에 대한 독일 경찰의 증언은, 물론 폴란드인이 얼마나 반유대주의적인 행동을 했는지에 대한 단서를 주기도 하지만, 궁극적으로는 폴란드인에 대한 독일 경찰의 시선이 얼마나 왜곡되어 있는지, 그리고 얼마나 폴란드인들에게 자신들의 책임을 전가하고 싶어하는지에 대해 많은 중요한 단서를 제공한다.

18

아주 평범한 사람들

왜 101예비경찰대대 대원들은 10~20퍼센트가 안 되는 소수를 제외하고 대부분 학살 집행자가 되었을까? 학살 집행자가 된 대원들의 행동을 설명하기 위해 지금까지 수많은 설명 모델이 제시되었다. 전시戰時 야만화, 인종주의, 임무의 분업화와 관례화, 학살자의 특별 선발special selection, 출세주의, 맹목적인 복종과 권력에 대한 경의, 이데올로기적 세뇌, 동료 집단에 대한 동조同調 등. 물론 이 모든 요소들은 학살 동기 해석에 각각 어느 정도씩 적용될 수 있으나 제한 없이 적용될 수 있는 것은 하나도 없다.

우선 전시 야만화 테제를 검토해보자. 전쟁은 늘 잔학행위를 동반한다. 존 다우어John Dower가 그의 주목할 만한 저서 《무자비한 전쟁: 태평양 전쟁에서의 인종과 권력War Without Mercy: Race and Power in the Pacific War》에서 밝혔듯이 "전쟁 중에 발생하는 증오심"은 "전쟁 범죄"를 유발한다.[1] 무엇보다도 이미 무장한 채 상대방을 살상하기 위해 파견되는 대규모 인간 집단들이 충돌할 때 일반적으로 야만화가 발생한다.

그리고 일반적인 야만화가 한층 뿌리 깊은 부정적인 인종 편견과 합쳐질 때에는, 그렇지 않아도 무시되기 쉬운 전쟁 헌장과 전투 수칙이 어디서나 훨씬 자주 그리고 더욱 야만적으로 무너진다. 좀 더 통상적인 전쟁들—예를 들어 나치 독일과 서방연합국 사이의 전쟁—과 최근 벌어진 '인종 전쟁'들 사이의 차이가 바로 이것이다. 나치가 동부 유럽에서 벌였던 '파멸 전쟁'과 '유대인 말살 전쟁'에서 시작하여 태평양에서 일어난 '무자비한 전쟁'과 최근의 베트남 전쟁에 이르기까지, 통상적인 전쟁 중에 군인들이 비무장 민간인과 무력한 포로를 고문·학살하거나 그들에게 끔찍한 범죄를 저지른 사례는 헤아릴 수 없이 많다. 다우어는 태평양 전쟁에서 미군 부대 전체가 "포로 만들지 않기" 정책을 과시하면서도 일본 군인의 신체 일부를 전쟁기념물로 수집하는 것이 얼마나 일상적이었는지 낱낱이 보고했다. 전쟁 잔학 행위는 오직 나치 정권 아래에서만 나왔다고 자기도취적으로 가정하는 사람들이 다우어의 보고서를 읽으면 그 끔찍함에 몸서리를 치게 될 것이다.

전쟁, 특히 인종 전쟁은 야만화, 그리고 잔학행위로 이어진다. 이러한 핵심적 특징은 브롬베르크Bromberg[2]와 바비야르에서 시작하여 뉴기니와 마닐라를 거쳐 밀라이까지 이어진다. 그러나 한 전쟁, 게다가 인종 전쟁이 101예비경찰대대가 투입되는 결정적인 배경을 형성했다고 가정할 때(이것이 내가 이 책에서 내세우고자 하는 입장이다), 유제푸프 학살과 그 이후 여러 작전에서 경찰대원들이 보인 특정 행동은 얼마만큼이나 전시 야만화 현상을 통해 설명될 수 있을까? 특히 여러 종류의 전쟁 범죄와 그 범죄를 저지른 자들의 심리 상태 사이에

아주 평범한 사람들

어떤 분명한 관계가 있었던 것일까? 다시 말해 어떠한 특정한 심리 상태에서 그런 잔혹한 전쟁 범죄가 자행되는 것일까?

2차 세계대전 중에 독일 친위대가 프랑스 마을 오라두Oradour와 말메디Malmédy에서 저지른 학살, 마닐라에서 일본인들이 저지른 약탈, 태평양의 많은 섬들에서 미군이 자행한 전쟁포로 집단학살과 시체 훼손, 그리고 미군이 밀라이에서 저지른 집단학살 등 가장 악명 높은 것으로 전해지는 수많은 전시 잔학행위들에는 '자제력 상실', 즉 일종의 '전쟁터 광기'가 작용했다. 폭력에 익숙해지고 죽음에 무감각해진, 그리고 전우들의 죽음 때문에 분노한 군인들, 너무 악의적이면서 도저히 인간이 아닌 것처럼 완강하게 맞서는 적들 앞에서 절망한 군인들은 기회가 주어지면 그들의 끓어오르는 분노를 맹렬하게 폭발시켰다. 그들은 이를 악물고 보복할 첫 기회가 어서 오기만을 기다렸다. 그리고 이렇게 발생한 잔학행위가 지휘관들에 의해 관용, 묵인되거나 또는 암묵적으로(때로는 심지어 노골적으로) 부추겨지는 일이 지나치게 자주 벌어졌다. 하지만 그것은 결코 정부의 공식적인 정책을 의미하지는 않았다.[3] 전쟁에 참여한 어느 나라나 증오에 찬 선전 활동을 펼쳤고 지도자들과 군 명령권자들은 호전적인 구호를 쏟아놓았지만, 그렇다 할지라도 위에 언급한 사례들에 나타난 과도한 잔학행위들은 예나 지금이나 군대 내의 기강과 명령체계가 무너졌다는 것을 의미한다. 그것들은 분명 '통상적인 작전 행위'가 아니었다.

그런데 만일 어떤 경우에 잔학행위가 자제력이 상실된 돌발적인 '전쟁터 광기'가 아니라 공식적인 정부 정책을 충실하게 실행한 것으로 나타났다면 이는 당연히 '통상적인 작전 행위'라고 볼 수 있다. 독일과 일본 도시들에 대한 소이탄 투하, 독일 집단수용소와 공장에서 자행된 학대·학살 행위, 시암-버마 철도 노선을 따라 일본인에 의해 자행된 외국인 노동자들의 노예화와 살인적인 학대, 유고슬라비아나 동부 유럽 다른 지역에서 독일군 한 명이 사망할 때마다 보복이라는 이름으로 민간인 100명을 학살한 행위 등은 전시에 있었던 우발적인 분노의 폭발이나 야만화된 군인들의 잔인한 복수 행위가 아니라, 분명히 정부 정책을 체계적으로 실행한 행위였다.

앞서 언급한 두 종류의 잔학행위—전시 야만화와 인종주의—는 야만화를 일으키는 전쟁이라는 맥락 안에서 나타난다. 그러나 '정치적으로 조종된 잔학행위'를 저지르는 사람들의 정신 상태는 이와 다르다. 그들은 광기, 비통함, 좌절감이 아니라 계산에 따라 행동한다. 유럽 유대인 전체의 몰살을 추구한 체계적인 나치 정책의 집행 과정에 가담했던 101예비경찰대대는 분명히 후자에 속한다. 이미 1차 세계대전에서 전투에 참가했던 몇몇 고참 대원들이나 러시아에서 폴란드로 이전 배치되었던 하사관 몇 명을 제외하면 101예비경찰대대 대원들은 아직 불구대천의 적들과 전투나 유혈 충돌을 경험한 적이 없었다. 그들 대부분은 화가 나서 총 한 방을 쏘아본 적도, 자신이 사격의 대상이 된 적도, 전쟁 중에 동료가 옆에서 죽어가는 것을 본 적도 없었다. 따라서 이전에 있었던 전쟁 경험에서 나온 또는 이후의 전쟁에서 증폭된 전시 야만화는 유제푸프에서 경찰대원들의 행동에 직접 영향을 준 요소가 아니었다. 그럼에도 불구하고 일단 학살이 시작되자 이들은 점점 더 야만적으로 변해갔다. 마치 전투에서와 같이 여기서도, 최초 한 사람을 향해 총을 쏠 때 느꼈던 전율과 공포가 지나고

아주 평범한 사람들

살인이 일상적 임무가 되어가면서 그것은 점점 더 쉬워졌다. 이런 측면에서 경찰대원들의 야만화는 그들이 저지른 행동의 원인이 아니라 오히려 결과였다.

그렇지만 전쟁이라는 맥락은 분명 전쟁 체험에 의해 유발된 야만화나 광기를 초래한 원인으로서 좀 더 훨씬 광범위한 차원에서 고려되어야 한다. 즉 '우리 민족'과 '적'들 사이의 투쟁인 전쟁은 양극화된 세계를 만들어낸다. 거기에서 '적'들은 쉽게 대상화되고 서로 인간적인 의무를 가진 공동체에서 철저히 배제된다. 전쟁은 각 정부들이 정책을 통해 잔학행위를 마음대로 지시할 수 있도록 하는 동시에, 그것을 실행하는 과정에서 개인들이 만나게 될 크나큰 어려움들을 쉽게 극복할 수 있도록 정당화해주는 매우 유용한 환경이다. 존 다우어가 밝혀냈듯이 "타자(희생자)의 비인격화는 타자와의 심리적 거리두기에 엄청나게 기여한다. 그 결과 학살은 쉬워진다".[4] 이러한 심리적 거리두기—광기나 야만화가 아닌—는 101예비경찰대대 대원들의 행동에 다가가는 열쇠 가운데 하나이다. 그리고 전쟁과 부정적인 인종 편견은 이러한 거리두기 속에서 서로를 강화해주는 두 가지 요소였다.

많은 홀로코스트 연구자들, 특히 라울 힐베르크는 이러한 파괴적 과정에 내포된 관료주의적이고 행정기술적인 측면을 강조해왔다.[5] 전쟁과 부정적인 인종 편견이 가해자와 피해자 사이의 심리적 거리두기를 촉진하는 것과 마찬가지로, 이 접근법은 근대의 관료주의적 일상생활이 가해자와 피해자 사이의 기능적이고 육체적인 거리두기를 얼마나 조장하는지를 강조한다. 사실 많은 홀로코스트 범죄자들은 이른바 '탁상 범죄자'로서, 집단학살에서 그들이 차지한 역할은 그들이 가담하는 방식이 갖는 관료주의적 특성 때문에 매우 쉽게 수행될 수 있었다. 그들의 임무는 전체 학살 과정 속에서 지극히 작은 단계들을 차지했기 때문에 그들은 자신들의 활동이 만들어낼 희생자들과 결코 마주하는 일 없이 학살 관련 임무를 자연스럽고 일상적인 방식으로 처리했다. 관료들이나 각 분야 전문가들이 수행한 일은 유대인의 재산을 몰수하거나, 열차 운행 계획을 작성하거나, 법률을 제정하거나, 전보를 발송하고 희생자 명단을 작성하는 것 등이었다. 그들의 작업이 가진 일상성, 노동 분업적 성격, 탈인간화depersonalization는 그들로 하여금 집단학살의 적나라한 현실과 마주함 없이 쉽게 자신들의 일을 수행할 수 있게 했다. 그러나 자신들의 유니폼이 근접사격으로 사살된 희생자들의 피로 범벅되었던 101예비경찰대대는 이러한 '사치'를 누릴 수 없었다. 유제푸프 숲에 있었던 경찰보다 집단학살의 끔찍한 현실을 더 직접적이고 적나라하게 대면했던 사람들은 없었다. 업무의 분담화·일상화 및 탈인간화를 특징으로 하는 학살의 관료주의적 측면은 초기 집단학살에서 나타난 대원들의 행동을 설명해줄 수 없다.

노동 분업이 전체적으로 학살 작전이 잘 진행되도록 심리적인 영향을 주었다는 점을 전혀 무시할 수는 없다. 사실 대대 구성원들은 계속 이어진 세로코믈라, 탈친, 코츠크 작전 그리고 그 후에 이루어진 무수한 "유대인 사냥"에서는 단독으로 학살을 집행했지만, 다른 대규모 작전들은 다른 부대들과 함께 수행한 연합작전이어서 역할 분담이 있었다. 연합작전의 경우 경찰대원들은 항상 지역 봉쇄를 맡았으며 많은 대원들은 유대인들을 집에서 끌어내어 집결장소로, 그리고 그곳에서 다시 죽음의 열차로 끌고 가는 임무를 직접 수행하기도 했다. 그러나 최대 규모의 집단학살에는 사살을 담당할 '전문가'들이 고용되었다. 워마지의 경우도 만약 작전을 마칠 무렵 "자원 보조경찰대"가 만취한 상태가 아니었다면 끝까지 그들 단독으로 학살을 집행했을 것이고 경찰대원들은 직접 가담하지 않았을 것이다. "추수감사절 작전" 동안 마이다네크과 포니아토바에서도 루블린 보안경찰이 학살 집행을 맡았다. 트레블링카행 이송 작전에서는 심리적인 장점이 추가되었다. 게토를 소개하고 유대인들을 죽음의 열차에 몰아넣은 경찰대원들이 볼 수 없는 아주 먼 곳에서 다른 부대원들에 의해 사살이 집행되었던 것이다. 유제푸프에서 끔찍한 학살을 경험한 후, 경찰대원들은 대부분 게토 소개와 봉쇄 임무만 수행했다. 이 임무가 학살 과정의 일부였음에도 불구하고 그들은 그 이후 진행된 학살에 실질적으로 가담하고 있지 않다는 거리감, 심지어는 아무 책임도 없다는 느낌을 얼마든지 가질 수 있었다. 이는 노동 분업이 작업에 임하는 인간의 섬세한 마음과 책임감을 약화시킨다는 명백한 증거이다.

"최종해결" 기간 동안 101예비경찰대대 대원들이 맡았던 임무가 특수한 것임을 고려할 때 그들이 혹시 어떤 특별한 기준에 의해 선발된 것은 아닌지, 그리고 그들이 특별히 선발된 것이 사실이라면 어떤 기준이 적용되었을지 의문이 제기된다. 독일 역사가 한스-하인리히 빌헬름Hans-Heinrich Wilhelm의 최근 연구 결과에 따르면 라인하르트 하이드리히가 이끌었던 제국 보안청Reichssicherheitshauptamt 인사과는 특수기동대의 장교 선발과 배치 문제에 많은 시간과 노력을 기울였다.[6] 자신이 지휘하는 모든 작전에 적절한 인물을 배치하려 늘 고심했던 힘러도 친위대·경찰 고위 지도자와 기타 주요 간부 임명에 매우 신중을 기했다. 예를 들어 힘러는 예전에 부정부패 행적이 있고 심지어 나치당 내부에서조차 반대했던 글로보츠니크와 같은 미심쩍은 인물을 루블린에 배치하고 계속 그곳에서 근무하도록 고집했다. 그가 바로 이 학살 임무에 적임자라는 이유에서였다.[7] 트레블링카 죽음의 수용소 소장 프란츠 슈탕글에 관한 고전적 연구 《그 깊은 어둠 속에서In That Darkness》에서 저자 지타 세레니Gitta Sereny는 독일에서 안락사Euthanasie 프로그램에 참가했던 400명 가운데 96명이 폴란드 죽음의 수용소 운영에 투입되었는데 당국은 이들을 선발하기 위해 매우 각별한 주의를 기울였음에 틀림없다고 결론지었다.[8] 그렇다면 예비경찰대대의 인적 구성에도 이와 유사한 특별 선발, 즉 집단학살에 특히 적합한 인력을 선발하려는 의도가 결정적인 역할을 했을까?

단적으로 말하자면 경찰대원들의 인적 구성에 관한 한, 대답은 제한적인 '아니다'이다. 사실 여러 가지 범주를 적용해 분석해볼 때 대답은 정반대로 나타난다. 연령이나 지역적·사회적 출신을 살펴보면 예비경찰대대 대원들은 미래의 집단학살자로 만들어지기에 적합한 인재와는 전혀 거리가 멀었다. 평대원들—대부분 함부르크 노동자 계층 출신의 중년 남자—은 언급된 범주에 비추어볼 때 전혀 특별하게 선발되거나 심지어 무작위로 선발된 것도 아니었다. 오히려 실제 그들이 수행해야 할 특수한 임무를 고려할 때 어떠한 목적에도 부적합한 선발이었다.

다만 한 가지 측면에서는 일찌감치 좀 더 포괄적인 선발이 이루어졌던 것 같다. 즉 대원 가운데에는 나치 당적을 가진 자들이 25퍼센트나 되는 높은 비중을 차지했는데 이는 특히 대원 가운데 노동자 계층 출신이 다수였음을 고려할 때 비교적 높은 비중이었다. 이 사실은 예비경찰대대 대원의 모집이 이미 초기, 즉 이들을 "최종해결"에 투입하기로 구상하기 훨씬 이전부터 전혀 무작위로 이루어진 것은 아니라는 사실을 암시해준다. 만약 힘러가 다수의 정규 경찰대원들이 국외 점령지로 이동 배치되는 기간 동안 예비경찰을 우선 국내 치안유지에 동원하려고 구상했다면, 그는 당연히 정치적으로 신뢰할 수 있는 자들을 선발하려고 애썼을 것이다. 이 상황에서 힘러가 택할 수 있었던 한 가지 해결책이 중년의 나치당원을 우선 예비경찰로 모집하는 방안이었을 것이다. 물론 지금까지 치안경찰이 예비경찰대대 대원을 모집할 때 의도적으로 나치당원을 우선시했음을 입증해주는 어떤 문서도 발견되지 않았기 때문에, 당시 이러한 방침이 있었다는 것은 추측일 뿐이다.

장교들의 경우는 그들이 학살 임무를 위해 특별히 선발되었다는 증거를 제시하기가 더욱 어렵다. 친위대 기준에 의하면 대대장인 트라프 소령은 애국적인 독일인이기는 하지만 전통을 존중하고 지나치게 감상적인 성격이었다. 트라프의 이런 성격은 나치 독일에서는 "연약"하고 "반동적"이라고 경멸되었다. 실제로 그는 1차 세계대전 참전용사 출신이며 직업경찰인 동시에 이미 1932년 나치당에 입당했던 "옛 전사"였음에도 불구하고 친위대에는 받아들여지지 않았다. 당시 힘러와 하이드리히가 계속 친위대와 경찰을 통합하려는 노력을 기울이고 있었음에도 말이다. 친위대에 받아들여지지도 못한 인물이 학살을 집행한 최일선 부대의 대대장을 맡았다는 것은 특별 선발에 대한 우리의 의문과 관련하여 분명 의미심장한 일이다. 즉 트라프는 그가 특히 집단학살에 적합한 인물이라서 특별 선발되어 예비경찰대 대 지휘관으로 임명되었거나 특별히 루블린 구역에 배치된 것은 분명 아니었던 것이다.

다른 장교들의 경우도 마찬가지로 특별히 신중하게 선발되었다는 증거를 발견하기 어렵다. 호프만과 볼라우프는 전혀 나무랄 데 없는 당의 추천서에도 불구하고 친위대 승진 기준으로 볼 때 비주류로 밀려났다. 특히 볼라우프는 치안경찰 내부에서 중간 정도 아니면 심지어 부정적인 평가밖에 받지 못했다. 역설적이게도 특히 자신의 임무에서 기쁨을 느끼고, 가장 잔인하며 사디스트적인 살인자로 드러난 사람은 이들 두 친위대 장교가 아니라 48세로 비교적 나이가 많았던 예비역 소위 그나데였다. 끝으로 예비역 소위 부흐만 역시 학살에 적합한 인물을 신중하게 찾던 누군가에 의해 의도적으로 특별히 선발된 것이라고 보기 어렵다.

즉, 101예비경찰대대는 장교와 평대원을 불문하고 유대인 학살이라는 특수 임무를 위해 특별 선발되었거나 그들이 이 임무에 특히 적합한 인물로 판단되었기 때문에 루블린 유대인 학살에 투입된 것이 아니었다. 오히려 이들 대대는 전쟁 당시의 시점에 동원 가능한 병력의 '여분'이었을 뿐이다. 그들은 그저 전선 후방에서 전개되는 작전을 위해 동원될 수 있는 유일한 부대였기 때문에 유대인 학살 작전에 배치되었다. 아마 글로보츠니크는 자신의 지역에 배치되는 대대가 어떤 대대이든 그 인적 구성에 관계없이 학살 임무를 맡는 것을 당연하게 생각했을 가능성이 높다. 만약 이것이 사실이라면 그는 유제푸프 학살 직후 경찰대원들이 보인 반응을 보고 실망하면서, 과연 그들이 이후에 진행될 작전을 성공적으로 수행할 수 있을지에 대해 근심했을지도 모른다. 그러나 긴 안목에서 볼 때 사태의 경과는 경찰대대에 학살 임무를 부여한 그의 결정이 옳았음을 보여주었다.

나치 학살자들에 대한 많은 연구들은 그럼에도 혹시 또 다른 방식의 선발 과정이 있었는지에 관해 주목했다. 즉 보통 이상의 폭력적 성향을 가진 사람들이 스스로 나치와 친위대에 지원하는 일종의 '자기 선발self-selection' 과정이 있었을지 모른다는 주장이다. 종전 직후 테오도어 아도르노Theodor Adorno와 몇몇 다른 학자들은 "권위주의적 성격"이란 개념을 고안했다. 그들은 당시 정황과 주변 조건이 학살자들에게 미친 영향은 이미 충분히 밝혀졌다고 생각해, 그동안 등한시되어온 심리적 요인들을 집중 연구하고자 했다. 그들은 "잠재적으로 파시스트적인 기질을 가진 개인들"에게는 내적으로 깊이 뿌리박혀 있는 특정한 성격이 있으며 이 성격들이 그들로 하여금 반反민주주의적 선전에 특히 쉽게 물들게 한다는 가설에서 출발했다.[9] 연구 과정에서 그들은 이른바 F-척도[피검사자의 비전형적 응답 정도의 척도] 테스트를 통해 "권위주의적 성격"의 결정적인 특징 목록을 작성했다. 전래된 가치에 대한 집착, 권위에 대한 복종, 이질적 집단 구성원에 대한 공격적 행동, 자기 반성이나 성찰 또는 독창성에 대한 거부, 미신 신봉과 도식적 사고 성향, 끊임없이 힘과 '강함'을 추구하는 경향, 파괴주의와 냉소주의, 투사投射성("독단적 성격은 세상사가 거칠고 위험하게 진행된다고 믿는 경향이 있기 때문에 무의식적으로 감정적 충동을 외부에 발산한다"), 성性에 대한 과도한 관심 등이다. 이 연구자들은 반민주주의적인 개인들의 의식 밑바탕에는 강한 공격적 충동이 존재한다는 사실에 주목했다. 그리고 파시스트 운동은 그들에게 이러한 공격적 충동을 공인된 폭력 형태로 발산할 기회를 준다는 결론에 도달했다.[10] 공인된 공격 대상은 이데올로기적 배경에서 표적으로 만들어진 이질적 집단이었다. 그런데 지그문트 바우만Zygmund Baumann은 이 접근법을 다음과 같이 냉소적으로 요약했다. "나치당원들이 잔인했기 때문에 나치즘은 잔인했다. 그런데 잔인한 인간들이 나치당원이 되는 경향이 있었기 때문에 나치당원들은 잔인했다."[11] 바우만은 사회적 요인이 갖는 영향력을 등한시하는 아도르노와 그의 동료들의 방법론, 그리고 결과적으로 평범한 사람들은 파시스트적인 만행을 범하지 않았다는 그들의 함축적 결론에 대해 몹시 비판적이다.

심리학적 해석을 지지하는 후속 연구자들은 아도르노의 접근법을 수정하여 심리적 요소들과 정황적(사회적·문화적·제도적) 요소들을 좀 더 분명하게 혼합했다. 그중 한 사람인 존 슈타이너John Steiner는 자발적으로 친위대에 지원했던 남성 집단을 연구했다. 그 결과 슈타이너는 친위대 지원 과정에서 "사실상 잔혹한 임무를 감당할 만한 인물만 지원하는 일종의 자기 선발이 있었던 것으로 밝혀졌다"라고 결론지었다.[12] 여기서 그는 "수면자sleeper"라는 개념을 제안했다. 이는 평상시에는 잠재된 상태에 머물러 있지만 특정 조건이 갖춰지면 작동되는 "폭력적 성향을 내재한 특징적 개성"을 의미한다. 슈타이너에 따르면 1차 세계대전 이후 독일은 혼돈 상황에 빠져 있었다. F-척도에서 높은 수치를 보이는 사람들이 이 상황 속에서 폭력의 하부문화였던 나치즘에 평균 이상으로 매료되었다. 그들은 특히 자신들의 "폭력적 잠재성"을 충분히 분출하도록 부추기고 뒷받침한 친위대에 이끌렸다. 그런데 그들은 2차 세계대전 후 안정을 되찾은 체제 아래서는 법을 충실히 준수하는 지극히 정상적인 시민이 되었다. 따라서 슈타이너는 "친위대식 폭력 행위를 촉발했던 가장 직접적인 결정인자는 '수면자'를 일깨워준 상황situation이었다"라고 결론짓는다.

어빈 스터브Ervin Staub는 "어떤 사람들은 자신이 가진 성격 때문에 범죄자가 된다. 그들은 '스스로 선택된다self-selected'"는 주장을 받아들인다. 그러나 그는 한 걸음 더 나아가 슈타이너의 "수면자" 현상은 매우 일반적인 특징이며 사실 대부분의 사람들은 특정한 상황에 처하면 누구나 극한적 폭력을 행사하고 인명을 살상할 능력을 잠재적으로 보유하고 있다고 결론짓는다.[13] 스터브의 생각에 인간에게는 평범한 심리적 과정, 즉 누구에게나 공통적으로 존재하는 정상적이고 인간적인 동기가 존재한다. 동시에 모든 사람의 생각과 감정 속에는 어떤 근본적이지만 결코 불가피하지 않은 경향들이 잠재해 있다. 스터브는 바로 이것들이 인간의 목숨을 집단적으로 학살하도록 만드는 인간 능력의 "1차적 원천"이라고 단호하게 강조한다. "악은 평범한 생각으로부터 자라나고 평범한 사람들에 의해 행해진다. 이것은 일반적 현상이지 예외가 아니다."[14]

이처럼 스터브가 슈타인이 묘사한 "수면자"를 모든 인간에게 내재된 일반적인 성향이라고 주장하는 반면, 지그문트 바우만은 "형이상학적인 익살" 정도로 폄하한다. 바우만에게 "잔혹성은 개인적이고 성격적인 것이 아니라, 훨씬 더 근본적인 뿌리를 볼 때 사회적이다".[15] 대부분의 인간은 사회가 그들에게 제공하는 역할로 "미끄러져 들어간다slip"는 것이 그의 입장이다. 그렇기 때문에 그는 인간적인 잔혹성이 "성격 결함"에 따른 것이라는 어떠한 견해에도 매우 비판적이다. 그의 눈에는 권위에 저항하고 자신의 도덕적 자율성을 주장할 능력을 가진 인간들, 그렇지만 상황에 의해 시험대에 서기 전에는 이러한 숨겨진 능력을 거의 의식하지 못하는 드문 인간들이 오히려 예외—진정한 "수면자"—이다.

바우만 외에도 개인의 심리적 특성보다는 환경적 요소가 상대적으로나 절대적으로 더 중요하다는 견해를 표명하는 학자들이 있다. 이들은 언제나 필립 짐바르도Philip Zimbardo가 미국 스탠퍼드 감옥에서 수행했던 실험 결과에 주목한다.[16] 그 실험에서 짐바르도는 일련의 심리 테스트를 실시했다. 그중에는 "기존 가치에 대한 강한 집착과 권위에 대한 무비판적 태도"("권위주의적 성격"을 보여주는 F-척도에 해당되는)를 측정하는 테스트가 포함되어 있었다. 그는 테스트 결과가 평균 이상의 수치에 도달한 사람들은 모두 제외하고, 나머지 동질적인 "보통" 집단을 실험 대상으로 선택했다. 그리고 이들을 무작위로 교도관과 죄수 두 집단으로 나눈 다음, 인위적으로 꾸며진 감옥에 들어가게 했다. 보통 사람 몇 명에게는 교도관의 역할, 또 다른 보통 사람 몇 명에게는 죄수의 역할이 부여된 것이다. 그러자 얼마 후 흥미로운 현상이 나타났다. 감옥 내부에서는 당연히 모든 신체적 폭력이 금지되어 있었지만 교도관과 죄수로 나뉜 감옥의 사회적 역할 구조는 불과 6일 만에 잔혹하고 비열한 행동들, 인간성 파괴 현상을 매우 빈번하게 일으켰다. 물론 3인 1조의 교대근무 교도관들은 수적으로 압도적인 죄수들을 효과적으로 통제하기 위해 나름대로 기술을 개발해야 했다. 그러나 결코 "'사디스트 유형'이 아닌 평범한 사람들〔교도관 역할을 맡은〕이 얼마나 쉽게 사디스트적인 행동으로 이끌려가는지 지켜보는 것은 몹시 극적이고 전율을 일으키는 경험"이었다. 이러한 관찰 결과로부터 짐바르도는 "전쟁과 같은 극한 상황이 아니라 단순한 감옥 환경만으로도 평범한 인간들을 비정상적이고 반사회적으로 행동하도록 자극하는 데 충분하다"는 테제를 이끌어냈다.

101예비경찰대대에 관한 나의 연구를 위해 가장 중요한 의미를 지니는 것은 짐바르도가 "교도관" 11명에 대한 표본 연구에서 발견해낸 행동 스펙트럼이다. 먼저 약 3분의 1 정도의 교도관들은 "거칠고 잔인한" 모습을 드러냈다. 그들은 끊임없이 새로운 형태의 짓궂은 계략을 고안했으며 자신들에게 무자비하게 마음대로 행동할 수 있는 권력이 있다는 사실을 새삼 발견해가며 이를 즐겼다. 그다음 중간 집단 교도관들은 "거칠지만 공평"하게 행동했다. 그들은 "규정에 따라 행동했지만" 죄수들을 학대하지 않은 것은 아니었다. 마지막으로 피험자 가운데 단 두 명(즉 20퍼센트도 안 되는)만이 죄수들에게 벌을 가하지 않았을 뿐 아니라 심지어 그들에게 작은 호의를 베풀기까지 한 "선한 교도관"으로 입증되었다.[17]

짐바르도가 실험 속의 교도관들에게서 확인한 행동 스펙트럼은 염려스럽게도 101예비경찰대대에서 발견된 여러 행동집단과 기분 나쁜 유사성을 지니고 있다. (1) 사살조와 "유대인 사냥"에 자원했으며 학살에서 점점 더 쾌감을 느꼈던 핵심 집단, (2) 명령에 따라 사살과 게토 소개에 참가했지만 학살할 기회를 적극적으로 찾지는 않았던 좀 더 커다란 집단—이들 가운데는 감시받지 않을 때는 규정을 어기면서 희생자들을 살려주기까지 했던 경우도 있다—, (3) 사살 명령을 거부하고 회피했던 채 20퍼센트도 안 되는 소수 집단 말이다.

타고난 심리적 기질에 근거한 '자기 선발' 테제의 적합성을 평가하는 데 있어서 짐바르도의 교도관들과 101예비경찰대대 대원들이 보여주는 현저한 유사성 외에도 한 가지 요소가 참작되어야 한다. 예비경찰대대는 전쟁 발발 후 단순하게 소집되었던 예비역 소위와 대원들로 구성되었다. 하사관들은 경찰에서(이 경우 정치경찰이나 게슈타포가 아닌 함부르크 시경) 경력을 쌓기 위해 또는 정규 군대로의 징집을 피하기 위해 전쟁 발발 이전에 치안경찰에 입대했다. 따라서 이러한 상황 아래에서는 아마 치안경찰 소속 예비경찰대대가 기질적으로 폭력 성향을 가진 대원들을 특히 집중적으로 유인할 수 있었을 어떤 자기 선발 메커니즘이 감지되기 어렵다. 나치 독일이 폭력적 행위를 하면 면죄부뿐 아니라 포상까지 해주는 그런 출세 기회를 비정상적으로 많이 제공했다면 거기에는 많은 지원자가 있었을지도 모른다. 그런데 이미 폭력적 성향을 지닌 개인들을 친위대로 특별 선발하고 남은, 나머지 평범한 주민들 가운데에서 무작위로 선발된 것이라면 사정은 다르다. 이 과정에서는 오히려 평균 이하의 "권위주의적 성격"을 가진 대원들을 선발할 수밖에 없었을 것이다. 이러한 여러 사실을 종합해볼 때 폭력성과 같은 개인 성격적 특성을 토대로 한 '자기 선발' 테제는 101예비경찰대대 대원들의 학살 행태를 설명하는 데에는 아무래도 역부족이다.

아주 평범한 사람들

만일 '특별 선발' 과정이 거의 없었으며 일종의 '자기 선발'도 별다른 역할을 하지 않았다면 이기심과 출세지향주의는 어떤 역할을 했을까? 사살조에 속했다고 고백한 대원들은 자신들의 행위가 승진이나 출세에 대한 생각에서 비롯되었다고 정당화하지 않았다. 그러나 이와 대조적으로 사살에 참여하지 않았던 경찰대원 일부는 출세지향주의 이슈에 대해 분명하게 증언했다. 예를 들어 부흐만 소위와 구스타프 미하엘손 소위는 자신들이 보인 특별한 행동에 대해 이렇게 설명했다. 그들은 다른 대원들과 달리 제대 후 복귀할 좋은 직업을 갖고 있었기 때문에 자신들의 행동이 경찰에서의 훗날 경력에 어떤 부정적인 영향을 줄지 고민할 필요가 없었다는 것이다.[18] 그렇지만 부흐만은 당시 다른 대원들과 달랐던 자신의 행동이 검찰에 의해 피고들의 범죄 입증 자료, 즉 그들은 출세를 위해서 살인했다는 것을 입증하는 자료로 제출되는 것에 대해 반대했다. 부흐만은 출세라는 요소에 대한 자신의 견해가 학살에 가담했던 동료 대원들에 대한 도덕적 평가와 별 상관이 없다고 애써 강조했다. 반면 미하엘손의 증언은 이런 식의 신중한 고려를 보이지는 않았다.

　출세지향주의나 이기심의 영향에 대해 논의할 때는 경찰로서의 직업 경력에 대한 고민으로부터 자유로웠던 대원들의 증언뿐 아니라 이들과 명백히 다른 상황이었던 대원들의 행동도 고려해야 한다. 호프만 대위는 출세지향주의에 따라 움직였던 대원의 전형적인 사례이다. 그는 적어도 부분적으로는 대대가 수행했던 학살 작전의 정신적 후유증이었던 위경련으로 고통을 겪었다. 그러면서도 이 병을 학살 작전에 참가하지 않아도 될 구실로 이용하지 않고 오히려 자신의 병이 상관들에게 알려지지 않을까 전전긍긍했다. 그는 아픈 몸으로 도 자신의 중대 지휘권을 놓치지 않으려고 무모하게 애쓰는 과정에 서 부하들로부터 비겁하다는 소리를 듣는 것도 마다하지 않았다. 결 국 중대장직에서 면직당했을 때도 그는 그것이 자신의 경력에 장애 가 되는 방향으로 확대되지 않도록 분투했다. 전쟁이 끝난 후 예비경 찰대대 대원 가운데 많은 수가 계속 경찰직에 남았다는 사실을 고려 할 때 직업 경력에 대한 고려는 호프만 대위뿐 아니라 다른 많은 대 원들에게도 중요했음이 틀림없다.

학살자들이 스스로의 행동을 정당화하는 데 사용했던 가장 전형 적인 명분은 자신들은 단지 명령을 집행했을 뿐이라는 것이었다. 물 론 정권에 대한 어떠한 공개적인 반대도 허용하지 않았던 나치 독재 의 권위주의적 정치문화는 군대식 복종이 절대 불가피한 상황을 만 들었다. 그리고 군대 규율을 철저하게 준수하도록 무자비하게 강요 하는 동시에 개인에게는 어떤 선택의 여지도 허용하지 않는 강압적 상황을 조성했다. 게다가 명령은 말 그대로 명령이어서, 그렇지 않아 도 강압적인 정치 분위기에서 명령 불복종은 어느 누구에게서도 감 히 기대할 수 없었다. 명령 불복종은 즉결 처형이 아니라면 여지없이 집단수용소행을 의미했으며 그들의 가족도 마찬가지 운명을 겪게 될 수 있었다. 대원들은 자신들이 견디기 어려운 '강제 상황'에 처해 있 다는 것을 잘 인지하고 있었으며 따라서 자신들의 행위에 대해 책임 의식을 가질 수 없었다. 전후戰後에 열린 어느 재판에서나 피고들은 대략 이러한 내용들을 거듭 주장했다.

그러나 이러한 주장에는 전반적으로 문제가 있다. 왜냐하면 지난

아주 평범한 사람들

45년 동안 수백 건의 재판에서 어떤 피고나 변호인도 비무장 민간인에 대한 살인 명령에 불복하여 불가피하게 엄중 처벌을 받았다는 증거를 제시하지 않았기 때문이다.[19] 그리고 만약 이러한 불복종 때문에 간혹 경미한 처벌이나 견책이 있었다 해도 그것은 그들이 자행해야 했던 범죄의 심각성과는 결코 비교될 수 있는 성격이 아니었다.

명령 불복종이 불가능했다는 테제의 또 다른 형태는 '상상된 강요'이다. 명령 불복종의 결과가 실제로 그렇게 끔찍한 것이 아니었다 하더라도, 대원들은 명령이 내려진 순간 불복종을 하면 어떤 처벌을 받을지 알 수 없었을 것이라는 주장이다. 그들은 자신들이 학살 명령을 접했을 때 선택의 여지가 없다고 심각하게 생각했다. 분명 많은 부대에서 열성적인 지휘관들은 대원들을 험악하게 위협하며 학살에 가담하도록 압박했다. 우리가 살펴보았듯이 101예비경찰대대의 경우 드루커 소위나 헤르게르트 병장 같은 부대장들은 비록 나중에는 견디지 못하는 대원들을 임무에서 면제해주었을지라도 처음에는 전 대원이 사살에 동참하도록 압박했다. 호프너 소위나 오스트만 병장 같은 부대장들은 사살 기피자로 알려진 대원들을 불러내 압력을 가했으며 그 결과 그들을 사살조에 가담시키는 데 성공한 경우도 가끔 있었다.

그러나 '상상된 강요' 테제조차도 101예비경찰대대에 전반적으로 적용하기는 어렵다. 왜냐하면 유제푸프에서 트라프가 울음 섞인 목소리로 대원들에게 '임무를 견딜 자신이 없으면 사살 임무 면제를 요청해도 좋다'고 제안했던 때부터, 그리고 첫 번째로 이 제안을 받아들였던 대원에 대해 호프만 대위가 격노했지만 트라프 소령이 보호해주었던 때부터 대원들에게 '상상된 강요'란 존재하지 않았다. 그리고 트라프의 다음 행동들, 즉 부흐만 소위가 유대인 작전에 참가하지 않도록 면제해주었을 뿐 아니라 작전에 대해 노골적으로 반대 의사를 표현했던 대원들을 공개적으로 보호해주었던 행동들은 사안을 한층 더 분명하게 해준다. 사실상 일종의 관행적인 '기본 원칙'이 대대 안에 형성된 것이다. 소규모 사살 작전의 경우 자원병을 모집했거나, 기꺼이 살인에 가담할 준비가 되어 있던 것으로 알려진 대원들 또는 사살조가 편성되는 동안 뒷전에 물러서 있으려고 노력하지 않은 자들 가운데에서 사살조가 선발되었다. 대규모 작전의 경우 살인을 원치 않는 자들은 억지로 사살하도록 강요받지 않았다. 심지어 회피자들은 그들을 개별적으로 압박하여 사살조에 넣으려는 장교들의 노력에 맞설 수도 있었다. 그들은 트라프가 그 장교들을 두둔하지 않을 것이라는 사실을 아주 잘 알고 있었기 때문이다.

물론 마을을 봉쇄하고 희생자들을 집과 일터에서 끌어내 광장에 집결시키는 작전에는 전 대원이 참가해야 했기 때문에 부흐만 같은 대표적인 노골적 비판자들도 예외가 될 수 없었다. 그러나 이러한 상황에서조차도 개인들은 사살에 대해 아직 스스로 결정할 수 있었다. 취조받은 사람들의 증언 기록에는 많은 경찰대원들이 게토 소개 작업 동안, 명백한 명령을 어기면서까지 어린이뿐 아니라 숨거나 도망치려는 성인에게도 총을 쏘지 않았다는 보고가 무수하다. 사격조 참가에 동의했던 대원들조차 게토를 소개하는 동안의 무질서하고 혼란스러운 때나, 순찰할 때와 같이 장교들이 그들의 행동을 가까이에서 감시할 수 없을 때는 사살하지 않았다고 주장했다.

만일 학살 명령에 대한 복종이 엄중한 처벌에 대한 두려움 때문

아주 평범한 사람들

이었다는 주장이 이처럼 실제 사실과 맞지 않는다면, 스탠리 밀그램Stanley Milgram이 훨씬 넓은 의미에서 사용했던 "권위에 대한 복종" 개념은 어떨까? 여기에서 "권위에 대한 복종"은 사회화나 사회 진화 과정에서 생겨난 복종심, 좀 더 구체적으로는 심지어 "보편적으로 통용되는" 도덕 규범과 충돌하면서까지 상관의 지시에 따르는 "깊이 뿌리박힌 행동 양태"를 의미한다.[20] 밀그램은 이제는 널리 유명해진 일련의 실험을 통해 개인이 얼마나 권위에 저항할 수 있는지를 테스트했다. 여기에서 밀그램이 전제한 권위는 그것을 거부할 경우 외적인 강제 조치의 압력이 뒤따르지는 않는 권위였다. "학문적 권위가 있는 사람"은 그가 계획한 학습능력에 관한 실험에서 자원 피험자에게 교사 역할을 맡긴다. 그리고 학생이 오답을 낼 경우 그에게 점차 높은 강도의 전기 충격을 가하도록 지시한다. 여기에서 학생 역할을 맡은 희생자(이 역할은 배우가 맡았다)는 신중하게 계획된 각본에 따라, 자신에게 가해오는 전기 충격(사실은 전선이 차단되어 있어서 실제 충격은 없지만 피험자는 이 사실을 모른다)에 대해 점차 높아지는 "음성 반응voice feedback"을 보인다. 처음에는 작은 불평을 하다가 점차 고통을 호소하며 살려달라는 비명을 높여간다. 그리고 마지막에는 불길한 침묵으로 반응한다. 그런데 표준 음성반응 실험에서 밀그램의 피험자 가운데 3분의 2는 극단적인 고통을 가하는 지점에까지 지시에 "복종"했다.[21]

밀그램이 실험 방식을 다양하게 변형하자 의미심장하게 상이한 결과들이 나왔다. 우선, 희생자(배우)와 피험자가 있는 공간이 서로 차단되어 있어서 피험자가 그들의 표정이나 비명을 보지도 듣지도 못하는 경우에는 권위에 대한 복종 자세가 훨씬 강했다. 반면에 피험자가 표정이나 음성을 통해 희생자의 반응, 즉 고통을 느낄 수 있을 경우에는 극단적인 수준에까지 복종심을 보인 피험자의 비중이 40퍼센트로 현격하게 떨어졌다. 피험자들이 희생자의 손을 끌어당겨 강제로 전기판에 대도록 하기 위해 육체적으로 접촉해야 했을 때는 지시에 대한 복종도가 30퍼센트로 떨어졌다. 또한 학문적 권위가 없는 사람이 지시를 했을 때는 그에 대한 복종도가 제로였다. 반면 피험자가 자신이 직접 전기 충격을 가하는 것이 아니라 다른 주변적이거나 보조적인 과제를 맡았을 경우에는 복종도가 거의 절대적이었다. 이와 대조적으로 피험자가—신중하게 연출된 계획에 따라—권위자의 계속된 지시를 거부하는 구성원으로 이루어진 '집단'에 소속되어 있었을 때 그들 중 압도적인 다수(90퍼센트)는 집단의 행동에 가담하여 계속된 명령 수행을 거부했다. 피험자가 전기 충격의 강도를 마음대로 결정하도록 전적인 결정권을 부여받았을 때에는, 몇 안 되는 사디스트를 제외한 모든 피험자는 일관되게 아주 낮은 충격만을 가했다. 많은 피험자들은 비록 권위자에게 면전에서 직접적으로 저항하고 실험을 거부하지는 않았지만 지시사항을 자의적으로 피해가는 방법을 모색했다. 즉 그들이 권위자의 직접 감시 아래 있지 않을 때에는 지시된 것보다 낮은 충격을 가함으로써 권위자를 "속였다".[22]

밀그램은 강압적이지 않은 권위자들에게 예상 밖의 높은 복종심, 잠재적으로는 살인까지도 불사할 섬뜩한 복종심을 보인 피험자들의 행동을 설명하기 위해 몇 가지 요인을 제시했다. 그에 따르면 사회가 진화해가는 경향은 사회의 위계질서나 조직된 사회 활동에 잘 적

아주 평범한 사람들

응하는 사람들이 생존 경쟁에서 유리하다는 사실을 잘 보여준다. 이러한 적응 또는 복종 경향은 가정, 학교, 군대에서의 사회화를 통해서뿐 아니라 사회 내의 전반적인 상벌 제도를 통해 강화되고 내면화된다. 또한 정당하다고 "인지된perceived" 권위 체제 안에 어떤 개인이 자발적으로 들어갈 때는 그 체제에 대한 강한 의무감이 생겨난다. 그리고 사회적 위계질서 안에 있는 사람들은 권위자의 관점이나 상황이 요구하는 것을 그대로 받아들인다. 이는 밀그램 실험의 경우 피험자들이 자신들의 과제를 육체적 고문이 아니라 중요한 학술적 실험이라고 규정한 것에서도 잘 엿보인다. 이러한 인식 과정에서 권위자의 요구에 충분히 따를 것을 바라는 "충성심, 의무감, 규율 정신"은 희생자의 입장에 서는 것을 결코 허용하지 않는 확고한 도덕규범이된다. 그 결과 평범한 개인들은 단지 타인의 의지를 실현하는 도구인 "집행관 지위agentic state"로 전락한다. 이러한 상황에서 그들은 더이상 자신들의 행위 자체가 올바른 것이었는지에 대해서는 책임을 지지 않는다. 단지 그들에게 지시된 행위를 얼마나 잘 이행했는지에 대해서만 개인적으로 책임을 느끼는 것이다.[23]

일단 이런 과정에 빠져들게 되면 사람들은 불복종과 거부를 더욱 어렵게 만드는 일련의 "구속 요소들" 또는 "강화 메커니즘cementing mechanism"에 빠지게 된다. 이 메커니즘의 자체 동력은 명령과 관계없는 어떠한 새로운 행동이나, 명령에 반대되는 어떠한 주도적 행동도 단념하게 만든다. "상황적 의무" 또는 관례는 명령에 대한 거부 행위를 부적절하고 무례한 것으로, 또는 심지어 의무에 대한 부도덕한 위반으로까지 보이게 하는 것이다. 더욱이 불복종 행위에 대해서는 반

드시 잠재적인 처벌이 있을 것이라는 사회화된 두려움이 추가적인 방해 요인으로 작용한다.[24]

밀그램은 그의 실험 속에 나타난 인간 행태와 나치 치하의 인간 행태 사이의 유사성에 대해 직접 언급했다. 그가 내린 결론은 명백하다. "사람들은 '별 어려움 없이' 다른 사람을 살해하도록 유도될 수 있다."[25] 물론 밀그램은 두 상황 사이의 몇 가지 중대한 차이점을 잘 인식하고 있었다. 첫째, 밀그램은 자신의 실험에 참가한 피험자들은 그들의 행동이 희생자에게 어떤 영구적인 육체적 손상을 초래하지 않을 것을 확신하고 있었다고 아주 분명하게 인정했다. 둘째, 피험자들은 어떤 위협이나 강요 아래 있지 않았다. 마지막으로 희생자들(배우)은 세뇌받은 피험자들에게 "극도로 평가 절하된" 대상도 아니었다. 이와 대조적으로 제3제국의 학살자들은 불복종이 심각한 결과를 수반할 수 있었던 경찰 국가에서 살았다. 그리고 그들은 철저한 세뇌를 받았을 뿐 아니라, 자신들이 희생자들에게 고통만 가하는 것이 아니라 인간의 생명을 파괴하고 있다는 점을 잘 알고 있었다.[26]

유제푸프 집단학살은 사회심리 실험실에서 순진한 피험자와 희생자(배우)에 의해 진행된 밀그램 실험과는 다른 것이었을까? 아니면 폴란드의 어느 숲에서 학살자와 희생자에 의해 실제로 집행된 일종의 극단적 밀그램 실험이었을까? 101예비경찰대대의 행동이 과연 밀그램의 관찰과 결론으로 설명될 수 있을까? 권위에 대한 복종 사례로서 유제푸프 학살을 설명하는 데에는 여러 가지 어려움이 있다. 왜냐하면 밀그램의 실험 조건들 중 어느 것도 유제푸프 학살의 역사적 상황들과 엄밀하게 일치하지는 않기 때문이다. 그리고 이와 관련된 여러 차이점은 매우 다양한 변수를 만들어내기 때문에 어떠한 과학적 의미에서의 탄탄한 결론도 도출해낼 수 없다. 그럼에도 불구하고 밀그램이 얻어낸 많은 통찰 결과는 101예비경찰대대 대원들의 행동과 증언에서 생생하게 입증된다.

유제푸프에서 대원들이 반응하고 있던 권위 시스템은 실험실 상황과 달리 매우 복잡했다. 트라프 소령은 강한 권위가 아니라 매우 약한 권위상을 보여주었다. 그는 울음 섞인 목소리로 곧 수행해야 할 임무의 소름 끼치는 성격을 시인하고 나이 든 경찰대원들에게 임무 면제를 제안했다. 그러나 트라프가 현장에서 한 명의 심약한 직속상관이었을지라도, 그는 멀리 있는 결코 약하지 않은 권위 시스템을 끌어들였다. 그는 집단학살 명령이 최고위층으로부터 왔다고 말했다. 트라프가 자신의 부하들에 대한 염려 때문에 임무 면제를 제안했다 하더라도 그 자신과 경찰대대 전체는 멀리 있는 최고 권위로부터 온 명령에 종속되어 있었다.

트라프의 대원 절대 다수가 학살 명령에 복종했을 때 그들은 과연 무엇에 반응한 것일까? 트라프 또는 그의 상관에 의해 상징되던 권위에 반응한 것일까? 아니면 우선적으로 '권위자' 트라프가 아니라 부하들을 곤경에 처하도록 내버려둘 수 없었던, 인기 있고 존경받는 장교 개인에게 반응한 것일까? 그 밖에 또 어떤 다른 동기들이 그들로 하여금 학살 명령에 따르게 했을까? 밀그램은 학살자들이 자신의 행동을 설명하기 위해 상황에 대한 동조보다 권위에 대한 복종을 더 자주 언급한다는 사실에 주목했다. 아마도 그들에게는 후자만이 개인적 책임을 면해주는 것처럼 보였기 때문이었을 것이다. "행동 주체들은 자신의 행동에 대한 설명으로 동조를 부정하며 복종을 선호한다."[27] 그러나 많은 경찰대원들은 여러 증언에서 자신들이 권위가 아니라—동료 대원들의 눈에 어떻게 보일까 하는—동조의 압력에 따라 행동했다고 인정했다. 밀그램의 견해에 따르면 이러한 고백은 아마 빙산의 일각이었으며 실제 동조의 압력이라는 요소는 사람들이 그들의 증언에서 인정했던 것보다 훨씬 중요했음이 틀림없다. 만약 그렇다면 유제푸프에서는 밀그램 실험 결과와 달리 동조가 권위보다 훨씬 핵심적인 역할을 수행한 것이다.

그래서 밀그램은 동료 집단의 압력peer pressure이 권위에 저항하는 개인의 능력을 어느 정도나 뒷받침해주는지를 밝혀내는 실험을 실시했다. 만일 실험 협조자 역할을 하는 배우들이 권위자에 저항하는 행동을 보이면 내막을 모르는 피험자는 그들에게 쉽게 가담했다. 또 밀그램은 정반대의 경우, 즉 고통을 가하는 능력이 동료 집단의 압력에 의해 어느 정도 강화되는지에 대해서도 실험했다.[28] 학자(권위자)는 피험자 세 명—실은 진짜 피험자는 한 명이고 다른 둘은 실험 협조자—에게 처벌이 필요할 경우 그들에게 제공된 것 가운데 가장 낮은 수준으로 고통을 가하도록 지시했다. 피험자가 전기 충격의 수준을 홀로 결정하도록 결정권을 부여받았을 때 그는 거의 예외 없이 최소한의 고통을 가했다. 그러나 두 실험 협조자들(배우)이 항상 앞서서 단계적으로 전기 충격의 강도를 높이도록 제안했을 때, 피험자는 이로부터 심각한 영향을 받았다. 결국 선택된 전기 충격의 강도에서 개별적 차이는 컸지만 평균적인 결과는 '강도를 높이지 않음'과 '지속적인 단계적 강화'의 중간 지점에 놓였다. 물론 이 실험을 통해 동료 집단의 압력이 약한 권위의 결함을 어느 정도 보상하는지 충분히 밝혀지지는 않았다. 실험실에서는 피험자들이 동료 관계로 연결되어 있지 않았으며, 남자답고 강하게 행동해야 한다고 강요하는 어떤 사람들이 계속 고통스런 전기 충격을 가하고 있는 동안, 마음이 아파 눈물을 글썽이며 전기 충격 실험대를 떠나라고 제안하는 인간적인 과학자가 없었다. 실험실 상황에는 적지에서 작전을 펼치는 부대, 명령을 공동으로 수행하는 동료 대원들, 마음 약한 상관 트라프 같은 요소들이 전혀 존재하지 않았다는 말이다. 사실, 이런 시나리오를 테스트하는 실험은 거의 불가능할 것이다. 이를 위해서는 피험자와 실험 협조자 사이에 끈끈한 동료 관계가 있어야 하기 때문이다. 그럼에도 불구하고 밀그램 실험은 권위와 동조가 서로 상승효과를 일으킨다는 사실을 분명하게 밝혀준 것으로 보인다.

유제푸프에서 나타난 권위의 다층적인 본성 그리고 동료 집단에 대한 동조가 경찰대원들에게 미친 영향이 밀그램의 실험 결과들과 정확히 일치하지는 않는다. 그럼에도 불구하고 그것들은 밀그램이 내린 결론을 상당 부분 뒷받침해주며 그의 관찰 결과 중 어떤 것들은 매우 분명하게 입증해준다. 참혹한 학살 공포와의 직접적 대면은 더 이상 학살에 가담하지 않으려는 대원들의 수를 주목할 만큼 크게 증가시켰다. 반면 유대인 학살과 강제이송 및 경비에서 작업 분담이 이루어지고 학살 행위가 죽음의 수용소로 넘겨지자, 대원들은 자신들의 행동이 유대인 학살에서 여전히 일정 부분 기여하고 있음에도 불구하고 이에 대해 일말의 책임 의식도 느끼지 않았다. 또한 직접적인 감시 없이 수행된 밀그램의 실험에서처럼 많은 경찰대원들은 직접 감시받지 않을 때에는 명령에 그대로 따르지 않았다. 그들은 개인적 위험 부담 없이 행동할 수 있을 경우에는 온건하게 행동했지만 대대가 학살 작전에 참가할 때는 이를 공개적으로 거부할 수 없었다.

밀그램 실험에서 다루어지긴 했지만 분명하게 핵심 역할을 차지하지 않았던 세뇌indoctrination와 동조, 이 두 가지 요소에 대해서는 아직 좀 더 연구가 필요하다. 밀그램은 권위에 대한 복종이 생기게 하는 결정적 선행 조건으로서, 사회 현상에 의미와 일관성을 부여하는 "상황의 정의definition of the situation" 또는 "이념"을 상정했다. 밀그램은 인간의 세계관을 통제하는 것이 인간의 행동을 통제하는 한 방법이라고 주장한다. 만약 그들이 일단 권위자의 이념을 받아들이면 논리적으로뿐만 아니라 구체적으로도 기꺼이 그에 부합하는 행동을 한다는 것이다. 따라서 "이념적 정당화는 자발적 복종을 이끌어내기 위해 매우 중요하다. 왜냐하면 그것은 사람들로 하여금 자신들의 행동이 바람직한 목적에 기여하고 있다고 생각하게 만들기 때문이다".29

밀그램의 실험에서는 학문 자체가 좋은 것이며 진보에 기여한다는 포괄적인 "이데올로기적 정당화"가 피험자들에게 작용했다. 이것은 암묵적인 믿음, 누구도 이에 대해 충분히 의문을 제기하지 않는 믿음이었다. 실험에서는 학문에 대한 암묵적인 믿음 이외에 희생자를 "평가 절하"하거나 피험자에게 특정 이데올로기를 심어주는 체계적인 시도를 하지 않았는데도 피험자는 권위에 복종했다. 따라서 밀그램은 나치 독일에서 사람들이 직접적인 감시를 받지 않을 때조차도 그토록 잔인하게 행동한 것은 궁극적으로 권위가 내면화된 결과라고 가정했다. "이러한 권위의 내면화는 한 시간짜리 실험으로는 불가능하며 비교적 장기간에 걸친 교화 과정을 통해서만 달성될 수 있다."[30]

그렇다면 101예비경찰대대 대원의 행동은 어느 정도나 나치 교리가 의식적으로 주입된 결과였을까? 대원들은 교묘하고 음흉한 선전 공세로 인해 독립적으로 생각하며 책임 있게 행동할 능력을 점차 상실했던 것일까? 유대인에 대한 멸시와 학살 촉구가 나치의 이념교육 작업에서 핵심이었을까? 강력한 이념 주입과 심리 조작을 표현하기 위해 널리 사용되는 용어는 한국전쟁 동안 미군 포로들의 경험에서 등장한 "세뇌brainwashing"이다. 101예비경찰대대의 학살자들은 포괄적인 의미에서 "세뇌"되었던 것일까?

힘러가 친위대와 경찰대원들을 이념적으로 세뇌indoctrination하려고 애썼다는 데 대해서는 의심할 여지가 없다. 그들은 유능한 군인이나 경찰대원이어야 했을 뿐 아니라 이념적으로 철저히 무장된 전사戰士인 동시에 제3제국을 위협하는 정치적·인종적 적들에 맞서 싸우는 십자군이 되어야 했다.[31] 세뇌 작업은 친위대 엘리트 조직뿐 아니라 치안경찰에게도 시도되었다. 친위대 대원이 되려면 가문의 5대에 걸쳐 유대인의 피가 섞이지 않았다는 사실을 증명해야 했다. 그런데 예비경찰대대의 복무 조건은 이와 전혀 달랐다. 1942년 10월까지는 심지어 "1급 혼혈인"(조부모가 모두 유대인인 경우)인 자 혹은 그런 사람의 배우자조차 예비경찰대대에 복무하는 데 별 지장이 없었다. 이 기준은 이후 1943년 4월까지 "2급 혼혈인"(조부모 가운데 한 명이 유대인인 경우)인 자 혹은 그런 사람의 배우자로 바뀌었다.[32] 이처럼 하급 예비경찰들은 힘러가 언급한 새로운 나치 인종귀족에 속하지 않았음에도 불구하고 이들에게까지도 세뇌 작업이 실시된 것이다.

치안경찰 본부가 제작한 1940년 1월 23일자 기초교육 지침서에는 "모든 치안경찰대 대원들은 신체적 건강, 무기 사용, 경찰 테크닉에서뿐 아니라 기질과 이념 측면에서도 강해져야 한다"라고 명시되었다.[33] 기초 훈련 과정에는 한 달간의 "이념교육" 과목이 포함되어 있었다. 그 과목에서 첫째 주의 한 주제는 "우리 세계관의 기초인 인종"이었으며 둘째 주의 주제는 "혈통의 순수성 유지"였다.[34] 경찰대대는 현역과 예비역 모두 기초교육뿐 아니라 장교들이 주관하는 지속적인 군사교육과 이념교육을 받아야 했다.[35] 장교들은 이념교육 한 시간과 이념교육 실습 한 시간을 포함하는 일주일 워크숍에 참가해야 했다.[36] 5부로 구성된 이 워크숍의 1941년 1월 학습계획에는 "우리 세계관의 기초인 인종 이해", "독일의 유대인 문제", "독일 혈통의 순수성 유지"와 같은 분과가 포함되어 있었다.[37]

이러한 지속적인 이념교육에는 나치즘의 세계관이 가장 근본적인 토대가 되어야 했으며 교육의 방향과 빈도에 관해서도 분명한 지침이 내려졌다. 대원들은 매일, 또는 적어도 이틀에 한 번 최근의 시사 현안에 대해서, 그리고 이들 현안을 이념적 관점에서 올바로 이해하도록 교육받아야 했다. 장교들은 매주 한 번씩 30~45분에 걸친 교육 시간을 마련해 짧은 강의를 하거나 추천 도서 또는 특별히 준비된 친위대 팸플릿에서 발췌한 내용을 대원들에게 읽어주어야 했다. 장교들은 충성, 동지 정신, 공격 정신처럼 나치즘의 교육 목표가 분명히 표현될 수 있는 주제를 선택해야 했다. 월례교육에서는 당시 가장 중요한 주제가 다루어져야 했으며 장교 혹은 친위대 및 나치당의 교

육 담당관을 강사로 초빙할 수 있었다.[38]

　101예비경찰대대의 장교들은 이념교육 지침을 철저하게 준수했다. 1942년 12월 호프만 대위, 볼라우프 대위, 그리데 소위는 "부대의 이념교육과 관리" 분야에서 공로를 인정받아 상관으로부터 각각 책 한 권씩을 상으로 받았다.[39] 그러나 이념교육에 관한 힘러의 의지가 누구도 의심할 수 없이 대단히 강했다는 사실은 일단 접어두고 예비경찰대대를 세뇌하기 위해 실제 사용한 교재를 자세히 들여다보면, 이 교재들을 활용한 교육이 과연 경찰대원들을 학살자로 만드는 데 기여했다고 볼 수 있을까 하는 강한 의문이 제기된다.

　예비경찰대대를 대상으로 한 두 종류의 세뇌 교육용 교재가 코블렌츠Koblenz 소재 독일 연방기록보존소에 보관되어 있다. 첫 번째 것은 1940~1944년 사이에 치안경찰 "이념교육" 담당부서에 의해 제작된 두 종류의 주간 회람 시리즈이다.[40] 이 교재에 실린 사설 몇 편은 요제프 괴벨스(선전부 장관), 알프레트 로젠베르크(히틀러의 러시아 점령구 장관), 발터 그로스(당 인종정책부장) 같은 나치 저명인사나 이념 선동가에 의해 집필되었다. 이 글들에 나타난 전반적인 인종주의적 시각은 물론 대중에게 호소력이 있었다. 그럼에도 불구하고 200호가 넘는 시리즈 전체에서 명시적으로 반유대주의와 유대인 문제에 할당된 지면은 비교적 많지 않았다. 두 시리즈는 대체로 별 특성 없는 내용을 다루었는데 그중에서도 "유대인과 범죄"라는 제목이 붙은 한 권은 특히 무겁고 지루한 느낌이 드는 내용이다. "유대인들은 무절제하고, 허영심이 많으며, 괴상한 문화를 가졌고, 현실을 부정하며, 영혼이라곤 없고, 어리석고, 악의적이며, 잔인한 특성을 갖고 있는데,

이 모든 것들은 완벽한 범죄자의 속성"이라는 것이 글의 결론이다.[41]
이런 종류의 글은 독자들을 졸리게 했을지언정 학살자로 변화시키지
는 않았을 것이 분명하다.

　유대인 문제에만 집중한 또 하나의 글은 1941년 12월호 뒤표지에
"이 전쟁의 목표: 유대인 없는 유럽"이란 제목으로 게재되었다. 이
글은 불길한 논조로 이렇게 언급했다. "유대인에 의해 교사된 새로
운 전쟁은 반유대적인 독일의 몰락이 아니라 정반대로 유대인의 종
말을 가져올 것이라는 총통의 말씀이 이제 현실이 되어가고 있다."
"유대인 문제의 최종해결, 즉 그들의 세력을 박탈할 뿐 아니라 유럽
사회에서 이 기생적인 인종을 실제로 제거해버릴 순간이 임박했다."
"2년 전에는 불가능해 보였던 것이 지금 단계적으로 현실이 되어가
고 있다. 전쟁이 끝나면 유대인 없는 유럽이 존재하게 될 것이다."[42]

　그런데 "유대인 없는 유럽"이라는 궁극적 목표와 관련된 히틀러의
예언을 상기시키며 그의 권위를 유도해내는 내용은 친위대 교재에만
있는 독특한 것은 아니었다. 똑같은 메시지는 오히려 당시 일반 독자
들에게 이미 널리 회자되고 있었다. 이 교재들의 목적이 예비경찰대
원들을 집단학살자로 만드는 "세뇌" 작업과 별로 관련이 없다는 사
실은 1942년 9월 20일 발간된 또 다른 글에서도 드러난다. 이 글은
앞서 언급한 두 시리즈 중에서 예비경찰대대를 다룬 유일한 글이다.
그런데 이 글도 대원들을 도덕적으로 무장시켜 극단적으로 비인간적
인 학살 행위를 수행하게 하고 그를 통해 "최종해결"이라는 대과업
에 기여할 수 있도록 하려는 의도와는 전혀 무관했다. 그리고 대원들
의 활동에 별 중요한 의미를 부여하지도 않았다. 오히려 이 글은 아

마 무엇보다 지루함 때문에 떨어진 경찰대원들의 사기를 북돋우려는 의도에서 작성된 듯하다. "나이 든 대원들"에게는 각자의 임무가 시시해 보인다 할지라도 총력전에서는 "누구나 중요하다"는 점을 확신시키려고 했다는 사실이 바로 그 증거이다.[43] 또한 이 글이 발간된 시점은 101예비경찰대대 "고참 대원들"이 이미 유제푸프와 워마지에서의 집단학살, 그리고 파르체프와 미엥지제치에서의 첫 소개 작업을 수행한 뒤였다. 그리고 그들은 루블린 구역의 북부 게토에서 집행될 6주에 걸친 최고조의 학살 작전 문턱에 있었다. 이런 상황을 고려할 때 대원 중 어느 누구도 이 글이 특별히 시의적절하다거나 그들의 침체된 사기를 북돋워준다고 생각했을 것 같지 않다.

"치안경찰의 이념교육을 위하여"라는 특별 팸플릿 시리즈(연 4~6회 발간)는 또 다른 유형의 세뇌 교재였다. 1941년의 한 팸플릿은 "게르만 민족의 혈연공동체"와 "대$_大$게르만 제국"이라는 주제를 다루었다.[44] 1942년에는 "독일, 유럽을 재조직하다"라는 제목의 팸플릿과 "친위대 대원과 혈통 문제"라는 제목의 "특집호"가 발간되었다.[45] 그리고 1943년에는 "인종정책"을 집중적으로 다룬 확대호가 나왔다.[46] 1942년 혈통 문제 특집호에서 다루기 시작했던 인종주의 노선이나 유대인 문제는 무엇보다 1943년 "인종정책" 호에서 본격적으로 철저하고 체계적으로 다루어졌다. 이 기사에 따르면 독일 "민족$_{Volk}$" 또는 독일 "혈연공동체$_{Blutsgemeinschaft}$"는 서로 연관된 여섯 유럽 인종의 혼합으로 구성되었다. 그리고 그 가운데 북유럽 게르만계$_{Nordic}$ 인종이 최대 다수(50~60퍼센트)를 구성한다. 혹독한 북부의 기후 덕분에 정신적으로나 신체적으로 나약한 요소들은 가차 없이 도태되었다. 그 결과 북부 게르만 인종은 독일의 문화적·군사적 업적에서 뚜렷하게 드러나듯 세계 어느 인종보다 강하고 우수하다. 본래 독일 민족은 앞서 언급한 자연 조건 때문에 운명적으로 끊임없는 생존 투쟁에 직면했다. 그런데 그 적자 생존의 법칙에 따르면 "모든 약하고 열등한 요소들은 파괴되고, 강하고 튼튼한 요소들만 널리 퍼지게 된다". 이 투쟁에서 승리하기 위해 독일 민족은 두 가지 조건이 필요하다. 향후 증가할 인구를 위한 생활공간 정복과 독일 혈통의 순수성 보존이다. 그러면서 자신의 인구를 증가시키지 않거나 인종적 순수성을 보존하지 않았던 민족의 운명이 어떠했는지는 스파르타와 로마의 예에서 잘 볼 수 있다고 언급했다.

이 자료에 따르면 영토 확장과 인종적 순수성 유지의 필요에 대한 건강한 인식을 방해하는 주된 위협은 모든 인류가 본질적으로 평등하다고 선전하는 이론들에서 왔다. 그 첫째가 유대인 바울에 의해 전파된 기독교이다. 둘째는 "인종적으로 열등한 자들이 일으킨 봉기"인 프랑스 혁명에서 태동한 자유주의로, 이는 유대인들이 지배적이었던 프리메이슨단에 의해 시작된 것이다. 마지막으로 최대의 위협은 유대인인 마르크스가 창시한 마르크스주의/볼셰비즘이다.

전체적으로 "유대인은 혼합 인종이며 모든 다른 민족이나 인종과 달리 무엇보다 기생적인 본능을 통해 그들의 본성을 보존한다"는 식의 논지를 전개했던 팸플릿 기사들에서는 어떤 논리성이나 일관성도 찾아보기 힘들다. 그저 유대인들은 인종 혼합을 통해 피기생 인종을 오염, 약화시키는 반면 자신의 인종은 순수하게 유지한다는 공허한 주장의 반복이었다. 이 주장에 따르면, 그렇기 때문에 지금까지 자신의 인종을 존중해온 민족과 유대인 사이의 공존은 불가능했다. "오직 마지막 유대인이 지구상에서 사라질" 때에만 끝나게 될 그런 투쟁이 있을 뿐이었다. 현재 진행 중인 전쟁이 바로 그러한 전쟁, 유럽의 운명을 결정할 전쟁이다. 결국 "유대인이 멸망할 때에야 비로소 유럽을 몰락시킬지 모를 마지막 위협은 사라지게 될 것이다".

이 팸플릿들은 어떤 목적에서 작성된 것일까? 나치의 인종 이론에 관한 기본 교의를 서술하고 있는 이 글들은 독자들에게 궁극적으로 어떤 결론을 주입하려고 했을까? 사실 '혈통 문제'나 '인종정책'에 관한 글은 적대적인 인종을 말살하라는 요구로 결론을 맺지는 않았다. 그들은 오히려 다음과 같이 자식들을 더 많이 낳으라는 충고로 끝을 맺었다. 인종 전쟁은 부분적으로 "번식력"과 "적자 생존"의 법칙에 의해 결정되는 인구통계학적 전쟁이다. 전쟁은 순수한 형태에서의 "선택과 도태"에 정면으로 어긋난다. 왜냐하면 전쟁터에서는 최고의 인재가 자식을 낳기도 전에 사망할 수 있기 때문이다. 따라서 "전쟁에서 승리"하기 위해서는 "인구 증가"가 필요하다. 친위대는 독일 민족 내부에서 뛰어난 북부 유럽 게르만계의 적자 선택을 보여준다. 그러므로 친위대 대원들은 젊고 인종적으로 순수하고 아이를 많이 낳을 수 있는 아내를 선택하여 일찍 결혼하고 자녀를 많이 낳을 의무가 있다.

이런 종류의 팸플릿이 예비경찰대대 대원들을 이념적으로 얼마나 강도 높게 세뇌했을지 평가할 때 다음과 같은 여러 요소를 고려해야 한다. 첫째, 가장 세부적이고 꼼꼼한 내용을 가진 팸플릿은 루블린 북부에 위치한 예비경찰대대의 보안구역에서 유대인들이 모두 제거된 1943년까지는 아직 발간되지도 않았다. 즉 이 팸플릿들은 집단학살 집행을 위해 예비경찰대대를 세뇌하는 어떤 도움이 되기엔 너무 늦은 시점에 발간된 것이다.

둘째, 1942년 팸플릿은 분명히 젊은 친위대 대원들의 가족적 의무 이행에 초점을 맞춘 것이다. 따라서 이미 오래전에 결혼했고 자식을 낳아 가정을 구성했던 중년의 경찰대대 대원들에게는 대부분 해당사항이 전혀 없었다. 따라서 설사 좀 더 일찍 발간되었다 할지라도 대대의 주간 혹은 월간 교육 프로그램의 기초자료가 되기엔 부적절했을 것으로 보인다.

셋째, 대원들의 연령은 또 다른 방식으로 세뇌교육 내용의 수용 여부에 영향을 주었다. 많은 나치 학살자들은 매우 젊은 청년이었으며 그들은 나치가 추구하는 가치가 그들이 아는 유일한 '도덕규범'인 세계에서 성장했다. 오로지 나치 독재 아래에서 양육과 교육을 받은 젊은 청년들은 더 나은 다른 가치를 알지 못했을 뿐이라고 주장할 수 있다. 따라서 유대인 학살은 그들이 성장하면서 습득한 가치 체계와 충돌하지 않았기 때문에 세뇌는 매우 쉽게 이루어질 수 있었다. 그러나 이런 논지가 갖는 강점이 무엇이든 간에 대부분 중년층이었던 101 예비경찰대대 대원들에게는 적용되지 않는 것이 분명하다. 그들은 이미 1933년 이전에 교육을 받았고, 1933년 이전에 인격 형성기인 청소년기를 보냈다. 또한 많은 대원들은 비교적 나치즘에 흡수되기 어려운 사회 정서milieu에서 성장했고, 나치 이전 독일 사회의 도덕규범을 매우 잘 알고 있었다. 따라서 그들은 자신들에게 집행하도록 강요되는 나치 정책을 비판적으로 평가할 다른 기준을 가지고 있었다.

아주 평범한 사람들

넷째, 치안경찰을 위해 특별히 제작된 것으로 보이는 이념교육용 소책자들은 분명히 예비경찰대대 대원들이 속해 있던 주변 환경뿐 아니라 지난 10년간 그들이 살았던 사회의 정치문화를 반영했다. 드루커 소위가 몹시 낮춰서 표현한 것처럼 말이다. "나는 시대의 영향을 받았기 때문에 유대인에 대해 대체로 혐오감을 갖고 있었다는 사실을 부정할 수 없다." 유대인에 대한 중상모략과 게르만인의 인종적 우월성 선언은 매우 확고하고 침투력이 있으며 나아가 잔인한 것이었다. 그러므로 게르만 우월주의와 반유대주의는 평균적인 예비경찰대원을 포함한 독일 대중의 전반적인 정서를 형성하고 있던 것임에 틀림없다.

다섯째이자 마지막으로, 유대인 문제를 다루었던 팸플릿과 교재들은 유럽에서 "유대인이 사라져야 한다"는 불가피성을 정당화했으며 독자들로부터 이 목표를 실현하기 위한 적극적인 지지와 공감을 얻으려고 노력했다. 그러나 교재 가운데 어디에서도 유대인 학살을 통해 그 목적의 실현에 개인적으로 기여하라고 분명하게 요구하지는 않았다. 이 점은 반드시 언급할 가치가 있다. 왜냐하면 게릴라 소탕과 관련해 치안경찰에게 부과되었던 교육 지침의 경우는 각 대원에게 게릴라들, 나아가 그 "용의자들"까지 죽여야 할 만큼 강해야 한다고 매우 구체적이고 노골적으로 언급했기 때문이다.

게릴라들의 투쟁은 볼셰비즘을 위한 투쟁이지 민중 운동이 아니다. (…) 적들은 모조리 격퇴되어야 한다. 게릴라나 용의자들과 관련하여 제기되는 문제, 즉 그들을 살려둘 것이냐 죽일 것이냐의 문제는 가장 강인한 군인들조차 매우 결정하기 어렵다. 그러나 그들은 죽어야 한다. 어떠한 개인적 감정이나 흔들림도 완전히 억누르고 무정하고 무자비하게 행동할 때 그는 올바르게 행동하는 것이다.[47]

지금까지 남아 있는 예비경찰대대용 이념교육 교재들 어디에서도 대원들로 하여금 비무장 유대인 여성이나 어린이를 학살하도록 하는 지침을 발견하기 어렵다. 러시아에서 수행된 게릴라 토벌 작전 과정에는 "용의자들"을 살해하라는 분명한 지침이 내려졌고 그 테두리 안에서 수많은 유대인들이 학살된 것이 분명하다. 그러나 1942년 101예비 경찰대대가 주둔했던 폴란드 지역의 경우에는 게릴라 용의자들과 유대인 학살 사이에 특별히 중첩된 부분이 없었다. 적어도 이 경찰대대에 관한 한 유대인 학살은 게릴라와 "용의자들"을 살해하라는 잔인한 지침을 통해 설명될 수 없다.

이 지점에서 또 하나의 비교가 매우 도움이 될 것이다. 특수기동대는 소련 영토에 투입되기 전 2개월에 걸친 훈련을 받았으며 이 훈련과정에는 친위대의 여러 거물급 인사의 방문과 격려 연설이 포함되었다. 그들은 대원들의 사기를 뜨겁게 고무하는 연설을 통해 훈련생들이 임박한 "파멸 전쟁"에 대비하도록 했다. 공격 4일 전에 장교들은 베를린에서 라인하르트 하이드리히가 주재하는 비밀회의에 참석하라는 지시를 받았다. 즉 특수기동대가 집행하게 될 집단학살에 이들을 준비시키려는 상당한 노력이 있었다는 것이다. 또한 1941년 여름 특수기동대를 따라 러시아로 투입되었던 예비경찰대대 대원들에게조차 그들이 해야 할 임무를 위해 준비시키는 작업이 부분적으로

아주 평범한 사람들

이루어졌다. 그들은 체포된 공산주의자들의 처형에 관한 비밀지령과 민간인 취급 방식에 관한 지침을 전달받았다. 그리고 일부 대대 지휘관들은 달루에게와 힘러가 부대를 방문했을 때 그랬던 것처럼 연설을 통해 임무 수행을 앞둔 대원들의 사기를 북돋우려 애썼다. 그러나 이와는 완전히 대조적으로 101예비경찰대대 대원들과 장교들은 모두 그들을 기다리고 있는 특별한 임무 수행에 놀라울 만큼 전혀 준비가 되어 있지 않았다. 그래서 그들은 실제 학살 임무에 직면했을 때 몹시 당황했다.

요약해보자. 101예비경찰대대 대원들은 기타 독일 사회와 마찬가지로 인종주의적이고 반유대주의적인 선전의 홍수에 휩싸여 있었다. 나아가 치안경찰은 기초 교육에서뿐 아니라 단위부대 차원에서도 지속적인 세뇌 작업을 진행했다. 이러한 그칠 줄 모르는 선전의 홍수는 독일인이 인종적으로 우월하다는 전반적인 생각과 유대인에 대한 "확실한 반감"을 크게 강화하는 데 상당한 효과가 있었다. 그러나 많은 세뇌 교재들은 나이 많은 예비경찰대대 대원 대부분을 대상 집단으로 삼지 않았던 것이 분명하며 어떤 경우에는 오히려 그들에게 매우 부적절하거나 아예 상관이 없었다. 그리고 이상하게도 아직 남아 있는 관련 자료 중에는 유대인 학살 임무를 담당할 경찰대원의 정신을 무장시킬 목적으로 특별 제작된 교재가 전혀 없다. 어떤 교재들이 대원들의 독자적인 사고 능력을 무력화할 수 있었다고 믿으려면 그 세뇌 작업이 갖는 조작 능력에 대해 크게 확신할 수 있어야 할 것이다. 사회 분위기에 의해 매우 포괄적으로 영향받고 시대 상황에 지배되었던 많은 대원들이 특히 유대인의 열등함과 이질감뿐 아니라 그들 자신, 즉 독일인의 우월감과 인종관에 의해 고취되었던 것은 의심할 여지 없이 분명하다. 그럼에도 불구하고 그들 대부분이 유대인 학살 임무를 수행할 준비가 전혀 안 된 상태였다는 것은 명백하다.

이념 세뇌 외에 밀그램의 실험에서 언급되기는 했지만 충분히 탐구되지 않은 중요한 요소가 동료 집단에 대한 동조이다. 유대인 학살 명령은 대대가 받은 것이지 대원 개인이 받은 것이 아니었다. 그럼에도 불구하고 80~90퍼센트의 대원들은—적어도 초기에는—자신들이 수행하고 있는 임무에 대해 충격과 혐오감을 느끼면서도 대부분 학살을 계속했다. 대열에서 이탈하는 것, 공개적으로 비동조 행위를 보이는 것은 그들 대부분의 능력 밖에 있었다. 차라리 총을 쏘는 것이 그들에게는 더 쉬웠다.

왜 그랬을까? 그들은 무엇보다 자신이 대열에서 이탈하면 단지 "궂은일"을 다른 동료들에게 미룰 뿐이라고 생각했다. 사실 몇몇 대원이 이탈한다 해도 대대는 그 임무를 수행해야 했다. 그렇기 때문에 사살조 참여 거부는 부대 전체가 함께 불쾌한 의무를 수행해야 하는 작전에서 자신의 몫을 거부하는 것을 의미했다. 이는 결과적으로 이기적인 행위였다. 그러므로 사살에 가담하지 않는 대원은 다른 대원들로부터 고립되고 따돌림당할 각오를 해야 했다. 그런데 만약 누군가 동료들로부터 고립될 경우 그는 점령지에 주둔하며 그것도 적대적인 주민들에 둘러 싸여 있는 상황에서 매우 난감한 처지에 처하게 될 수 있었다. 대원들은 서로서로 긴밀하게 의존했으며, 실제로 다른 어떠한 사회관계도 맺을 수 없었고 어디서도 도움을 받을 수 없었다.

그뿐만 아니라 자신이 대열을 이탈하여 사살을 회피할 경우, 사살

아주 평범한 사람들

에 가담한 동료들은 이탈자들의 행동을 자신들에 대한 도덕적 비난으로 느낄 수도 있었다. 그럴 경우 이탈자들이 동료들로부터 고립될 위험은 더욱 컸다. 사살 거부자는 마치 스스로를 그런 악한 행위를 하기엔 "너무 선량한" 인간으로 간주하는 것처럼 보일 게 분명했던 것이다. 그렇기 때문에 모두는 아니지만 대부분의 사살 거부자들은 본능적으로 자신의 행동이 동료들을 비난하는 인상을 주지 않도록, 이를 희석하려고 노력했다. 그래서 그들은 자신들이 사살에 가담하기에 "너무 선량한" 것이 아니라 "너무 나약하다"고 변명했다. 그들은 이런 식으로 학살에 가담한 동료들의 행동을 문제 삼지 않으면서 오히려 그들의 "강인함"을 우월한 성품으로 정당화하고 지지해주었다. 그런 행동은 정권의 학살 정책에 대해 도덕적 의문을 제기하지 않는 것으로 보이게 하는 추가적인 장점도 있었다. 정권은 그들에게 당연히 두려움의 대상이었기 때문이다. 그러나 물론 이를 통해 "나약함"과 "비겁함" 사이에 어떤 차이가 있는가 하는 또 다른 문제가 제기된다. 유제푸프에서는 비겁하다고 취급될지 모른다는 두려움 때문에 물러서지 않았지만 나중에는 사살조에서 이탈했던 한 경찰대원이 이 차이점을 지적했다. 너무 겁이 많아서 사살 시도조차 못하는 것과 처음엔 이를 악물고 자신의 의무를 다하려고 노력했다가 나중에 너무 마음이 약해져 더이상 사살할 수 없게 되는 것은 완전히 다르다는 것이다.[48]

그러므로 사살 임무를 회피했던 대원 대부분은 암암리에 다수 대원들의 "사나이다움"을 재확인해주었다. 사나이들에게 비무장한 평민, 여성, 어린이를 사살할 정도로 "터프"한 것은 긍정적인 자질이었다. 사실 회피자들은 이런 태도를 통해 그들이 속한 유일한 사회적 세계인 동료 관계에 금이 가지 않게 하려고 노력했던 것이다. 이렇듯 많은 대원들은 한편에 자신의 양심, 다른 한편에 대대의 규범, 양자 사이의 모순을 해결하기 위해 깊이 고민하고 여러 가지 타협책을 찾았다. 어린이들은 즉각 사살하지 않고 집결지로 데려갔다. 사소한 온정 어린 행동조차 무모하게 상관에게 신고할 정도의 결벽증이 있는 대원들이 함께 있지 않는 한, 순찰 중에는 사살하지 않았다. 유대인을 학살 장소로 데려간 뒤 의도적으로 빗나가게 쏘았다. 그러나 동료들로부터 "나약한 자"로 조롱받거나 다른 대원들이 '저놈은 남자가 아니야'라고 생각한다는 사실을 참고 지낼 수 있었던 것은 몇 안 되는 예외적인 성격의 대원들뿐이었다.[49]

이제 우리는 여러 가지 논의를 검토한 끝에 결국 처음에 검토했던 존 다우어의 테제로 돌아오게 되었다. 즉 전쟁과 인종주의가 동시에 작용할 때 끊임없는 선전과 세뇌의 효과는 현저하게 강화되어 인간들에게 커다란 영향을 미친다는 것이다. 도처에 넘치는 인종주의 그리고 그 결과 초래된 학살 집행자들과 유대인 희생자들의—어떤 공동의 토대도 갖지 못하는—철저한 단절, 이것은 대다수 경찰대원들이 그들의 공동체(대대)와 전체 사회(나치 독일)의 규범에 동조하는 것을 한층 쉽게 만들어주었다. 수년에 걸친 반유대주의적 선전(그리고 나치 독재 이전에는 수십 년에 걸친 강렬한 독일 민족주의)과 전쟁이 초래한 양극화 효과가 여기에서 맞아떨어졌다. 나치 이념에서 핵심을 이루던 인종 이론, 즉 인종적으로 우월한 게르만인과 열등한 유대인이라는 이분법은 적대적인 국가들에 둘러싸인 독일의 이미지와 쉽게 용해될 수 있었다. 대원들 대부분이 친위대 교재에 표현된 나치 이념의 이론적 측면을 과연 얼마나 이해하고, 얼마나 받아들였을까 의심할 수 있다. 그런가 하면 그들이 (다시 한 번 드루커 소위의 단어로 표현하자면) "시대의 영향력", 독일인의 우월성에 관한 부단한 선전 그리고 유대인 적들에 대한 경멸과 증오를 부추기는 수많은 선동으로부터 과연 아무 영향도 받지 않았을까 하는 점도 마찬가지로 의심스럽다. 이 경우 전쟁만큼 나치가 인종 전쟁을 치르는 데 크게 도움을 준 것도 없다는 사실에 주목해야 한다. 적敵을 인간적인 의무 공동체로부터 배제하는 것이 지극히 일상적인 전시戰時에, 유대인을 적의 이미지에 포함시키는 것은 너무나 쉬운 일이었다.

프리모 레비Primo Levi는 그의 마지막 저서 《가라앉은 자와 구조된 자The Drowned and The Saved》에 "회색지대"라고 제목을 붙인 글을 한 편 포함시켰다. 〈회색지대〉는 아마 그가 홀로코스트에 대해 성찰한 글 가운데 가장 심오하면서도 인간에 대해 깊이 근심하게 하는 글이라고 할 수 있을 것이다.[50] 이 글에서 레비는 희생자와 가해자를 명백히 구별하려는 우리의 욕구가 사실 당연하지만, 죽음의 수용소의 역사는 "희생자와 가해자 두 진영으로 축소될 수 없다"라고 단언한다. 그는 "나치즘 같은 극악무도한 체제가 희생자들을 신성시해준다고 믿는 것은 터무니없고 역사적으로 오류"라고 열정적으로 서술한다. "나치 체제는 정반대로 희생자들을 끝없는 심연으로 추락시킨다. 그리고 그들을 모두 비슷한 비인간으로 만든다." 그러므로 이제 가해자와 희생자라는 단순화된 마니교적 이미지 사이에 존재하는 "회색지대"의 거주자들을 면밀하게 연구해야 할 때가 왔다는 것이 레비의 주장이다. 레비는 희생자들의 넓은 스펙트럼 가운데 수용소 내에서 번성했던 "부패protekcya와 협력"의 회색지대에 집중했다. 다른 피수용자들에 비해 작으나마 이점을 챙겼던 하급 기능직 피수용자들의 "생생한 군상群像"에서 출발하여, 기분 내키는 대로 비열한 잔학행위를 일삼으며 실제 특권을 향유했던 수용소 반장Kapo 집단을 넘어, 가스실과 시체 소각장에 근무하며 죽음의 수용소 생활을 다소 연장할 수 있었던 끔찍한 운명의 특수작업반Sonderkommando에 이르기까지. 물론 레비는 유대인 학살과 시체 처리를 위해 유대인으로 구성된 특수작업반을 고안·조직·운영한 것은 나치즘이 저지른 "최악의 천인공노할 악마적 범죄"였다고 규정한다.

그런데 여기에 학살자들에 대한 우리의 의문과 관련하여 주목할 만한 것이 있다. 레비는 회색지대 안에서 드러난 희생자들의 행동 스펙트럼에 초점을 맞추면서도 이 회색지대는 희생자들뿐 아니라 가해자들도 에워싸고 있었다고 암시한다. "변덕스럽고 마구잡이식으로 자신의 하루 학살 할당량을 가득 채웠으며, 온갖 정교하고 다양한 아이디어로 그의 잔인함을 과시했던" 비르케나우 시체 소각장의 친위대 대원 무스펠트Muhsfeld조차도 피도 눈물도 없는 "모놀리스monolith" (돌덩어리)는 아니었다. 무스펠트는 소각장 청소 도중 기적적으로 생존한 채 발견된 16세 소녀를 보았을 때 무척 당황해하며 잠시 주저했다. 결국 그는 소녀를 사살하도록 명령했지만 자신은 명령이 집행되기 전에 서둘러 자리를 떴다. 물론 무스펠트가 이때 "한순간의 동정심"을 보였다고 해서 그것이 훗날 사면받을 만한 충분한 사유가 될 수는 없었다. 그는 1947년 자신의 과오에 따라 교수형에 처해졌다. 그렇지만 이 사건은 극악한 무스펠트 역시 가장 외곽 지대이긴 하지만 테러와 맹목적 복종 위에 성립된 나치 정권으로부터 번져나온 "모호한 지대"인 회색지대에 있었다는 사실을 보여준다.

물론 학살자와 희생자 모두를 에워싸고 있던 회색지대에 관한 레비의 언급은 매우 조심스럽게 제한적으로 이해해야 한다. 무엇보다 회색지대 안에 있던 학살자와 희생자는 서로 상대방의 거울 이미지가 아니었다. 희생자의 일부는 수용소의 극한 상황 속에서 생존하기 위해 학살의 공범자가 되기도 했지만, 학살자들의 경우 훗날 많은 학살자들이 주장한 것처럼 설령 어쩔 수 없이 학살에 임했다 하더라도 그들이 "희생자"였던 것은 결코 아니다. 학살자와 희생자의 관계는 대칭이 아니었으며 각각이 마주했던 선택의 폭은 전혀 달랐다.

그럼에도 불구하고 레비가 말하는 회색지대의 스펙트럼은 101예비경찰대대에 잘 적용될 수 있을 것 같다. 대대에는 분명히 회색지대의 "가장 외곽 지대"에 근접했던 대원들이 있었다. 우선, 초기에는 자신의 부하들이 학살에 연루되는 것을 막기 위해 서둘러 민스크에서 부대를 철수시켰지만 나중에는 학살을 즐기는 법까지 배운 그나데 소위가 떠오른다. 유제푸프 외곽 지대의 숲에서는 엄청난 충격에 빠졌지만 점차 수많은 사살조와 "유대인 사냥"에 자발적으로 가담했던 많은 예비경찰대원들도 마찬가지이다. 그들은 무스펠트처럼 "한순간의 동정심"을 느꼈던 듯하지만 그로 인해 그들이 저지른 범죄로부터 사면될 수는 없다. 회색지대의 반대쪽 경계 지점에는 대대의 학살 행위를 가장 분명하고 공개적으로 비판했지만 그 자신조차 최소한 한 번은 학살 명령에 복종했던 부흐만 소위가 서 있다. 그를 보호해주던 트라프 소령이 부재중인 상황에서 우쿠프 지역 보안경찰로부터 출동명령이 내려오자, 함부르크 복귀를 바로 눈앞에 두고 있던 그는 자신의 평소 입장을 포기했다. 그리하여 부하들과 함께 학살 작전에 출동했다. 그리고 학살자의 회색지대 한복판에는 "어린아이같이 울먹이며" 부하들을 유대인 학살 임무에 보냈던 측은한 인물인 대대장 트라프, 그리고 자신의 정신이 강요했던 끔찍한 행동에 대해 자신의 육체가 고통스럽게 저항했던 지쳐빠진 호프만 대위가 서 있다.

인간의 모든 행동은 매우 복잡한 현상이기 때문에 그것을 '해석'하려고 시도하는 역사가들은 어느 정도 오만한 자세에 빠지게 된다. 게다가 거의 500명이나 되는 인간들이 논의 대상이 될 경우, 그들의 집단행동에 관해 보편타당한 설명을 이끌어내려 한다면 그 작업은 몹시 위험하기까지 하다. 그렇다면 이제 어떻게 이야기를 맺을 수 있을까? 101예비경찰대대 대원들의 이야기로부터 얻게 되는 결론은 무엇보다 엄청난 불안감이다. 물론 이 "평범한 사람들"의 역사는 모든 인간들의 역사는 아니다. 대원들은 선택의 기로에 서 있었다. 그리고 그 대부분은 끔찍한 학살을 택했다. 학살을 저지른 그들은 같은 상황에서는 누구나 똑같이 행동했을 것이라는 주장에 의해 결코 사면될 수 없다. 왜냐하면 그들 가운데서도 어떤 대원들은 학살을 거부했고 또 어떤 대원들은 도중에 학살을 그만두었기 때문이다. 자기 행동에 대한 책임은 궁극적으로 모두 각 개인에게 있는 것이다.

그러나 동시에 101예비경찰대대가 보인 집단행동은 우리를 매우 불안하게 하는 깊은 함의를 지닌다. 오늘날 인종주의 전통에 물들고 전쟁과 전쟁 위협 때문에 포위 심리에 사로잡힌 사회가 많다. 어디서

　　　　　　　　　　　　　　　　　아주 평범한 사람들

나 사회는 구성원들에게 권위를 존중하고 권위에 따르도록 가르치며, 사실 그렇지 않으면 사회는 거의 기능할 수 없게 된다. 그리고 어디서나 사람들은 각자의 직업 분야에서 출세하려고 노력한다. 그런데 모든 근대 사회에서 드러나는 삶의 복잡성과 그로 인해 초래되는 관료화·전문화는 공식적인 정책을 집행하는 사람들에게서 개인적 책임감을 점점 희석시키고 있다. 실질적으로 모든 사회 공동체에서 개인이 속해 있는 집단은 개인들의 행동에 막강한 영향력을 행사하며 도덕적인 가치기준을 설정한다. 만약 101예비경찰대대 대원들이 당시의 조건 아래서 학살자가 될 수 있었다면, 오늘날 유사한 조건이 주어질 때 어떤 집단이 그렇게 되지 않을 수 있겠는가?

2판 후기

《아주 평범한 사람들》이 처음 출간되었을 때 나는 한 연구자로부터 특히 철저한 분석과 신랄한 비판을 받았다. 그는 나와 똑같은 주제, 즉 '평범한' 독일인들이 왜 홀로코스트의 집행자가 되었는지에 관해 박사학위 논문을 쓴 다니엘 요나 골드하겐Daniel Jonah Goldhagen이다.[1] 그런데 흥미롭게도 그 역시 내가 핵심 사료로 사용했던 문서, 즉 홀로코스트 학살자 집단인 101예비경찰대대 구성원들에 대한 전후戰後 취조 기록을 논문에서 부분적으로 사용했다.

물론 여러 연구자가 각기 다른 문제의식을 가지고 같은 사료에 접근하는 것, 그리고 연구 과정에 서로 다른 방법론을 사용함으로써 다양한 해석에 도달하는 것은 별다른 일이 아니다. 그러나 골드하겐과 나의 경우처럼 문제의식의 차이가 유별나게 강조되고, 같은 사료를 가지고 수행한 연구에서 이렇게 극명하게 상반된 해석이 나오는 경우는 흔치 않다. 게다가 학술적인 논쟁 과정에서 치열하게 맞서는 상대방의 연구서가 세계적인 베스트셀러이자 열광적인 동의에서부터

싸늘한 반대에 이르는 수많은 서평의 대상이 된 경우도 드물다.[2] 골드하겐 교수는 나의 연구를 혹독하게 비판했지만 동시에 스스로도 가혹한 비판의 표적이 되었다. 이러한 특별한 상황을 고려할 때 《아주 평범한 사람들》에 대한 골드하겐의 비판과, 나중에 출판된 골드하겐 자신의 연구서에 대해 국제 학계에서 이루어진 열띤 논쟁은 이 《아주 평범한 사람들》 2판의 후기에서 꼼꼼히 곱씹어볼 가치가 있다.

우선, 여러 쟁점에서 골드하겐과 나는 같은 의견이다. 첫째, 수없이 많은 '평범한' 독일인들이 유대인 집단학살에 가담했다는 점. 둘째, 거기서 높은 자발성이 드러났다는 점(즉 학살자 집단은 특별 선발을 거치지 않았고 독일 사회의 다양한 계층 출신이었다). 셋째, 그들은 명령에 불복종하면 엄청난 처벌이 뒤따르리라는 두려움 때문에, 다시 말해 위협을 통한 강요 때문에 학살을 집행한 것이 아니라는 점. 사실 이 세 가지 결론 가운데 어느 것도 홀로코스트 연구 분야에서 새롭지는 않다. 학살자들이 "다른 독일인들과 도덕적으로 전혀 다른 의식을 갖고 있진 않았다"라는 테제는 1961년 처음 간행된 라울 힐베르크의 대표 저서이자 기념비적 연구인 《홀로코스트 유럽 유대인의 파괴》가 이룩한 핵심적인 연구 성과 가운데 하나였다. "학살자들은 별종 독일인이 아니었다." 학살자들의 사회적 구성은 독일인 전체의 사회적 단면도와 놀랄 만큼 일치했으며 학살에 관계한 기관들은 "독일 사회 전체의 일반적인 조직들과 구조적으로 크게 다르지 않았다".[3] 게다가 독일 역사가 헤르베르트 예거Herbert Jäger[4]와 1960년대 독일 검사들이 명백하게 확증했던 것처럼 비무장 민간인에 대한 학살 명령을 거부한 대가로 끔찍한 처벌이 가해진 사례는 단 한 건도 발견되지 않았다. 그런데 골드하겐은 학살자들의 사회적 평범성과 학살의 자발성이라는 테제를 논할 때 예거와 독일인 검사의 연구 성과는 신뢰하지만 힐베르크의 연구 성과는 완전히 간과한다. 학살자들이 '평범한' 독일인이라는 사실보다 그들의 범죄가 자발적이었다는 사실에 초점을 맞추고 있는 것이다.

사실 우리 두 사람이 홀로코스트에 대해 연구하는 기본 경향 그리고 이 분야에서 활동하는 다른 연구자들에 대해 갖는 입장은 분명 다르다. 하지만 이 사실을 일단 차치하더라도, 골드하겐과 나는 역사 해석의 두 가지 핵심 영역에서 주목할 만한 견해차가 있다. 첫째, 나치 시대를 포함한 전체 독일사에서 반유대주의가 갖는 역사적 비중에 대한 우리의 평가는 상반된다. 둘째, 우리는 홀로코스트 학살자가 된 '평범한' 독일 남성들의 동기(들)를 전혀 다르게 평가한다. 나는 이제부터 이 두 가지 문제를 집중적으로 다루고자 한다.

첫 번째 문제와 관련하여 골드하겐은 자신의 저서인 《히틀러의 자발적인 학살자들Hitler's Willing Executioners》에서 이렇게 주장한다. 반유대주의는 이미 나치 시대 훨씬 이전부터 독일 "시민사회의 세계관을 어느 정도 지배해왔다".[5] 그러므로 독일인들이 "선거를 통해" "반유대주의가 세계관과 강령, 선거 운동 구호에서 중심적 지위를 차지하는 나치당과 히틀러에게 권력을 부여했다는 사실, 이것은 독일 문화의 정서를 그대로 반영한 것이었다".[6] 이처럼 히틀러와 독일인들은 유대인 문제에 관해 궁극적으로 "한마음"이었기 때문에 히틀러는 홀로코스트를 집행하기 위해 독일 사회에 "이미 오래전부터 존재해왔고 또 계속 누적되어온 반유대주의가 분출하도록 작동시키기만 하면

되었다".[7]

　반유대주의가 독일인들의 생각과 행동양식에 깊이 뿌리내린 것은 나치가 집권에 성공한 1933년 이후 온갖 대중 선전과 선동을 통해 비로소 이루어진 게 아니라는 것이 골드하겐의 핵심 테제이다. 나치는 다만 독일인들에게 그들이 오래전부터 하고 싶었던 것을 마음껏 하도록 허락하거나 격려하기만 하면 되었다는 것이다. 그는 이러한 견해를 뒷받침하기 위해 반유대주의 연구에서 그가 아주 새롭다고 생각하는 한 테제를 제기했다. 반유대주의는 "특정 사회에서 언젠가 등장하고 사라졌다가 언젠가 또다시 나타나는 것이 아니다. 그것은 항상 존재하면서 때로는 아주 뚜렷하게, 때로는 덜 뚜렷하게 보인다". 반유대주의 자체는 변하는 것이 아니며 단지 "그것이 표현되는 감정적 수위와 표현방식이 환경에 따라 유동적으로 변할 뿐이다".[8]

　그런데 독일사에 깊이 뿌리박힌 반유대주의가 갖는 지속성과 표면상으로만 변하는 유동성에 대한 골드하겐의 그림은 1945년 이후의 독일 사회에 대한 분석에서는 갑자기 돌변한다. 잔혹한 홀로코스트 학살자들을 만들어낸 유일하고 충분한 원인이었던, 그리고 독일 사회 구석구석에 만연해 있던 끈질긴 반유대주의가 갑자기 사라져버린 것이다. 재교육, 여론의 변화, 반유대주의적 표현에 대한 법적 제재, 반유대주의에 대한 제도적 지원의 소멸로 인해 수백 년간 반유대주의에 의해 지배되었던 독일 문화가 갑자기 탈바꿈했다.[9] "이제 독일인들은 우리 미국인들과 다름없다."

　반유대주의가 1945년 이전 독일의 정치문화에서 중요한 역할을 수행했다는 주장, 그러나 현재 독일의 정치문화는 이와 전혀 다르며,

특히 1945년 이전보다 훨씬 덜 반유대주의적이라는 두 가지 주장에 나는 쉽게 동의할 수 있다. 그러나 골드하겐이 주장하듯이 만일 독일의 정치문화, 특히 반유대주의가 1945년 이후 교육과 여론의 담론, 법률과 제도적 강화를 통해 전반적으로 변형되고 소멸될 수 있었다면, 이 문화가 1945년 이전 30~40년 동안, 특히 12년에 걸친 나치 집권기에도 정권의 의지에 따라 마찬가지로 변형·강화될 수 있었다는 주장 역시 내겐 논리적으로 설득력 있어 보인다.

골드하겐은 《히틀러의 자발적인 학살자들》의 서론격인 1장에서 반유대주의를 입체적으로 분석하는 데 유용한 모델을 하나 제시한다. 사실 그는 2장 이하의 본론에서는 이 독자적인 분석 모델을 사용하지 않았다. 그러나 그는 1장에서 반유대주의에는 다양한 유형들이 있으며 유대인의 성향 가운데 이른바 어둡고 부정적인 속성의 기원과 원인(예컨대 인종, 종교, 문화, 환경 등)이 무엇인지에 따라 여러 가지 반유대주의들이 생겨난 것이라고 주장했다. 또한 골드하겐에 따르면 유대인들이 실제로 행사한 위협의 강도에 따라, 또는 반유대주의자들이 스스로 위협받고 있다고 느끼는 주관적 인식과 그 정도에 따라서도 반유대주의는 차이를 보인다.[10] 그런데 만약 반유대주의가 이른바 유대인으로부터 오는 여러 형태의 위협에 대한 주관적인 인식에 따라, 그리고 그 위협을 얼마나 심각하고 강하게 느꼈는지에 따라 차이를 보일 수 있다면, 그것은 반유대주의도 시간에 따라 변할 뿐 아니라 무한히 다양한 양식으로 존재할 수 있다는 것을 암시한다. 그렇다면 내게는 독일과 같은 한 나라 안에서조차 하나의 반유대주의가 아니라 여러 성향의 반유대주의들이 존재했다고 말하는 것이 논리적으로 옳아 보인다.

　그러나 골드하겐이 그의 논문 본론에서 실제 사용한 반유대주의 개념은 이와 완전히 다른 결과를 가져온다. 그는 반유대주의 개념들이 갖는 차별성은 전혀 고려하지 않고 반유대주의적 표현 양식과 외양들 전체를 묶어서 "몰살 추구적eliminationist 반유대주의"라는 단 하나의 항목 아래 통합한다. 그 결과 유대인을 평범한 사람들과는 다른 존재로 느끼고 그 차이를 개종, 동화, 이주, 몰살을 통해 제거해야 할 어떤 부정적인 것으로 인식했던 독일인들을 모두 "몰살 추구적 반유대주의자"로 분류한다. 바로 골드하겐이 1장에서 스스로 제시한 모델에 따라 분석할 때 독일인들이 보인 반유대주의도 그 기원, 강조점, 강도의 측면에서 차이를 보였음에도 말이다. 골드하겐에 따르면 "몰살 추구적 반유대주의"의 여러 유형들은 결국 유대인 학살로 "치닫는 경향"을 보이기 때문에 실제 존재하는 차이점들은 분석적으로 아무 의미가 없다.[11] 그는 이런 접근법을 사용함으로써 독일에서 나타났던 다양한 반유대주의적 표현과 현상으로부터 역사적 상황과 주관적 인식의 변화라는 중간 단계 없이 오직 유일하게 통합된 독일적인 "몰살 추구적 반유대주의"로 넘어간다. 그리고 이는 유기적인 악惡의 속성을 취하게 되어 자연스럽게 유대인 학살로 귀결된다. 결국 "최종해결"의 정당성과 불가피성에 관한 한 독일인들 모두가 히틀러와 "한마음"이었다는 것이다.

　만일 우리가 골드하겐이 본론에서 사용한 개념 대신 그가 자신의 저서 1장에서 제안했던 분석 모델을 동원한다면 독일 정치문화 속에 있었던 여러 종류의 반유대주의에 대해, 그리고 그것들이 홀로코스트에 미친 영향에 대해 어떤 논지를 펼칠 수 있을까? 이제 우리는 이 문제를 좀 더 구체적으로 살펴보기 위해 독일사 가운데 어느 한 시점을 택하여 논의를 본격적으로 시작해야 한다.

나는 19세기 독일사, 좀 더 정확하게는 "독일사의 특수성Sonderweg"에 대한 여러 해석에서 논의를 시작하려고 한다. 우선 첫째, 전통적인 사회사나 구조사적 접근법에 따르면 독일에서는 1848년 자유주의 혁명이 실패한 결과 정치·경제의 동시적인 근대화가 좌절되었다. 그 후 지속된 전제적인 정치체제하에서 전前자본주의적 엘리트들은 그들의 특권을 계속 유지할 수 있었으며 혁명 실패로 무기력해진 중간층은 우선 급속한 경제 근대화의 열매를 제공받음으로써 체제에 매수되었다. 그 후 중간층은 자체적인 혁명의 노력으로는 도달하기 어려웠던 민족 통일이 달성되자 정치적·경제적으로 체제에 만족하게 되었고, 결국 점차 강화되던 "사회적 제국주의"의 조종을 받게 되었다.[12] 둘째, 문화적·이데올로기적 접근법에 따르면 일부 독일 지식인들은 계몽사상을 왜곡되고 불충분하게 수용했다. 또한 전통 세계가 근대화에 의해 점차 위협받다가 해체 국면에 빠지자 전통 세계에 대해서마저 회의를 품게 되었다. 그 결과 한편으로는 자유·민주적 가치와 전통을 지속적으로 거부하고, 다른 한편으로는 근대성의 여러 측면들과 선택적으로 화해한 끝에 제프리 허프Jeffrey Herf가 기이한 독일식 "반동적 근대주의"라고 명명했던 특이한 사고 형태가 탄생했다.[13] 마지막으로 존 와이스John Weiss와 다니엘 골드하겐이 주장한 세 번째 접근법은 역사상 전무후무하게 광범위하고 강력한 반유대주의 안에서 독일사의 특수성이 등장했다는 해석이다. 골드하겐에 비해

와이스가 독일사의 발전 과정에 대한 서술도 덜 거칠며, 독일 반유대주의가 19세기 후반의 대중 영합적 정치 운동과 정치 그리고 학계의 엘리트들에게서 차지하는 의미를 규정할 때도 더 신중함을 보이지만 말이다.[14]

　나는 19세기 후반 독일의 반유대주의를 "문화 코드"로 파악한 술라미트 볼코프Sulamit Volkov의 해석이 앞서 서술한 여러 견해들, 즉 독일사의 특수성을 논하는 데 있어서 서로를 배제하지 않으면서도 의미 있는 차이를 보이는 여러 견해들이 가진 주요 요소들을 매우 잘 종합하고 있다고 생각한다.[15] 볼코프에 따르면 반유대주의의 기원은 독일 보수주의자들이었다. 그들은 당시 반자유주의적 정치체제를 장악하고 있었지만 동시에 점차 근대화에 의해 촉발된 변화 때문에 자신들의 지도자적 역할이 위협받고 있다는 사실을 감지했다. 그런데 여기서 그들은 당시 자신들의 지위를 위협하고 있다고 생각한 모든 것들, 즉 자유주의, 민주주의, 사회주의, 국제주의, 자본주의 그리고 새로운 문화적 실험들까지 이 모든 것을 반유대주의와 결부시켰다. 그래서 자칭 반유대주의자가 된다는 것은 동시에 권위주의자, 민족주의자, 제국주의자, 보호무역주의자, 단합적이고 문화적인 전통주의자가 되는 것과 같았다. 볼코프는 "이 과정에서 반유대주의는 보수주의자들이 추구하는 모든 가치들과 단단히 결합했다. 결국 반유대주의는 점점 보수주의자들의 반反근대주의와 분리될 수 없게 되었다"라고 결론짓는다. 게다가 오직 반유대주의를 유일한 강령으로 하는 대중선동적인 정당들로부터 반유대주의라는 주제를 차용하고 나아가 그 반유대주의 이슈를 옹호하기 위해 유사학문적이고 사회다윈

　　　　　　　　　　　아주 평범한 사람들

주의적인 인종 이론까지 도입하면서, 보수주의자들은 반유대주의마저 자신들의 반동적 입장을 옹호해주는 한 이슈로 만들었다. 그런데 이는 그들이 건함Naval Building 프로그램을 수용한 것과 마찬가지로 자신들의 반동적 노력에 기묘하게도 근대적 외형을 부여하는 결과를 가져왔다.

19세기 말쯤, 이처럼 점점 더 본질적으로 인종주의적 성격을 지니게 된 독일의 반유대주의는 보수주의 정치 강령의 중요한 부분으로 통합되었으며 대학 안으로도 깊숙이 침투했다. 나아가 독일의 반유대주의는 서구 민주주의 국가인 프랑스, 영국, 미국에서보다 훨씬 더 정치화되어 제도권에 뿌리내렸다. 물론 이 사실이 19세기 후반 독일의 반유대주의가 정치와 사상계를 지배했다는 것을 뜻하지는 않는다. 보수주의자들, 그리고 반유대주의라는 오직 한 가지 목표만을 추구했던 반유대주의 정당들은 모두 합쳐봐야 소수파에 불과했다. 다수파는 1870년대 프로이센 주 의회에서 가톨릭교도 차별법을 제정했고, 1880년대 제국의회에서는 사회주의자들을 탄압하는 법을 관철하는 데에도 성공했다. 이런 권력 구도에서 만약 다수파가 반유대주의를 법제화하려고 마음먹었다면 이를 관철하는 것은 훨씬 쉬운 일이었을 것이다. 그러나 독일 사회는, 유대인에 대한 적대적인 강박관념을 공유하고 있기는 했지만, 전국민의 1퍼센트도 안 되며 그들에 맞서 저항할 능력도 거의 없던 독일 유대인들의 해방•은 파기하지 않았다. 좌파가 우파의 반유대주의에 견줄 만한 친유대주의를 내

• 프랑스 혁명과 계몽사상의 영향 아래 이루어진 유대인에 대한 법적·종교적·사회적 제한 철폐.

세우지 않은 것은 좌파에게는 반유대주의가 계급 분석에 맞지 않는 사소한 문제였기 때문이지 그들 역시 반유대주의적이었기 때문은 아니다.

게다가 노골적으로 반유대주의적인 보수주의자들에게조차 유대인 문제는 많은 문제들 가운데 하나였을 뿐이다. 따라서 그들이 유대인들로부터 느낀 위협이 국제 정치 무대에서 삼국동맹에 의해 느낀 위협이나 국내 정치에서 사회민주당에 의해 느낀 위협보다 더욱 큰 것이었다고 주장한다면 그것은 심각한 왜곡일 것이다. 이처럼 만일 보수주의자들에게조차 반유대주의가 우선적인 이슈가 아니고 유대인들이 그들에게 최대의 위협도 아니었다면 나머지 독일인들의 경우에는 더 말할 것도 없다. 리처드 레비Richard Levy가 언급했듯이, "오랜 세월 동안 대부분의 독일인들에게 유대인이 큰 관심사가 아니었다는 사실을 보여주는 설득력 있는 사례는 얼마든지 있다. 반유대주의를 19세기와 20세기 독일사의 중심에 내세우는 것은 몹시 비생산적인 연구 전략이다".[16]

물론 어떤 독일인들에게는 유대인 문제가 최대의 관심사였으며 최악의 공포의 원인이었다. 세기 전환기 독일 보수주의자들의 반유대주의는 게빈 랭뮈어Gavin Langmuir가 말한 "이민족 혐오적xenophobic 반유대주의"와 잘 맞아떨어진다. 그런데 여기서 이민족 개념은 실제 유대인을 묘사하는 것이 아니라 상징화된 여러 위협과 눈앞의 절박한 위험을 묘사하는 부정적인 상투어였다.[17] 반유대주의자들은 이러한 위험의 실체가 무엇인지에 대해서는 사실 아는 바가 없었으며 이해하기를 바라지도 않았다. 또한 랭뮈어는 이러한 "이민족 혐오적"

반유대주의가 환상 또는 "허상 속의chimeric" 반유대주의에 비옥한 토양을 제공했다고 주장한다. 최근 사울 프리들랜더Saul Friedländer는 이를 "속죄적redemptive 반유대주의"라 이름 붙였다.[18] 물론 독일의 "이민족 혐오적 반유대주의"는 정치권에서 큰 비중을 갖게 된 극우 정당이 공식적으로 채택한 정치 강령 가운데 주요 사항이기는 했다. 그러나 뜬금없는 비난 목록, 즉 유대인들이 아리아인들의 혈통을 오염시킬 것이라든가, 마르크스주의 혁명과 금권정치라는 이중 위협 뒤에는 유대인들의 은밀한 세계적 음모가 은폐되어 있다는 등 장황하고 기나긴 비난 목록을 주장하던 "속죄적" 반유대주의자들은 독일 사회에서 아직 주변적 현상에 불과했다.

그런데 제국의회에서 우파의 권력 상실, 1차 세계대전에서의 패배, 혁명, 치솟은 인플레이션, 경제 파탄 등 1912~1929년까지 악몽같이 계속된 일련의 충격적 사건들은 독일 정치를 변화시켰다. 중도파는 몰락하고 대신 우파가 성장했으며 우파 내에서는 전통주의자 또는 구우파Old Right의 희생 위에 과격파 또는 신우파New Right가 세력을 확대했다. 또 당시까지는 주변적 현상이었던 "허상 속의" 반유대주의가 한 대중운동의 핵심 구호로 급부상했는데 이 운동에 기반한 나치당은 1932년 여름 대공황의 와중에 독일의 최대 정당이 되었으며 6개월 후에는 급기야 독일의 집권당이 되었다.

이 사실만으로는 독일과 독일 반유대주의의 역사가 유럽 다른 나라들의 반유대주의와 구별된다. 그러나 이 상황조차도 냉정하게 관찰할 필요가 있다. 나치당은 자유롭게 치러진 선거에서 37퍼센트 이상을 득표한 적이 없으며 37퍼센트조차도 사회주의자들과 공산주자들의 득표수를 합산한 것보다 적은 수였다. 물론 다니엘 골드하겐은 개별 사안에 관한 국민 개인들의 입장은 선거 결과로부터 추론될 수 없다고 지적한다.[19] 옳은 이야기이다. 그러나 투표 결과와 관련된 논쟁에서 골드하겐이 주장하는 테제, 즉 경제적인 이유에서 사회민주당에 투표했던 많은 독일인들이 유대인 문제에서는 히틀러나 나치와 "한마음"이었다는 주장이 과연 옳은지는 대단히 의심스럽다. 입증할 수는 없지만 나는 반유대주의가 아닌 다른 이유에서 나치당에 표를 던진 독일인들이, 반유대주의를 주요 이슈로 생각했지만 나치당이 아닌 다른 정당을 택한 사람들보다 분명 훨씬 많았을 것이라고 추측한다. 선거 결과를 어떻게 분석한다 해도 1932년 선거 당시 압도적으로 많은 독일인들이 유대인 문제와 관련하여 히틀러와 "한마음"이었다든지, 또는 "나치당의 세계관, 강령, 어휘 등에 강하게 표현된 반유대주의가 독일 문화 전체에 흐르는 정서를 그대로 반영한 것"이라는 주장을 뒷받침해주는 어떤 암시도 얻기 어렵다.[20]

또한 골드하겐이 1945년 이후 독일에서 반유대주의가 수그러들게 된 원인이라고 지적한 요소들, 즉 교육, 공개적인 담론, 법, 제도 강화 등은 모두 나치가 집권했던 1933년 이래에는 오히려 거꾸로 반유대주의의 강화를 위해 작용했다. 나치가 반유대주의적 선전선동에 투여한 노력은 사실상 1945년 종전 이후 반유대주의를 약화시키려는 노력보다 훨씬 더 치밀한 기획 아래 효율적이고 일사분란하게 집행되었다. 특히 경제와 외교 분야에서 이룩한 단기적 성과 덕분에 히틀러와 나치 정권의 인기가 상승했고, 그 시점에 추진된 반유대주의 선전과 선동은 그 효과가 대단히 탁월했다는 사실을 어떻게 의심할

아주 평범한 사람들

수 있겠는가? 그러나 윌리엄 셰리던 앨런William Sheridan Allen이 적절히 결론지었듯이, 노르트하임Northeim같이 고도로 나치화된 도시에서조차 시민 대부분은 "나치즘에 매혹되었기 때문에 반유대주의에 이끌린 것이지, 그 반대는 아니었다".[21] 그 밖에 골드하겐이 독일 사회의 정파를 초월한 반유대주의 여론을 입증하기 위해 즐겨 인용하는 망명 사회민주당SOPADE의 보고서도 근거가 취약하기는 마찬가지이다. 1936년 망명 사회민주당의 지하활동 보고서가 "반유대주의가 많은 국민들에게 뿌리내렸다는 것은 의심할 여지가 없는 사실이다. (…) 널리 퍼진 반유대주의 심리는 생각 있는 사람들, 나아가 우리 동지들에게까지 영향을 미치고 있다"라고 기록한 것은 분명 사실이다.[22] 그러나 이 자료 역시 1933년 나치가 권력을 장악한 결과 독일인들의 생각이 바뀌고 있음을 보여주는 증거일 뿐이지, 모든 것이 원래 옛날부터 그랬다는 주장을 입증하는 증거는 아니다.

심지어 나치가 집권한 1933년 이후 시기에조차 독일에는 기껏해야 여러 종류의 반유대주의가 있었다고 말하는 것이 가장 옳을 것이다. 유대인들을 무서운 인종적 위협으로 느끼는 커다란 독일인 집단이 나치당 내부에 있었던 것은 사실이다. 그럼에도 불구하고 나치운동 내부의 과격한 "허상 속의" 반유대주의자 또는 "속죄적" 반유대주의자들조차 유대인의 위협에 맞서기 위해 어떤 반응이나 행동양식이 가장 적절한지에 관해서는 서로 다른 견해를 가지고 있었다. 스펙트럼의 한쪽 끝에는 유대인 학살에 굶주려 있던 돌격대SA와 슈트라이허Julius Streicher• 유형이 있었다. 다른 한쪽 끝에는 울리히 헤르베르트Ulrich Herbert가 최근 새로 집필한 베르너 베스트Werner Best 전기에서 묘사했던, 냉정하고 지적인 예측 가능한 반유대주의자들이 있었다. 이들은 전자들보다 더 체계적이면서 냉정한 방식의 박해를 옹호했다.[23]

히틀러와 연대했던 보수주의자들은 반反혁명과 민족부흥운동의 일환으로서 가장 먼저 유대인 해방을 철회하고 유대인을 사회에서 격리하려 했다. 그들의 주된 관심사는 유대인들이 독일 사회에서 행사했던 이른바 "도를 넘은" 영향력을 제거하는 것이었다. 물론 그들에게는 이 목표가 노동조합이나 마르크스주의 정당들의 해체, 의회 민주주의의 파괴 또는 재무장, 독일의 강대국 지위 회복 등과 같이 시급한 것은 결코 아니었다. 그들은 흔히 인종적 반유대주의의 레토릭을 사용했지만 논리적 일관성은 없었다. 예를 들어 제국 대통령 힌덴부르크Hindenburg 같은 일부 보수주의자들은 독일에 충성한 공로가 있어 예외가 될 만하다고 입증된 애국적 유대인들은 박해에서 제외되길 원했으며, 교회는 기독교로 개종한 유대인들이 면제되길 원했다. 이러한 사실을 고려할 때 나는 보수주의자들이 나치 집권 초기인 1933~1934년에 초기적 차별 조치를 통해 유대인을 공직, 병역, 전문직, 문화계 등에서 축출하기는 했지만 이후에 특별한 이유가 없었다면 자발적으로 더 과격한 박해를 추진하지는 않았을 것이라고 생각한다.

그러나 보수주의자들이 충분하다고 생각했던 조치들이 나치에게

• 나치당 초기부터 《돌격대Stürmer》라는 주간지를 통해 극단적 반유대주의 확산을 시도한 인물. 나치 집권 후 유대인에 대한 습격과 잔혹 행위를 주도하는 책임을 맡았고, 뉘른베르크 인종법 제정에 적극 기여했다. 2차 세계대전이 끝난 후 국제전범재판에서 사형선고를 받았다.

아주 평범한 사람들

는 겨우 첫걸음에 불과했다. 나치는 자신들과 보수주의자들을 구별
짓는 차이가 무엇인지 보수주의자들보다 훨씬 잘 파악하고 있었다.
보수주의자들이 민주주의 제도를 파괴할 때 나치가 협조한 것처럼,
나치가 첫 반유대주의적 조치를 취했을 때 공모했던 보수주의자들은
나치에 의한 유대인 박해가 점차 도를 넘어 과격화될 때에도 그에 반
대할 수 없었다. 그리고 자신들이 다른 사람들(유대인)에게서 박탈했
던 권리는 나치의 독재 치하에서 보수주의자들 스스로 어려움을 겪
게 되었을 때 자신을 위해서도 요구할 수 없었다. 물론 차이점은 있
다. 보수주의자들은 자신들의 도움에 힘입어 집권이 가능했던 나치
체제하에서 자신들의 특권과 권력이 오히려 점점 축소되는 데 대해
불만을 터뜨렸다. 하지만 그때조차도 몇몇 예외를 제외하면 나치의
유대인 정책이나 유대인들의 운명에 대해서는 한 마디 후회나 유감
도 표현하지 않았다. 내가 보수주의적 나치 협력자들이 히틀러와 한
마음이 아니었다고 주장하는 것은 그들의 행동이 치욕스럽지 않다거
나 그들의 책임이 막중하지 않다는 뜻이 아니다. 예전과 마찬가지로
"이민족 혐오적 반유대주의"는 "허상 속의" 반유대주의가 성장할 수
있도록 비옥한 토대를 만들어주었다.

그럼 1930년대 평범한 독일인들의 반유대주의에 대해서는 어떻
게 이야기할 수 있을까? 독일 국민 대부분이 나치의 반유대주의 소
용돌이에 빠졌던 것일까? 이언 커쇼Ian Kershaw, 오토 도브 쿨카Otto Dov
Kulka, 데이비드 뱅키어David Bankier 같은 역사가들은 이 문제에 관해 놀
라울 만큼 같은 생각을 갖고 있다. 그들의 상세한 연구 결과에 따르
면 반유대주의에 빠졌던 것은 단지 독일 국민 일부였다.[24] 이들 세 역

사가는 1933~1939년 사이에 반유대주의를 대단히 시급한 사안으로 받아들였던 소수 나치당 활동가들과 그렇지 않았던 다수 독일인들을 구별한다. 당시 평범한 독일인 절대 다수는 소수 반유대주의 활동가들과 달리 결코 요란하게 반유대주의를 외치거나 반유대주의 조치를 취하도록 압박하지 않았다. 그렇기는 하지만 사울 프리들랜더가 "활동가들"과 대비하여 "방관자"라고 불렀던 "평범한 독일인" 대다수는[25] 나치 정권이 유대인을 탄압하기 위해 시행한 법적 조치들, 즉 "유대인 해방"의 철회, 1933년 모든 공공 영역 일자리에서의 유대인 퇴출, 1935년 사회적인 배척, 1938~1939년의 모든 재산 몰수 같은 조치들을 무비판적으로 수용했다. 그러면서도 이들 평범한 독일인 다수는 당 과격 분자들이 유대인들에게 저지르는 불법적 행패나 폭력에 대해서는 비판적이었다. 예를 들어 1933년 유대인 상점 불매운동, 1935년 야만적인 폭력 분출사태, 무엇보다 1938년 11월 "수정의 밤Kristallnacht"에 벌어진 유대인 박해pogrom에 대해 평범한 독일 국민 다수는 부정적인 반응을 보였다.

그럼에도 이러한 일련의 폭력 사건들을 통해 소수자인 유대인들과 나머지 독일인들 사이에 깊은 간격이 만들어졌다는 사실은 대단히 중요하다. 다수 독일인들은 요란하고 폭력적인 반유대주의 주변에는 동원되지 않았지만, 유대인들의 운명에 대해 점차 "무감각하게" "수동적으로" "아무 동정심 없이" 반응했다. 반유대주의적 조치들이 평화롭게 법에 따라 시행되는 한, 다수 독일인들은 대체로 두 가지 이유에서 이것들을 받아들였다. 첫째, 그들은 정부의 조치들이 그들의 마음에 들지 않았던 무분별한 폭력 사태를 가라앉힐 것이라고 희망했다. 둘째, 그들은 독일 사회에서 유대인들의 역할을 점차 제한하거나 종식시킨다는 기본 취지에 동의했다. 이것은 나치 정권에게 대단한 성과였다. 그럼에도 불구하고 대다수 '평범한 독일인들'이 유럽 유대인들에 대한 집단학살에 가담하지는 않더라도 찬성은 할 거라는 전망, 나아가 1938년의 방관자들이 1941~1942년 인종 학살의 주역이 될 거라는 전망이 열린 것은 아직 아니었다.

커쇼, 쿨카, 뱅키어는 전쟁 중의 몇몇 사안에 대해서는 서로 견해 차를 보인다. 그러나 전반적으로 "진정한 신도들"의 반유대주의는 평범한 독일인들의 반유대주의적 시각과 같지 않았으며, 나치 정권이 반유대주의에 부여한 우선권과 인종 학살을 위해 보인 노력에 대해 평범한 독일인들도 같은 마음이 아니었다는 점에 대해서는 모두 같은 생각이다. 독일의 반유대주의가 유대인 학살에 미친 영향과 의미를 전혀 축소하지 않으면서도 뱅키어는 이렇게 주장한다. "평범한 독일인들은 대체로 수용할 수 있는 차별과 (…) 수용할 수 없는 끔찍한 인종 학살이 어떻게 다른지 잘 알고 있었다. (…) 집단학살과 가스실 살해 소식이 대중에게 널리 유포되면 될수록 그들은 유대인 문제의 '최종해결'에 연루되기를 점점 더 원치 않았다."[26] 그럼에도 불구하고, 쿨카가 표현했듯이 "인간으로서 유대인들이 겪는 운명에 대해 그들이 보인 놀라울 만큼 끝없는 무관심"은 "정권이 과격한 '최종해결'로 나아가도록 행동할 자유를 주었다".[27] 커쇼도 다음과 같은 기억할 만한 문장으로 같은 사실을 강조했다. "아우슈비츠로 나아가는 길은 증오에 의해 건설되었지만 무관심으로 포장되었다."[28]

커쇼와 마찬가지로 쿨카와 로드리그Aaron Rodrigue도 "무관심"이라는 개념을 사용하기는 한다. 그러나 그들은 이 개념이 나치의 반유대주의가 평범한 독일인들에게 얼마나 내면화되었는지를 충분히 담지 못한다고 느끼기에 불편해한다. 왜냐하면 그들은 특히 다수 독일인들이 나치의 정책이 아직 구체화되지 않았지만 어쨌든 일종의 "배제" 방식을 통해 유대인 문제를 해결하려는 그들의 정책을 수용했다고 보기 때문이다. 그래서 두 사람은 단순한 "무관심" 개념보다는 좀 더 도덕적인 평가를 담은 "수동적 공범성passive complicity" 또는 "객관적 공범성objective complicity"이라는 개념을 제안한다.[29] 그리고 골드하겐은 여기서 한 걸음 더 나아가 "집단학살에 대해 아무 생각이 없고 도덕적으로 철저히 중립적임"과 마찬가지를 의미하는 "무관심"이란 개념은 내용상 결함이 있으며 심리적으로도 상상할 수 없는 개념이라고 목청을 높인다. 골드하겐이 볼 때 독일인들은 무감각하거나 무관심했던 것이 아니라 "무자비하고" "냉담하고" "몰인정하게 무감각"했으므로 그들의 침묵은 동의로 해석되어야 한다는 것이다.[30]

나는 유대인 박해와 관련된 독일인들의 행동을 더욱 강력한 언어로, 도덕적 단죄를 포함하는 언어로 표현하고 싶어하는 쿨카, 로드리그, 골드하겐의 욕구를 이해할 수 있다. 그러나 나는 아무리 이러한 표현을 선택한다 해도 커쇼, 쿨카, 뱅키어가 앞서 지적했던 기본 사실은 달라지지 않는다고 생각한다. 즉 반유대주의에 얼마나 우선권을 두었는지, 그리고 유대인 학살에 얼마나 열의를 보였는지의 측면에서 볼 때 나치 핵심 분자들과 평범한 독일인들 사이에는 중요한 차이가 있었다는 사실 말이다. 그리고 내 생각에 골드하겐은 그의 "무관심" 개념 안에 사실성 없는 내용을 설정해 독재 치하 침묵의 의미

310   아주 평범한 사람들

도 잘못 해석하고 있다. 반면 커쇼는 무관심 개념을 골드하겐과 같이 단순하게 생각하지 않는다. 그는 독일인들이 전시에는 유대인들에게 별 관심을 보이지 않았지만 사실 그런 행동을 통해 그들에 대한 미움을 더 잘 표현했을지 모른다고 언급했다. 이때 커쇼가 사용한 무관심 개념은 사실 골드하겐 자신의 분석 모델 속에 있는 반유대주의적 연속성kontinuum 개념과 유사한 것이다. 그런데 골드하겐은 이 사실도 모르는 듯하다.

우리의 논의를 좀 더 선명하게 하기 위해서는 다음 사실에 주목해야 한다. 사실 골드하겐과 나의 견해가 일치하는 두 가지 사항이 더 있다. 첫째, 우리는 이른바 독일 본토에서 나타난 평범한 독일인들의 생각과 활동에만 시각을 고정할 것이 아니라 독일이 점령한 동부 유럽에서 평범한 독일인들이 어떻게 생각하고 행동했는지도 고려해야 한다. 둘째, 동부 점령지에 도착한 평범한 독일인들은 유대인 학살 임무를 부여받자마자 사실상 "자발적인willing" 학살자가 되었다. 본국에 있던 평범한 독일인들 대부분이 유대인들에 대해 무관심하고 냉담하며 마치 나치와 공범인 양 무감각했다면, 동부 점령지에서 그들은 학살자였다.

그러나 학살 행위의 전후 맥락이나 동기에 관한 한 우리의 생각은 서로 다르다. 골드하겐이 보기에 1933년 이전의 "독일에 통용되던 문화적 개념을 갖고 있던" 대부분의 평범한 독일인들은 결국 기회를 얻었을 때 쉽게 "인종 학살자가 되기를 원했다".[31] 그러나 내 생각에 동부에 투입된 평범한 독일인들은 당시 독일 사회에 퍼져 있던, 그리고 1933년 이래 나치 정권에 의해 더욱 부추겨진 다양한 성향의 반유대주의뿐 아니라 그 이상의 훨씬 광범위한 여러 가지 생각들을 지닌 채 동부로 갔다. 당시 독일 사회에 넓게 퍼져 있던 정서는 여러 가지였다. 무엇보다 브레스트-리토프스크Brest-Litovsk 조약, 의용장교단들의 활동, 베르사유 조약에 대한 거의 일치된 거부감이 보여주듯이, 1차 세계대전 후의 질서에 대한 거부 정서는 매우 강했다. 그리고 독일인의 인종적 우월성 이론을 기초로 하여 동부 유럽 지배를 꿈꾸는 제국주의적 야망과 악의적인 반공주의 정서도 폭넓게 퍼져 있었다. 나는 반유대주의보다는 이러한 정서들이 대다수 평범한 독일인들과 나치당원들에게 훨씬 더 공통된 토대를 제공했다고 본다.

게다가 1939~1941년 사이에 전개된 사건과 상황들은 동부 유럽에 온 평범한 독일인들을 더 많이 변화시켰다. 그리고 그 변화의 폭과 강도는 1933~1939년 사이에 독일 내에서 나치 독재의 영향 아래 이루어진 것보다 훨씬 큰 것이었다. 이젠 독일이 전쟁 중이었으며, 게다가 이 전쟁은 새로운 생활공간(제국) 확보를 위한 "인종 전쟁"이었다. 평범한 독일인들은 인종적으로 열등하다고 선언된 주민들이 사는 점령 지역에 배치되었으며 이 지역에서 지배인종으로 처신하도록 끊임없이 교육받았다. 그리고 이 지역에서 접촉했던 유대인들은 그들이 지금까지 독일에서 마주쳤던, 독일 사회에 동화된 중산층 출신 독일계 유대인들이 아니라 매우 낯설고 이질적인 동부 유럽 유대인들이었다. 게다가 1941년에는 중요한 두 가지 요소, 즉 볼셰비즘에 대항하는 이데올로기적 십자군과 "파멸 전쟁"이란 요소가 더해졌다. 이러한 중요한 사실들에도 불구하고 앞서 서술한 전쟁 상황과 그 맥락의 변화가 동부 유럽에 온 평범한 독일인들의 생각과 행동에

아주 평범한 사람들

아무런 영향도 주지 않았다고 주장한다면, 그리고 오직 1933년 훨씬 이전에 만들어졌고 실제로 모든 독일인들이 공유했던 유대인 이미지만이 유대인 학살에 임하는 평범한 독일인들의 자발성, 그리고 경우에 따라서는 학살을 집행하는 열정까지 설명해준다고 주장한다면 그 주장이 과연 설득력을 가질 수 있을까?

이 문제를 검토할 때에는 다음 사실을 고려하는 것이 필요하다. 유대인 문제에 대한 "최종해결"은 소련 영토에서는 1941년 후반에, 폴란드와 기타 유럽 지역에서는 1942년 봄에 시작되었다. 그런데 이 "최종해결"을 집행하기 이전에도 나치 정권에는 7~8만 명의 정신적·육체적 독일 장애인, 수만 명의 폴란드 지식인, 전투에 가담하지 않은 수만 명의 민간인, 그리고 200만 명 이상의 러시아인 전쟁포로를 학살할 자원병이 있었다. 나치 정권이 이미 1939년 9월 시점에 현기증을 일으킬 만큼 엄청난 규모의 집단학살, 즉 학살 집행자들에게 반유대주의적 동기가 있었는지, 그리고 학살 대상이 유대인인지 아닌지의 여부와 아무 상관없는 엄청난 규모의 집단학살을 조직할 수 있었다는 것은 분명한 사실이다.

골드하겐은 최근 발표한 글에서 "독일 반유대주의의 규모와 성격에 관한 자신의 테제가 전적으로 옳지는 않다"고 하더라도 이것이 "학살자들과 그들의 동기에 관해 자신이 내린 결론"을 무효로 만들지는 않는다고 주장했다.[32] 골드하겐의 테제에서 핵심은 이들이 "자발적인 학살자"일 뿐 아니라 사실상 "유대인에 대한 인종 학살의 집행자가 되길 원했다"는 것이다.[33] 그들은 "유대인의 피에 대한 갈증을 해소하기 위해" "열광적으로" 살인했다. 그들은 "즐거웠다". 그들은 "오락 삼아" 살인했다.[34] "독일인들이 개인적으로 유대인들에게 가했던 폭력 행위와 잔인함의 범위 및 정도는 전무후무하며 사실상 역사상 인류의 야만적 행위 기록" 가운데에서도 "독보적 지위"를 차지한다.[35] 골드하겐은 단호하게 결론짓는다. "대다수 학살자들의 동기를 분석할 때 한 가지 설명만으로도 충분하다." 즉 그것은 "학살자들과 독일 사회 전체의 공통된 인식 구조"를 이루었던 "사악한 반유대주의"이다.[36]

골드하겐은 이 해석을 뒷받침하기 위해 의식적으로 계속 엄격한 사회학적 방법론을 도입한다. 이것이 그의 저서를 이 분야의 다른 연구자들의 연구에 비해 돋보이게 하고 그들의 비판을 극복하게 하는 요소들 가운데 하나이다.[37] 그래서 나는 이제 골드하겐이 자신의 테제를 입증하기 위해 도입한 논지 전개의 두 측면에 초점을 맞추고, 그것들을 골드하겐 스스로 설정하고 있는 엄격한 사회과학적 기준에 따라 평가해보려 한다. 평가 대상이 되는 첫 번째 측면은 그가 내세운 논지의 구조와 전개이며, 둘째 측면은 그의 1차 사료 활용법이다.

골드하겐의 저서 대부분은 독일사 속에 드러난 반유대주의와, 홀로코스트가 벌어지는 동안 독일인들이 유대인에게 보인 행태에 집중하는데, 그의 논지 구성에서는 두 가지 비교가 결정적인 자리를 차지한다.[38] 하나는 독일인들과 비독일인들이 유대인을 대할 때 보인 자세의 비교이며, 다른 하나는 독일인들이 유대인과 비유대인 희생자들에 대해 보인 자세의 비교이다. 그는 이 두 가지 비교를 통해 자신의 테제를 확실히 입증하고자 한다. 즉 골드하겐은 이 비교를 통해 뚜렷한 차이가 드러날 것이며, 이 차이를 설명해줄 수 있는 것은 오직 독일

아주 평범한 사람들

사회의 특유한 "몰살 추구적 반유대주의"뿐이라고 생각한다.

　그런데 우선 논지 구성에서부터 여러 문제가 드러난다. 두 번째 비교가 자신의 논지 전개를 충분히 뒷받침할 수 있도록 하려면 독일인들이 유대인과 비유대인 희생자들을 다르게 취급했다는 사실(이에 대해서는 실제로 모든 역사가들이 동의한다)뿐 아니라, 이러한 태도의 차이는 근본적으로 학살자 절대 다수가 지닌 반유대주의적 동기에 의해서만 설명될 수 있음을 명백히 입증해야 한다. 달리 표현하면 나치 정권이 여러 희생자 집단을 다르게 취급하는 정책을 수행했을 때 독일인들은 단지 이에 복종한 것뿐이라는 식으로는 설명될 수 없음을 밝혀야 한다. 물론 정책에 대한 복종과 비슷한 다른 동기들에 대해서도 마찬가지이다. 《히틀러의 자발적인 학살자들》에 나오는 두 번째, 세 번째 사례는 바로 이 두 가지 문제에 관한 증거를 제시하기 위해 서술되었다. 골드하겐은 루블린의 리포바Lipowa 및 공항flughafen 유대인 노동수용소에서 독일인들이 다른 수용자들과는 달리 유대인 노동자들만 몹시 잔인하게 취급했다고 주장한다. 그들의 노동력이 갖는 경제적 가치의 측면은 별로 고려하지 않았으며 심지어 경제적 합리성에 비추어 손실이 막심함에도 학대를 자행했다는 것이다. 그는 또 다른 사례인 헬름브레히츠Helmbrechts '죽음의 행진'에서도 유대인들을 살해하지 말라는 분명한 상부의 명령이 있었음에도 독일인들이 그 명령조차 거부하고 유대인들을 마구 학살했다는 증거가 잘 드러난다고 본다. 그러므로 이러한 학살 행위의 추동력은 국가 정책에 대한 순종이나 명령에 대한 복종이 아니라 오랫동안 독일 문화를 통해 학살자들에게 주입되었던, 유대인 희생자들에 대한 뿌리 깊은 개인적 증오심이었다는 것이다. 골드하겐은 이 모든 사례에서 볼 수 있는 이러한 반유대주의적 증오심이, 독일인 학살자들이 유대인 희생자들을 대할 때 보인 전무후무하고 지속적이며 과도한 무자비함을 설명해준다고 결론짓는다.

골드하겐이 '죽음의 행진'에 폭넓게 집중한 것은 그의 저술이 가진 단점을 부분적으로 상쇄해주는 장점 중 하나이다. 그러나 헬름브레히츠 죽음의 행진, 이 한 사례를 단순히 일반화하려는 그의 시도는 설득력을 갖지 못한다. 그는 이 경악할 만한 사건에 대해 적나라하게 서술했지만, 그 적나라한 서술도 분명한 명령을 어기면서까지 유대인을 살해하려 했던 평범한 독일인들의 만연된 열의가 도대체 어디에서 왔는지를 충분히 설명해주지 못하고 있다는 사실은 숨길 수 없다. 그는 이 행진 사례가 다른 여러 차례의 죽음의 행진들을 대표한다고 주장하지만 실제로 그 대표성을 입증하지는 못한다. 그뿐만 아니라 독일인들이 다른 희생자들을 다룰 때는 그렇게 잔인하지 않았다는 사실도 입증하지 못했다. 골드하겐은 오히려 헬름브레히츠 죽음의 행진에서조차 경비병들은 지역의 독일 주민들이 유대인들에게 먹을 것과 잠잘 곳을 제공하지 못하도록 막아야 했고 또 독일 방위군 군인들이 유대인들의 상처를 치료해주지 못하도록 제재해야만 했다고 스스로 인정한다. 그런데 골드하겐은 한편에는 유대인들에게 먹을 것을 주고 상처를 치료해주었던 독일인들, 다른 한편에는 죽음의 행진 중 명령을 어기면서까지 학살을 자행했던 잔인한 경비병들 모두 당시의 전형적인 독일 사람들은 아니었을지 모른다는 생각은 전혀 하지 않고 있다. 사실 이들 다양한 독일인 집단이 보인 행위들에서 나타난 뚜렷한 차이는 오히려 골드하겐이 간과하고 있는 상황적·제도적 요소들이 얼마나 중요한지를 암시해준다.[39]

그 밖에도 우리는 골드하겐의 주장과 전혀 상반되는 사례, 다시 말해 최고위 차원에서 정책을 변경했음에도 불구하고 비유대인에 대한 학살과 비유대인 노동력에 대한 무분별한 학대가 계속되었다는 사실을 발견할 수 있다. 유럽 유대인 전체를 몰살하기로 한 결정이 내려진 직후인 1941년 10월, 나치 정권은 소련 전쟁포로 문제에 대한 이전의 방침을 수정했다. 이들을 지금까지처럼 단순히 굶주림, 질병, 추위로 인해 사망하도록 방치하지 말고, 앞으로는 노동력으로 잘 활용하라는 지시였다. 그 구체적인 사례로, 아우슈비츠 수용소 소장 루돌프 회스Rudolf Höss는 많은 수의 소련 전쟁포로가 그곳으로 이송될 것이며 이들을 비르케나우의 새 수용소 건설 작업에 동원하라는 지시를 받았다. 이 프로젝트는 힘러가 매우 우선시하는 사업 중 하나였다. 즉 소련 전쟁포로들을 즉시 죽이지 말고 쓸모 있는 작업에 동원하라는 것은 경제적 판단일뿐더러 고위층의 명령이기도 했다. 그러나 1941년 10월 아우슈비츠에 도착했다가 비르케나우로 이송된 소련 전쟁포로 약 1만 명 가운데 4개월이 지난 1942년 2월 말, 생존해 있던 포로는 겨우 945명이었다. 9.5퍼센트의 생존율이다.[40] 소련 전쟁포로들을 긴급한 건설 작업에 투입하라는 힘러의 명령은 고문과 노동을 통해 학살을 일삼아온 수용소 경비대원들의 체질화된 습관도, 비르케나우 수용소의 치명적으로 열악한 상황도 하루아침에 바꾸지 못한 것이다.

사실, 마이클 태드 앨런Michael Thad Allen이 이미 오래전에 친위대의 경제관리본부Wirtschaftsverwaltungshauptamt에 관한 박사학위 논문에서 지적했듯이,[41] 강제수용소에서는 유대인들이 수용자의 대부분을 차지하기 훨씬 이전부터 생산을 위해서가 아니라 수용자에 대한 처벌과 학대 수단으로서 강제노동을 실시했으며, 이것이 수용소의 문화로 정착되었다. 나아가 강제수용소의 노동력을 생산적으로 활용하려는 노력은 전쟁 기간 내내 강제수용소 경비 및 관리 부대의 저항에 부딪혀 무산되었다. 그들은 어떠한 경제적 합리성에 대해서도 고집스럽게 저항했던 것이다. 이런 사실을 고려할 때 강제수용소 문화는 관련 수용자들이 어떤 인종에 속하는가와 상관없이 바꾸기가 매우 어려운 것이었음이 분명하다.

이 시점에 비르케나우에 수용된 유대인 노동자들은 어떤 취급을 받고 있었을까? 통계를 비교해보자. 1942년 봄 젊은 슬로바키아 유대인 여성 7000명이 노동자로 선별되어 아우슈비츠 수용소에 이송되었다. 8월 중순에 이들 가운데 아직 생존해 있던 6000명이 비르케나우로 이송되었다. 그런데 4개월이 조금 지난 12월 말경에는 이들 중 단 650명만이 살아 있었다. 위에서 언급했던 소련 전쟁포로의 경우와 비슷한 10.8퍼센트의 생존율이다.[42] 다시 말해 반유대주의만으로는 설명될 수 없는 요소들, 즉 수용소라는 제도적 요소나 전쟁과 같은 상황적 요소, 그리고 이데올로기 같은 요소들이 같은 수용소에 있던 소련 전쟁포로들과 슬로바키아 출신 유대인 여성들에게 거의 같은 사망률을 초래했던 것이다. 그리고 이들 상이한 집단에 대해 똑같이 통제되지 않은 채 잔인하게 이루어진 집단학살은, 나치 정권의 정책이 변화하여 소련 전쟁포로들을 즉시 살해하지 말고 긴급한 경제적 과업에 투입하도록 지시했음에도 불구하고 발생했다.

　물론 유대인 노동력에 대한 학대는 지극히 미미한 변화를 제외하고는 그대로 계속되었지만 소련 전쟁포로들에 대한 처리 방식은 장기적으로는 변했다는 골드하겐의 지적은 사실 옳다. 그러나 이는 오히려 소련 전쟁포로들을 학대·학살해온 제도적 관성과 초기에 고집스럽게 나타난 잔인한 행동패턴에도 불구하고 궁극적으로는 나치 정권의 정책에 복종하는 태도가 우위를 차지했다는 사실을 보여준다고 할 수 있다. 이것은 앞서 언급한 두 경우 모두 마찬가지이다. 즉 이 사례들은 소련 전쟁포로 같은 슬라브인들이 유대인들과 다른 운명을 겪게 된 것이 일차적으로는 문화적으로 다르게 유도된 태도로 인해 유대인, 비유대인의 두 집단이 달리 취급되었기 때문이라는 골드하겐의 주장을 단순히 입증해주지는 않는 것이다.[43] 반대 자료는 계속 제시될 수 있다. 독일인들은 러시아 침공 첫 9개월 동안 소련 전쟁포로 약 200만 명을 학살했다. 이는 같은 시점까지 희생된 유대인 수를 훨씬 능가하는 것이다. 전쟁포로 수용소에서의 소련군 사망률은 "최종해결" 시작 전 폴란드 게토에서의 유대인 사망률보다 훨씬 높았다. 나치 정권이 방침을 바꿔 모든 유대인을 학살하기로 결정했던 것은 그들이 생각을 바꿔 모든 소련 전쟁포로들을 아사시키지 않기로 결정한 것과 마찬가지 경우이다. 즉 이러한 방침의 변화는 독일 사회에 만연한 기본적 태도를 보여주기보다는 오히려 이들이 히틀러와 나치 지도부의 이데올로기, 그리고 그들이 상황에 따라 유동적으로 부여했던 우선권 혹은 강박관념에서 나왔음을 보여준다. 전쟁 초기 몇 개월 동안 소련 전쟁포로들에게 발생한 현기증을 일으킬 만큼 높은 사망률은, 무엇보다도 나치 정권이 계속 원하기만 했다면 평범한 독일인들을 무수히 많은 소련 전쟁포로 학살에 동원할 수 있었다는 사실을 암시한다. 또한 소련 전쟁포로들에 대한 집단학살이 1942년 봄까지 계속되었다는 사실은 오히려 나치 지도부의 정책이 변했다고 할지라도 이미 작동하던 학살 기구들은 즉각 정지될 수 없을 뿐 아니라 학살에 투입된 부대원들의 생각이나 행동양식도 갑작스럽게 바뀌지 않았다는 사실을 입증해준다.

즉 정권의 정책, 이전의 행동양식, 문화적으로 유도된 인지적 이미지 등 학살에 작용했다고 상상할 만한 여러 주요 요소가 있다. 그러나 독일인들이 유대인과 비유대인 희생자들에 대해 보인 행동의 차이를 설명하기 위해 골드하겐이 제시하는 논지는 이렇게 여러 가지로 추정할 수 있는 요인들을 충분히 세분화해서 고려하지 않는다. 그는 다른 어떤 요인들보다 학살자들이 보인 잔인함에 지나치게 무게를 부여하면서 오직 독일인들이 유대인에 대해 갖고 있던 인식상 이미지만이 앞서 언급한 행동 차이를 규명할 수 있는 "유일하게" 적합한 분석 틀이라고 주장하고 있는 것이다.

그러나 골드하겐처럼 독일인들이 유대인에 대해 보인 전례 없이 유일한 잔혹함에 의존하여 논지를 전개하면 다음 두 가지 측면에서 문제가 있다. 첫째, 학살이 역사상 유일무이하게 잔혹했다는 그의 주장은 사실에 근거한 비교보다는 자신의 서술이 갖는 감정적 효과에 기초하고 있다. 골드하겐은 수많은 사례에서 독일인들이 유대인에 대해 보인 잔인함을 적나라하게 생생하게 끔찍하게 묘사하며, 이를 읽으며 아연실색하게 되는 독자들에게 이러한 잔인함은 의심할 여지 없이 역사상 전례가 없는 것이라고 단언한다. 하지만 불행하게도 나치에 협력했던 루마니아인과 크로아티아인이 저지른 학살 행위 보고서들은 이들이 독일인들과 마찬가지로 잔인했을 뿐 아니라 오히려 독일인들보다 늘 훨씬 더 잔인했다는 사실을 낱낱이 기록하고 있다. 캄보디아에서 르완다에 이르기까지 홀로코스트와 무관한 수많은 잔혹 행위의 사례들은 여기서 언급할 필요도 없을 것이다. 그러나 골드하겐은 독일인들이 유대인이 아닌 다른 희생자들, 특히 독일 장애인들을 살해할 때 보였던 잔인함은 그리 대수롭지 않게 여긴다.[44] 학살 집행자들은 "고통을 주지 않는" 살인의 경우 "냉정하고 무감각하게" 열정 없이 작업에 임했다는 것이다. 그러나 정신장애인들도 가스실 열차•나 가스실이 발명되기 전에는 아이드만Eidmann 부대의 사격병들에 의해 일일이 사살되었으며 수많은 영아들은 굶어 죽도록 방치되었다. 비명을 지르며 도망치는 환자들은 추격을 받았으며 체포되면 버스에 실려 정신병동으로 끌려갔다. 심지어 하다마르Hadamar에서는 학살자들이 1만 번째 희생자를 기념하기 위해 파티를 열었다![45]

둘째, 골드하겐은 유대인에 대한 이런 정도의 잔인함은 오직 독일 문화에 독특하게 내재하는 유대인 이미지에 의해서만 설명될 수 있으며 이는 직관적으로 자명하다고 단순하게 주장한다.[46] 홀로코스트에서 드러나는 상상을 초월하는 끔찍한 잔혹성이 지금까지 연구자들에 의해 충분하게 다루어지지 않은 주제라는 점—생존자들의 기

• 화물열차를 개조해서 만든 가스실 열차. 동부 전선에서 주로 사용되었는데 수송과 수용, 처형에 걸리는 시간과 비용을 절약하기 위해 고안되었으며 일산화탄소가 사용되었다. 약 50만~60만 명이 이송 중 가스실 열차에서 살해된 것으로 추정된다.

억 속에는 그토록 깊이 각인되어 있는데도—을 지적할 때 골드하겐은 전적으로 옳다. 그러나 이것이 학살 동기와 관련된 골드하겐 자신의 근거 없는 주장이 옳다는 것을 뜻하지는 않는다. 흥미롭게도 홀로코스트 생존자이자 언어의 달인인 프리모 레비는 학살자의 잔인함에 대해 순전히 기능적인 설명을 한 악명 높은 트레블링카 수용소 소장 프란츠 슈탕글의 견해에 적어도 부분적으로 동의했다. 즉 학살자들과 마주했을 때 희생자들이 보인 너무나도 품위 없는 행동과 지나치게 굴욕적인 태도는 독일인 학살자들이 희생자들을 너무 쉽게 인간 아닌 인간으로 취급하도록 만들어주었다는 것이다. 그리고 이것은 학살자들이 잔혹 행위를 집행하는 데 필수적이었다. 즉 "이 '학살 조치'를 실제 집행해야 했던 자들이 마음의 준비를 할 수 있도록, 그래서 결국 그들이 그 잔인한 학살을 집행할 수 있도록" 하는 데 그것은 필수적이었다. 그러나 우리는 이러한 설명 자체가 전적으로 틀린 것은 아니지만 적절치는 않다고 보는 레비의 좌절감에 공감할 수 있다. 레비는 슈탕글의 주장을 이렇게 논평했다. "이 설명은 논리를 벗어나지는 않는다. 그러나 그것이 쓸모없는 폭력의 유일한 쓸모라고 하늘에 외치고 있다."[47]

잔인함을 보여주는 너무나 많은 사례들은 사실 슈탕글의 주장과 같은 순전히 기능적인 설명 틀로는 도저히 설명되지 않는다. 그래서 프레드 캐츠Fred E. Katz는 다른 접근법을 택했다. 그에 따르면 학살이 자행되는 환경에서는 "잔인함의 문화"가 창조된다. 이는 "걷잡을 수 없이 강력하게 나타나는 현상"이다. 그리고 이 현상은 이유 없이 과도한 잔인함을 과시하는 자들에게 여러 가지 만족감을 제공해준다.

아주 평범한 사람들

다른 사람들과 다르다는 평판, 부대원들 사이에서의 한층 높은 명성, 지루함의 감소, 기쁨과 축제 분위기, 예술성과 창조성의 느낌 등.[48] 그러나 우리는 아직도 여전히 이런 단순한 주장으로는 풀릴 수 없는 중요한 의문점 앞에 서 있다. 과연 증오의 문화가 그러한 잔인함의 문화를 만들어내는 데 불가피한 전제조건일까? 골드하겐은 중요한 문제를 제기했지만 내 생각에 지금까지 우리는 이에 대해 만족할 만한 답을 발견하지 못했다.

그래서 나는 이제 다른 비교로 눈을 돌리려고 한다. 독일인과 비독일인이 각각 유대인을 어떻게 취급했는지에 대한 비교이다. 공인된 사회과학적 기준을 충족시키기 위해서는 독일인들의 행태가 "최종해결"에 참여한 다른 모든, 또는 적어도 공정하게 무작위로 선택된 표본 국가 구성원들의 행태와 비교되어야 한다. 골드하겐은 이런 엄밀한 비교 대신 임의로 덴마크인과 이탈리아인들의 행태를 비교 기준으로 제안했다. 그러나 이 선택은 무작위도 아니고 공정하지도 않다.[49] 왜냐하면 골드하겐은 이 제안을 하면서 독일이 다른 유럽 지역 어디에서도 문제없이 학살 협력자를 발견할 수 있었지만 왜 덴마크와 이탈리아에서는 그렇지 못했는가 하는 본질적 문제는 사실상 제쳐두기 때문이다. 또 그의 제안은 독일인처럼 유대인을 잔혹하게 취급한 전례가 역사상 없다는 증거는 제시하지 않는다. 독일인들의 행태가 문화적으로 조건지어진 특이한 반유대주의에 뿌리를 두고 있다는 자신의 주장을 위한 구체적인 증거도 물론 보여주지 않고 있다. 골드하겐은 자신의 저서 어딘가에서 사살조에는 동유럽인들도 속해 있었다는 점을 인정하며, 이러한 학살자들이 홀로코스트에 동참하도록 만든 인식적 요소와 상황적 요소를 결합하는 연구가 이루어져야 한다고 요구한다.[50] 그러나 정작 본질적인 문제, 즉 왜 동유럽인 학살 자들의 학살 동기에 대해서는 갑자기 다원적인 설명을 수용하면서도 독일인 학살자들에 대해서는 그러지 않는가에 대해서는 아무 설명도 하지 않는다.

게다가 내가 1996년 4월 미국 홀로코스트 추모관U.S. Holocaust Memorial Museum: USHMM 개관 기념 심포지엄에서 지적했듯이[51] 101예비경찰대 대에는 룩셈부르크 출신 대원들이 있었다. 내가 보기에 이들의 사례 는 다른 문화적 뿌리를 가진 대원들이 동일한 상황 속에서 어떻게 행 동했는지를 서로 비교할 수 있는 흔치 않은 기회를 제공해준다. 심포 지엄 당시 나는 아직 관련 사료가 탄탄하지 않아서 확실하게 말할 순 없지만, 룩셈부르크인 14명은 독일인 동료들과 거의 다르지 않게 행 동한 것 같으며, 따라서 상황적 요소들이 매우 커다란 역할을 한 것 으로 볼 수 있다고 주장했다. 이에 대해 골드하겐은 14명밖에 안 되 는 적은 수의 룩셈부르크인들로부터는 일반적인 결론을 이끌어낼 수 없다고 반박했다. 자신은 리포바와 공항 노동수용소 또는 헬름브레 히츠 죽음의 행진에서 나타난 소수 경비대원들의 행동으로부터 주저 없이 포괄적인 결론을 끌어냈음에도 말이다.

지금까지 내가 비판한 것은 골드하겐의 논지 전개가 갖는 논리적 문제점이지 그의 해석 자체는 아니다. 나는 골드하겐이 스스로 지키 려고 설정했던 엄격한 사회학적 요구 조건을 자신도 충족시키지 못 하고 있다는 점을 지적하고자 한 것이다. 그러면서 그는 다른 연구자 들이 이 엄격한 사회과학적 요구 조건을 제대로 이해하지도 못했다

아주 평범한 사람들

고 거듭 비판하기까지 했다. 이제 우리는 골드하겐의 사료 사용법을 검토해야 한다. 그것은 골드하겐의 해석을 뒷받침해주는 결정적인 증거는 없다는 사실을 확인하기 위해서일 뿐만 아니라, 그의 해석을 믿을 수 없게 만드는 사료 해석상의 결점을 규명하기 위해서이다.

골드하겐은 자신이 "학살자들이 유대인에 대한 살인마적 박해에 동참하도록 동기를 유발한 것은 그들의 유대인관이었다"는 가설을 갖고 연구를 시작했다고 인정한다.[52] 그리고 그가 자신의 가설을 입증하기 위해 동원했던 101예비경찰대대 대원들의 행동과 그 동기에 관한 1차 사료는 종전 후 검찰 수사 과정에서 수집된 증언들이다. 학살 범죄자들이 전후戰後에 증언한 자료들이 매우 문제가 많다는 점은 연구자들 사이에서 논란의 여지가 없다. 취조관들의 질문들 자체도 그런 소지가 있는 데다가 그 증언들이 증언자들의 기억상실, 의도적 망각, 왜곡, 핑계, 거짓 등으로 점철되어 있기 때문이다.

그렇지만 내 생각에 101예비경찰대대의 증언은 그런 증언들 대부분과 질적으로 다르다. 우선, 대원들에 관한 상세한 인사 기록이 남아 있으며 전체 대원(대부분은 장교가 아닌 일반 예비역)의 40퍼센트 이상이 사건 규명을 위해 집요하게 노력한 유능한 검사들에 의해 철저하게 취조를 받았다. 그 결과 남겨진 많은 증언 기록들은 이례적으로 생생하고 상세한 내용을 담고 있다. 그래서 일반적인 나치 관련자 취조 기록을 볼 때 흔히 마주하게 되는 의례적이고 거짓임에 분명한 증언들과 분명히 다르다. 물론 이 증언들에 대해 내가 내릴 평가도 본질적으로는 주관적이며, 오류를 범할 가능성도 있다. 그럼에도 나는 이 증언 기록을 신중하게 활용한다면, 역사가들이 다른 자료를 가지고는 해결할 수 없는 의문점을 풀 보기 드문 기회를 얻게 될 것이라고 생각한다. 독자적으로 수천 건이 넘는 전후 독일의 나치 범죄 관련 재판 가운데 골드하겐과 나 둘 모두가 바로 이 예비경찰대대에 대한 재판 기록에 다가가게 된 것은 결코 우연이 아니다.

우리는 이제 골드하겐이 이 자료들을 얼마나 신중하게 사용했는지 살펴보아야 한다. 골드하겐은 학살자들이 남긴 증언의 증거가치 문제를 해결하기 위해, "'모든' 자기변명적 증언은 다른 자료를 통해 사실로 입증되지 않는 한 아예 무시하는 것이 가장 바람직한 방법론적 입장"이라고 주장한다.[53] 왜곡된 결론이 나오는 것을 피하기 위해서는 결국 "수많은 사례들로부터 자신의 논지에 특히 적합한 자료를 골라내려는" 유혹을 이겨내야 한다는 점은 골드하겐도 잘 인식하고 있는 것이다.[54] 그런데도 그는 자신의 방법론에서는 "사료 선택에서의 치우침이 원천적으로 배제될 수 있다"라고 단언한다.[55]

그렇다면 골드하겐의 방법론은 과연 치우침을 피하고 있는가? 실제로 골드하겐은 어떤 증언들을 자기변호성 주장으로 규정하는가? 그리고 다른 사료를 통해 입증되지 않는 자기변호성 증언들을 사료 선택에서 제외하기 위해 어떤 잣대를 사용하고 있는가? 골드하겐이 볼 때, 증인들이 "학살 행위에 충심으로 동의하고 혼신을 다해 가담했다는 사실을 부정"할 때 그들의 모든 증언은 "십중팔구" 자기변명적이다.[56] 즉 골드하겐의 출발 가설과 일치하지 않는 정신 자세나 동기를 주장하는 증언들은 달리 입증되지 않는 한 사료 선택에서 모두 원천적으로 배제된다는 것이다. 그런데 동시대인들의 편지나 일기 같은 것들이 거의 남아 있지 않은 상황에서 학살자들의 정신 상태를

아주 평범한 사람들

입증해주는 다른 자료를 찾아내는 것은 거의 불가능하다. 그 결과 골드하겐에게는 자신의 가설과 일치하는 증언만 남게 된다. 결론은 사실상 자신의 테제를 입증하려는 실질적 목적을 위해 사전에 이미 결정되어 있는 것이다. 본래 가설을 철저히 검증해야 할 연구방법론이 가설 입증 외에 다른 것을 거의 할 수 없다면 이는 엄격히 말해 유효한 사회과학적 방법론이라고 할 수 없다.

이미 정해진 결론을 갖고 시작하는 결정론적인 방법론의 문제점은 골드하겐이 1차 사료 사용에서 범하는 또 다른 오류와도 뒤섞여 있다. 즉 희생자가 유대인이 아니라 폴란드인일 경우 골드하겐은 학살자들이 남긴 증언의 증거가치에 다른 잣대를 사용한다. 주관성이 뚜렷하게 엿보이는 증언일지라도 독일 경찰의 경우에서와 같이 엄격하게 배제하지 않는다. 이중 잣대를 사용하는 것이다. 골드하겐이 증거자료 선택과 사용에서 범하는 이러한 오류들이 누적된 결과는 내가 뒤에서 시도할 비교에서 극적으로 나타날 수 있다. 유제푸프와 탈친에서 예비경찰대대가 유대인과 폴란드인에 대해 자행한 첫 학살을 나와 골드하겐이 각각 어떻게 서술했는지 자세히 비교해보자.

골드하겐에 따르면 유제푸프에서 작전 직전에 빌헬름 트라프 소령이 대원들에게 한 "격려사"는 실제로 모든 대원들이 이미 공유하고 있던 유대인에 대한 저주의 시선을 작동시켜 그들을 학살로 부추겼다. 트라프가 "마음에 갈등이 있고" "동요된" 상태였음에도 불구하고 그의 연설은 "민족사회주의적으로 각인된 자신의 유대인관"을 드러냈다. 대원들에 관한 한 골드하겐은 "많은 대원들이 학살 임무 앞에서 심적 동요를 보였으며 심지어 순간적으로 낙심했다"라고 인정한다. 그럼에도 불구하고 골드하겐은 대원들이 증언 과정에서 학살에 대해 부정적으로 언급한 내용, 예를 들어 "학살은 끔찍했으며 학살 후 몹시 괴로웠다"라는 식으로 언급한 것을 그들이 잔혹한 광경 앞에서 보인 내적 허약함 이상으로 해석하는 "유혹"에 빠져서는 안 된다고 경고한다.[57]

골드하겐의 이러한 서술은 어떤 사실들을 감추는가? 그는 본문에서는 아니지만 각주에서, 트라프가 어린아이처럼 울었다는 사실을 한 대원이 증언했다고 인정한다. 그런데도 트라프가 울었다거나 다른 방식으로 육체적 고통을 보였다고 한 다른 증인 7명의 증언은 어디에서도 언급하지 않는다.[58] 골드하겐은 트라프가 학살 명령은 자신이 내리는 것이 아니라고 분명히 밝혔다는 사실을 기억하는 두 경찰관의 증언[59]뿐 아니라, 트라프가 대원들에게 명령을 전달하면서 공개적으로 이 명령으로부터 거리를 두었다는 다른 대원 4~5명의 증언도 언급하지 않는다.[60] 그는 트라프의 운전병이 남긴 증언에 대해서도 침묵한다. 운전병의 증언은 이렇다. "트라프는 내게 유제푸프에서 벌어진 일에 대해 이렇게 말했다. '언젠가 세상에서 유대인 학살에 대한 보복이 이루어진다면 신께서 우리 독일인들과 함께하시길.'"[61] 골드하겐이 유대인을 저주하는 시선을 작동시킨 연설이라고 의미를 부여한 트라프의 "격려사"는 자세히 들여다보면, 눈앞에 다가온 유대인 학살을 전쟁 행위로 합리화하려는 애처로운 시도였음이 드러난다. 그는 유대인 학살이 독일의 적대 국가들에 대항하는 전쟁 행위, 마치 고국의 여자들과 아이들에 대해 무차별 공습을 가하고 있는 연합국의 전쟁 행위와 비슷한 행위라는 점을 강조하려 했다. 그런데도 골드하겐은 대원들이 큰 충격을 받았고, 우울하고 비통했으며, 낙담하고 절망에 빠져 분노했다는, 그리고 심적 부담 때문에 고통을 겪었다고 고백하는 반복된 증언들을 모두 자기변명이거나 "일시적"인 내적 허약함의 징후였을 뿐이라고 단숨에 무시해버린다.

반면 골드하겐은 탈친에서 독일 경찰에 대한 테러가 발생했을 때 이에 대한 일종의 보복조치로 폴란드인들에게 자행한 첫 학살에 대해 서술할 때에는 이렇게 주장한다. "이 특징적인 사례는 독일인들이 폴란드인과 유대인을 각각 다른 자세로 대했다는 것을 선명하게 보여준다." 그런데 그는 그 증거로 단 두 명의 증인을 인용한다. 한 증인은 탈친에서 트라프가 "울었다"고 증언했으며, 다른 한 증인은 "몇몇 대원들이 앞으로 다시는 이런 임무에 동원되지 않기를 바란다는 입장을 밝혔다"라고 주장했다.[62] 간단히 말해 골드하겐은 대원들이 폴란드인 학살을 유대인 학살과 얼마나 다르게 생각했는지를 입증하기 위해, 자신이 유제푸프 유대인에 대한 학살 행위를 언급할 때에는 원칙적으로 제외하거나 슬쩍 지나쳐버린 바로 그런 종류의 증언들을 갑자기 끌어오고 있는 것이다. 물론 그래봐야 증인은 단 두 명에 불과했지만 말이다.

이처럼 골드하겐이 사료를 선별하는 과정에 사용하는 이중 잣대는 대원들의 동기를 분석할 때에도 발견된다. 탈친에서 대원 가운데 누구도 물러서지 않고 폴란드인을 학살했다는 사실은 폴란드인을 죽이고 싶어하는 욕망을 보여주는 증거로 조명되지 않았다. 반면, 유제푸프에서 대원들이 보였던 동일한 자세는 그들이 유대인에 대한 "인종 학살 집행자가 되기를 원했다"는 증거로 인용되었다. 또한 골드하겐은 탈친에서의 상황에 관한 단 한 명의 증언을 선택하여 이것이 마치 폴란드인에 대한 학살 임무가 부과되었을 때 모든 대원들이 보인 "명백한 거부감과 망설임"을 보여주는 확실한 증거인 것처럼 인용했다. 반면, 유제푸프에서 학살에 가담한 대원들이 느낀 고통에 관한 산더미 같은 증언들은 단지 "일시적"인 심리적 허약함의 증거 외에 아무것도 아니라고 무시해버렸다.[63]

골드하겐이 유대인과 폴란드인 희생자에 대해 적용한 이중 잣대는 또다른 방식으로도 명백하게 드러난다. 골드하겐은 유대인에 대해 자행된 수많은 불필요하고 자의적인 학살 사례들을 학살자들의 자세 평가를 위한 중요한 자료, 즉 반유대주의적 증오심의 증거로 인용한다. 그러나 그는 폴란드인들이 희생자인 경우, 101예비경찰대대가 자행했던 마찬가지로 불필요하고 자의적인 수많은 학살들은 슬쩍 은폐한다. 한 사례를 살펴보자. 니에즈두프 마을에서 독일 경찰대원 한 명이 살해되었다는 보고가 들어오자, 영화를 보기 위해 막 오폴레에 있는 극장으로 떠나려던 경찰대원들이 보복조치를 위해 긴급 출동했다. 그런데 마을의 젊은 폴란드인들은 모두 미리 도피했고 노인들만 남아 있었으며 그들마저 다수는 여성이었다. 게다가 매복한 게릴라의 습격을 받았던 독일 경찰이 사망하지 않고 부상만 당했다는 보고가 들어왔다. 그럼에도 불구하고 101예비경찰대대 대원들은 노인들을 모두 학살하고 마을을 완전히 불태운 다음 오폴레로 돌아와 자유롭고 편안한 영화 관람의 밤을 즐겼다.[64] 이 사례에서 독일인들이 폴란드인을 학살할 때 "명백한 거부감이나 망설임"을 느꼈던 흔적이라고는 도저히 보이지 않는다. 만약 희생자가 유대인이었고 쉽게 반유

　　　　　　　　　　아주 평범한 사람들

대주의적 동기가 추론될 수 있었다면 골드하겐이 이 사건을 사료 선택에서 과연 그렇게 쉽게 빠뜨렸을까?

골드하겐이 사료 선택에서 보이는 편파적인 태도는 대원들의 행동이 거의 모두 같았다는 그의 서술에서도 밝혀질 수 있다.[65] 하인츠 부흐만 소위는 근본적으로 집단학살에 대해 반대를 표시했으며 어떠한 종류의 반유대적 행위에도 참가하기를 거부했던 유일한 대원이었다. 부흐만은 자신의 행동과 친위대 대위 율리우스 볼라우프나 볼프강 호프만의 행동이 보인 차이점에 관해 마지못해 다음과 같이 털어놓았다. 자신은 "잘나가는 사업체"를 소유하고 있었기 때문에 경찰 내에서의 승진 문제가 아무 역할도 하지 않았지만, 볼라우프나 호프만은 "부대 안에서 아직 더 높이 올라가고 싶어하던 젊고 야망 있는 적극적인 대원"이었다는 것이다. 나아가 그는 "나는 특히 해외에까지 뻗어 있던 사업 경험을 통해, 당시 정세를 더 잘 내다볼 수 있었다"라고 덧붙였다.[66] 골드하겐은 부흐만 자신이 직업적 출세라는 동기에 부여하는 중요성은 슬쩍 지나쳐버리면서, 부흐만 증언의 나머지 절반을 그가 대대원 가운데 유일하게 독일인의 환각적 반유대주의의 영향 아래에 있지 않았다는 증거로 채택한다.[67]

그러나 만약 부흐만이 대대 내의 한결같은 반유대주의를 보여주는 핵심 증인으로 인용될 수 있었다면 골드하겐은 다음과 같은 그의 증언들은 틀림없이 배제하지 않았을까? 즉 부흐만은 반유대주의적 작전에 참여하지 않으려는 그의 행동에 대해 대원들이 보인 다양한 반응을 이렇게 표현했다. "내 부하들 가운데 어떤 대원들은 나를 이해했지만 또 어떤 대원들은 나를 헐뜯는 말을 하고 경멸 어린 시선을 던지기도 했다."[68] 그리고 학살 자체에 관한 대원들의 태도에 대해서는 "그들은 유대인 학살 작전을 열광적으로 집행하지는 않았다. (…) 그들은 모두 매우 침울해했다"라고 증언했다.[69]

골드하겐의 편파적인 사료 선택을 보여주는 마지막 사례는 다음과 같다. 골드하겐은 학살 집행자들이 유대인을 살해하는 데 "재미를 느꼈으며", "학살 현장에서 나눈 대화에 대한 이들의 보고를 듣다 보면 그들이 인종 학살과 자신들의 행동에 근본적으로 찬성하고 있었다는 느낌을 갖게 된다"라고 시종일관 강조한다.[70] 위마지에서 벌어진 학살 후 "유대인 사냥"에 나섰던 열차경비대장 하인리히 베케마이어 그룹에 관한 그의 보고는 전형적인 예이다. 골드하겐은 이렇게 쓰고 있다. "베케마이어의 대원들은 유대인을 발견하면 그들을 단순히 사살하는 데 그치지 않았다. 다음 사례가 보여주듯이 그들 또는 적어도 베케마이어는 사살을 집행하기 전에 유대인들을 갖고 놀았다."

곧이어 그는 경찰대원들의 증언 중에서 이렇게 직접 인용한다.

한 사건이 아직까지도 기억난다. 우리는 경비대장 베케마이어의 지휘에 따라 유대인들을 어디론가 이송해야 했다. 이송 도중 베케마이어는 유대인들에게 시궁창을 기면서 그들이 으레 하는 것처럼 노래를 부르게 했다. 시궁창을 기면서 노래 부르기가 끝났을 무렵, 한 노인이 더이상 움직일 수 없게 되자, 베케마이어는 면전에서 노인의 입안에 총을 집어 넣어 사살했다.

골드하겐은 이 지점에서 인용을 멈추며 같은 사건에 대해 나중에 취조했을 때 나온 다음 증언에 기초하여 이 사례를 종합한다.

베케마이어가 유대인에게 사격을 가하자 그 유대인은 마치 신에게 호소하려는 듯 손을 높이 들다가 쓰러졌다. 그 유대인 시체는 바닥에 그대로 방치되었으며 우리 중 누구도 그를 돌보지 않았다.

그런데 만일 골드하겐이 이 증인의 보고를 잘라내지 않고 계속 인용했다면 그것은 얼마나 다르게 들렸을까? 증인은 베케마이어가 어떻게 유대인 노인의 입안에 총을 넣어 사살했는지를 묘사한 후에 바로 이어서 다음과 같이 증언했다. "나는 내 옆에 서 있던 하인츠 리히터Heinz Richter에게 '저 망나니 같은 놈을 죽여버리고 싶다'라고 말했다." 같은 증인에 따르면 "일련의 동지들"은 베케마이어를 사실상 "저질스러운 놈"이나 "형편없는 개"로 취급했다. 그는 "폴란드인과 유대인"에 대해 "거칠고 잔혹하며", 나아가 자기 부하 대원들까지도 학대하는 악명 높은 인물이었다.[71] 요컨대 골드하겐은 사료를 편파적으로 선택하고 발췌하여, 이 사건을 그가 일반화한 해석 틀, 즉 대원들은 모두 똑같이 잔혹했으며 학살에 기꺼이 가담했다는 해석을 지지하는 그림의 한 부분으로 배치했다. 그러나 위의 사례와 관련된 증언들을 모두 자세히 들어보면 대원들이 모두 잔혹했다는 인상을 주지 않는다. 증언은 오히려 부하 대원들마저 거부감을 가질 수밖에 없도록 특별히 저질적이고 혐오스럽게 행동한 한 친위대 장교상을 적나라하게 보여주고 있다.

이처럼 사료를 편파적으로 선택하고 그것을 기초로 하여 지나치게 일반화된 해석을 펼치고 있는 골드하겐과 달리 나는 대대에 관해 다층적인 그림을 그렸다. 대대 내부의 여러 집단들은 서로 다르게 행동했다. 시간이 흐르면서 그 수가 점차 많아진 "열렬한" 학살자들은 살인할 기회를 찾아 다녔으며 살인 행위를 즐겼다. 사살조에 참가하지 않은 대원들은 대대 내에서 가장 작은 집단을 형성했다. 부흐만 소위를 제외하면 그들은 나치 정권과 정책에 대해 근본적으로 반대하는 입장은 아니었으며 사살조에 가담한 다른 동료들에 대해 어떠한 비난도 하지 않았다. 그들은 "이 임무를 감당할 능력이 없다고 느낀" 대원들을 사살조에서 면제해주려는 트라프의 방침을 기회로 삼아, 자신들이 너무 심약하거나 자식이 있다는 식으로 주장하여 면제 혜택을 받았다.

대대 내에서 가장 많은 수를 차지한 것은 어떤 명령이든 수행한 집단이었다. 그들은 권위에 저항하거나 나약한 모습을 보일 때 주어질 수 있는 위험을 감수하지 않았다. 그렇다고 해서 학살에 자원하거나 학살을 즐긴 것은 아니다. 그러나 사살이 반복되자 이 대원들은 점점 무감각해지고 잔인해졌다. 그리고 자신들에게 주어진 희생자들, 즉 비인격화된 채 강제이송되고 결국 사살된 희생자들에 대해서는 어떤 죄의식이나 미안함도 느끼지 않게 되었다. 오히려 그들은 자신들이 매우 "역겹고 불쾌한" 임무를 수행해야 한다는 사실에 대해 못마땅해했다. 그들은 전체적으로 자신들이 행한 일들이 잘못이라거나 부도덕한 일이라고 생각하지 않았다. 합법적인 권위자가 학살을 허가했다는 이유에서였다. 사실 그들은 대부분 아무 생각도 하지 않으려 했으며 임무를 집행하면 그뿐이었다. 한 경찰대원은 말했다. "나는

아주 평범한 사람들

진심으로 우리가 이 문제에 관해 전혀 깊이 성찰하지 않았다고 말할 수밖에 없다. 우리 중 몇몇은 몇 년이 지난 후에야 비로소 당시 무슨 일이 일어났었는지 깨달았다."[72] 과도한 음주가 도움이 되었다. "대부분의 대원들은 단지 유대인을 많이 사살했다는 이유로 폭음을 했다. 학살자의 삶은 정말 맨정신으로는 견디기 어려웠기 때문이다."[73]

경찰대원들이 "자발적인 학살자"였다는 것이 곧 그들이 "인종 학살의 집행자가 되기를 원했다"는 것을 뜻하지는 않는다. 내 생각에 이 두 가지 주장은 매우 중요한 차이점을 갖고 있지만, 골드하겐은 이를 시종일관 모호하게 다룬다. 그 밖에도 그는 반복해서 다양한 해석을 둘러싼 논쟁을 다음과 같이 그릇된 형태의 이분법적 논리로 끌고 간다. '독일인 학살자들은 유대인이 악마적 본성을 가졌다는 주장에 관한 한 히틀러와 "한마음"이었음에 틀림없으며 따라서 집단학살의 필요성과 정당성을 믿었다'. '만약 그렇지 않았다면 그들은 자신들이 역사상 최악의 범죄를 저지르고 있다고 생각해야 했다'. 그러나 나는 극단적으로 상반되는 이 두 가지 시각 가운데 어느 것도 다수의 학살자를 묘사하는 데 적합하지 않다고 생각한다.

나는 대대에 관한 다층적인 그림을 그리면서 대원들의 학살 동기에 관한 다원적인 설명도 제시했다. 나는 상황에 대한 동조, 동료 집단의 압력, 권위에 대한 복종과 같은 요소의 중요성에 대해 언급했으며 또 정권이 제공해주는 정당성의 힘을 좀 더 분명히 강조하고자 했다. "수년에 걸친 반유대주의적 선전과 전쟁이 초래한 양극화 효과"가 강력하게 작용했기 때문에 나는 "전쟁과 인종주의가 동시에 작용할 때 (…) 선전과 세뇌의 효과는 현저하게 강화"된다고 강조했다.

나는 "전쟁만큼 나치가 인종 전쟁을 치르는 데 크게 도움을 준 것도 없다"라고 주장했다. 왜냐하면 "나치 이념에서 핵심을 이루던 인종 이론, 즉 인종적으로 우월한 게르만인과 열등한 유대인의 이분법은 적대적인 국가들에 둘러싸인 독일의 이미지와 쉽게 용해될 수 있었"기 때문이다. 그리고 집단학살을 집행하기 위해 평범한 독일인들이 유대인에 관한 히틀러의 악의적 시각과 "한마음"일 필요는 없었다. 유대인 희생자들이 나치 독일에 대해 보인 비판적이고 적대적인 태도 및 그들의 파괴된 인간 존엄성, 그리고 여기에 추가된 전쟁과 같은 상황적 요소들, 이데올로기의 중첩 같은 각종 요소들이 결합하면 "평범한 사람들"을 "자발적 학살자"로 만들기에 충분했다.

골드하겐은 자신이 "기존의 해석들(강요, 복종, 인간 행동에 관한 사회심리학적 관찰, 이기심, 책임 회피 또는 책임의 분산)"을 "논란의 여지 없이 명쾌하게" 반박했기 때문에 우리에게는 그의 해석을 "수용"할 수밖에 없다고 주장한다. 여기에도 여러 문제점이 나타난다. 첫째, 이 기존의 해석들은 연구자들이 학살자들의 행동 원인을 밝혀내는 유일하고 충분한 원인으로 제안한 것이 아니다. 그것들은 대개 골드하겐이 학살자들의 행위를 정당화해주는 "세탁물 목록laundry list"[74]이라고 비꼬는 다원적인 접근의 일부분이었을 뿐이다. 그러므로 골드하겐이 자신의 해석을 측정하고자 하는 잣대, 다시 말해 모든 것을 한 가지 해석으로 설명하고자 하는 수준 높은 잣대에 비추어 볼 때 기존의 해석들은 충분치 않을 수밖에 없다. 둘째, 자신이 어떤 해석들을 논쟁의 여지 없이 논박했다고 주장하는 바로 그때 그는 자신도 넘지 못하는 높은 장애물을 설정한다. 그리고 셋째, 설사 "기존의 해석들"이 포괄적으로 논박되었다고 가정해도 그 자체가 골드하겐의 테제를 무조건 받아들이지 않으면 안 되게 하는 것은 결코 아니다.

골드하겐이 논박했다고 주장하는 이른바 기존의 설명 모델들 가운데 두 가지를 좀 더 상세히 들여다보자. 하나는 명령에 복종하려는 독일인들의 경향이고, 또 하나는 사회심리학자들에 의해 밝혀진 전반적인 인간 행태의 속성들(권위에 대한 복종, 역할 적응, 동료 집단의 암묵적 압력에 대한 동조)이다. 골드하겐은 명령과 권위에 복종하는 경향이 독일 정치문화의 특징적 요소였다는 의견을 퉁명스럽게 거부한다. 즉 그는 독일인들이 바이마르에서 반정부 시가전을 펼쳤으며 공화국 체제에 대해 노골적인 경멸감을 표시한 적도 있다고 지적한다.[75] 물론 이는 권위에 대한 복종 문화와는 거리가 먼 사례이다. 그러나 단 하나의 사건이 한 나라의 역사를 형성하거나 그 정치문화를 특징짓는 것은 아니다. 바이마르 체제에 대한 반대 입장이 있었다고 해서 독일의 정치문화에는 복종 경향이 없었다고 주장하는 것은, 19세기 독일에서 유대인 해방 조치가 있었다고 하여 반유대주의는 독일 정치문화의 일부가 아니었다고 주장하는 것과 마찬가지로 아무 의미가 없다. 골드하겐은 물론 후자의 견해를 단호하게 거부한다.

그리고 여기서 더욱 중요한 것은 독일인들이 바이마르 공화국에 반대했다는 사실보다 바이마르 체제에 대한 불복종이 발생하게 된 역사적 맥락이다. 골드하겐은 독일인들이 오직 "합법적"이라고 간주한 정부와 권위에만 복종했다고 덧붙인다. 바이마르 공화국에는 저항했지만 나치 정권에는 복종했다는 것이다. 바로 이것이 핵심이다. 공화국을 멸시하고 공격했던 사람들은 공화국의 민주적이고 비권위적인 성격 때문에 공화국이 합법성이 없다고 느꼈던 것이다. 적지 않은 수의 독일인들이 나치 정권에 정통성을 부여하고 열광한 것은 역설적이지만 바로 나치가 민주주의를 파괴하고 권위주의적 정치체제를 복원했으며, 개인의 권리보다 위에 존재하는 공동체에 대한 의무를 강화했기 때문이었다. 사실 많은 역사가들은 1848년과 1918년에 있었던 불완전하고 열성 없는 민주주의 혁명이 결과적으로 권위주의적 반혁명과 복고로 가는 문을 열어주었다는 견해를 표명해왔다. 즉 독일의 정치문화가 프랑스, 영국, 미국의 정치문화와 결정적으로 차이가 나게 된 이유는 반유대주의가 아니라 바로 이러한 민주화의 실패였다는 것이다.

골드하겐은 독일에 반유대주의와 뿌리 깊은 유대인 증오가 늘 존재했음을 입증하기 위해 여러 사료와 논리를 사용한다. 그런데 이것들은 동시에 독일이 국민들에게 복종 습성과 비민주적 자세를 심어준 강한 권위주의 전통을 갖고 있다는 주장을 뒷받침해주는 자료로도 활용될 수 있다. 다시 말해 골드하겐은 교육, 여론, 법률, 제도적 강화 장치와 같은 제반 요소들[76]이 독일 정치문화에 반유대주의적인 요소가 뿌리내리도록 결정적으로 영향을 주었다고 주장한다. 하지만 이 요소들은 모두 나치가 반유대주의적 선전선동을 위해 쉴 새 없이 활용하기 훨씬 전부터 독일에서 작동해 독일인들에게 권위주의적 가치를 심어주고 있었던 것이다.

게다가 독일에서 가장 노골적인 반유대주의자들은 반민주주의적이고 권위주의적인 성향도 보였다. 독일 정치문화에서 권위주의적 전통과 가치가 지닌 의미를 부정하면서 동시에 반유대주의가 사회와 정치에 늘 가득 차 있었다고 주장하는 것은 마치 잔이 절반 비었다는 것을 부정하면서 잔이 절반 찼다고 고집하는 것과 같다. 이렇듯 독일의 정치문화와 반유대주의에 관한 골드하겐의 주장이 설득력이 약한 만큼, 독일의 권위주의적 정치문화 혹은 권위에 대한 복종 경향에 관한 그의 주장은 좀 더 심각한 문제점을 갖고 있다.

골드하겐은 사회심리학적 해석이 "비역사적"이라고 주장한다. 왜냐하면 그의 생각에 사회심리학적 해석의 추종자들은 "암묵적으로 모든 인간 집단이 실제 사회화 과정이나 신념 체계가 다름에도 이론상 똑같은 환경에 처할 수 있으며, 따라서 자의적으로 선발된 어떤 희생자 집단에 대해서도 똑같은 방식으로 처신할 수 있다고 전제"하기 때문이다.[77] 그러나 이는 실험 환경을 그 후속 연구자에 의한 실험 결과 적용과 혼동하는 심각한 오해이다. 예를 들어 밀그램 실험과 짐바르도 실험은 '권위에 대한 믿음'과 '역할 순응'이라는 변수를 정교하게 고립시켜 이 요소들이 인간 행동에 어떤 영향력을 미치는지 심층적으로 더욱 잘 탐구하고 이해할 수 있게 하려는 것이 목적이었다. 그런데 이 실험 가운데 하나를 보스니아 무슬림과 마주하고 있는 세르비아인, 또는 르완다에서 투치족과 마주하고 있는 후투족을 대상으로 시도했다면 이 실험은 우스꽝스러워졌을 것이다. 이들 사이에 역사적으로 형성된 특별한 인종 간 적대심이 두 번째 영향력 있는 변수로 작동함으로써, 본래 실험하고자 했던 '권위에 대한 믿음'이나 '복종 경향'이 완전히 왜곡된 채로 결과가 나타났을 것이기 때문이다.

실험에서 얻어진 통찰력이 실제 상황에서 타당성을 갖는 것, 그래서 오늘날 연구자들이 '권위에 대한 믿음'과 '역할 적응'이 인간 행동을 결정하는 강력한 요인이라고 알게 된 것은 분명 그 실험들이 비역사적으로 설정되었기 때문이다. 내 생각에 역사가들은 여러 요소들이 뒤섞여 동시에 작용하는 구체적인 역사적 상황 속에서 이루어진 행동의 원인을 연구한다. 그런데 역사 속 행위자들은 이러한 여러 요소들의 복잡한 상호 작용이 자신들에게 어떻게 영향을 주는지 충분히 인식하지 못한 채 행동한다. 그러므로 비역사적인 실험, 다시 말해 실제 역사적 상황을 배제한 채 수행한 사회과학적 실험의 결과로 얻어지는 통찰력은 역사가가 사료를 선별할 때 더할 나위 없이 중요한 가치를 지닐 수 있다. 어떤 요소가 인간의 행동에 어떻게 영향을 주었는지를 입증해주는 사료를 찾아내는 매우 유익한 잣대를 제공해주기 때문이다.

골드하겐은 "기존의 해석들"이 모두 잘못된 전제에서 출발하고 있다고 생각한다. 기존의 해석들은 학살자들이 자신들의 행동을 옳지 않다고 생각하고 있었다고 믿으며, 그렇기 때문에 학살자들은 이러한 반대 의지에도 불구하고 어떤 방식으로든 학살에 가담하도록 유도되어야 했다고 잘못 전제한다는 것이다. 골드하겐이 볼 때 학살자들은 유대인 학살이 반드시 필요하며 또 정당하다고 믿고 있었다. 그러므로 "기존의 해석들"의 잘못된 전제는 연구에서 치명적인 문제이며, 올바른 전제에서 출발하는 것은 오직 자신밖에 없다고 말한다. 그러나 이 두 가지 주장은 다른 연구자들의 입장을 곡해하고 있으며 문제를 그릇된 이분법으로 파악하고 있다. 골드하겐의 그릇된 이분법이 갖는 문제점을 지적하는 데 있어서 베트남에서 발생한 역사적으로 특수한 "복종 범죄" 사례를 연구한 켈먼Herbert C. Kelman과 해밀

아주 평범한 사람들

턴V. Lee Hamilton의 연구 결과는 매우 흥미로운 시사점을 제공해준다. 그들은 사회심리학적 접근법을 연구에 동원하여 권위에 대한 일련의 반응 스펙트럼을 밝혀냈다. 스펙트럼의 한편에는 정권이 추구하는 가치를 공유하고 정책에 동의하기 때문에 스스로 신념에 따라 행동했던 사람들이 있었다. 다른 한편에는 정권의 정책에 순응하고 감시 때문에 자신의 의지에 반해 행동했지만, 정권의 감시가 사라지자마자 명령을 수행하지 않았던 사람들이 존재했다. 그런데 이러한 양극단 사이에는 여러 형태의 다른 행동 가능성들이 존재한다는 것이 밝혀졌다. 많은 대원들은 군인들이 강인하고 순종적이어야 하며 국가 정책을 특정 명령의 내용에 관계없이 집행해야 한다는 역할 기대치를 스스로 수용했으며 이를 내면화했다.[78] 군인과 경찰은 기꺼이 명령에 복종하며, 자신들의 개인적 가치에 맞지 않기 때문에 결코 공감할 수 없는 정책도 집행할 수 있다는 의식을 가지는 것이다. 이는 그들이 심지어 감시받지 않을 때조차 기꺼이 명령에 따르는 것, 죽기를 원치 않지만 열심히 임무를 수행하다가 목숨을 잃을 수도 있는 것과 마찬가지이다. 그들은 군인이나 경찰이라는 신분 때문에 스스로의 자유의지대로라면 잘못이라고 판단했을 일이라도 국가가 이를 승인해주면 잘못이라고 생각하지 않고 바로 실행할 수 있다.[79] 이처럼 사람들은 그들의 행동과 모순되지 않는 새 가치관에 적응해가면서 그들의 가치관을 바꿀 수도 있으며, 그래서 살인이 일상사가 되다 보면 결과적으로 신념에 찬 살인자가 될 수도 있다. 권위와 개인적 신념, 그리고 구체적 행동 사이의 관계는 복잡할 뿐 아니라 불안정하기도 해서 시간에 따라 바뀔 수 있다.[80]

사회심리학적 접근법은 골드하겐이 말하듯이 학살자들의 이데올로기나 도덕적 가치관, 그리고 그들이 갖고 있는 희생자 이미지가 학살에서 아무 역할도 하지 않는다고 간주하지 않는다.[81] 그러나 이 접근법은 분명 학살자의 이데올로기, 그들의 도덕적 가치관, 희생자관을 반유대주의 같은 단 하나의 요인으로 단순 축소하는 데는 반대한다. 골드하겐이 "'복종심에서 범죄가 자행되는지'의 여부는 (…) 적절한 사회적·정치적 맥락이 존재하느냐에 달렸다"[82]라고 주장할 때 나는 전적으로 동의한다. 그러나 사회적·정치적 맥락에는 불가피하게 학살자가 어떤 의식을 갖고 있는지 그리고 희생자에 대해 어떻게 생각하는지를 넘어서는 무수히 많은 요소가 연루되어 있으며 그 결과 복잡하고 변화무쌍한 반응의 폭과 스펙트럼이 생겨난다.

앞서 말했듯이 기존의 해석들은 각각 자기 완결성을 지닌다고 주장하지 않는다. 그럼에도 골드하겐은 그 해석들 가운데 어느 하나도 그 핵심 논지를 정확하게 분석하고 이를 "논란의 여지 없이" 반박하지 못했다.[83] 그리고 만약 골드하겐이 언급한 다섯 가지 기존의 해석들이 모두 "논란의 여지 없이" 반박되었다고 해도 그것이 결코 우리에게 골드하겐 자신의 해석을 수용하는 것 외에 "다른 길이 없음"을 뜻하는 것은 아니다. 홀로코스트 학살자들의 동기를 파악하기 위한 설명 모델을 찾는 작업은 어떤 제한된 해석 틀 안에 머물지 않는다. 연구자들의 탐구는 선다형 시험이 아니다. 적어도 "이상의 해석들 가운데 하나가 아닌" 또 다른 선택의 여지가 항상 남아 있어야 한다.

논쟁이 진행되는 내내 골드하겐은 자신의 접근법이 이전 역사가들의 서술에는 결여된 도덕적 측면을 다시 부활시켰다고 주장했다. 예를 들어 그는 오래전 《뉴리퍼블릭》에 게재된 자신의 비판자들의 글에 반박하며 자신은 학살자들의 "인간성humanity"에 주목했다고 주장했다. 그의 분석은 "학살자들은 각자 유대인들을 어떻게 다룰지 스스로 선택했다는 사실 인식에 근거"하며 그 결과 "개별 책임론이 부활하게 된다". 반면 나 같은 연구자들은 "범죄자들을 편안한 원거리에서 관찰하며" 그들을 책임감 있는 인간이 아닌 "로봇이나 인형"처럼 취급했다는 것이다.[84]

골드하겐의 이러한 주장은 다음과 같은 이유에서 전혀 이치에 맞지 않는다. 첫째, 골드하겐이 오만한 자세로 거부하는 사회심리학적 이해 방식은 개인을 기계적으로 교환 가능한 부품으로 취급하지도 않고, 문화적·이데올로기적 요소를 배척하지도 않는다.[85] 이미 앞서 언급했듯이 "사회심리학적 접근법은 잘못임이 판명되었다"[86]는 골드하겐의 주장은 이 접근법을 잘못 이해하여 지나치게 단순화한 것이다. 둘째, 학살자의 "인간성"과 "편안한 원거리"의 극복에 관해 그가 주장한 내용을 자세히 검토해보면 그 스스로 모순에 빠져 있음이 드러난다. 즉 제3제국의 독일인들도 "어느 정도 우리와 같은 사람들"이었으며 "그들의 느낌도 우리의 것과 거의 마찬가지였다"[87]는 생각은 아예 버리라고 다른 학자들에게 경고했던 것은 바로 골드하겐 자신이었다. 또한 학살자들을 책임감 있게 결정하고 행동하는 주체로 취급하라는 그의 요구는 다음과 같은 자신의 결정론적인 결론과 거의 융합되기 어렵다. "마치 루마니아어를 들을 기회가 전혀 없어서 갑자기 그 언어를 유창하게 말하게 될 수 없는 것처럼, 나치 시대 동안 또는 훨씬 이전에도 대부분의 독일인들은 결코 자신의 사회에 낯선 인식 모델을 가질 수가 없었다."[88]

나는 사회심리학 이론이 학살자들의 행동을 내면 깊숙이 들여다보게 하는 매우 중요한 통찰력을 제공해준다고 생각한다. 사회심리학 이론은 문화적 영향을 배제하지 않으면서도 전반적으로 인간 본성에는 공통된 경향과 성질들이 존재한다는 가정에 기초하기 때문이다. 나는 학살자들이 학살 임무에 직면하여 스스로 어떻게 행동할지 선택할 수 있었을 뿐 아니라 이러한 선택 가능성을 실제로 다양한 방식으로 행사했다고 믿는다. 그들이 선택한 행동은 열렬한 참여에서부터 의무감에 따른 복종, 무심한 복종, 마지못한 복종, 다양한 수준의 핑계 대기에 이르기까지 매우 폭넓은 스펙트럼을 보여준다. 골드하겐과 나, 우리 둘의 접근법 가운데 과연 어느 것이 학살자들의 인간성과 개인 성향에 근거하고 있는지, 그리고 어느 것이 그들이 선택한 행동을 분석하는 데 있어서 도덕적 차원을 고려하고 있는지 나는 묻고 싶다.

다시 말하지만 골드하겐과 나는 101예비경찰대대 대원들이 "평범한 독일인"을 대표한다는 사실에 대해서, 그리고 모든 계층, 모든 직업군에서 무작위로 선발되어 동원된 "평범한 독일인"이 "자발적인 학살자"가 되었다는 사실에 대해서 같은 생각이다. 그러나 나는 경찰대원들의 동기에 대한 골드하겐의 묘사가 대표성이 있다고는 생각하지 않는다. 학살 기회를 노렸던 수많은 열광적 살인자들이 가공할 만한 학살을 자행하면서 만족감을 느끼고 자신들의 행위에 환호했다는 그의 주장은 분명 옳다. 사실 우리 두 사람의 책에서는 모두 그런 끔찍한 만행을 보여주는 사례들이 지나치게 많이 발견된다. 그러

아주 평범한 사람들

나 골드하겐은 인종 학살을 집행한 학살 집단의 동기가 무엇인지 밝히고자 할 때 의미 있어 보이는 어떤 다른 행동의 측면과 모습은 모두 과소평가하거나 부정한다. 그런데 바로 그 다른 행동들이 '전체 대원들은 자신들이 자행한 학살에 대해 자부심을 느꼈으며 근본적으로 공감했다'는 골드하겐의 단순한 주장에 여러 가지 의문을 제기하는 것이다. 이처럼 부분을 전체와 뒤바꾸기 때문에 그의 묘사는 왜곡되어 있다.

골드하겐의 책 전체에서 반복해서 나타나는 오류는 바로 이런 것이다. 이를테면, 나는 반유대주의가 19세기 독일에서 강한 이념적 흐름의 하나였다는 그의 주장에는 동의한다. 그러나 반유대주의가 나치 시대 이전 독일 시민계층의 정신세계를 전반적으로 지배했다는 그의 주장에는 동의할 수 없다.[89] 나는 반유대주의가 1933년까지 독일 우익의 "상식"이 되었다는 점에 대해서는 동의한다. 그러나 그로부터 전 독일 사회가 유대인 문제에서 히틀러와 "한마음"이었다거나, 세계관·당 강령·선전문구 등에 들어 있는 반유대주의의 핵심 가치가 독일 문화의 정서를 그대로 반영한 것이라는 결론을 이끌어내지는 않는다.[90] 나는 반유대주의—유대인에 대한 부정적인 이미지 확산, 유대인의 비인격화, 유대인에 대한 증오—가 1942년 학살자들 사이에 널리 확산되어 있었다는 점에는 동의한다. 그러나 이 반유대주의를 "이미 존재했던" 그리고 "오래 축적되었던", 그래서 히틀러가 이것이 "분출"하도록 단지 "작동"시키기만 하면 되었던 것으로 파악하는 주장에는 동의하지 않는다.[91]

"평범한 독일인들", 그들은 우리[미국인]와는 다른 민족이며, 분명

인종 학살의 집행자가 되도록 부추기는 문화의 영향을 받았다. 그렇지만 문제의 핵심은 이러한 "평범한 독일인들"이 왜 기회가 주어지자마자 그토록 열렬하게 유대인들을 학살했는가를 밝히는 것이 아니다. 이러한 문제제기에는 결정론적인 오류가 숨어 있다. 문제의 핵심은 오히려 그들 나름대로 고유한 특성이 있기는 하지만 동시에 서양, 기독교, 그리고 계몽 추구적인 전통 안에 있던 문화에서 성장한 "평범한 사람들"이 이처럼 인류 역사상 가장 극단적인 인종 학살을 흔쾌히 집행하도록 한 특수한 조건이 무엇인가를 밝히는 것이다.

101예비경찰대대에 관하여 골드하겐과 내가 서술한 내용과 결론 가운데 누구의 것이 더 진실에 가까운지의 문제가 왜 중요할까? 인종 학살을 자행할 수 있도록 하는 장기적이고 문화적이며 인식론적인 전제를 충족시킬 수 있는 사회가 아주 소수일 뿐이라면 좋겠다. 그래서 어떤 정권이든 압도적인 국민 대다수가 인종 학살이 시급히 필요하고 정당하며 불가피하다는 인식을 갖고 있을 때에만 학살을 집행할 수 있다고 보는 골드하겐의 주장이 옳다면 정말 다행일 것 같다. 만약 그가 옳다면 우리는 오늘날 그때와는 전혀 다른 세계에 살고 있는 것이 분명하다. 그러나 안타깝게도 나는 그렇게 낙관적이지 않다. 나는 오늘날 우리가 전쟁과 인종주의가 만연한 세계에 살고 있으며, 국가가 대중을 동원하고 또 그들의 명분을 정당화하는 힘 또한 여전히 막강할 뿐 아니라 계속 더 커지고 있다고 생각한다. 이러한 세계에서는 전문화와 관료화 때문에 개인의 책임감이 점점 더 희박해져가고 있으며, 집단이 개개 구성원들에게 거대한 압력을 행사하며 도덕적 기준을 부여하고 있다. 그래서 나는 매우 두렵다. 이러한 세계에서는 만약에 어떤 근대적인 정부들이 집단학살을 자행하기 위해 "평범한 사람들"을 그들의 "자발적인 학살 집행자"로 동원하고자 시도하기만 하면 여전히 가능할 것이기 때문이다. 다른 이유라면 몰라도, 적어도 오늘날 "평범한 사람들"을 학살에 동원하는 것이 더이상 가능하지 않다는 이유 때문에 그들의 시도가 좌절되지는 않을 것이다. 이런 생각 때문에 나는 두려움을 금할 수 없다.

3판 후기
이후 25년

《아주 평범한 사람들》은 1992년에 초판이 출간되었다. 그로부터 4년 후인 1996년, 다니엘 요나 골드하겐의 《히틀러의 자발적인 학살자들》이 출간되면서 같은 주제를 다룬 우리 두 사람이 보인 뚜렷한 해석상의 차이, 그리고 문제가 되는 사료와 관련된 접근법의 방법론적 차이로 인해 학계에서 열띤 토론이 일어났다. 그래서 1998년 2판이 출간될 때 이 논쟁에 대한 나의 입장을 요약한 〈후기〉를 추가한 바 있다. 첫 출판 이후 25년이 지난 지금, 그동안의 연구 성과를 종합적으로 정리해보는 것이 적절할 듯하다. 《아주 평범한 사람들》이 제기했던 여러 쟁점들에 대해 수많은 연구 성과가 나왔기 때문인데, 이 가운데 우리의 지식과 관점을 보완해준 연구 성과들을 4개 영역으로 구분하여 중점적으로 살펴보려고 한다.

첫째, 그동안 치안경찰에 소속된 다른 부대에 관한 많은 사례연구가 나왔다. 이 연구들 덕분에 101예비경찰대대가 보인 행태가 전형적인 사례이거나 대표성이 있는지, 아니면 그들의 독특성이 뚜렷한

지 등의 쟁점에 관해 훨씬 더 충실하게 비교사적 맥락에서 살펴볼 수 있게 되었다. 둘째, "최종해결"에 가담한 "평범한" 학살자들의 동기에 관한 다양한 후속 연구가 이루어졌다. 셋째, 예비경찰대대에 속했던 룩셈부르크 출신 대원들에 관한 사례연구가 나왔는데, 이는 "독일인" 대원과 "비독일인" 대원〔독일에 점령된 유럽 국가 출신의 대원〕의 행태를 비교할 수 있게 해준다. 넷째, 101예비경찰대대에 관한, 이미 알려졌거나 새로 발굴된 사진 자료를 세심하게 분석한 연구들이 나왔다.

치안경찰 소속 다른 대대들의 사례

《아주 평범한 사람들》3장과 4장에서 나는 치안경찰 309대대와 치안경찰 322대대가 비아위스토크에서, 예비경찰 45대대가 우크라이나에서, 치안경찰 11대대가 슬루츠크에서, 예비경찰 133대대가 갈리치아 동부 지역에서 수행한 역할에 대해 간략히 언급한 바 있다. 다니엘 골드하겐 역시 309대대가 1941년에 비아위스토크에서, 그리고 65대대가 1941년 발트해 지방 및 1942년 폴란드 남부 지방에서 수행한 역할을 다루었다. 그런데 1990년대 초에 이들 부대뿐 아니라 다른 많은 부대에 관한 후속 연구들이 출간되기 시작했다. 그중 첫 번째 저술이 언론인 하이너 리히텐슈타인Heiner Lichtenstein의 《힘러의 녹색 조력자들: 제3제국의 보호경찰과 치안경찰Himmlers Grüne Helfer: Die Schutz-und Ordnungspolizei im "Dritten Reich"》이다. 이 책은 다양한 경찰부대, 특히 대대에 관한 검찰 수사 기록을 검토하면서, 독일 법정이 한 줌의 판결문 외에 어떤 관련 자료도 제대로 보존하지 않았다는 점을 밝혀냈다.[1] 곧이어 322경찰대대에 관한 2개의 연구가 뒤따랐는데, 이들은 전후戰後 보존된 사례가 거의 없는 대대와 3중대의 전쟁일지를 토대로 한 것이었다. 이 전쟁일지는 프라하에 있는 군사 아카이브에 수집·소장되어 있던 친위대 기록물 더미에 묻혀 있다가 발굴되었다.[2] 이 대대는 1941년 7월에 비아위스토크에서 학살 행위를 시작했으며, 이후 작전 지역을 오늘날의 벨라루스 지역으로 이동해서 민스크와 모길레프에서 집행된 주요 학살뿐 아니라 기타 수많은 작은 규모의 집단학살에 가담했다.

1996년에는 빈프리트 나흐트바이Winfried Nachtwei가 주로 라인란트 지역에서 모집된 5개 경찰대대를 조사했다. 그는 이미 골드하겐이 다루었던 부대, 즉 65대대와 309대대 외에 307대대, 316대대(322대대와 마찬가지로 1941년 7월 비아위스토크 집단학살에서 몬투아 대령의 지휘 아래 있었다)와 바르샤바 게토를 철저하게 봉쇄한 것으로 악명 높은 61예비경찰대대를 추가로 조사했다.[3] 그리고 리처드 브라이트먼Richard Breitman은 저서《공식적인 비밀Official Secrets》에서 322대대와 11경찰대대뿐 아니라 남부 경찰연대(45대대, 303대대, 314대대로 구성된)를 간략하게 다루었다.[4]

지금까지 언급한 개괄적인 저서들에 뒤이어 특히 중요한 연구서 두 편이 나왔다. 1998년에 에드워드 웨스터먼Edward Westermann이 310경찰대대에 관한 연구를 출간했는데, 이 연구에서 웨스터먼은 101대대와 310대대 사이에 "뚜렷한 차이"가 있다는 점에 주목했다.[5] 310경찰대대는 1941년 10월부터 1942년 2월까지 반년 동안 폴란드에서 활동하면서 소련 지역으로 이동 배치되기 전까지 점령 지역에서 지배 인종으로 행동하는 법을 배웠으며, 이후 레닌그라드 전선에 투입되어 막심한 피해를 입었다. 대부분 1905년에서 1912년 사이에 태어난 일반 대원들은 윗세대보다 훨씬 더 나치에 물들었던 세대 집단 중에서 모집되었기 때문에, 40퍼센트 이상이 나치당원이었으며, 10퍼센트 정도는 친위대에 가입되어 있었다. 전쟁에서 살아남은 보고서와 검찰 조서 두 가지 사료를 토대로 한 웨스터먼의 연구에서 핵심은 1942년 8월에서 10월까지 수행된 대대의 게토 철거 작전에 대한 그의 해석이다. 이 작전에서 대대는 유대인, 슬라브인(동방 인종), "집시", 그리고 다양한 반反사회적 집단 등—즉 나치즘이 이데올로기적인 적대 세력이라고 규정한 모든 집단—을 "차별 없이 대등하게" 학살하는 작전에 가담했다. 웨스터먼은 역사가는 학살자들의 말, 행동, 당적, 소속 세대 집단의 특성 등을 종합하여 그들이 보인 행위의 동기를 "추론"할 수 있다고 주장하면서, 그렇게 볼 때 경찰대대는 "평범한 사람들"이라기보다는 "이념적 전사들ideological soldiers"로 인식되어야 한다고 결론짓는다.

이로부터 꼭 1년 후인 1999년 클라우스-미하엘 말만Klaus-Michael Mallmann은 독일의 북부 도시 뤼베크 출신으로 구성된 307경찰대대에 관한 연구를 출간했다.[6] 307경찰대대는 9개월에 걸친 폴란드 점령 업무에 이어서 1941년 7월 폴란드의 브레스트-리토프스크에서 자행된 성인 남성 유대인에 대한 집단학살, 그리고 뒤이은 벨라루스에서의 다양한 학살에 가담했다. 또한 1942년 봄과 여름 루블린 구역에서의 게토 소개 작전과 1942년 가을부터 1944년 여름까지 진행된 파르티잔(빨치산) 소탕 작전에도 참여했다. 말만은 대대가 처음 연루된 브레스트-리토프스크 집단학살에서 모든 사격수는 자원병으로 충분히 채워졌다고 지적한다. 따라서 그는 학살 동기를 규명하는 적절한 설명 틀 가운데 강압이나 전시 야만성의 심화/폭력화, 프로파간다의 효과 등을 배제한다. 말만은 (골드하겐과 마찬가지로) 경찰대원들이 나름대로의 "인식 모델cognitive model"을 통해 그들의 세계를 바라보고 또 이해했다고 파악하면서, 학살 동기로 본인이 "상황에 따른 적 이미지의 과격화"라 이름 붙인 해석을 제시한다. 그에 따르면, 경찰대원들에게는 인종적·정치적·이데올로기적인 적과 전쟁 발발 후 현실에 등장한 실제적인 적이 뒤섞여서 "가상현실"에 나타났으며, 이런 상황은 결과적으로 유대인 학살을 "필수적인 자기방어"로 정당화했다. 다시 말해 독일군의 공격으로 시작된 전쟁이 자기방어라고 인식되는 상황적 반전이 일어나면서, 이전에 대두했던 반유대주의적 태도와 결합해 집단학살로 가는 질적 도약이 이루어졌다는 것이다.

2000년과 2001년에 발표된 두 권의 저서는 여러 학자들이 다양한 치안경찰 부대에 관해 집필한 논문들을 포함하고 있다. 그런데 이들은 독일 사법 제도가 녹색 제복(경찰대대의 복장)을 입은 소수의 홀로코스트 가해자들 가운데 불과 몇 명의 죄수조차 재판에 회부하는 데 실패했다는 쪽으로 연구의 초점을 돌리는 경향을 보였다.[7] 이들 가운데 홀로코스트에서 경찰대대가 수행한 역할에 관한 학술적 지식의 지평을 넓혀준 가장 중요한 연구는 동부전선에 흩어져서 활동했던 두 경찰대대를 다룬 슈테판 클렘프Stefan Klemp의 논문 두 편이다.[9] 경찰대대 소속 4개 중대는 각각 4개 특수기동대에 소속되었다. 이 경우, 대대 소속 247명이 전쟁이 끝나면서 영국군에 의해 체포되었다가 1947년 1월 소련 당국에 인도되었다. 이들은 대부분 25년 징역형을 선고받았다가 1956년에 석방되었다.[8] 클렘프는 69예비경찰대대도 연구했는데 이 부대는 소단위로 분산되어 1941년 8월 동부전선에서 토드 그룹Organisation Todt[•]이 수행하는 건설 작업을 경비하는 임무뿐 아니라 인근에 거주하는 유대인 학살에도 자주 투입되었다.[9]

여러 경찰대대를 새롭게 연구한 많은 논문의 대부분이 전쟁 기간에 이 부대들이 자행한 학살 행위를 확인하고, 나아가 전후戰後에 이들에 대한 사법적 조치가 거의 전무했다는 사실을 확인하는 데 집중했다면, 비교적 최근에 출간된 다섯 권의 저서는 다른 방향에서 특히 언급할 가치가 있다. 2005년, 하랄드 벨처Harald Welzer는《학살 집행자: 평범한 사람들은 어떻게 집단학살자가 되었나Täter: Wie aus ganz normalen Menschen Massenmörder werden》를 출간했는데, 이는 평범한 사람들이 어떻게 학살자가 되는지에 관한 사회심리학적 연구로서, 45예비경찰대대에 관한 검찰 조서를 주요 사료로 이용했다.[10] 같은 해에 에드워드 웨스터먼은《히틀러의 경찰대대: 동부전선에서의 강화된 인종 전쟁Hitler's Police Battalions: Enforcing Racial War in the East》을 출간했다. 이 책에서 그는 독일 치안경찰의 "조직문화"를 연구하고 이것이 동부 유럽에서 작전을 수행한 대원들의 행동에 어떤 영향을 미쳤는지

● 나치 시대 준군사적인 건설부대로, 그들의 지도자인 프리츠 토드(Fritz Todt)의 이름에서 유래한 명칭. 강제동원 노동자, 전쟁포로, 집단수용소 죄수 들이 건설 작업에 동원되었다.

를 분석했다.[11] 2011년에는 카를 슈나이더Karl Schneider가 브레멘 출신으로 구성된 2개 대대, 즉 105경찰대대와 303경찰대대를 치밀하게 연구한 《외지에 투입되다: 브레멘 경찰대대와 홀로코스트Auswärts eingesetzt: Bremer Polizeibataillone und der Holocaust》를 출간했다.[12] 마지막으로, 볼프강 쿠릴라Wolfgang Curilla가 두 권의 두꺼운 해설서를 출간했는데, 이는 한편에는 발트해 국가와 벨라루스, 다른 한편엔 폴란드에 주둔했던 치안경찰 부대에 관한 모든 사항을 포함하고 있으며, 이들이 각각 홀로코스트에 미친 영향에 대해서도 다루고 있다.[13] 경찰대대의 학살 동기를 다룬 벨처와 웨스터먼의 저서에 대해서는 뒤에서 논의하기로 하고, 우선 101예비경찰대대에 관해 비교연구를 가능하게 할 새로운 비교 범주를 추가한 슈나이더와 쿠릴라의 연구에 초점을 맞춰보자.

105예비경찰대대와 303경찰대대의 형성 과정을 세밀하게 재구성한 카를 슈나이더는 이들 두 대대의 형성 과정이 101경찰대대의 경우와는 상당히 다르다는 것을 보여준다. 초기에 105경찰대대로 지명되었던 경찰대대는 1939년 가을에 편성되었다. 일반 대원들은 1902~1909년생(당시 30~37세) 중에서 모집되었으며, 이들은 이미 1937~1939년에 예비경찰로 복무한 바 있었다. 일반 대원의 3분의 2 정도는 노동자 계급에 속했으며, 3분의 1은 중산층 또는 하층 중산층이었다. 또한 이들은 전쟁 전에 동원 가능한 예비병력으로서 주말 훈련을 받는 동안에 적어도 부분적으로는 나치 사상을 주입받고, 독일 경찰에 정신적으로 흡수되었다. 그들은 전쟁 발발 직후인 1939년 말과 1940년 초에 광범위한 군사훈련과 이데올로기 학습을 받았으며, 그로부터 1년 후인 1941년에 그들이 애정을 갖고 즐겁게 기억하는 노르웨이 점령 임무에 파견되었고 부대는 예비경찰대대로 개칭되었다. 대대는 1941년 여름과 가을에는 발트해 지역에서 전개된 수많은 파르티잔 소탕 작전에 투입되었으며, 1942년부터 1944년까지는 네덜란드에서 활동하면서 지역 유대인들을 아우슈비츠로 이송하는 작업을 지원했다.[14]

전쟁이 발발한 후, 303경찰대대의 일반 대원들은 1909~1912년생(당시 27~30세)의 자원병 명단에서 차출되었는데, 이들은 훈련받은 많은 수의 경찰관이 군대로 전출되었기 때문에 그들의 자리를 메우기 위해 친위대와 경찰에 동원 배치된 것이었다. 웨스터먼이 지적했듯이, 이들 세대(1909~1912년생)는 고도로 나치즘에 물든 집단이었기 때문에 친위대와 경찰은 모두 이들 자원병 가운데 원하는 자들을 뽑을 수 있는 선발권을 행사할 수 있었다. 선발된 대원들은 광범위한 훈련을 받은 후 점령 임무를 수행하기 위해 9개월간 폴란드에 파견되었으며, 1941년 6월 우크라이나 침공 이후에는 그곳에서 바비야르를 포함해서 수많은 유대인 학살에 가담했다.[15]

101예비경찰대대는 1939년과 1940년에 전개된 1, 2차 폴란드 점령 작전 동안에 1941년 소련 영토에서 활동했던 105대대 또는 다른 —살상 목적의—포악한 예비경찰대대, 우크라이나에서 활동했던 45대대 또는 갈리치아 동부에서 활동했던 133대대와 같은 방식으로 조직되었다. 하지만 101예비경찰대대가 1941년 함부르크로 돌아온 뒤, 숙련된 예비경찰들은 다른 부대로 재배치되었고, 일반 대원들은 최고 연장자가 45세까지 올라가는(즉 출생 연도가 1896년까지 거슬러 올라가는) 높은 연령대에서 재구성되었다. 그 결과 대원의 평균 연령이 30대 초반에서 거의 40대로 높아졌다. 대원들을 엄격한 기준에 따라 선발하는 사치는 이제 더이상 가능하지 않았다. 슈나이더는 전쟁이 지속되면서 나타난 "인력 부족" 현상에 관한 브레멘 경찰청장의 말을 인용한다. 즉 브레멘 시는 "인력이 완전히 소진되었다".[16] 함부르크에서도 사정이 다르지 않았다. 따라서 이런 단계에서 훈련과 사상 주입은 거의 형식적으로 진행되었을 뿐이다. 그러므로 만약 누군가가 경찰대대가 남긴 학살 기록은 선발 과정에 이루어진 엄격한 선택, 강도 높은 훈련과 사상 주입, 소련 지역에서 학살 임무를 수행하기 전 폴란드에서 수개월 동안 나치 인종 정책을 주입받은 영향—이들 요인은 거의 대부분의 경찰대대와 연관이 있다—이라고 설명하고자 한다면, 그는 이들 요소가 101예비경찰대대에는 누락되어 있으며, 따라서 그들의 학살 기록을 설명하는 데 그것들이 필수요소도, 충분요소도 아니라는 사실을 직시해야 한다.

101예비경찰대의 학살 기록은 다른 대대와 어떻게 비교될까? 볼프강 쿠릴라의 꼼꼼한 연구 덕분에 이제 우리는 대대의 학살 기록을 정량적 순서대로 배치해볼 수 있게 되었다.[17] 상위 12개 대대는 아래와 같다.

61예비경찰대대   1100명 학살, 30만 명을 죽음의 수용소로 강제이송
9예비경찰대대   18만 7600명 학살
133예비경찰대대   3만 1900명 학살, 7만 4000명 강제이송
101예비경찰대대   3만 8000명 학살, 4만 5200명 강제이송

53예비경찰대대	1만 3200명 학살, 6만 5000명 강제이송
320경찰대대	6만 6700명 학살
45예비경찰대대	6만 5000명 학살
3예비경찰대대	6만 2500명 학살
41예비경찰대대	3만 6800명 학살, 1만 8500명 강제이송
131예비경찰대대	1만 4900명 학살, 3만 5500명 강제이송
304경찰대대	4만 4300명 학살
303경찰대대	4만 1600명 학살

이 중 61예비경찰대대와 53예비경찰대대는 바르샤바 게토에서의 대규모 강제이송과 관련되어 있고, 9예비경찰대대와 3예비경찰대대는 특수기동대에 부속되어 있었다. 한편 101예비경찰대대가 남긴 학살 기록은 엄선되고, 고도로 나치즘에 물들고, 집중적으로 훈련되고, 세뇌된 청년들로 구성된 300번대 "엘리트" 대대들(303대대, 304대대, 320대대 등)의 기록을 훨씬 능가한다. 요컨대, 101예비경찰대대가 유익한 연구 사례로서 갖는 중요한 의미는 그들이 모든 경찰대대의 행태를 보여주는 전형적인 사례 또는 대표적인 사례여서가 아니라, 오히려 명백하게 그 반대라는 사실이다. 그들은 구성원의 연령이나 선발 방식, 나치에 대한 충성도, 훈련과 교화 측면에서 대부분의 경찰대대와 비교하여 비전형적인 모습을 보이는데, 그럼에도 불구하고 전체 경찰대대 중에서 네 번째로 많은 학살 기록을 보인 것이다.

동기

경찰대대를 연구한 많은 출판물들이 첫째, 경찰대대가 홀로코스트에 연루되었다는 사실을 탐구하고, 둘째, 종전 후에 진행된 사법적 조치가 지나치게 부적절하다는 사실을 밝히는 데 집중하고 있다면, 그 연구들이 주목하는 또 다른 측면은 그들의 학살 동기를 둘러싸고 벌어진 논쟁에 대한 것이다.[18] 어떻게 하면 역사가들은 경찰대원들이 유대인들을 왜 그렇게—그들이 실제로 실행한 것과 같이—학살했는지를 가장 잘 설명할 수 있을까? 만약 경찰대원들이 그렇게 학살하도록 강요된 것이 아니라면, 그들은 왜 학살을 선택(학살에 가담)했을까? 어떻게 그들의 행동은 당시에 한편으론 불쾌하지만 필요한 것으로, 다른 한편으론 정당한 것, 심지어 칭찬받을 만한 것으로 이해될 수 있었을까?

《아주 평범한 사람들》에서 나는 권위에 대한 복종 또는 존중에 관한 스탠리 밀그램의 고전적인 저서, 그리고 역할 적응에 관한 필립 짐바르도의 고전적인 저서를 인용한 바 있다. 나아가 101예비경찰대대 대원들의 행동을 이해하고 대대의 집단 역동성을 설명하는 데 중요한 하나의 열쇠로서 동료집단에 대한 동조同調라는 요소를 강조한 바 있다. 다니엘 골드하겐은 이러한 사회심리학적 요인이 한편으로는 별로 중요한 비중을 차지하지 않으며(주변적인 중요성), 다른 한편으로는 다른 사람들에 대한 경찰대원들의 도덕적 무책임을 변호하는 것이라고 폄하했다. 이러한 논쟁이 발생한 이후에 몇몇 사회심리학자들은 내가 보기에 인종 학살자들의 행위 동기를 설명하는 우리의 능력을 진일보시키는 데 매우 중요한 연구 성과를 발표했다. 제임스 월러James Waller는 그의 저서 《악마가 되어가다: 평범한 사람들은 어떻게 집단학살을 저지르게 되었는가Becoming Evil: How Ordinary People Commit Genocide and Mass Killing》에서 "평범한 사람들"이 어떻게 "아주 특별한 악"을 저질렀는가를 "네 개의 가지로 구성된 모델"을 통해 설명하고자 시도했다.[19] 그중 첫 번째 가지는 진화 과정에서 나타난 인간 본성의 선천적이고 보편적인 측면인데, 월러는 이것이 민족중심주의, 외국인 혐오, 사회적 지배 욕구 등으로 표출되었다고 보았다. 두 번째는 가해자의 기질을 형성하는 요인들, 즉 문화적 신념 체계, 도덕적 냉담/외면, 합리적 이기심이다. 세 번째는 전문적 사회화, 집단 구속력, 부여된 역할과 인간 개인의 통합과 같이, 행위에 커다란 영향을 미치는 즉각적인 사회적 맥락을 만드는 요소들이다. 네 번째는 그들을 우리와 다르게 보는 사고, 피해자의 비인격화, 피해자에 대한 비난과 같이 가해자가 피해자를 정의하거나 인식하는 방법을 형성하는 요인이다. 분명히 이 네 가지는 상당히 개괄적이고 보편적이면서도 역사적인 특수성을 허용하는 모델이다. 이 모델은 가해 국가의 문화적 신념 체계(반유대주의 등)의 한 측면 또는 사회적 맥락(집단의 결속력에 대한 순응)의 한 측면을 과도하게 중시해서 설명하는 어떠한 일원론적 접근도 포괄적으로 거부한다. 나아가 이 모델은 문화적·상황적 요인들을 이분법적 또는 상호배타적으로 설명하지 않고, 오히려 서로를 보완하고 보강하는 것으로 간주한다.

내 생각에, 사회심리학자들이 이룩한 두 번째 핵심적인 연구 성과는 레너드 S. 뉴먼Leonard S. Newman에 의한 것이다.[20] 그는 특히 골드하겐이 사회심리학적 접근법을 무시했다고 비판했지만, 동시에 그는 그러한 접근 방식이 가해자의 행동을 설명하는 데 더 폭넓게 기여했다고도 주장했다. 월러와 마찬가지로, 뉴먼은 인지적 설명 대 상황적 설명, 또는 기질적 설명 대 맥락적 설명이라는 "잘못된 이분법"을 거부한다. 골드하겐의 인지적 설명은 단순히 "태도-행동의 일관성"을 주장하는 것일 뿐인데, 이는 어떤 인간의 행동을 설명할 수는 있겠지만, 분명 모든 인간의 행동을 설명해주지는 않으며, 특히 홀로코스트 가해자들의 행위처럼 복잡한 사안에 대해서는 충분히 설명할 수 없다. 뉴먼의 주장에 따르면, "집요함"은 일부 인간에게서 발견되기는 하지만, 분명히 모든 인간의 행동을 설명하거나, 홀로코스트 가해자들의 행동처럼 복잡한 현상을 충분히 설명해줄 수는 없다. 뉴먼은 일반적으로 사람 내지 사람의 태도/기질/성향과 상황적 요인 사이에는 역동적인 관계가 있다고 지적한다. 만약 태도/기질/성향이 행동을 결정한다면, 그 반대, 이를테면 행동이 태도를 결정하는 것도 가능하다. 인지 부조화 이론에 따르면, 사람들은 자신의 믿음이나 태도와 모순되는 행동을 할 때 불편함을 느낀다. 특히 자신의 행동을 바꾸기 어려운 상황에서 사람들은 자신의 행동을 정당화·합리화하는 방향으로 자신의 신념을 변화시킴으로써 행동과 신념 사이의 불일치를 줄이는 경향이 있다. 사람들은 노골적인 강요보다는 (순응이나 동지애와 같은 미묘한 압력을 통해) 어떤 행동을 "수행하도록 유도되는" 위치에 있을 때 인지 부조화에 더욱 민감하다.

특히 문제가 되는 행동이 다른 사람들에게 해를 끼칠 때, 가해자는 피해자가 당연히 벌을 받을 만하다고 인식하기 쉽다. 이것은 "공정한 세계 현상just world phenomenon"•으로 알려진 심리적 반응이다. 이 과정은 결과적으로 피해자에게 해를 가하고 피해자의 인간성을 짓밟을 때 그 잔인함과 잔혹성이 더욱 고조되도록 자극하는 악순환의 고리를 만들어낸다. 사람들은 "근본적 귀인 오류fundamental attribution error"•• 이론을 통해, 가해자 자신의 행동이 타인에게 미친 영향을 무시하고, 피해자의 추락하고 비참한 지위를 그들이 타고난 열등감이나 심지어 저급한 인간성을 입증하는 추가적인 증거라고 판단하는 경향이 있다.

행동이 태도를 바꿀 수 있다는 사실 외에, 성향과 상황 사이의 동적인 관계를 보여주는 또 다른 측면은 상황 자체가 정적이거나 객관적인 것이 아니라 오히려 주관적이라는 것이다. 왜냐하면 상황 자체가 그 안에 있는 사람들에 의해 인식되고 이해되고 해석되기 때문이다. 특히 뉴먼은, 대대의 개별 구성원들은, 비록 자신들이 각자 스스로 행동해서 유대인에게 해를 끼치지는 않았을지라도 마치 대대의 거의 모든 대원들이 유대인에 대한 살해를 지지하고 있다는 "환상 속의 규범"을 따를 수 있었다고 주장한다. 뉴먼은 이 현상을 "다원적 무지pluralistic ignorance"라고 부른다. 이렇듯 한 조직이 어떻게 집단행동을 할 것인가는 단순히 조직을 구성하는 개인들의 기질을 합친 것뿐만 아니라, 개별 구성원들이 그 조직 전체와 서로의 관계를 어떻게

• 멜빈 러너(Melvin Lerner)가 주장한 것으로, 세상은 공정하고 공평한 곳이므로 관련 당사자가 아무것도 하지 않았다면 절대로 그런 일이 일어날 수 없다고 믿는 그릇된 신념.

•• 타인의 행동 또는 문제 상황에 대한 이유를 환경적 요인이나 특수한 외부 요인에서 찾지 않고, 그의 성향이나 성격 등 내적 요인에서 찾으려고 하는 경향.

아주 평범한 사람들

인지하는지 그리고 그들이 집단적으로 처한 상황에 의해서도 결정된다는 것이다.

경찰대원들이 치안경찰의 제도적 규범을 어떻게 인식하고 있는지, 그리고 나치가 동부 유럽에서 점령자로서, 그리고 나치 인종 정책의 집행자로서 자신들이 처한 상황을 어떻게 인지했는지 하는 문제는 특히 에드워드 웨스터먼과 위르겐 마테우스Jürgen Mathäus 두 학자에 의해 제기되었다. 그들은 치안경찰의 "조직문화"와 실제 세뇌 현황을 조사했다. 웨스터먼에 따르면, "조직문화는 구성원들이 조직에 의해 요구되는 행동을 어디까지 받아들여야 하는지에 관해 경계를 설정하고, 제도화된 목표를 설정하며, 구성원이 갖춰야 할 기본자세를 규정한다".[21] 1936년 독일의 모든 경찰 조직이 힘러 휘하로 중앙집권화되면서, 힘러와 치안경찰 수장 쿠르트 달루에게는 둘 다 치안경찰과 친위대의 제도적 합병뿐 아니라, 군사화와 나치화라는 두 과정을 통해 조직문화를 변화시키려고 했다. 나치화에서 중심이 되는 것은 반유대주의와 반볼셰비즘을 제도적 규범으로 확립하는 것이었다. 그리고 군사화는 사명감과 동지애, 절대적 복종의 정신을 만들어냈다. 이들 규범이 합쳐져서 "수용 가능하고 스스로 원하는 행동의 경계"를 넓혔으며, 이념적 적들에 대한 학살을 "수용 가능하고 바람직한" 행위로 만들었다.[22] 이 과정을 통해 경찰대원들은 "이념적 전사들"로 탈바꿈했다. 간단히 말해서, 골드하겐은 자발적인 학살 집행자의 탄생이 독일 문화에 내재된 몰살 추구적 반유대주의 때문이라고 주장한 반면, 웨스터먼은 이 "이념적 전사들"은 나치화되고 군사화된 독일 경찰의 제도적 문화가 의도적으로 만들어낸 단기적 산물이라고 보았다.

위르겐 마테우스 역시 치안경찰의 세뇌 문제가 충분하게 연구되지 않았고, 경찰대원들의 행동을 설명하는 요소에서 그것이 너무 성급하게 배제되었다고 주장했다.[23] 실제로 세뇌에 사용된 자료를 검토한 후, 그는 궁극적으로는 "이념적 전사들"이 제도적으로 주입받은 이념적 신념을 실천했다고 보는 웨스터먼의 기본적인 "태도-행동 일관성" 모델보다, 세뇌 교육 효과에 대한 더 복합적인 결론에 도달한다. 마테우스는 1933년 경찰과 새로 수립된 나치 정권 사이에 이미 "이념적 친화력"이 존재했으며, 경찰은 일반적으로 독일 유대인들이 정당 활동가들로부터 각종 공격을 받을 때 이들을 보호해주기를 거부했다고 말한다. 1936년 독일 경찰의 중앙집권화에 따라 치안경찰은 친위대 내부에서 마련된 세뇌 자료를 통해 교육받았는데, 이들 자료는 유대인을 독일 민족의 가장 위험한 적으로 규정했으며, 자유주의 수호의 책임, 볼셰비즘, 착취 자본주의, 프리메이슨 제도, 평화주의, 정치화된 교회 등이 이러한 적 이미지를 설정한 원인이라고 설명했다. 감정이 아니라 인종 이론이 지닌 "냉정한 객관성"은 나치의 유대인 정책을 "자기방어"의 문제로 규정했다. 1938년 말에서 1939년 초 사이 친위대의 출판물들은 "인구 재배치"나 "몰살"을 통한 유대인 문제의 "최종해결"을 목표로 제시했다. 1941년 12월, 한 출판물은 전쟁이 끝날 때쯤 유럽은 유대인이 모두 사라진 유대인으로부터의 해방구가 될 것으로 예측했다. 동시에 다른 훈련 자료들은 경찰의 정확성, 전문성, 청렴성, 이상주의, 품위라는 자기 이미지를 유지하려는 노력을 보였다.

아주 평범한 사람들

마테우스는 비아위스토크에서 309경찰대대가 저지른 최초의 만행과 같은 몇몇 악명 높은 사례를 제외하고는 역사학자가 세뇌와 집단학살 가담 사이에서 "직접적인 인과관계"를 증명하기는 어렵다고 주장한다. 하지만 그는 세뇌가 여러 가지 방법으로 경찰대원들의 학살 참여를 "촉진한 것"은 사실이라고 생각한다. 객관적인 인종주의 원칙이 궁극적으로는 필수적인 자기방어임을 각인시켜 그들의 행동을 "어려운 의무"이자 "역사적 임무"로 묘사함으로써, 세뇌는 학살을 "억제하는 문턱"을 낮추고 잔인한 집단학살을 합리화하거나 정당화하려는 사람들에게 "합법화" 요인을 제공했다. 이런 정당화 작업이 충분히 이루어지지 않은 사람들을 위해서, 세뇌는 유대인에 대한 학살 행위를 파르티잔 소탕 전투나 공산주의 격퇴와 같은 다른 '정당한' 임무와 연결시켰다. 그리고 그것은 욕심, 사디즘, 처벌받지 않고 고문하고 죽일 수 있는 기회 등, 스스로 숨기고 싶어했던 다른 내적 동기들을 가리는 "외피" 또는 덮개를 제공했다. 요컨대 이러한 세뇌 자료들은 수많은 반유대주의적 구호와 주장을 제공했으며, 세뇌된 경찰대원들은 여기에서 집단학살의 시작과 함께 많은 대원들이 경험했던 인지 부조화를 완화하고 이에 맞서는 데에 큰 도움을 얻을 수 있었다.

클라우스-미하엘 말만은 동부 유럽에서의 "최종해결"을 집행하는 "보병"이었던 치안경찰에 대한 중요한 논문에서, 경찰이 소련 영토에서 처한 상황과 나치 인종 이데올로기의 제정 사이에 밀접한 관계가 있다고 주장했다.[24] 말만에 따르면 치안경찰의 세뇌는 그동안 "과대평가"되었다. 그에 따르면 "이념적 광신주의" 또는 그가 "이념적 근본주의"라 부른 것을 만들어내는 데에 세뇌가 미친 영향은 그리 크지 않았다. 세뇌의 영향은 오히려 기독교적 가치를 인도주의적 헛소리로, 그리고 전통적인 군인의 기사도를 나약하고 남자답지 않은 것으로 폄하함으로써, 남자들의 심적 상태와 태도에 장황한 변화를 초래한 데에서 뚜렷하게 나타났다. 세뇌는 경찰대원들이 "지배인종"과 "하급 인간"이란 인종 범주에서 독일인의 우월함과 현지인의 열등함을 생각하도록 부추겼으며, 이는 혐오와 경멸에서 증오와 파괴 욕구에 이르는 반유대적 태도의 넓은 스펙트럼을 포괄할 수 있었다. 그뿐 아니라 이는 경찰대원이 동부에서 비유대인들도 집단학살하도록 촉진했다.

말만은 또한 집단의 내부 동력이 경찰대원들의 삶을 형성했다는 점을 강조했다. 강인함에 기반을 둔 남성성 개념, 그리고 나약하거나 비겁한 자로 인식되는 것에 대한 두려움은 국가사회주의, 즉 나치즘의 세뇌에 앞서서 그들이 속해 있던 정신세계의 일부였다. 그들의 사회적 세계를 구성하는 단위 부대 또는 1차 그룹의 구성원으로서 그들은 고립을 두려워하고 동지애와 공동체를 갈망했는데, 그 대가는 잔혹한 학살 행위에 순응하거나 더 나아가 다른 사람들과 함께 학살에 가담하는 것이었다. 이 경우 집단 정체성 속에서 "도덕적 부담감의 해소"가 이루어졌다. 말만의 견해에 따르면, 오직 "인지적 요인과 상황적 요인의—서로를 보완하고 강화해주는—복잡한 결합"만이 홀로코스트 가해자가 된 경찰대원들의 행동을 설명할 수 있다. 그러나 말만은 마테우스와 마찬가지로 궁극적으로 "이데올로기적 요인은 학살의 원동력이라기보다는 학살에 뒤따른 진정제, 실제 학살을

아주 평범한 사람들

향한 충동이라기보다는 오히려 학살이 이루어진 후의 마취제였다"라고 결론지었다.[25]

웨스터먼이 치안경찰의 조직문화 그리고 그것이 경찰대원의 행동에 어떤 영향을 미쳤는지를 연구했고, 마테우스와 말만이 반유대주의 이데올로기가 바르바로사 작전이라는 상황적 맥락 안에서 어떻게 기능했는지에 연구의 초점을 맞췄다면, 하랄드 벨처와 토마스 퀴네Thomas Kühne는 경찰들로 하여금 그들이 수행하는 일에 가치를 부여하고 너그럽게 받아들일 수 있도록 해주는 폭넓은, 사회 전반적인 프레임을 밝혀내고자 했다. 두 연구자는 골드하겐이 올바른 질문을 제기하긴 했지만, 독일인들, 다시 말해 세뇌와 특정한 상황적 요인의 영향을 받은 치안경찰 부대뿐만이 아니라 사회 전체가 "최종해결"에 참여하는 것을 당연하게 여긴 이유에 관해서 잘못된 답을 제시했다고 주장했다.

하랄드 벨처는 45예비경찰대대에 대한 사례연구와 사회심리 이론 및 역사적 배경을 결합해서 다음과 같은 두 가지 질문을 제기했다. 첫째, 1933년 이후 독일에서 "행동 기준이 되는 규범적 프레임"이 어떻게, 그리고 왜 그렇게 빠르고 완전하게 바뀌었는가? 둘째, 왜 45예비경찰대대와 같은 부대에서 거의 모든 "평범한 남자들"이 유대인을 기꺼이 살해하고자 했는가? 물론 비록 그들이 학살에 참여할 때 그들의 열정은 각자 다양했고, 무관심하거나 또는 혐오감을 가진 경우도 있었지만 말이다.[26] 벨처에게 나치 혁명의 핵심은 인간 의무공동체의 내용을 계몽주의적인 인간성humanity에 기반한 포용 공동체에서 인종주의와 반유대주의에 기반한 배제 공동체로 재규정한 것이었다. 이렇게 독일 공동체의 구성원을 과도하게 재조직할 수 있었던 것은 부분적으로는 그것이 유대인에 대한 배척과 폄하를 통해 민족공동체Volksgemeinschaft 및 인종 공동체에 속한 모든 사람들, 심지어 사회계층의 사다리에서 최하층에 속한 사람들에게조차 물질적 이득을 얻을 기회뿐 아니라, 신분이 향상되는 듯한 정신적 만족감을 제공했기 때문이다. 벨처에게는 1939년이나 1941년이 아니라 1933년이 이러한 새로운 사회적 규범을 정착시키는 핵심 전환점이었다. 그에 따르면 (나치 이데올로기와 프로파간다를 어떻게든 의식적으로 받아들이는 것을 넘어서) 독일인들이 인간 의무공동체의 관점에서 유대인 박해와 배제를 일상의 사회적 실천에 어느 정도 수용했는지를 보면, 그들이 새로운 "나치 윤리"를 광범위하게 수용했다는 것을 알 수 있다. 이 "나치 윤리"에서 핵심 요소는 세 가지였다. 첫째, 과격한 수단을 통해서라도 유대인 문제를 해결하는 것은 좋고, 의미 있는 일이라는 것. 둘째, 그런 방향으로의 "작업"이 사실 어렵지만 보람 있는 일이라는 것. 셋째, 이 모든 노력의 궁극적인 목적은 유대인 없는 공동체의 창조라는 것. 물론 처음에는 상상하지 못했지만, 결국 이러한 배제가 지닌 윤리적 가치를 주입받음으로써, 평범한 독일인들은 한편으로는 유대인의 재산을 몰수하고 학살을 자행하는 행위를 할 수 있게 되고, 다른 한편으로는 어떤 범죄를 저질러도 죄의식이나 자신이 부도덕하다고 느끼는 감정을 떨쳐버릴 수 있게 되었다.

그러고 나서 벨처는 45예비경찰대대의 "평범한 사람들"이 어떻게 자발적인 학살자가 되어가는지를 연구했다. 골드하겐과 마찬가지로, 벨처는 가해자들이 학살 임무에 직면했을 때 도덕적 가책이나 압박감을 극복할 필요가 없었다고 주장했다. 왜냐하면 그들은 새로운 "행동 지침"을 이미 내면화했으며, 이 "행동 지침"은 그들에게 유대인 학살은 어떤 죄의식을 느껴야 할 행위가 아니라고 확정해주었기 때문이다. 그들이 수행한 학살 행위는 본질적으로 그들이 지난 몇 년간 받아들였던 믿음을 실천에 반영한 것이었다. 하지만 그들은 여전히 자신들이 하고 있는 일에 익숙해져야 했다. 여기서 벨처는 상황과 과정 모두를 끌어다가 인용했다. 유대인 집단학살이라는 과제에 직면했을 때 경찰대원들은 집단학살을 "부대가 맡은 작업"으로 변형시키는 전문화 및 정상화 과정을 거쳤다. 그들 중 많은 사람들은 그들이 맡은 "작업"이 불쾌했지만, 그럼에도 불구하고 당시가 되었든 훗날이 되었든 불가피한 역사적 임무라고 여기며 그에 대해 어떠한 죄의식도 느끼지 않았다.

토마스 퀴네는 독일군 일반 병사나 경찰대원들이 홀로코스트에 광범위하게 가담한 현상을 설명하는 데에 인류학적-사회학적 요인과 이데올로기적 요인을 모두 상호보완적으로 동원할 것을 주장했다.[27] 그는 반유대주의, 반볼셰비즘, 반슬라브주의가 요인이라는 사실을 부인하지 않지만, 그것만으로는 독일군 일반 병사나 경찰대원들의 행동을 설명하는 데 불충분하다고 여겼다. 그는 제복을 입은 평범한 독일인들의 행동을 이해하는 데 중요한 것은 동지애Kameradschaft와 민족공동체의 "신화"라고 주장했다. 그런데 독일인들이 이 강력한 "신화"를 어떻게 이해했는지 제대로 이해해야 한다. 왜냐하면 이는 독일인들이 세계를 보고 현실 세계를 구축하는 데 사용된, 그들의 행동을 형성하는 도덕적 프레임을 도출해내는 일종의 안경 역할을 수행했기 때문이다.

민족공동체 신화는 1914년 8월 독일 제국의 황제 빌헬름 2세가 선언했듯이, 계급, 정당, 종교를 초월하여 통일을 이룩한 독일인들의 행복감과 이에 대한 집단적 기억에서 파생되었다. 1918년 1차 세계대전에서의 패배와 대공황으로 독일인들이 정신적 충격을 받자, 나치는 신화의 본질을 정치적·사회적·종교적 포용성에서 인종적 배타성으로 변화시키면서 신화가 가지는 감정적 힘을 활용할 수 있었다. 이 공동체에서는 유대인이나 낯선 인종들뿐만이 아니라, 독일인 가운데 독일 인종에 대한 내적 위협이나 잠재적인 반역을 구성하는 행위를 하는 사람들도 배제되었다. 간단히 말해서, 순응은 민족공동체에 속하는 데 필수적인 요소였다. 또한 나치는 독일 민족통일의 이상에 근거한 "참호 속(전장)에서의 동지애" 신화를 이용했는데, 이는 레마르크E. M. Remarque가 《서부전선 이상 없다Im Westen Nichts Neues》에서 말한, 전쟁으로 희생된 모든 군인들의 국제적 동지애와는 전혀 다른 것이었다. 이 두 신화에 구현된 감정적 힘과 소속감에 대한 갈망은 나치가 "도덕 혁명"을 주도할 수 있게 해주었으며, 이 혁명에서 죄의 문화에 바탕을 둔 보편주의와 인문주의와 개인의 책임이라는 서구적 전통은 수치의 문화로 대체되었다. 그리고 이 수치의 문화는 집단에 대한 충성과 집단 내에서 받는 평판을 독일 사회의 새로운 도덕적 지렛대로 추켜세웠다. 그 결과 그것이 하나의 전체로서 민족공동체든, 아니면 개별 독일인이 구성원이 되어 전투에 투입된 작은 단위 부대이든 간에, "집단이 도덕적 주권을 행사"하게 되었다.[28]

순응을 최우선 덕목으로 만드는 수치의 문화는 제복을 입은 평범

아주 평범한 사람들

한 독일인들이 전우들로부터 비겁하거나 나약하다는 오명을 얻거나 고립·소외되는 "사회적 죽음"을 당하는 것보다는 차라리 함께 끔찍한 범죄를 저지르도록 압박했다. 이러한 동력은 몇 가지 다른 요인들에 의해 강화되었다. 첫 번째 요인은 동지애의 "기쁨", 그리고 소속감이 강화될 때 파생되는 "함께함의 기쁨"이 자신들의 집단 외부에 있는 구성원들의 규범을 위반함으로써 더욱 높아질 수 있다는 것이었다. 퀴네는 "함께 범죄를 저지르는 것보다 사람들을 더 잘 뭉치게 만드는 것은 없다"라고 지적했다.[29] 두 번째는 퀴네가 "부도덕의 도덕성"이라고 부른 해로운 나치 발명품이었다.[30] 히틀러와 여러 군 지휘관들은 모두 적에 대한 연민이나 관대함, 그리고 개인적 양심의 가책을 극복하지 못하는 것은 동지들과 후세에 대한 "죄"라는, 강압적 성격의 제로섬 도덕관을 펼쳤다. 그리고 이 모든 요인이 결합해 부대 내에서 "무자비를 향한 경쟁"과 "잔혹성의 문화"를 만들었다.[31] 독일인 전체를 볼 때 "여기서 초래된 결과는 집단학살에 대한 민족적 연대감, 다시 말해 히틀러의 공동체"였다.[32]

행동의 통일성, 순응성, 범죄성에 대해 이렇게 암울하게 묘사한 후 퀴네는 이들을 다음과 같은 중요한 방식으로 평가한다. 그는 "윤리 의식은 누구에게서나 단 몇 년 사이에 변하지 않는다"라고 지적하며, 그렇기 때문에 "무언가 불확실하다는 생각이나 나치즘과 반대되는 신념은 잔혹함의 문화 속에서 여전히 들끓었으며", "양심의 고통"은 지속되었다.[33] 퀴네는 바르샤바 보안경찰과 보안대SD〔친위대가 운영했던 친위대 보안부Sicherheitsdienst〕였던 한 대원의 증언을 인용하여 학살 집행자의 태도 및 학살 참여의 범위와 분포에 대해 다음과 같이 언급했다. "소신을 가진 학살 집행자 약 30퍼센트, 이에 반대하는 집단 약 20퍼센트, 그리고 점차 지옥에 길들어간 그 중간 집단."[34] "서로 다른 두 가치 체계"가 계속해서 공존했기 때문에, 제복을 입은 일부 독일인들은 의심과 수치심, 그리고 당혹감을 느꼈다. 그럼에도 불구하고 많은 사람들은 자신들의 불순응 행위가 드러나는 것을 피하기 위해 자신의 감정을 숨기고 집단학살에 가담했다. 가담하지 않은 사람들은 나약하고 남자답지 못하다는 오명을 받아들였고, 따라서 동료들이 보인 강인함의 윤리가 옳음을 입증해주었다. 그들의 부대에 배정된 "더러운 임무"에 대해 불평할 수는 있어도, 사실상 그 누구도 감히 피해자들에게 연대감을 보여주거나, 동지들을 비난하거나, 정권을 비판하지는 못했다.[35]

어떤 면에서는 차이를 보이지만, 지금까지 서술한 모든 학자들은 학살자들의 동기를 설명하려는 어떤 시도도 반드시 복합적이고 다면적이어야 한다, 즉 일원론적이어서는 안 된다는 데 동의한다. 그들은 잘못된 이분법을 사용해서 상황적 요소와 기질적 요소를 문화적·이념적 요소와 대립시키기보다는, 이들을 연결하고 종합한다.

인위적으로 양극화된 "의도주의-기능주의" 논쟁이 나치의 결정과 정책 결정에 관한 생산적인 학술 활동이나 다양한 형태의 "합의 모델consensus model"을 이끌어낸 것과 마찬가지로, 이른바 골드하겐 논쟁에서 극명하게 드러났던 양극화된 입장은 그 양극화된 입장들을 종합하려는 더 복잡한 시도로 대체되었다.

　　　　　　　　　　　　　　아주 평범한 사람들

룩셈부르크 출신 대원들

1996년 4월 8일, 다니엘 골드하겐은 미국 홀로코스트 추모관USHMM에서 열린 심포지엄에서 그의 저서 《히틀러의 자발적인 학살자들》을 소개했고, 그때 나는 토론자 네 명 중 한 명이었다.[36] 나는 논평에서 101예비경찰대대 대원 가운데에는 14명의 룩셈부르크 출신 경찰—룩셈부르크가 제3제국에 합병된 후 독일 경찰에 편입된 20대 초반의 젊은이들—이 있으며, 이들은 다른 문화적·국가적 배경을 가진 남성들에게 유사한 상황적 요인이 미친 영향을 측정할 수 있는 기회를 제공해준다는 사실을 언급했다. 그런데 안타깝게도 단 한 명의 독일인 목격자만이 룩셈부르크인들이 대대의 작전에 어떻게 참여했는지를 상세하게 묘사했다. 룩셈부르크인들은 부흐만 소위가 이끄는 1중대의 일원으로서 유제푸프에 주둔하면서, 노동에 동원되기 위해 루블린으로 끌려가는 유대인들을 호송했다. 그들은 트라프 소령의 연설, 유대인 체포 작전, 선발 과정에 참여했지만, 당시 유대인을 사살하는 사격병 역할은 맡지 않았다. 이 독일인 목격자에 따르면 그후 룩셈부르크인들은 학살 임무를 면제받지 않았을뿐더러, 그들이 젊고 전문적인 훈련을 받았기 때문에 의도적으로 학살 임무에 선발되었다. "대체로 나이가 많은 대원들은 뒤에 남았지만", 룩셈부르크인들은 사실상 모든 작전에 참가했다. 모두 20대 청년이었던 이들은 룩셈부르크 출신 직업경찰이었다.[37]

룩셈부르크 역사학자 폴 도스터트Paul Dostert는 내게 1986년에 출판된, 101예비경찰대대 소속 룩셈부르크 대원 14명 중 2명의 전후戰後

진술 내용에 주목하라고 했다. 그들의 진술을 살펴본 결과 몇 가지 측면이 내 눈길을 끌었다. 첫째, 그들은 자신들을 독일에 징집되어 전쟁의 참혹함을 겪은 희생자로 묘사했다. 둘째, 그들은 룩셈부르크인들의 행동이 지속적으로 독일의 전쟁 명분을 지지하지 않는 것으로 묘사했다. 로저 비토르Roger Vietor는 자신이 폴란드 저항군에게 곧 임박한 수색 작전과 체포에 대한 정보뿐 아니라 총기와 탄약에 대한 정보까지 제공했다고 주장했다.[38] 장 하이넨Jean Heinen은 기관총 사수로 배정된 룩셈부르크인들이 실전에서 사격을 하지 않고, 잠시 쉬는 척했다고 주장했다. 1944년 6월, 룩셈부르크인 5명이 탈영에 성공했고, 2명은 러시아 진영으로 넘어가려다 살해당했다.[39] 그런데 중요한 것은 여기 인용된 누구도 유대인의 존재를 언급하지 않았고, 그들이 속한 대대가 집단학살에 참여한 사실에 대해서도 아무 말을 하지 않았다는 점이다. 나는 이들의 침묵, 즉 이들이 말하지 않은 사실을 분석하는 두 가지 논점을 제안했다. 첫째, 비토르와 하이넨은 자신들을 독일의 협력자가 아닌 희생자로 묘사하기 위해 반체제적 행동의 다양한 측면을 자세히 설명했는데, 만약 그들이 사격에 가담하지 않은 대원들 가운데 있었다면, 그들은 전후 진술에서도 왜 이것을 자신들의 명예로 주장하지 않았을까? 둘째, 만약 많은 독일인 목격자들이 20년 후 대대에 있었던 비사격자들을 기억할 수 있었지만 이와 관련하여 룩셈부르크인에 대해선 아무런 언급도 하지 않았다면, 그것은 룩셈부르크인들이 1942년에 대부분의 독일 전우들처럼 행동했기 때문이 아니었을까? 물론 그들이 침묵한 이유에 대한 나의 논점은 추측일 뿐 확실한 것은 아니다. 그들은 개연성과 관련된 상황적

아주 평범한 사람들

증거를 보여주지만, 이를 입증하는 명백한 증거를 제공하는 것은 아니다. 따라서 룩셈부르크인들이 101예비경찰대대에서 수행한 역할은 호기심을 자극하지만, 아직 미해결 상태이다.

101예비경찰대대 소속 룩셈부르크인들에 대한 이러한 내 논평이 1998년 독일에서 출판되자,[40] 여러 룩셈부르크 일간지가 이를 보도했다. 그러자 장 하이넨이 내 논평에 대한 반응으로《룩셈부르크 보르트Luxemburger Wort》지에 격앙된 글을 실었다.[41] 그 글에서 하이넨은 101예비경찰대대 1중대가 유대인에게 총을 쏘았다는 사실은 인정했지만, "자신은 룩셈부르크인이 사살하는 것은 보지 못했다"라고 주장했다. 그밖에 그는 자신이 속한 부대가 유대인 학살에 참여했는지에 대해선 어떤 언급도 하지 않았는데, 이것은 자신은 역사가가 아니며, 또 "자신은 부대 내 룩셈부르크인 집단의 운명에 관심이 있지, 유대인의 불운한 운명에 대해선 관심이 없기 때문"이라고 말했다.

하이넨은 자신이 두 차례에 걸친 게토 철거 작전에 가담해서 유대인들을 게토에서 기차역으로 호송하는 임무를 수행했다는 것은 인정했지만, 게토 철거 과정에서 자행된 일상적인 잔혹함이나 사살에 대해선 전혀 언급하지 않았다. 그는 한번은 목적지가 어디인지 모르는 곳으로 가는 열차를 호위했는데, "목적지가 트레블링카였을 수는 있다". 1중대가 여섯 차례에 걸친 트레블링카행 강제이송, 그리고 라진에서 미엥지제치로, 코츠크에서 우쿠프로 가는 두 차례에 걸친 대규모 인종 재배치에 가담했을 때, 하이넨은 이 가운데 두 차례 이상의 게토 철거 작전에 연루되었던 것 같다.

하이넨은 자신이 1943년 11월에 있었던 두 차례의 집단사살 현장에 있었다고 인정했으며, 추수감사절 학살에 대한 그의 묘사는 다른 증언들과 일치한다. 또한 그는 두 번째 날 자신이 있던 경계 초소를 잠시 떠나서 집단 매장지에서 이루어진 사살과 시체 더미를 직접 눈으로 보았다고 인정했다. 그는 "나는 거기서 본 끔찍한 장면을 도저히 묘사할 수 없다. 적절한 표현이 전혀 떠오르지 않기 때문이다"라고 기록했다. 하지만 그는 자신이 속한 1중대가 세로코믈라, 탈친, 코츠크, 우쿠프 등에서 사살을 수행했음에도 불구하고 자신은 어떤 학살 행위에도 참여한 적이 없다고 부인했다. 또한 그는 1942년 말 게토를 탈출했던 유대인 수백 명을 추격해서 사살한 파르체프 숲 소탕 작전에 참여한 것은 인정했지만, 이 작전이나 자신이 참여한 다른 순찰 작전은 단지 파르티잔 소탕 작전이었을 뿐 "유대인 사냥"은 아니었다고 주장했다.

요컨대 하이넨은 많은 독일인들이 주장한 것처럼, 자신의 부대가 유대인 학살에 가담한 것은 인정하면서도 자신이나 다른 룩셈부르크인 동료들이 사살에 참여한 사실은 부인했고, 다른 한편으로는 자신의 부대가 관여한 정도를 최소화하고 그다지 문제없는 통상적인 작전으로 보이게 했다. 그럼에도 불구하고 그는 《룩셈부르크 보르트》의 편집자에게 보낸 편지에서 자신이나 다른 룩셈부르크인이 이전에 인정했던 것보다는 훨씬 더 많은 사실을 인정했다. 하지만 하이넨은 내(브라우닝)가 이전에 마치 101예비경찰대대의 룩셈부르크인들이 서로 침묵하기로 작당한 것으로 상상했다며, 이는 "어리석은 짓"이었다고 비판했다. 101예비경찰대대 소속 룩셈부르크인들과 그들의 침묵에 대해 이루어진 이후의 후속 연구는 지금까지 우리가 보유한 관련 지식에 무엇을 추가했을까?

폴 도스터트는 함부르크 재판에서 볼라우프, 호프만 등에 대한 판결이 내려진 후에, 1중대의 한스 켈러 병장을 비롯해 대대의 몇몇 다른 대원들에 대한 조사가 계속되었다는 것을 발견했다. 1964년 7월 장시간에 걸친 심문에서 켈러는 1942년 8월 이전의 사건들(예를 들어 유제푸프 학살)에 대해 아무것도 기억나지 않는다고 주장했지만, 그의 부대가 파르체프와 미엥지제치의 게토 제거 작전에 참여했다는 것, 그리고 후자의 경우 유대인 수백 명이 사살되었다는 것을 인정했다. 그는 세로코믈라와 탈친-코츠크에서 학살이 진행되는 동안에 경계 근무에 배치되었는데, 전자에 대해선 매우 상세히 묘사했다. 그는 1942년 말 파르체프 숲을 처음 두 차례 소탕했을 때 그 작전은 탈출한 유대인을 겨냥한 것이었으며, 1943년 봄의 작전만 유대인이 아닌 파르티잔을 소탕하기 위한 수색이었다고 인정했다. 그는 "유대인을 발견하면 모두 사살하라는 명시적인 명령"에 따라 수행된 세 차례의 다른 "유대인 사냥"에도 참여했다.[42] 그런데 그 후 그는 자신이 그동안 인정했던 모든 것을 부인했다.

1973년 2월 켈러는 룩셈부르크로 가서 자신의 부대에 함께 있었던 룩셈부르크인 동료 3명을 설득해서, 자신(그리고 같은 부대 소속 룩셈부르크인들)이 폴란드에서 잔혹 행위에 가담한 것에 대해 면죄부를 받기 위해 조심스럽게 작성했던 진술서에 서명하게 했다. 폴란드에 주둔했던 처음 몇 주 동안 그들은 한 제재소를 경비하고 있어서 유제푸프 작전에 대해서는 아무것도 모른다는 내용이었다. 진술서에 따르면 그들은 다시 멀리 떨어진 곳에 경비 임무로 보내진 후에 대규모 강제추방 작전(아마도 파르체프)에 대해 들었으며, 이후에는 계속해서 순찰 임무를 담당했기 때문에 탈친이나 세로코믈라 학살 현장에는 없었다. 그래서 그들은 (그곳에 주둔하고 있었지만) 코츠크에서의 강제추방 작전에 대해서 알지 못했고 파르체프 소탕 작전은 단지 파르티잔 수색 작전이었지만 허탕을 쳤다는 것이다.[43]

그해 12월 독일 사법당국과의 면담에서 룩셈부르크인 세 사람은 모두 자신들이 어떤 사살이나 강제추방 작전에도 가담한 적이 없다는 주장을 반복했다. 그중 두 사람은 자신들은 미엥지제치로 보내졌지만 독일 방위군을 위해 생산하는 가죽 공장을 경비하는 임무를 맡았으며, 그곳에서 자신들은 유대인 매니저가 그의 유대인 노동자들이 체포되지 않게 구출하는 것을 도왔고, 그에 대한 감사의 표시로 각각 가죽 조각들을 받았다고 주장했다. "우리는 유대인과 전혀 관련이 없었다. 우리는 그들을 체포하거나 다른 곳으로 이송시킨 적이 없다. 우리는 항상 들판과 숲에서 파르티잔을 찾기 위해 자전거를 타고 돌아다녔다. (…) 우리는 순찰하는 동안 유대인과 마주친 적이 결코 없었다."[44] 그런데 독일 수사관들이 룩셈부르크인들과 같은 부대에 있었던 독일인 목격자 5명을 다시 면담한바, 이 독일인 목격자들의 주장은 룩셈부르크인들이 反유대인 작전을 포함한 어떤 임무에서도 면제된 적이 없다는 데 일치했다.[45] 더욱이 한 목격자는 켈러가 자신에게 증언을 바꾸도록 너무 막무가내로 괴롭혀서 결국 그를 자신의 집에 들어오지 못하게 막았을 정도였다고 회상했다.[46] 또 한 사람은 중대의 한 장교가 룩셈부르크인들의 "특별한 친구"였으며, 여

아주 평범한 사람들

홍을 위해 야간 정전 시간 후에는 코츠크에 갔고, 그 시간에 어떤 집 전등에 여전히 불이 들어와 있는 것을 보면 그곳을 향해 마구 총을 쏘았다고 진술했다.[47] 또 어떤 증인은 한 룩셈부르크인이 소대장인 브란트의 명령에 따라, 유대인을 숨겨주었다가 체포된 한 임신부를 총으로 사살했다고 주장했다.[48]

만약 세 룩셈부르크인이 함께 모여 속이 뻔히 들여다보이는 거짓 증언을 하기로 모의했으면서, 그들 가운데 비토르와 하이넨이 문서 상으로는 유대인에 대해서 언급하는 실수를 범했다면, 그래서 그것이 사실상 룩셈부르크인들 사이의 암묵적인 "침묵의 음모"라고 보기 어렵다면, 엄밀하게 보아 "침묵의 음모"라는 용어는 아무 의미가 없다. 비록 신원을 확인할 수 있는 개인들이 학살 작전에 연루되었다는 증거는 없지만, 룩셈부르크인들이 반유대인 작전을 포함하여 대대가 수행한 작전에 참가했다는 것은 분명하다. 그리고 룩셈부르크인들이 독일 경찰에 편입된 역사적 배경에 대해 도스터트가 탐구한 결과는, 이들이 101예비경찰대대로 가는 길이 다른 독일인 대원들의 길과 너무나 달랐기 때문에, 양자를 동일시하는 것이 문제가 있다는 사실을 보여준다.[49]

455명으로 구성된 프라이벨레게콤파니Freiwellegekompanie[자원병 중대]는 1940년 5월 룩셈부르크가 나치 독일에 점령되기 전까지 그 나라의 작은 부대였다. 복무 기간이 3년이라 경찰 내부에서 승진하는 데 유리한 경력을 쌓을 수 있어, 정원보다 많은 남자들이 이 부대에 지원했다. 합격 판정을 받은 지원자들 가운데 입대가 연기되는 일이 종종 있을 정도였다. 1940년 9월, 하인리히 힘러가 룩셈부르크를 방문해서 프라이벨레게콤파니를 시찰했는데, 그때 힘러는 이 부대원 가운데 적합하다고 판단되는 자들을 친위대나 독일 치안경찰에 편입시키기로 결정했다. 이에 따라 룩셈부르크인 지원자들 가운데 상당히 많은 수는 인종적 배경과 정치적 신뢰성 두 가지를 심사하는 선발 과정에서 지원을 취소했다. 왜냐하면 이전에 프라이벨레게콤파니 입대가 연기되었던 많은 지원자들이 이제 이 부대가 독일 경찰에 편입될 예정인 상황에서도 여전히 관심이 있는지 하는 문의와 함께 가입 요청을 받았기 때문이다.

101예비경찰대대에 가입한 룩셈부르크인 14명 가운데 11명의 인사 기록 파일이 함부르크 기록보존소에 보관되어 있는데, 그중 1명의 파일은 불완전한 상태이다.[50] 나머지 10명의 파일을 통해서, 5명은 이미 독일 점령 이전에 프라이벨레게콤파니 소속이었으며, 다른 5명은 1940년 9월에 합류하도록 선발된 우선 가입 후보였다는 사실이 밝혀졌다. 말하자면 그들은 본인의 의지와 관계없이 자동적으로 또는 본인의 의지에 반해서 독일 경찰에 편입된 것이 아니었다. 그들은 독일 점령당국의 보조경찰이라고 알았던 조직에 가담하기로 스스로 마음먹은 것이다. 독일의 점령이 가져다준 고용기회에서 이득을 얻어내기 위해서 말이다.

분명히 룩셈부르크인들의 태도와 반응은 매우 다양했다. 일부는 1940년 9월에 적극적으로 독일 경찰에 합류하기로 선택했지만, 이전 프라이벨레게콤파니 대원이었던 자들이 점차 줄어드는 현상은 그들이 부여받은 임무를 거부할 때 그 대가가 컸던 것처럼 뚜렷했다. 도스터트의 계산에 따르면, 본래 프라이벨레게콤파니 대원 455명 가운데 264명이 결국 독일 감옥이나 집단수용소에 끌려갔으며, 거기서 48명이 전쟁이 끝나기 전에 사망했다. 101예비경찰대대 소속 룩셈부르크인들은 1940년 12월에서 1941년 5월까지 훈련과 국가사회주의 이념 교육을 받기 위해 독일로 파견되었다. 그들은 교육을 수료한 후 룩셈부르크 근무로 복귀할 것이라고 약속받았음에도 불구하고 그들 가운데 단 55명만 본국으로 재배치되었다. (미래에 101예비경찰대대에 파견되는 인원을 포함해서) 116명으로 구성된 룩셈부르크인 집단이 쾰른에 파견되었다가 슬로베니아에서 진행된 파르티잔 소탕 임무에 투입되었다. 이때 많은 대원들이 경찰직을 그만두겠다고 요청했지만 거부되었다. 하지만 이들 대규모 룩셈부르크인 부대가 파르티잔 소탕 작전에서 믿을 만한 성과를 보이지 못하자, 그들은 슬로베니아에서 철수된 후 다른 독일 부대에 분산 배치되었다. 룩셈부르크인 14명이 1942년 6월에 101예비경찰대대에 배치된 배경이 바로 이것이었다. 그러나 분산 배치된 대원들 가운데 44명은 재배치를 거부하거나 히틀러에 대한 충성 맹세를 거부한 결과 부헨발트Buchenwald, 작센하우젠Sachsenhausen, 노이엔가메Neuengamme, 다하우Dachau에 있는 집단수용소에 보내졌다. 101예비경찰대대에 온 14명 가운데 5명은 전쟁 마지막 2년 사이에 전사했으며, 3명은 1944년에 휴가에서 복귀하지 않고 룩셈부르크 어딘가에 은신하는 방식으로 탈영했다. 그리고 1명은 1945년 자해로 인한 부상 때문에 의병 제대했다. 나치 독일이 점령했던 다른 국가의 국민들처럼, 룩셈부르크인들은 각자 서로 다른 시기에 서로 다른 선택을 했고, 서로 다른 대가를 치렀다. 그러나 101예비경찰대대의 독일인 일반 대원들과 달리, 룩셈부르크인

14명은 전쟁이 열기를 더해가던 무렵 국가에 봉사하도록 징집된, 무
작위로 선발된 중년의 징집 병사는 아니었다.

촬영된 증거 자료: 밝혀진 사실과 한계

《아주 평범한 사람들》을 연구하고 집필하던 1980년대와 1990년대
초, 나는 여러 기록보존소에다가 해당 경찰대대와 관련된 사진 자료
를 소장하고 있는지 문의했다. 이때 예루살렘의 야드바셈, 뉴욕의 유
대문제연구소YIVO, 바르샤바의 유대인역사연구소가 그들이 소장하
고 있던 소수의 사진(때로는 복사본) 자료들을 친절하게 제공해준 덕
분에, 이 사진들을 《아주 평범한 사람들》 초판에 수록할 수 있었다.
하지만 짧은 설명에 그치고 사진에 대한 논평이나 상세한 분석은 하
지 않았는데, 이는 부분적으로는 아카이브가 이들 사진 자료에 대해
충분한 정보를 제공하지 않았기 때문이다.

　25년이 지난 현재, 상황은 세 가지 측면에서 매우 의미심장하게
바뀌었다. 첫째, 사진 아키비스트들은 그들이 소장한 자료들을 대단
히 심도 있게 연구해서, 이전의 잘못된 사진 설명들을 수정했다. 둘
째, 미국 홀로코스트 추모관USHMM의 사진 아카이브는 개인들의 가족
앨범 컬렉션을 확보했는데, 그 가운데 하나는 1940년부터 1941년까
지 폴란드에서 두 번째 임무 수행 중 101예비경찰대대의 한 대원이
수집한 것이었다. 셋째, 101예비경찰대대 사건을 담당한 함부르크
검찰이 수집한 사진들이 증거물에 대한 법적 기준에 따라 검증한 결

과 진본으로 판명되었으며, 현재는 일반인에게도 공개되고 있다. 그 결과 이번 증보판에는 여러 장의 사진을 추가하게 되었고, 이전에 수록되었던 몇몇 사진에 대해서도 해설을 추가했으며, 무엇보다 한 가지 중요한 오류를 수정할 수 있었다.

안타깝게도 집단학살과 관련된 상징적인 사진들이 부주의하게 해석되는 일이 빈번하다.[51] 대표적인 사례는 내가 이 책 초판의 표지에 사용하기 위해 선택한 사진(②)으로, 이는 바르샤바의 유대인역사연구소, 예루살렘의 야드바셈, 뉴욕의 YIVO 등에 소장된 연속 촬영 사진 세 장(①~③) 가운데 하나이다(사본들은 이제 USHMM의 사진 아카이브에도 소장되어 있는데 이 아카이브는 이 책의 초판이 출간된 당시에는 아직 개관하지 않은 상태였다). 그런데 이들 사진은 촬영된 현장—즉 폴란드의 우쿠프—이 모호하게 기술되어 있다. 사진들에는 촬영 날짜가 기록되어 있지 않았으며, 사진 속 독일인의 인적 사항도 확인된 것이 없었다. YIVO에 따르면 연속 사진 중에서 첫 번째 사진은 1940년대 말에 브롱크스 출신의 누군가가 기증한 것인데, 그는 사진 가운데의 조금 왼쪽에 서 있는 흰 수염의 남자가 자기 가족의 친척인 우쿠프 출신 모틀 헤어시베르크Motl Hershberg라고 주장했다. 야드바셈에 따르면 세 번째 사진에서 무릎을 꿇고 있는 유대인은 우쿠프의 랍비였던 이제크 페로벨Izek Verobel이며, 그 사진은 종전 후에 우쿠프에서 발견되어, 고향으로 돌아가던 유대인의 손에 들어갔다. 하지만 야드바셈 사진 아카이브는 이 사진들이 우쿠프가 아닌 타르노프에서 발견되었다는 주장도 있는데, 실제 사진의 현장이 우쿠프인지 타르노프인지 확정하기에는 관련 증거가 불충분하다고 밝힌다.[52]

    《아주 평범한 사람들》 초판에는 이 연속 사진 가운데 두 번째와
세 번째 사진이 실렸고, "우쿠프, 치안경찰이 그곳 게토를 소개했던
1942년 가을로 추정"이라는 설명이 조심스럽게 달려 있다. 그러나
여기서 사진 세 장의 순서는 마땅히 분석되어야 했음에도 당시 충분

③

히 분석되지 않았다.[53] 그리고 이 사진들은 101예비경찰대대에 대한
함부르크 법원 소송에서 증거물로 채택되지 않았다. 대대원 가운데
누구도 이들 사진 속에 등장하는 것으로 확인되지 않았기 때문이다.
자, 이제 연속 촬영된 사진들을 하나하나 분석해보자. 첫 번째 사진[54]
은 특히 흥미롭다. 왜냐하면 사진에는 긴 코트를 입은 대원들 외에
분명하게 독일 방위군 제복을 입은 2명의 대원(맨 오른쪽과 왼쪽에서 세
번째)이 있기 때문이다. 몇몇 대원은 아직 카메라를 바라보거나 미소
를 짓고 있지 않으며, 한 독일인은 자기 손—마치 권총을 들고 있는
듯하다—을 무릎 꿇고 있는 유대인에게 겨냥해서 가상 처형을 집행
하는 시늉을 하는 것처럼 보인다. 두 번째 사진[55]에는 첫 번째 사진
에 있었던 2명의 독일 국방군 소속 대원이 사라졌고, 긴 코트를 입은
단 1명만이 남아 있다. 사람들이 모두 카메라를 곧바로 바라보고 있

고, 그들 중 1명이 미소를 짓고 있는 것을 보면, 사진사가 분명히 그들에게 이제 사진을 찍을 것이라고 주의를 환기시킨 것 같다. 이 사진이 내 관심을 사로잡았고, 나아가 초판 표지에 싣기로 한 것은, 왼쪽에 서 있는 독일인이 터무니없이 활짝 웃고 있기 때문이었다. 이것이 남을 괴롭히면서 고소해하는, 유대인에게 굴욕감을 주면서 느낀 흉측한 기쁨을 표현한 미소인지, 아니면 단지 카메라 앞에서 반사적으로 미소 지은 것인지 나는 알지 못한다. 사실 이 사진을 표지 사진으로 선택할 때는 깊은 생각 없이 전자를 추정하긴 했지만 말이다.

세 번째 사진[56]은 사람들이 관련 현장을 떠날 때 찍은 것이다. 대부분의 유대인들과 몇몇 독일인들은 몸을 돌려 자리를 떠나고 있으며, 화려한 치장을 한 유대인 한 명만 무릎을 꿇고 있고, 오직 한 명의 독일인만 여전히 사진사를 바라보고 있다. 우리는 두 번째와 세 번째 사진이 촬영되는 사이에 무슨 일이 일어났는지 알 수 없지만, 무릎을 꿇고 있는 유대인이 더이상 키파(유대인 남자들이 쓰는 모자)를 착용하지 않고 있는 것으로 보아, 그가 신체적으로 거칠게 다루어졌을지 모른다고 추측할 뿐이다. 이 사진의 사본 여섯 장이 야드바셈에 기증되었으며 YIVO도 여러 사본을 소장하고 있다. YIVO가 소장한 사본 중 가장 섬뜩한 것은 이 사진을 수록한 엽서인데, 그 뒷면에는 우표를 붙이고 주소와 글을 쓸 수 있는 공간이 있다. 이 엽서는 당연히 대중적으로 널리 활용되었을 것이다. 세 번째 사진은 유대인 박해를 상징적으로 보여주는 '아이콘'과 같은 지위를 부여받아서, 전후戰後 폴란드 사회에서 널리 확산되었다.

　이 사진이 우쿠프가 아니고 타르노프에서 촬영되었다는 주장이 한

　　　　　　　　　　　　　　아주 평범한 사람들

동안 유효했던 이유는, 그렇게 해야 사진에 등장하는 독일인들 가운데 당시 우쿠프 지역에서 활동하던 101예비경찰대대 소속은 한 명도 확인되지 않는다는 사실을 설명할 수 있기 때문이었다. 하지만 그동안 사진 분석 기술이 향상된 결과, 야드바셈의 아키비스트들은 이전에는 치안경찰대원인 줄 알았던 사진 속 긴 코트를 입은 남자들이 독일 국방군 소속이라는 사실을 밝혀냈다. 그들의 베레모에 새겨진 엠블럼을 면밀히 분석한 결과였다.[57] 요컨대 촬영 시간(불특정), 장소(우쿠프보다는 타르노프), 소속 부대(치안경찰이 아닌 국방군) 등을 고려할 때 이 사진들은 101예비경찰대대와는 전혀 관련이 없다. 이 사진들은 우리가 이미 알고 있는 것들, 즉 폴란드에 주둔한 독일군이 종종 굴욕 의식을 거행하고 그들의 무공을 알리는 트로피 사진을 기록으로 남겼다는 사실을 보여준다. 하지만 이 사진들은 굴욕 의식에 누가 개인적으로 참여했는지에 관한 증거는 제공해주지 않으며, 101예비경찰대대 대원들의 세계관이나 반유대주의 신념에 대해선 물론 아무것도 말해주지 않는다. 이 사진들은 또한 아카이브가 파일을 분류·보관할 때, 그리고 역사가가 25년 전의 사진 자료를 분석할 때 편견이나 사전 지식 때문에 흔히 부주의하고 일상적인 실수를 저지른다는 유익한 교훈을 제공해준다.

자, 이제 베른하르트 콜베르크Bernhardt Colberg의 사진 앨범을 들여다보자. 그는 1900년 함부르크 태생으로, 1940~1941년에 101예비경찰대대가 폴란드에서 두 번째 임무를 수행하는 동안 그 대원이었다. 콜베르크의 사진 앨범 세 권은 그의 가족이 모아놓았다가 USHMM

이 수집한 것이다. 첫 두 권은 주로 가족에 관한 사진들이지만, 세 번째 앨범에 담긴 많은 사진들은 콜베르크가 폴란드에서 임무 수행 중에 촬영한 것이어서, 그가 사진 촬영에 대단한 열정을 지니고 있었음을 짐작하게 한다.[58] 1933년 이전에 촬영한 몇몇 사진들은 바이마르 공화국을 지지하는 SPD 계열인 제국기수단Reichsbanner의 시위 장면을 보여준다. 1930년대 중반, 콜베르크의 아들은 독일청소년단Deutsche Jungvolk(10~14세 청소년들이 가입했던 나치 청소년 조직인 히틀러 청소년단과 유사한 수준의 조직)에 있었다. 이는 다른 많은 독일인들과 마찬가지로 콜베르크 가족의 구성원들도 사회민주주의 계열에서 나치 정권에 순응하는 쪽으로 입장을 전환했을 수 있음을 시사한다.

콜베르크는 1940년 10월 1일부터 1941년 4월 7일까지 폴란드 근무에 파견되었다. 포즈를 취한 많은 사진들(④, ⑤)에서 그는 경찰 제복을 입은 모습을 자랑스럽게 보여주고 있다.[59]

④

아주 평범한 사람들

⑤

그가 남긴 사진 가운데 독일인들이 유대인을 박해하는 사건은 단 하나가 있다. 그 사건을 보여주는 사진들 중 한 장(⑥)은 공개 처형 (교수형) 장면으로, 처형장 주변에는 많은 구경꾼들이 있다. 다른 사진(⑦)에는 구경꾼들이 처형 현장을 떠난 후 여전히 밧줄에 목이 매

⑥

⑦

달린 채로 남아 있는 두 사람의 시신을 보여준다. 이는 나치가 점령한 유럽에서 드물지 않게 나타났던 광경이다.[60]

　콜베르크는 전쟁으로 파손된 건물 사진에도 매력을 느꼈던 것으로 보인다. 그런데 이 사진들(⑧, ⑨)은 부수적으로 또는 우연히, 멀리서 거리 청소 작업에 동원된 유대인 노동자들을 보여주는 것처럼 보이기도 한다.[61]

　　　　　　　　　　　　　　　아주 평범한 사람들

나치는 전형적인 동부 유럽 유대인들을 매우 부정적인 이미지로 선전했지만, 유대인을 클로즈업한 몇 안 되는 사진들에서 유대인들이 그렇게 묘사되고 있지 않은 점은 매우 흥미로운 사실이다. 여기 수록된 사진 한 장(⑩)은 건장하고 잘생긴 유대인 청년 노동자를, 다른 한 장(⑪)은 길가에서 평온하게 휴식하고 있는 유대인 가족을 담고 있다.[62]

콜베르크가 찍은 많은 사진 가운데 가장 흥미로운 것은, 101예비 경찰대대가 외곽 경비 임무를 맡았던 우츠 게토에서 찍은 것으로 보이는 사진들(⑫, ⑬)이다. 유대인에 대한 나치의 고정관념을 보여주는 유대인의 이미지, 즉 오물과 굶주림 속에서 사는 역겨운 유대인 이미지를 기록한 "게토 관광"의 사례들 대신에, 콜베르크는 의도적으로 유대인 없는 게토를 촬영했다. 그는 사진 효과와 구성을 극대화하기 위해 야간 조명과 게토를 둘러싼 울타리를 사진에 담는 데 관심이 있었지, 유대인의 게토 생활을 기록하는 데는 관심이 없었다.[63]

⑫

⑬

아주 평범한 사람들

(14)

게토 울타리 치기를 촬영한 그의 사진 중에 유대인이 등장하는 사례가 있는데, 이 경우 독일 경찰이 서 있는 울타리 건너편에 제복을 입은 유대인 게토 경찰이 눈 덮인 땅바닥에 무릎을 꿇고 있다(14). 이는 사진사가 연출해서 촬영한 듯한 매우 드문 사례로 보인다.[64]

아이러니하게도 콜베르크 앨범의 마지막 사진(15)은 전쟁이 끝난

(15)

후 영국군이 독일 북부 지방을 점령했을 때 경찰로 복무하며 제복을 입은 콜베르크 자신의 모습이다. 1933년 이후 나치 체제에 적응했던 사람이 1945년 이후 독일을 점령한 연합군에 대해서도 마찬가지의 태도를 보이고 있는 것이다.

이제 함부르크에서 열린 101예비경찰대대 재판을 위해 수집된 검찰 파일에 있는 사진 모음을 보자. 이 사진들 가운데 일부는 심문을 위해 소환된 대대원들이 제공한 것이다. 다른 것들은 사진 아카이브, 특히 폴란드의 사진 아카이브에서 수집한 것으로 검찰의 심문 과정에서 그 진위가 확인된 것이다. 이 사진들은 네 가지 범주로 분류될 수 있다. (1) 장교 및 부사관들의 공식 얼굴 사진, (2) 대대 병사들의 비공식적인 "단짝 또는 친한 그룹" 사진, (3) 대대가 수행한 여러 "평범한" 활동들을 기록한 비공식 스냅 사진, (4) 유대인에 대한 파멸적인 임무에 대대가 참여한 모습들을 보여주는 스냅 사진(단독 사진 또는 연속 사진).

32명 대원의 공식 얼굴 사진 중에서 전형적인 자세를 취하고 있으

⑯　　　　　　　⑰　　　　　　⑱

면서도 가장 중요한 것은 고위 장교 3명의 사진이다. 빌헬름 트라프 소령(⑯), 율리우스 볼라우프 대위(⑰), 하르트비히 그나데 소위(⑱).[65]

다양한 "친한 그룹" 사진들 중에는 1942년 8월 워마지에 주둔해 있던 그나데 소위 휘하의 2중대 소속 베케마이어 그룹 7명에 대한 광범위한 사진 모음이 있다.[66] 여기 수록된 두 사진(⑲, ⑳) 가운데 두 번

째는 이들과 지역 주민의 친밀감을 보여주는 드문 사진이다. 대원 4명 중 2명이 각각 아이를 안고 있고 아이들의 부모로 추정되는 부부가 그들 뒤에 서 있는데, 부부 중 1명은 다른 사진에서 부대 요리사였던 것으로 확인되었다. 이곳은 1942년 8월 18일 대대가 현지 유대인들에게 저지른 가장 잔혹한 학살 가운데 하나를 집행할 또는 이미 집행한 장소였다. 사진 속 여러 대원들의 신원이 확인되었음에도 불구하고, 이 사진 모음은 베케마이어 그룹에 대한 이 연속 사진을 찍은 사람이 누구인지 밝히고 있지 않다.

다른 단체 사진들 중에는 라진에서 트라프 소령과 그의 장교들이 더 정렬해서 촬영한 단체 사진(㉑)도 있다.[67]

대대의 "정상적인 활동"을 보여주는 사진 가운데 가장 눈에 띄는 것은 볼라우프 대위의 부인 베라Vera와 브란트 소위의 부인 루치

아주 평범한 사람들

아Lucia가 포함된 장교들의 야외 식사 사진(㉒)이다.[68] 루블린 구역의 후방 지역에서는 장교 아내들이 남편을 방문할 수 있었다. 하지만 미엥지제치 포들라스키에서 부대가 최초로 집단학살에 관여한 게토 소개 작전(이 작전 동안 유대인 거의 1000명이 현장에서 사살되었고, 수천 명이 트레블링카로 강제이송되었다)이 한창 진행되던 시기에 베라 볼라우프가 마을의 시장에 등장한 것은 많은 대원들을 당황하게 했다.[69] 루치아 브란트가 남편을 방문했을 때 역시, 유대인 학살을 밥 먹듯이 하던 잔혹한 정신이 대대 내부에 얼마나 일상화·내면화되어 있었는지를 보여주는 뚜렷한 증거 하나를 제공해주었다.[70]

부대원들의 "정상적인 활동"을 보여주는 사진 중에는 낮은 건물의 옥상에서 군복을 입은 연주자들의 야외 연주회에 참석하기 위해 모인 대원들을 촬영한 사진 네 장(여기에는 두 장을 수록했다: ㉓, ㉔)이 있

다. 아코디언 2개, 더블베이스 1개, 바이올린 1개, 기타 1개 등 악기 구성이 좀 특이한 이 연주 장면은 전문적인 순회 오락부대가 아닌 대 대원들의 즉흥적인 연주였음을 암시한다.[71] 사진이 촬영된 날짜나

아주 평범한 사람들

㉕

장소는 기재되지 않았다. 또 다른 사진(㉕)에서는 대대의 트럭 운전
사들이 노래 부르도록 유도되고 있는 것처럼 보인다.[72]

　이 사진들은 역사에 무엇인가를 남기고자 하는 목적에서, 우리가
다른 자료를 통해 전혀 "정상적"이라고 볼 수 없는 잔혹한 행동에 관
여한 대원들에게 어떤 "정상성"을 부여하려는 시도가 있었음을 증명
해준다. 실제로 1941년 12월 12일자 특별비망록에서, 친위대 제국
지도자 힘러는 집단학살로 인한 스트레스를 달래는 진정제이자 과음
을 방지하는 바람직한 대안으로서 대원들에게 조용한 문화 활동의
밤을 보내도록 명시적으로 추천했다. 힘러는 "이 어려운 임무를 수
행해야 하는 자들 중에서 잔인해지거나 영혼과 인격에 손상을 입는
사람"이 한 사람도 없도록 하는 것은 장교들의 "신성한 의무"라고
적었다. 이러한 목적을 달성하기 위해, 그러한 어려운 임무를 수행한
날 저녁에는 "동지애의 밤"을 개최했으며, 이 모임은 "알코올 남용"

없이 남성들을 독일의 정신적이고 내면적인 삶의 아름다운 영역으로 돌아오게 해줄 음악 활동과 발표에 전념하는 행사가 되어야 했다.[73] 이 사진들(㉓~㉕)은 힘러의 권고가 101예비경찰대대에서 마음에 새겨지고 그대로 실천되었음을 잘 보여준다.

물론 제국지도자 힘러가 바랐던 것과 달리, 이런 행사가 있었다고 해서 과도한 음주를 포함하는 요란한 저녁 모임이 없었던 것은 아니다. 과도한 음주 모임이 어쩌면 그들의 심리적 상황에는 더 적합했을 것이다. 바로 그런 요란한 저녁이 체미에르니키에 있던 3중대 1소대 대원들의 사진(㉖)에 그대로 담겨 있다.[74]

검찰과 역사학자 모두에게 가장 큰 관심사는 작전 수행 중인, 특히 살상 임무를 수행하는 대대의 사진이다. 이와 관련하여 가장 인상적인 사진은 1942년 8월 18일 워마지 작전을 담은 다섯 장인데, 이 작

아주 평범한 사람들

전에서는 유대인 1700명이 마을 운동장에 모였다가 인근 숲으로 행진한 후 집단 무덤에서 살해되었다.[75]

다섯 장 가운데 처음 두 장은 운동장 땅바닥에 앉아 있는 유대인들을 하나(㉗)는 멀리서, 다른 하나(㉘)는 가까이서 찍은 것이다. 세 번

㉗

㉘

째 사진(㉙)은 들판에서 부분적으로 나무 그늘이 드리워진 곳에 앉
아 있는 유대인들의 모습을 보여준다. 네 번째 사진(㉚)은 웃통을 벗
은 건장한 젊은이 9명이 커다란 직사각형 구덩이를 파고 있는 모습을

　　　　　　　　　　　　　　　　　　아주 평범한 사람들

보여준다. 다섯 번째 사진(㉛)은 아직 옷을 다 입은 채인 여성 17명이 사진사를 향해 돌진하는 모습을 담고 있으며, 이들 뒤에 모자를 쓴 독일 경찰대원의 얼굴도 보인다. 이들의 리더인 맨 앞 여자의 팔에는 다윗의 별이 그려진 완장이 선명하게 보인다. 이 여자들의 긴장된 표정은 운동장에서 학살 장소까지 강제로 달려온 속도가 얼마나 잔인하게 빨랐는지를 보여준다. 이 사진들은 모두 분명하게 희생자들과 작전에 초점을 맞추고 있으며, 개별 독일인들은 첫 번째, 세 번째, 다섯 번째 사진에만 그저 부수적으로, 그리고 중심에서 먼 곳에 포함되어 있다.[76]

위마지 사진들이 집단학살로 이어지는 이벤트를 묘사하고 있다면, 미엥지제치 포들라스키—반복적으로 학살이 이루어지고 그 인원만큼 다시 충원된 중간 집결게토—의 사진 한 장(㉜)은 1942년 10월 6일 바로 그곳에서 집행된 집단사살에 대한 설명을 확인해준다.[77] 이날 유대인 수천 명이 트레블링카로 강제추방되었다. 온갖 노력을 기울였음에도 불구하고, 독일군이 예정된 수의 희생자들을 동원 가능한 열차 객차에 모두 밀어 넣을 수 없자, 그나데 소위는 열차에 태우지 못한 나머지 150명의 유대인(대부분 여자와 어린이)을 인근 공동묘지로 데려가서 그곳 벽 앞에서 사살하라고 명령했다.[78] 대대가 살해한 희생자들의 시신이 담긴 유일한 자료인 이 사진은, 집단 무덤을 파거나 희생자의 의복을 수집하는 등 사전 준비가 이루어지지 않은 채 즉흥적으로 집행된 처형의 참혹한 장면을 확인시켜준다.

㉜

1942년 가을 북부 루블린 구역에서 게토 소개 작전이 벌어진 후, 101예비경찰대대 대원들은 게토를 탈출해 도처에 숨어 있던 유대인들을 찾아내기 위한 "유대인 사냥"에 반복적으로 가담했다.[79] 미엥지제치 외곽의 숲과 들판에 대해 이루어진 수색을 기록으로 남긴 것은

　　　　　　　　　　　　　　　　　　　　아주 평범한 사람들

또다시 그나데 소위와 2중대 대원들이었는데 그 가운데 두 장의 사
진(㉝, ㉞)이 남아 있다.[80]

　1942~1943년 겨울 동안 긴 휴식 기간을 보낸 후, 미엥지제치-포
들라스키 게토는 1943년 5월 1일과 26일에 이루어진 5차, 6차 작전

의 대상이 되었다. 6차 작전에서 1000명 정도의 유대인이 트레블링카가 아니라 루블린 외곽에 있는 마이다네크 강제수용소에 보내졌다. 이 당시 그나데 소위는 도시 외곽에 탈의용 막사를 설치했으며 거기서 유대인들은 대기 중이던 열차에 실리기 전에 몸에 지니고 있던 귀중품과 의복 대부분을 탈취당했다.[81] 수많은 사진들이 미엥지제치에서 진행된 강제이송 작전의 4단계를 포착하고 있다. 마을 광장에서의 집결, 마을을 벗어나는 행진, 그나데가 지휘한 탈의 막사에서의 몸수색, 그리고 열차에 태우기. 여기서 두 종류의 연속 사진들─이것이 동일한 사진사에 의해 촬영되었는지, 아니면 두 사진사에의해 각각 촬영되었는지는 불확실하다─은 5월 26일의 "6차 작전"으로 확인될 수 있다. 이 사진들은 대대원의 개인 소장으로 남아 있었지만, 폴란드 유대역사연구소가 기소했을 때 제출되었으며, 후속조사 과정에서 진위가 확인되었다. 다른 사진들 가운데 일부 역시 이작전에 속한다고 할 수 있지만, 다른 일부는 전혀 다른 작전에서 촬영된 것으로 드러난다.

1943년 5월 26일 미엥지제치 마을에서 촬영된 한 종의 연속 사진

㉟

㊱

아주 평범한 사람들

에 포함된 사진 네 장(㉟~㊳)에는 유대인이 집결하고 행진하는 모습이 담겨 있다.[82]

　이어지는 한 장의 사진(㊴)은 이른 아침의 긴 그림자가 드리워져 있는 듯한데, 여자들이 두툼한 옷을 입고 마을 광장에 앉아 있으며, 독일군은 한 사람도 보이지 않는다. 아마도 지난가을, 즉 1942년 가을에 촬영된 사진으로 추정된다.[83]

그다음 사진 네 장은 마을을 벗어나는 행진 장면을 기록하고 있다.
첫 두 장(⑩, ⑪)은 같은 사진사가 촬영한 듯하다.[84] 독일인들이 비슷
한 모습으로 제복을 입고 있는 세 번째 사진(⑫)은 같은 날 촬영한 것

⑩

⑪

　　　　　　　　　　　　　　아주 평범한 사람들

으로 보인다.[85] 일부 유대인이 농민 마차에 실린 채 이동하고 있는 네 번째 사진(㊸)에서는 독일인 한 명만 두툼한 옷을 입고 있다. 이 사진에 나오는 이송 작전이 지난가을 진행된 것임을 암시한다.[86]

㊷

㊸

다음으로 관심을 끄는 것은 그나데가 관할한 탈의 막사 장면을 보여주는 여섯 장의 사진 모음이다. 이 사진들은 모두 같은 사진사가 같은 날, 즉 1943년 5월 작전 중 어느 날에 촬영했을 가능성이 매우 높은 것으로 보인다. 그 가운데 여기 수록된 다섯 장(44~48)은 흥미롭게도 독일 경찰대원과 그들의 희생자인 유대인들 사이의 직접적이고 친밀한 상호관계를 보여준다.[87] 분명히 사진사는 유대인 남자가 아

(44)

(45)

(46)

아주 평범한 사람들

닌 여자에게 초점을 맞추고 있으며, 거기에는 다음과 같은 모습의 여자들이 포함되어 있다. (1) 막사 바로 정면에서 옷을 다 입은 채 독일 경찰 3명과 마주하고 있는 한 여자(⑭). (2) 직접 독일 장교(그나데와 바이에른 마을경찰gendamerie〔나치 시대 인구 2000~5000명인 마을의 질서와 치안을 관할하던 경찰〕 장교로 확인되었다)에게 무언가 말하는 동안 흰 속옷만으로 자신의 몸을 가리고 있는 한 여자를 찍은 두 사진(⑮, ⑯).

(3) 키가 작고 약간 꼽추인 듯하면서 홀로 독일 경찰들(그녀데는 옆모습이며, 바이에른 마을경찰 장교는 카메라를 정면으로 바라보고 있다)에 둘러싸인 한 여자(㊼). 두 독일 경찰은 막사 옆에서 이 여자 뒤에 우뚝 서서 자세를 취하고 있다. 사진사는 유대인 남자들에게는 전혀 관심이 없었던 것으로 보인다.[88]

강제이송의 마지막 단계는 유대인을 열차에 태우는 것이었다. 여기 세 장의 사진(㊾~㊶)이 있는데 이 사진들은 101예비경찰대대에 대한 함부르크 재판을 위해 검찰이 수집했던 사진철에는 포함되지 않았지만, 훗날 폴란드에서 자행된 나치 범죄를 수사했던 조사위원회에서 USHMM에 보내온 것들이다. USHMM에 소장된 자료의 사진 설명은 이 사진들이 1943년 5월 26일 미엥지제치 포들라스키에서 수행된 "6차 작전 사진인 것 같다"라고 표기하고 있다.[89] 하지만 나는 이 날짜가 분명하지 않다고 생각한다. 사진에 등장하는 유대인들은 거의 여자와 아이인 반면, 이날의 늦은 시점에 촬영된 다른 사진들에는 주로 남자들이 많이 보이고 아이들은 전혀 보이지 않는다. 그리고 이 사진들 속 유대인들은 그녀데의 탈의 막사에서 진행된 몸수색 다음에 집행된 5월 말의 이송이라고 보기에는 너무 두툼한 옷을 입고 있다. 게다가 이들 사진 가운데 어느 것도 함부르크 재판에서 증거물로 채택되지 않았는데, 이는 사진에 등장하는 독일인 누구도 101예비경찰대대 대원으로 확인되지 않았기 때문일 것이다.

촬영 프레임이 없고, 특히 첫 번째 사진은 초점이 흔들린 점, 그리고 누구도 사진사를 바라보고 있지 않은 점 등은, 이들 사진이 폴란드 철도 노동자나 독일인이 아닌 관찰자에 의해 몰래 촬영되었을 가

능성이 있음을 추정케 한다. 그러므로 우쿠프 사진의 경우와 마찬가지로 우리는 촬영 시점, 장소, 사진 속 장면이 보여주는 상황에 대해 확실하게 말하기 어려운—사진사가 누구인지도 전혀 알 수 없는—그런 사진들을 마주하고 있다.

101예비경찰대대가 연루되었던 마지막 학살 작전은 1943년 11월 루블린 노동수용소에서 집행된 대대적인 추수감사절 작전이었다. 101예비경찰대대는 11월 3일에는 마이다네크에서, 11월 4일에는 포니아토바에서 유대인 수용자들의 사살에 가담했다. 포니아토바에서 촬영된 10장의 사진 모음이 있는데(여기에는 네 장을 수록했다: ⑤②~⑤⑤) 여기에는 독일인이 한 명도 확인되지 않으며 사살 장면도 없지만, 작전을 준비하고 있는 단계를 불길하게 보여주고 있다.[90] 이 사진 모음은 현장에서 자유롭게 움직일 수 있고, 자신이 경비하고 있는 사람들을 공개적으로 촬영할 수 있는 누군가가 촬영한 것으로 보인다. 포니아토바가 공식적인 집단수용소가 아닌 '강제노동수용소Zwangsarbeitslager'였기 때문에 유대인들은 집단수용소 복장이 아닌 민간인 복장을 하고 있으며, 철조망과 감시탑이 보이는 세 장(⑤③~⑤⑤)은 수용소 내부에서 촬영된 것이 분명해 보인다. 다른 자료들을 통해서 이 사진들이 촬영된 당시의 전후 맥락과 이후 결과를 알고 있는 우리로서는 이 사진 모음에 담긴 불길한 사연을 짐작할 수 있다.

댄 포레트Dan Porat는 "사진에 나타난 것과 같은 역사적 사건을 이해하기 위해서는 내레이션이 필수적"이라고 주장한다.[91] 재판 진행을 위해 수집된 사진들이 갖는 단 하나의 긍정적인 이점은 그들이 사진 이미지와 서술된 역사적 배경, 그리고 증인/증거에 의해 확인된 세부 사항들을 함께 연결하고 있다는 것이다. 역사적인 사진과 관련해서, 주디스 레빈Judith Levin과 다니엘 우칠Daniel Uzil은 사진이 촬영된 시간, 장소, 사진사, 사진에 등장하는 사람들, 사진의 출처, 그리

㉒

㉓

고 사진이 단독 사진인지 사진 모음 또는 앨범의 일부인지를 아는 것
이 중요하다고 말했다.[92] 홀로코스트와 관련된 사진들 가운데 그런
사항들이 충분히 기록된 것은 거의 없지만, 그래도 이들 사진의 경우

아주 평범한 사람들

대개 몇 가지 질문은 시간이 지나면 답을 찾을 수 있다. 재판 과정에서 역사는 사진을, 사진은 역사를 상호보완적으로 조명해준다. 물론 역사가는 거의 불가피하게 불완전하고 문제가 있는 자료를 갖고 작업하며, 사진 자료도 예외가 아니다.

레빈과 우칠은 또한 "우리는 나치 이데올로기에 물든 독일인 사진사가 렌즈의 초점을 '평범한' 독일인들과는 다르게 맞출 것이라고 기대할 것이다"라고 썼다. 동부 점령지에서 평범한 독일인들을 촬영한 사진들과 관련해서조차, 레빈과 우칠은 "반유대적인 사회 분위기와 선전이 전체 주민들에게 거대한 영향을 행사했을 것이라는 견해를 출발점으로 삼았으며", 따라서 "그들이 촬영하고 수집하는 사진 자체에 셔터를 누른 사람의 이데올로기적 의식이 반영되어 있는 것"이라고 추정한다.[93] 그렇다면 전체적으로 볼 때, 콜베르크 앨범과 검찰 측 사진철에 있는 사진들은 과연 당시 만연해 있던 반유대주의 풍토, 그리고 심지어 무의식적인 나치 이념 프레임이 학살 집행자들에게 미친 영향을 광범위하게 반영하고 있는 것일까?

우리가 토론을 시작한 사진, 즉 의례적인 굴욕을 연출한 우쿠프 혹은 타르노프 사진처럼, 사진을 촬영한 사람들의 반유대주의적 태도나 인종적 우월감을 뚜렷하게 반영한 많은 사진들이 분명히 있다. 하지만 101예비경찰대대와 관련된 것으로 확인될 수 있는 사진철들에서는 나치적 관점을 그렇게 명백하게 보여주는 사진들은 발견되지 않는다.[94] 사실 이들 사진 가운데 일부는 독일인이 나치가 이룩한 성과를 보여주는 트로피로 삼기 위해 찍은 것이 아니라, 폴란드인들이 폴란드에서 독일인들이 저지른 범죄를 입증하는 증거로 남기기 위해 촬영했을 가능성이 있다. 나는 미엥지제치 공동묘지의 벽 옆에서 사살당한 유대인 여성들이 등장하고 독일인은 한 명도 보이지 않는 사진은 독일인 학살자들이 떠난 후에 촬영된 것이 아닌가 하고 의심한다. 또한 나는 미엥지제치에서 유대인을 열차에 태우는 장면도 폴란드인 사진사에 의해 비밀리에 촬영된 것이 아닌지 의심한다. 그리고 다른 사진들 중 일부는 "지극히 정상으로 보이는" 부대의 일상을 반영하고 있다. 다만 우리는 그 사진들을 관찰할 때 사전 지식을 동원하기 때문에 사진에 나타난 군대의 이러한 일상이 '정상'이 아니라고 생각하는 것이다.

하지만 워마지와 미엥지제치 사진은 어떤가? 주목을 끄는 워마지 사진들은 사진사에 의해 연출된 장면이 아닌 빠른 스냅샷으로 촬영되었으며, 그중 한 장의 사진만이 사진의 대상을 사실상 "저주받은 유대인"으로 식별하지만, 그밖에 더이상의 경멸적인 언급은 없다. 미엥지제치 마을 광장에 모인 유대인들이나 마을 밖으로 행진하는 모습을 담은 사진은 많은 독일인들을 보여주긴 하지만, 이 사진들역시 그 장면을 기록한 빠른 스냅샷이다. 연출된 장면도 아니고, 관련된 추가 해설도 없다. 사진의 프레임이 특별히 승리를 환호하거나 축하하는 분위기도 아니며, 나치 이념을 드러내고 있지도 않다. 이들 사진은 환호하는 모습을 보이도록 연출된 사람들이 아니라, 단지 맡은 바 임무를 수행하고 있는 사람들을 보여줄 따름이다. 아마도 우리를 가장 혼란스럽게 하는 것은, 사진사가 워마지에서 진행된 집단사살을 위한 준비 작업과 미엥지제치에서의 강제이송 현장을 기록했다는 사실이다.

아주 평범한 사람들

그나데가 관리하던 탈의 막사에서 촬영된 사진은 그 가운데 일부가 독일 장교들과 여성 유대인 개개인이 례적으로 가까이에 있고 서로 소통하고 있는 모습을 포착했다는 점에서 다시 한 번 뜻밖이다. 사진들은 분명히 독일인과 유대인 사이에 있는 힘의 비대칭을 포착하고 있다. 또한 덩치가 크고 자신들을 괴롭히는 남자들과 마주하고 있는 개별적이고 작은 여자들을 비추는, 분명한 젠더 차원의 문제도 있다. 이 사진들은 독일인들이 미엥지제치에서 유대인 여자들을 어떻게 다루었는지를 매우 잘 드러내준다. 나아가 누군가가 대대의 활동 기록을 보존하기 위해 이런 사진들을 찍었다는 사실은 그가 대단히 놀랄 만한 젠더 감수성을 갖고 있었다는 것을 보여준다.

101예비경찰대대를 둘러싼 논란 중 하나는 대대 내에서 열정적이고 이념에 사로잡혀 있던 반유대주의적인 살인자들이 단지 소수에 불과했는지 아니면 대다수였는지이다. 그리고 레빈과 우칠은 심지어 "평범한" 독일인들의 사진들조차 당시 독일 사회에 만연해 있던 반유대주의와 나치 정권의 선전 내용을 그대로 반영하고 있다고 주장했다. 물론 우리는 그들의 끔찍한 죄악을 입증하는 사진들이 얼마나 많이 비밀 속에 묻혔거나 폐기되었는지 알 수 없다. 하지만 이번에 다루어진 사진들은 우리에게 어떤 의미를 던지고 있을까? 1940년부터 1941년에 걸친 콜베르크 앨범의 사진들은 전반적으로 나치즘에 물든 관점을 뚜렷하게 반영하지 않고 있다는 점에서 주목할 만하다. 폴란드에서 세 번째 임무를 수행하면서 101예비경찰대대가 담당한 파괴적인 작업을 기록한 사진들에서는, 우쿠프에서 촬영된—연출된—굴욕 의식 사진에서 볼 수 있는 명백하게 이데올로기적이거나 프로파간다를 내세운 프레임이 전혀 보이지 않는 듯하다. 물론 이는 도덕적 무감각, 그리고 파괴와 살인이 매일의 일상적인 작업으로 자리 잡았다는 사실을 반영하고 있다. 그리고 이런 사실은 경찰대원들이 일상화된 학살에 가담한 내적 동기가 과연 무엇이었나에 대해서보다는, 오히려 그들이 다양한 배경에서 저지른 파괴적 행동이 거꾸로 그들 자신에게 어떤 영향을 미쳤는지에 대해 더 많은 것을 말해준다.

아주 평범한 사람들

감사의 말

글을 다듬는 데 여러 가지 사려 깊은 조언을 해준 테오도어 라파엘, 미하엘 마루스, 사울 프리들랜더, 로렌스 레인저, 애론 에셔, E. 웨인 카프, 마크 젠슨에게 진심으로 감사한다. 물론 남아 있을 오류와 실수는 전적으로 나의 책임이다.

〈표 1〉 101예비경찰대대가 사살한 유대인 수(단위: 명)

장소	날짜	피살된 유대인 수(최소치)
유제푸프	1942. 7	1,500
워마지	1942. 8	1,700
미엥지제치	1942. 8	960
세로코믈라	1942. 9	200
코츠크	1942. 9	200
파르체프	1942. 10	100
코인스코볼라	1942. 10	1,100
미엥지제치	1942. 10	150
우쿠프	1942. 11	290
루블린 구역 (여러 차례 소개 작업)	1942. 7~	300
루블린 구역 ("유대인 사냥")	1942. 10~	1,000
마이다네크	1943. 11	16,500
포니아토바	1943. 11	14,000
합계		38,000

아주 평범한 사람들

〈표 2〉 101예비경찰대대가 트레블링카로 이송한 유대인 수(단위: 명)

장소	날짜	이송된 유대인 수(최소치)
파르체프	1942. 8	5,000
미엥지제치	1942. 8	10,000
라진	1942. 10	2,000
우쿠프	1942. 10	7,000
미엥지제치	1942. 10~11	
비아와		4,800
비아와포들라스카 군		6,000
코마루프카		600
보힌		800
체미에르니키		1,000
라진		2,000
우쿠프	1942. 11	3,000
미엥지제치	1943. 5	3,000
합계		45,200

옮긴이의 말

1

"만약 학살 집행자들이 모두 미친 사람들이었다고 입증할 수만 있다면 차라리 한결 안심이 되지 않겠습니까?"

— 라울 힐베르크[1]

1942년 푸른 제복을 입은 101예비경찰대대 대원 500명이 독일군 Wehrmacht을 후방에서 지원하라는 특별 명령을 받고 점령지 폴란드로 파견되었다. 함부르크 예비경찰대대, 그들은 도착 후 인근 마을들에 사는 유대인을 모두 찾아내 노동 능력이 있다고 판단되는 사람들은 노동수용소로 보내고, 노인, 병자, 여자, 어린이 등은 모두 그 자리에서 사살하라는 명령을 받았다. 모두가 당황한 순간, 대대장은 대원들에게 의외의 제안을 내놓았다. "이 임무를 감당할 자신이 없는 대원들은 앞으로 나와라." 500명 가운데 단 열두 명이 앞으로 나왔다. 이

아주 평범한 사람들

후 이 부대는 폴란드와 러시아 지역을 누비며 유대인 수만 명을 사살하고, 또한 죽음의 수용소로 이송했다.

《아주 평범한 사람들》은 홀로코스트를 실제 집행한 이 평범한 사람들에게 처음으로 시선을 던져 심층 분석함으로써 홀로코스트 연구사에 일획을 그은 크리스토퍼 브라우닝의 대표작이다. 이 책이 출간(1992년 초판 출간)되자 학계의 뜨거운 찬사가 있었다. 평범한 사람들에 대한 일상사적 접근, 경찰대대에 대한 최초의 심층 연구, 신중하면서 온건한 구조주의적 테제. 브라우닝은 학살자들의 학살 참여 동기, 심적 동요, 고통과 적응 과정을 그들이 처했던 여러 상황들과 연결시키며 홀로코스트라는 도저히 설명할 수 없는 비극적 사건에 다가간다.

2

나치가 패망한 이후 첫 20~30년간 학자들은 홀로코스트 자체보다는 나치즘과 파시즘의 본질을 규명하는 데 집중했으며 그 결과 두 가지 해석이 대체로 지배적이었다. 하나는 전체주의론이다. 이에 따르면 나치즘은 전체주의 이데올로기의 하나이며 공산주의, 특히 스탈린주의와 매우 유사하다. 다른 하나는 나치즘이 유럽 파시즘의 전형, 마지막 위기에 도달한 자본주의의 말기적 몸부림이었다는 주장이다. 이 두 가지 해석은 유대인 대학살을 그 자체에 대한 분석과 설명보다는 유럽 사회의 정치적·사회적·경제적 위기라는 거대담론 안에서 파악했다. 홀로코스트 자체에 집중한 하나의 경향이 있었다면 그것은 주로 유대인 학자들에 의해서였다. 그에 따르면 홀로코스트는 유럽 역사상 기독교 세계에 깊이 뿌리박힌 반유대주의 전통이 19세기 후반 이래 정치적 반유대주의 및 과학적 "인종주의"와 결합되어 발생한 것이었다.

그런데 전체주의론, 파시즘론, 결정론적 반유대주의론 이들 세 가지 경향은 1970~1980년대에 오면서 새로운 사료, 문제의식, 연구 방법론의 등장과 함께 수정되기 시작했다. 냉전 종식과 서구 근대화에 대한 비판적 시각의 등장이 주요 배경이었다. 그리고 1990년대에 들어 동유럽 공산주의 진영의 몰락과 소련의 해체로 인해 그동안 접근이 불가능했던 문서고가 개방되어 연구를 계속 촉진했다. 1990년대에 이루어진 독일의 재통일과 거대화된 독일의 미래에 관련된 국제사회의 우려도 새로운 촉매였다.

최근 연구에서 보이는 중요한 변화는 반유대주의의 역할에 대한 관심이 커가고 있다는 점이다. 앞서 언급했듯이 1970년대까지 반유대주의는 주로 자본주의나 전체주의라는 사회경제적·정치적 발전의한 주변 현상으로 파악되었으며 냉전이 완화되면서 등장한 새로운 해석들도 반유대주의에는 2차적 중요성만을 부여해왔다. 그들은 경제 대공황, 카리스마적 지도력, 대중의 순응, 그리고 관료주의/근대적 합리주의 등과 같은 구조적·상황적 요인에 우선적으로 주목했다. 그런데 1990년대 말 골드하겐의 《히틀러의 자발적인 학살자들》(1996)을 둘러싸고 진행된 뜨거운 논쟁은 이러한 상황에 커다란 변화가 일고 있음을 잘 보여주었다. 이 논쟁은 여러 나라의 학계뿐 아니라 지식 사회를 뜨겁게 달구었다. 사실 가장 기본적인 차원에서 볼 때 골드하겐의 《히틀러의 자발적인 학살자들》은 브라우닝이 《아주 평범한 사람들》에서 제기한 테제를 정면으로 반박하려는 시도였다. 그런데 골드하겐 논쟁 과정에서 오히려 더욱 주목받게 된 것이 브라우닝이었다. 따라서 브라우닝의 연구를 좀 더 객관적으로 이해하기 위해서는 "평범한 사람들"과 "평범한 독일인들"을 둘러싼 두 사람의 논쟁을 살펴보는 것이 필요하다.

3

브라우닝은 나치 정권이 1941~1943년까지 폴란드 마을들에 살던 유대인을 집단학살하는 데 동원했던 예비경찰대대를 집중 연구했다. 특히 나치의 세뇌 작업으로부터 별로 영향을 받지 않았으며 히틀러에게 특별히 열광하지도 않았던 함부르크 출신 중년 남성들로 구성된 101예비경찰대대, 이들은 유대인 학살에서 핵심을 차지했던 죽음의 사자들인 친위대의 특수기동대나 보안대와는 별 관계가 없는 부대였다. 게다가 이들 부대는 창설 초기에는 학살 작전에서 적극적인 역할을 맡도록 기획된 것도 아니었다. 그러나 이들은 집단학살자가 되었다. 브라우닝의 설명에 따르면 이들 "평범한 사람들"은 처음 몇 번에 걸친 학살과 게토 소개 작업을 수행하면서 점차 집단학살에 익숙해졌다. 그들은 학살이 아무리 마음에 들지 않는 일이라 할지라도 자신들이 경찰로서 수행해야 할 임무의 일부분이라고 받아들였다.

따라서 평범한 사람들을 학살자로 만든 것은 이데올로기나 신념이 아니라 환경이었다.

골드하겐 역시 101예비경찰대대를 연구했다. 동일한 사료를 보았음에도 불구하고 그는 학살자들을 전혀 다르게 해석한다. 골드하겐에게 그들은 특별한 세뇌교육을 받지 않았기 때문에 "평범한 사람들"이 아니라 오히려 "평범한 독일인들"을 보여주는 매우 좋은 사례였다. 다시 말해 예비경찰대대 대원들은 이미 히틀러가 집권하기 오래전부터 몰살 추구적 반유대주의를 내면화한 독일인들의 표본이라는 것이다. 골드하겐은 대원들이 학살 작전 가담을 피할 수도 있었다는 점을 강조하며 그렇기 때문에 그들이 학살자가 된 것은 상황 때문이 아니라 유대인에 대한 증오심 때문이라고 주장한다.

학살자들의 동기는 과연 무엇이었을까? 브라우닝과 골드하겐 사이의 열띤 논쟁은 홀로코스트의 근본 원인이 무엇인가라는 핵심 문제를 둘러싼 오랜 연구사적 논쟁에 맥이 닿아 있다. 홀로코스트에 대한 해석은 팀 메이슨Tim Mason이 의도주의자Intentionalist와 구조주의자Structuralist라고 이름 붙인 두 집단으로 계속 나뉘어왔다. 전자는 유대인 학살이 히틀러의 반유대주의적 의도에서 출발하여 히틀러를 정점으로 하는 전체주의적인 독재에 의해 실현되었다고 주장한다. 반면 후자는 나치 국가 체제의 무정부적인 성격과 혼란한 의사 결정 과정, 히틀러 측근들의 분열과 경쟁 및 권력 투쟁에 주목했다. 이 요소들은 나치 정권이 즉흥적 정책을 남발하게 했을 뿐 아니라 히틀러에 대한 충성 경쟁을 통해 점차적인 과격화를 초래했으며 그 비극적 결과가 바로 홀로코스트라는 것이다.

이들의 주장을 조금 더 자세히 살펴보자. 급진적인 의도주의자인 루시 다비도비치Lucy Dawidowicz에 따르면 히틀러는 이미 1919년에 유럽 유대인을 멸종시키겠다고 결심했다. 나아가 히틀러는 어느 시점에 자신의 유대인 멸종 계획을 실현할지도 염두에 두고 있었다. 즉 2차 세계대전은 그가 계획한 유대인에 대한 전쟁을 치를 좋은 기회이자 수단이었다. 히틀러는 '그때'가 올 때까지는 국가와 당에서 유대인 정책을 둘러싸고 논의되는 무의미한 다원주의를 묵인했다.

다비도비치의 맞은편에는 마르틴 브로샤트Martin Broszat가 있다. 그에 따르면 히틀러는 결코 "최종해결"에 대한 확정적인 결정이나 명령을 내린 적이 없다. 유대인 멸종 계획은 1941년 말에서 1942년 사이에 연속된, 그리고 각각 독자적으로 진행된 집단학살 과정에 점진적으로 발전했다. 개별적으로 고립된 채 집행된 집단학살들은 두 가지 요소 때문에 불가피한 상황이 벌어지자 임기응변식으로 추진된 대응책이었을 뿐이다. 하나는 히틀러가 강조한 "유대인 없는 유럽Jews Free Europe"의 건설이라는 목표가 추종자들에게 준 정치적·이념적 압박이었다. 다른 하나는 동부전선에서의 패배로 인해 철도 운송이 중단되고 더이상 유대인을 이주시킬 공간이 없어졌다는 현실적 문제였다. 그래서 일단 유대인에 대한 학살 프로그램이 작동하기 시작했는데 이것이 점차 제도화되었다. 이 과정에서 나치 지도부는 유대인 문제 해결을 위한 논리적이며 간단한 해결책이 바로 이것이라고 판단하게 되어 학살 프로그램을 총력 추진했다. 이처럼 히틀러는 "최종해결"의 촉매였을 뿐, 결정자나 명령자가 아니었다.

홀로코스트의 근본 원인이 구조인가 의도인가를 둘러싼 최근 연구

성과는 두 경향 사이의 입장 차이를 점점 줄이고 있기 때문에 한편에 치우치는 주장은 이제 거의 불가능해 보인다. 의도주의자인 사울 프리들랜더는 적어도 나치 지도부에서 "구원적 반유대주의"가 차지했던 비중을 여전히 강조하고 있기는 하지만 최종 결정을 위한 의사결정 과정의 모호함이나 그 실행 과정에서 나타난 조직상의 혼란에 관해서는 구조주의자들의 견해를 상당 부분 수용하기 때문에 "온건한 의도주의자"라고 부를 수 있게 되었다. 대개 구조주의자로 분류되는 브라우닝의 입장도 점차 진화하고 있다.[2] 그는 한편 동부 유럽 유대인의 게토화는 위로부터의 분명한 지시 없이 나치 중견 간부들에 의해 주도된 것이라는 구조주의자들의 견해를 유지하면서도 동시에 "누적적 과격화cumulative radicalization"를 주장해온 구조주의자들의 견해와는 어긋나는 사실을 밝혀냈다. 즉 나치 장교들은 위로부터 지시가 내려올 때에는 유대인을 학살했지만 그 외에는 자신들의 수익을 올리기 위해 이들을 노동력으로 동원했다는 것이다. 이는 유대인 학살에서 현장 나치 장교들이 수행한 역할을 상대화하지 않으면서 또한 집단학살에 대한 최종 결정에 나치 지도부가 직접적인 책임이 있다는 사실을 함축한다.

최근 학살자들의 동기 문제에 대해서도 의견 접근이 감지되고 있다. 오메르 바르토프Omer Bartov는 브라우닝의 상황 이론과 골드하겐의 의도적인 해석이 등한시한 핵심 쟁점, 즉 나치 이데올로기와 세뇌 교육이 학살자들에게 한시적으로 미친 강력한 영향력을 중심으로 통합된 해석이 가능하다고 본다.[3] 그에 따르면 많은 학살자들은 분명 반유대주의 정서의 영향을 받았으며 유대인을 사살하는 것이 필요하

아주 평범한 사람들

다고 믿었다. 그러나 그들이 나치 시대 모든 독일인들, 심지어 히틀러 집권 이전의 독일인들의 반유대주의 감정을 대표한다는 주장은 결코 입증될 수 없는 것이며 역사적 평가로서 가치를 갖기 어렵다. 이런 입장에서 바르토프는 한편으로는 이데올로기적인 동기를 다소 과소평가하는 브라우닝의 해석도 문제가 있다고 보지만, 그의 치밀한 연구가 보여주듯이 학살자들이 학살 작전에 자주 임하게 되면서 그 상황 속에서 점점 살인에 적응해갔다는 사실은 누구도 부정할 수 없다고 인정한다.

사실 브라우닝이 제대로 지적했듯이 골드하겐은 이러한 변화를 부정할 만한 충분한 자료를 제시하지 못했다. 골드하겐이 제시하는 여러 자료들은 오히려 대원들이 점령과 함께 동부 유럽 유대인들(그리고 집시, 러시아인, 볼셰비키, 폴란드인 등)을 인간 이하의 존재로 파악하도록 교육받았으며 이 정서가 점차 내면화되었다는 사실을 암시해준다.

그럼에도 불구하고 바르토프가 지적하듯이 나치 이데올로기가 얼마나 넓게 퍼져 있었는지, 그리고 폴란드 유대인 학살에서 드러난 극단적인 감정 변화와 어떤 관계를 갖는지 측정하는 것은 쉬운 일이 아니다. 그러나 브라우닝이 주장하듯이 이러한 감정들이 분출될 수 있도록 공식적으로 허용하고 또 교묘하게 부추겨진 것은 분명 나치 정권하의 여러 선전기구들에 의해서였다.

브라우닝은 골드하겐의 극단적 의도주의 해석은 단호하게 비판하면서도 앞서 살펴본 논쟁에서와 마찬가지로 유연한 자세를 보인다. 스스로를 "온건한 구조주의자"라고 규정하는 그는 한국어판 서문에서 이렇게 밝히고 있다. "문화적·이데올로기적 요소(의도주의)

와 상황적·제도적 요소(구조주의)는 양자택일처럼 서로 상반되는 것이 아니라고 생각한다. 상황 요소는 독립적이거나 중립적인 것이 아니다. 동일한 상황 요소라 할지라도 각기 다른 사람들에게 서로 다른 방식으로 경험되고, 이해되고, '구성'된다. 각자 인지 과정에 사용하는 서로 다른 문화적·이데올로기적 렌즈가 바로 여기에서 영향을 미친다." 그럼에도 불구하고 브라우닝은 문화적 요소를 초월하여 인간의 행동을 크게 좌우하는 구조와 상황이 있다고 굳게 믿는다. 따라서 101예비경찰대대 대원들의 행동은 반유대주의에 미친 특별한 독일인들이 아니라 "평범한 사람들"의 행동으로 이해하는 것이 가장 옳다고 힘주어 말한다.

4

내가 브라우닝의 《아주 평범한 사람들》을 접한 것은 유학을 마치고 귀국하자마자 우연한 기회에 골드하겐 논쟁에 대한 글을 쓰면서였다. 당시 미국, 독일, 이스라엘을 뜨겁게 달구었던 골드하겐 논쟁을 소개한 글이 좋은 반응을 얻은 후 한 출판사에서 골드하겐의 책을 번역하자는 제안을 해왔다. 하지만 나는 이를 망설이지 않고 거절했다. 내가 홀로코스트 전공자는 아니지만 번역을 한다면 차라리 브라우닝의 《아주 평범한 사람들》을 번역하는 것이 학문적으로나 사회적으로나 훨씬 의미가 있을 것이라는 판단에서였다.

왜냐하면 브라우닝의 《아주 평범한 사람들》은 무엇보다 홀로코스트 연구사의 새로운 지평을 열었다고 평가되는 우수한 연구서이기 때문이다. 그동안 학살의 책임자와 희생자들에 대한 연구는 많았지만 정작 학살을 수행한 당사자들에 대한 연구는 전혀 없었다는 점에서 브라우닝의 연구는 선구적이다. 또한 학살을 위해 특별히 선발된 특수부대가 아닌 평범한 사회적 이력을 가진 예비경찰대대 대원들에 관한 치밀한 미시사적 연구 성과는 홀로코스트라는 거대한 사건에 접근하는 매우 중요한 단서를 제공해주기 때문에 수많은 후속 연구를 자극하고 있다.

둘째, 《아주 평범한 사람들》은 홀로코스트를 히틀러와 나치 독일이라는 좁고 제한된 인식 틀을 뛰어넘어 근대 이래 자행된 많은 인종 학살, 그리고 최근에도 계속되고 있는 현대의 인종 학살 문제를 심각하게 성찰하도록 촉구하는 매우 의미 있는 책이기 때문이다. 저서를 마감하며 브라우닝이 던지는 어두운 메시지는 서두에 인용한 힐베르크의 질문에 대한 대답이다. 즉 그는 학살자들이 모두 미친 사람들이었던 것이 아니라 결국 우리와 같은 평범한 사람이었다는 소름 끼치는 사실을 발견한 것이다. 이런 맥락에서 저명한 사회학자 지그문트 바우만의 다음 문장은 브라우닝의 결론과 일맥상통한다. "홀로코스트는 벽에 걸린 그림이 아니다. 보통은 은폐된 채로 있는 현실을 바라보게 해주는 창문이다."[4]

셋째, 브라우닝은 자신의 테제에 대한 비판에 끊임없이 귀 기울이며, 자신의 테제가 가진 선명성을 희미하게 만들 정도로 철저히 점검하는 겸허한 태도를 보인다. 이러한 그의 태도 때문에 일반 독자들은 그의 테제에 관해 다소 혼란을 겪을 수도 있지만 내게 그의 학자적 자세는 가히 모범이 된다고 보인다. 골드하겐 논쟁이 뜨겁던 무렵, 베를린에서 열린 한 토론회가 끝난 후 독일의 한 역사 교수는 함께 참석했던 제자들에게 이렇게 말했다고 한다. "스타가 되고 싶으면 골드하겐처럼 튀어라. 그러나 제대로 된 역사가가 되려면 브라우닝을 본받아라!"

5

《아주 평범한 사람들》은 전문 연구서인 까닭에 간략하거나 희미하게 언급하고 지나친 중요한 문제들이 있다. 그런데 일반 독자들이 홀로코스트라는 거대한 사건을 올바로 이해하기 위해서는 몇 가지 중요한 문제들을 반드시 짚고 넘어갈 필요가 있다.

우선 이 책을 읽고 학살자들의 일상화된 학살 행위와 그들의 내면 세계를 깊이 들여다본 독자들은 브라우닝의 본래 의도와는 전혀 달리 평범한 독일인들의 잔혹성에 한층 더 몸서리칠지 모르겠다. 하지만 우리의 성찰은 절반의 사실에 대한 감상적 환멸감에 머물러서는 안 된다. 브라우닝이 잠시 언급했듯이 홀로코스트는 평범한 독일인 학살자뿐 아니라 너무나 많은 비독일인 협력자, 방관자가 만들어낸 거대한 비극이다.

그동안 나치를 중심으로 한 가해자 문제는 철저히 연구된 반면 협력자와 (특히) 방관자 문제는 비교적 등한시되어왔다. 예를 들어 나치에 부분적으로 협력했던 유대인평의회Judenraete의 역할이나 교황

피우스 12세, 미국 대통령 프랭클린 루스벨트의 역할 등이 비판의 대상이다. 그러나 소수 지도적 인사들의 문제는 거대한 빙산의 일각일 뿐이다. 사실 수백만 인명에 대한 대학살이 집행되기 위해서는 점령된 유럽 여러 나라 정치인들의 굴종, 지역 경찰이나 기타 유사 기관의 지원이 필수적이었다. 프랑스의 비시Vichy 정권은 말할 필요도 없이 그 대표적인 예이다.

그렇다면 점령지의 수많은 주민들은 어떻게 행동했을까? 구조와 상황의 영향에 크게 좌우되는 "평범한 사람들" 테제를 좀 더 객관적으로 평가하기 위해서는 평범한 독일인들뿐 아니라 평범한 유럽인들의 행동도 좀 더 가까이에서 자세히 들여다보는 것이 필요하다.

독일에 의해 점령되었던 유럽의 평범한 사람들 3억 명 중 다수는 강제수용소의 희생자도 학살 집행자도 아니었지만 그렇다고 나치에 별로 저항하지도 않았다. 물론 그들은 피점령국 국민이었기 때문에 나치 정책에 저항하거나 나치의 희생자들을 보호할 경우 스스로도 가차 없이 희생자가 될 수 있었다. 그리고 일상사의 연구 성과는 침묵, 무관심, 방관, 복종, 저항 사이의 경계는 아주 모호하다는 사실을 밝혀주었다. 다수의 침묵은 복종일 수도 수동적 저항일 수도 있다는 것이다. 그리고 지금까지 그들은 대부분 점령지에서 벌어지는 무수한 학살과 학대에 대해 잘 몰랐다고 주장해왔다. 그러나 최근에야 비로소 시작된 이른바 "방관자the bystanders" 연구는 평범한 유럽인들의 행동에 대해서도 주목하고, 홀로코스트에서 그들이 차지하는 위치를 새롭게 자리매김할 필요가 있다는 사실을 보여준다.

고든 J. 호르비츠Gordon J. Horwitz는 아우슈비츠 죽음의 수용소에 비견할 만큼 악명 높았던 오스트리아 마우트하우젠Mauthausen 수용소와 인근 마을의 일상적 관계를 샅샅이 파헤쳤다.[5] 그가 그려낸 그림은 아주 충격적이다. 그에 따르면 수용소의 나치 학살자들은 그들을 둘러싼 환경을 매우 편안하게 느꼈다. 마오쩌둥이 "게릴라 전사들은 주민들 속에서 마치 물속의 고기처럼 자유롭게 느낀다"라고 말했던 바로 그런 느낌이었다. 강제수용소 인근 마을 사람들은 수용소에 필요한 물자와 용역을 제공하고, 수용소 친위대 대원과 가족들에게 음식과 술을 팔았다.

마을 사람들의 행동은 단지 수동적 협력에 그치지 않았다. 그들은 마을 축제에서, 체육대회에서, 음악회에서 수용소 학살자들과 교제했다. 지친 학살자들은 이들과의 만남에서 휴식을 찾았다. 마을 사람들은 수용소에서 탈출한 사람들을 숨겨주거나 도와주지 않고 내치는 일이 많았으며 더 적대적인 사람들은 아예 즉각 신고했다. 협조 요청이 없었는데도 주민들이 직접 총을 메고 수색 작전에 가담한 경우들도 보고되었다. 탈출 사건이 발생하면 마을 사람들은 수용소 수색대의 눈과 귀가 되었다.[6]

우리는 이미 브라우닝을 통해 폴란드에서 도주에 성공한 많은 유대인들도 지역 주민들의 밀고 때문에 체포되어 학살되곤 했다는 사실을 알고 있다. 그런데 호르비츠의 연구가 보여주듯이 그것은 예외가 아니었다. 강제수용소나 죽음의 수용소들은 일반 주민들과 완전히 단절된 오지에 건설되지 않았다. 이웃에 40개가 넘는 보조 수용소를 가진 마우트하우젠 수용소는 린츠Linz 근처에 있었으며, 마이다네크 수용소와 아우슈비츠 수용소도 비슷한 구조였다. 날마다 들려

아주 평범한 사람들

오는 날카로운 총성, 수용소 굴뚝에서 피어오르는 이상한 색깔의 연기, 참을 수 없을 만큼 역겨운 냄새. 그럼에도 불구하고 마을 사람들은 눈을 감았고 침묵했고 협력했다.

호르비츠의 사례연구에서 밝혀진 평범한 유럽인의 일상적 협력은 사실상 사울 프리들랜더가 "방관자"라고 불렀던 평범한 독일인들의 행동, 쿨카가 "수동적 공범"이라고 낙인찍었던 바로 그런 행위와 결코 다르지 않았다.[7] 물론 이 사실들이 학살자들의 만행을 결코 정당화해주지는 않는다. 하지만 이들과 같은 다수의 평범한 방관자들이 없었다면 유대인 대학살이 과연 제대로 집행될 수 있었을까?

지금까지 홀로코스트의 역사는 대부분 독일사의 한 페이지로 다루어졌다. 학살에 관한 정책을 수립하고, 결정을 내리고 구체적인 계획을 추진한 것이 독일인이었기 때문에 일견 당연한 일로 보인다. 하지만 우리가 살펴보았듯이 홀로코스트는 이보다 훨씬 광범위한 시각에서 수많은 협력자, 방관자를 포함한 주변 세계의 반응과 밀접하게 연관시켜서 바라보아야 하는 거대한 전체totality이다. 그러므로 홀로코스트는 독일사의 범위를 넘어서 통합적이고 상호보완적인 유럽사의 한 페이지로 파악되어야 한다.[8]

6

학살을 집행했던 독일의 평범한 사람들, 학살을 알고도 침묵하고 방관하고 협력했던 수많은 유럽의 평범한 사람들이 함께 빚어낸 비극,

홀로코스트는 현대의 우리에게 어떤 의미를 던지는가?

독일인들의 특수한 반유대주의와 홀로코스트의 일회성을 강조하는 해석들은 이전부터 존재해온 반유대주의와 독일사의 특수성을 과장, 강조함으로써 홀로코스트라는 역사적 사건이 오늘날 근대 관료주의, 기술 국가에 사는 국민들 모두에게 던지는 여러 중요한 측면을 매우 희미하게 만들고 있다. 나치즘 몰락 이후의 독일인들이 이제 "우리(미국인)와 같기" 때문에 홀로코스트 같은 비극은 재발하지 않을 것이라는 골드하겐의 함축적인 주장은 단지 전후戰後 독일과 서구뿐 아니라 특히 미국인 자신에 대한 터무니없는 만족을 담고 있다. 그뿐만 아니라 이는 오히려 홀로코스트를 서구 문명과 무관한 일회적이며 주변적인 사건으로 만드는 논리의 함정을 품고 있다. 역설적이지만 '리옹의 도살자' 클라우스 바르비Klaus Barbie●에 대한 재판에서 바르비 변호인단은 바로 이 문제를 날카롭게 지적했다. "홀로코스트가 단지 유럽 백인들 사이의 문제였다면, 유럽인들이 직접 대면하고 청산해야 할 사실상 진정한 과거는 서구가 제3세계에 대해 저지른 인종 학살이다. 그럼에도 불구하고 서구 세계가 유대인에 대한 인종 학살에 이토록 몰두하는 것은 자신들이 나머지 세계를 여전히 억압, 착취, 학살하고 있다는 사실을 감추려는 의도이다."9 사실 근대 이래 무수한 인종 학살을 자행한 서구의 역사를 돌이켜볼 때 골드하겐식의 논리는 매우 위험하다고까지 할 수 있다. 어쩌면 골드하겐이 내리는 이러한 쾌적한 결론이 그의 책의 상업적 성공을 설명해주는 중요

● 독일 점령기 프랑스 리옹의 옛 게슈타포(나치의 비밀경찰) 책임자.

아주 평범한 사람들

한 이유일지도 모른다. 그러나 골드하겐식의 낙관적 전망은 지난 반 세기 동안 여러 차례 집단학살을 목격한 우리 세계의 비극적 현실을 제대로 반영하고 있지 않다. 브라우닝은 이런 현실을 매우 우려한다. 오늘날에도 여전히 반복되고 있는 집단학살들은 홀로코스트와 같은 최악의 집단학살은 더이상 없을 것이라는 결론이 잘못된 것임을 잘 폭로해주고 있지 않은가? 우리는 홀로코스트에 대한 사유의 지평을 넓혀야 한다는 바우만의 경고에 조용히 귀 기울여야 한다.

"홀로코스트는 과거의 사건이 아니라 오늘날 우리의 근대적 삶 속 에 숨어 있는 잠재적인 위험입니다."[10]

이진모

주

약어

BA   Bundesarchiv, Koblenz—연방기록보존소(코블렌츠)

BDC   Berlin Document Center—베를린 다큐멘트 센터

BZIH   *Biuletyn Zdyowskiego Instytutu Historycznego*(Bulletin of the Jewish Historical Institut)—유대인역사연구소 공보

G   Investigation of G. and others, Office of the State Prosecutor, Hamburg, 141 Js 128/65—함부르크 검찰청 G.와 그 외 00명에 대한 취조록

HW   Investigation and trial of Hoffmann, Wohlauf, and others, 141 Js 1957/62—함부르크 검찰청 호프만, 볼라우프 외 00명에 대한 취조록

IMT   *Trials of the Major War Criminals before the International Military Tribunal*, 42 vols.—국제군법재판에서의 주요 전범재판 기록

JNSV   *Justiz und NS-Verbrechen. Sammlung Strafurteile wegen Nationalsozialistische Tötungsverbrechen 1945-1966*, 20 vols.—사법부와 나치 범죄. 나치 살인죄에 대한 판결집

NO   Nürnberg document relating to party organizations—나치당 산하 조직 관련 뉘른베르크 문서

NOKW   Nürnberg document relating to the military—방위군 관련 뉘른베르크 문서

YVA   Yad Vashem Archives, Jerusalem—야드바솀 기록보존소(이스라엘)

ZStL   Zentrale Stelle der Landesjustizverwaltungen, Ludwigsburg—루트비히스부르크 주 검찰청 중앙본부

초판 서문

1   라울 힐베르크는 홀로코스트 희생자의 25퍼센트 이상이 총살되었다고 평가한다. 그에 따르면 그 밖에 50퍼센트 이상은 대규모 가스실 시설을 구비한 죽음의 수용소 여섯 곳에서 살해되었으며 나머지는 게토, 노동수용소 및 집단수용소, '죽음의 행진' 등 상상할 수 없는 비참한 환경에서 죽음을 맞이했다. Raul Hilberg, *The Destruction of the European Jews*, New York, 1985, 1219(독일어판은 *Die Vernichtung der europäischen Juden*, Herausgeben von Ulf Wolter, aus dem Englischen von Christian Seeger u. a., Berlin, 1982) 참조.

2   이 책 이외에 개별 집단에 대한 대규모 연구가 하나 있다. Hans-Heinrich Wilhelm, "Die Einsatzgruppe A der Sicherheitspolizei und des SD 1941-42: Eine exemplarische Studie." 이는 Helmut Krausnick and Hans-Heinrich Wilhelm, Die Truppe des Weltanschauungskrieges: *Die Einsatzgruppen der Sicherheitspolizei und des SD*

1938-1942, Stuttgart, 1981의 제2부이다. 빌헬름의 연구는 101예비경찰대대에 관해 존재하는 나중의 자료들보다는 당시 문서에 훨씬 더 의존하고 있다. 물론 빌헬름은 자신이 연구한 부대의 근무일지를 활용할 수 없었으며, 따라서 부대의 인적 구성에 관해 분석할 때 역시 장교에 국한해야 했다.

3 Marc Bloch, *The Historian's Craft*, New York, 1964, 143.

4 Raul Hilberg, "The Bureaucracy of Annihilation," in *Unanswered Questions: Nazi Germany and the Genocide of the Jews*, ed. François Furet(New York, 1989), 124-26.

1 유제푸프에서의 어느 아침

1 Adolf B., HW 440.

2 Erwin G., HW 2502-03; Johannes R., HW 1808; Karl F., HW 1868.

3 연설 도중 트라프의 행동에 관해서는 Georg A., HW 421; Alfred L., HW 1351; Bruno P., HW 1915; Walter N., HW 3927; Heinz B., HW 4415; August Z., G 275 참조. 연설 내용에 관해서는 Georg A., HW 421; Adolf B., HW 439; Martin D., HW 1596; Walter N., HW 1685; Bruno D., HW 1874; Otto-Julius S., HW 1952; Bruno G., HW 2019; August W., HW 2039-40; Wilhelm Gb., HW 2146; Franz K., HW 2482; Anton B., HW 2655, 4346; Ernst Hn., G 505 참조. 특별한 제안에 관해서는 Otto-Julius S., HW 1953, 4577; August W., HW 2041-42, 3298, 4589 참조.

2 치안경찰

1 이 주제에 관한 유일한 제도사적 저서는 *Zur Geschichte der Ordnungspolizei 1936-1945*(치안경찰의 역사 1936-1945)(Koblenz, 1957): part 1. Hans-Joachim Neufeldt, "Entstehung und Organisation des Hauptamts Ordnungspolizei(치안경찰청의 설립과 조직)"와 part 2. Georg Tessin, "Die Stäbe und Truppeneinheiten der Ordnungspolizei(치안경찰 사령부와 산하부대)"이다. Helmut Lichtenstein, *Himmlers grüne Helfer: Die Schutzpolizei und Ordnungspolizei in "Dritten Reich"*(힘러의 푸른 조력자들: 제3제국의 방위경찰과 치안경찰)(Köln, 1990)은 너무 늦게 출간되어 이 책에는 참고하지 못했다.

2 Tessin, 7-8.

3 Tessin, 13-15, 24, 27, 49.

4 Tessin, 32-34.

5 Tessin, 15, 34.

6 NO-2861(달루에게가 1943년 1월 치안경찰 고위 장교들에게 보고한 1942년 연차보고서). *Das Diensttagebuch des deutschen Generalgouverneurs in Polen 1939-1945*(폴란드 점령 독일 총독의 근무일지 1939-1945), ed. Werner Präg and Wolfgang Jacobmeyer(Stuttgart, 1975), 574에 나와 있는 통계 수치는 이와 약간 차이를 보인다. 그에 따르면 1942년 11월 21일 총독령 치안경찰대장은 독일인 경찰 1만 2000명, 폴란드인 경찰 1만 2000명, (아마도 갈리치아에) 우크라이나인 경찰 1500명이 있다고 보고했다. 보안경찰대장은 2000명의 독일인과 3000명의 폴란드인 직원이 있다고 보고했다.

3 치안경찰과 최종해결: 1941년 러시아

1 Krausnick und Wilhelm, 146; Tessin, 96.

2 *IMT* 38:86-94(221-L: Hitler conference of July 16, 1941, with Göring, Lammers, Rosenberg and Keitel).

3 Yehoshau Büchler, "Kommendostab Reichsführer-SS: Himmler's Personal Murder Brigades in 1941," *Holocaust and Genocide Studies* 1, no. 1(1986): 13-17.

4 예를 들어 322대대가 "임박한 대대의 작전을 위해" 바흐-첼레브스키의 HSSPF에 직속 배치된 것은 1941년 7월 23일이었다. YVA 0-53/127/53(war diary of PB 322, entry of July 23, 1941. 이하 'war diary'로 표기).

5 NOKW-1076(*Kommissarbefehl*, June 6, 1941).

6 *Gerichtsbarkeiterlass Barbarossa*, signed by Keitel, May 13, 1941, in Hans-Adolf Jacobsen, "Kommisaarbefehl und Massenexekutionen sowjetischer Kriegsgefangener," *Anatomie des SS-States*(Freiburg, 1965), 2:216-18(doc. 8).

7 YVA, TR-10/823(Landgericht Wuppertal, judgment 12 Ks 1/67): 29-30.

8 YVA, TR-10/823(Landgericht Wuppertal, judgment 12 Ks 1/67): 40-65.

9 War diary, 15, entry of June 10, 1941.

10 War diary, 28, entry of July 2, 1941.

11 War diary, 35-41, entries of July 5, 7, and 8, 1941.

12 War diary, 40-42, entries of July 8 and 9, 1941.

13 YVA, 0-53/129/219(confidental order of Colonel Montua, July 11, 1941).

14 322경찰대대에 관해서는 *JNSV* 19, no. 555(Landgericht Freiburg, judgment 1 AK 1/63):437-38. 316대대에 관해서는 YVA, TR-10/721(Landgericht Bochum, judgment 15 Ks 1/66):142-77을 참조.

15 War diary, 53, entry of July 23, 1941.

16 War diary, 64, entry of August 2, 1941.

17 YVA, 0-53/128/80(Riebel, 3d Company, to PB 322, August 10, 1941).

18 YVA, 0-53/128/81(Riebel, 3d Company, to PB 322, August 15, 1941).

19 War diary, 79, entry of August 29, 1941.

20 War diary, 82, entry of August 30, 1941.

21 War diary, 83-85, entries of August 31 and September 1, 1941.

22 YVA, 0-53/128/87(Riebel, 9th Company, to 3rd Pol. Batl. Reg. "Mitte," September 1, 1941).

23 War diary, 116, 118, entries of October 2 and 3, 1941. 리벨의 보고서는 사실 그의 9중대의 경우 555명이라고 주장한다. YVA, 0-53/86/150(Riebel, "Report on the Jewish action of October 2-3, 1941," to 3rd Pol. Batl. Reg. "Mitte").

24 YVA, 0-53/128/242-75, 0-53/86/14-62(남부 HSSPF, 프리드리히 예켈른이 친위대 제국지도자 힘러에게 보낸 불완전한 전쟁일지 파일, August 19-October 5, 1941).

25 ZStL, II 204 AR-Z 1251-65(Landgericht Regensburg, judgment Ks 6/70):9-35; 204 AR-Z 1251/65, 2:370/77(뮌헨 소재 바이에른 주 범죄 수사국의 보고서, September 10, 1968).

26 ZStL, 204 AR-Z 1251/65, 1:53-54, 58-60, 94-96(요한(Johann L.), 프란츠(Franz P.), 카를(Karl G.)에 대한 취조 기록); 3:591-95(발렉(Balek)의 일기 메모).

27 매우 문제가 많은 판결이지만 11경찰대대의 투입 배경에 관한 유용한 정보를 담고 있는 판결문을 보기 위해서는 *JNSV* 18, no. 546a(Landgericht Kassel, judgment 3a Ks 1/61): 786-835를 참조.

28 *IMT* 27:4-8(1104-PS: Gebietskommissar Carl in Slutsk to Generalkommissar Kube in Minsk, October 30, 1941).

29 *JNSV* 18, no. 546a(Landgericht Kassel, judgment 3a Ks 1/61):786-87, 835.

30 1942년 치안경찰이 러시아 유대인 학살에 가담했다는 사실을 보여주는 내가 발견한 유일한 문서는 10월 29일~11월 1일 사이에 핀스크 게토에서 1만 5000명의 유대인을 학살하는 데 가담했던 2개 대대에 관한 한 치안경찰 중대의 보고서이다(YVA, 0-53/129/257-58, USSR 199A). 이 문서를 근거로 열렸던 독일 검찰의 취조에서 계획적 학살의 전반적인 패턴이 밝혀졌다. 핀스크에서 자행된 학살에는 306경찰대대, 310, 320대대의 각 1개 중대, 그리고 기마경찰소대가 가담했다. 1942년 9월에는 또한 69대대, 306대대가 기마경찰소대와 함께 라흐바스(Lachwas, 200~500명), 루니네츠(Luninets, 1000~1500명), 스톨린(Stolin, 5000명), 자노프(Janow, 2000명), 드로호친(Drohotschin, 1500명)의 게토 소개 작전에 가담했다. Staatsanwaltschaft Frankfurt, 4 Js 90/62, 쿠어(Kuhr), 페치(Petsch) 등에 대한 기소장 66-107을 참조.

31 NO-2861(1942년 치안경찰의 투입에 관한 달루에게의 보고).

32 NO-600(그라비츠(Grawitz)가 힘러에게 보낸 서신, March 4, 1942).

4 치안경찰과 최종해결: 강제이송

1 독일로부터의 유대인 강제이송에 관해 가장 최근에 이루어진 분석은 Henry Friedlander, "The Deportation of the German Jews: Post-War Trials of Nazi Criminals," *Leo Baeck Institute Yearbook*(1984): 201-26 참조.

2 *IMT* 22:534-36(3921-PS: Daluege to inspectors of the Order Police, October 27, 1941); YVA, 0-51/63/4. 6(Butenop, KdSchupo Wien, October 24, 1941, to local Orpo units; Bomhard memorandum on the evacuation of the Jews, October 4, 1941).

3 이 숫자에는 수많은 소규모 이송—한 번에 100명 이하의—은 포함되어 있지 않다. 아직까지 누구도 독일제국으로부터의 이송열차에 관한 전체적인 목록을 작성하지 않았다.

4 YVA, TR-10/835(Staatsanwaltschaft Düsseldorf, 8 Js 430-67, 간젠뮐러(Ganzenmüller)에 대한 기소장): 177-78. 불가리아에서 트레블링카로 가는 이송열차를 빈 치안경찰이 인계한 사실에 관해서는 YVA, 0-51/63/109(KdSchupo 부테노프(Butenop)의 메모, March 26, 1943) 참조. 이 문서는 1942년 봄부터 1943년 여름까지 폴란드의 여러 도시들, 민스크(Maly-Trostinez)와 테레지엔슈타트로 가는 유대인 이송열차 경비에 관한 빈 치안경찰의 서신 교환들을 포함하고 있다.

5 Gertrude Schneider, *Journey into Terror: Story of the Riga Ghetto*(New York, 1979), 195-211, Krausnick and Wilhelm, 591-95.

6 YVA, 0-51/63/42-43(Fischmann report, June 20, 1942).

7 이 문서는 Adalbert Rückerl, *NS-Vernichtungslager im Spiegel deutscher Strafprozesse*(독일 형사소송의 거울에 비친 나치 죽음의 수용소)(München, 1977), 56-60에 독일어로 실렸다. 원래 출처가 소련 문서고인 이 보고서의 사본은 ZStL, USSR Ord. No. 116, Bild 508-10에 소장되어 있다.

5 101예비경찰대대

1 ZStL, 3 AR-Z 52/61, in HW 1-6; Kurt A., HW 11; Ernst Hr., HW 2712.

2 BA, R 20/51/3-7(101예비경찰대대 활동보고서, 1940년 5월 5일-1941년 4월 7일).

3 Bruno P., HW 1912-13.

4 Alfred H., HW 43-44; Georg L., HW 1425; Heinrich S., HW 1561; Walter Z., HW 2683; Ernst Hr., HW 2712; Ernst R., G 607.

5 Paul H., HW 1647.

6 BA., R20/51/3-7(대대활동보고서).

7 Bruno G., HW 2017.

8 YVA, TR-10/462(Landgericht Dortmund, judgment 10 Ks 1/53):3-4.

9 Bruno P., HW 1913-14.

10 Hans K., HW 2246; Ernst Hr., HW 2713.

11 Anton B., HW 2684; Wolfgang Hoffmann, HW 4319.

12 YVA, 0-53/141/4378-86(Jäger report of EK 3, Kovno, December 1, 1941); Schneider, 23-30.

13 우치행 이송열차에 관해서는 YVA, BD 23/4(International Tracing Service Lists) 와 *Dokumenty i Materiały Do Dziejów Okupacji W Polsce*, vol. 3, *Ghetto Łódzkie*(Warsaw, 1946): 203-05(*Erfahrungsbericht*, November 13, 1941) 참조; 리가행 이송열차에 관해서는 *JSNV* 19, no. 552(Landgericht Koblenz, judgment 9 Ks 2/61): 190 참조.

14 Heinrich Ht., HW 1173; Wilhelm J., HW 1320; Hans K., HW 2246; Franz K, HW 2475; Anton B., HW 2689.

15 Otto G., HW 955.

16 우치행 열차에 관해서는 Arthur K., HW 1180 참조; 민스크행 열차에 관해서는 Bruno P., HW 1930-32 참조; 리가행 열차에 관해서는 Hans K., HW 2246 & Max F., HW 1529 참조.

17 Hans K., HW 2246.

18 Bruno P., HW 1930-31.

19 Krausnick and Wilhelm, 594에 인용된 Salitter report, December 26, 1941.

20 Staatsanwaltschaft Hamburg, 141 Js 1957/62(호프만과 볼라우프에 대한 기소장): 206(이하 '기소장 호프만/볼라우프').

21 Ernst G., HW 1835.

22 BDC, Wilhelm Trapp party card. Julius Wohlauf, HW 2882, 4326; Wolfgang Hoffmann, HW 2930, 4318-19, 4322.

23 기소장 호프만/볼라우프, 47-49.

24 기소장 호프만/볼라우프, 49-51.

25 Staatsanwaltschaft Hamburg, 141 Js 1457/62, Sonderband: DC-Unterlagen.

26 101예비경찰대대에 관한 통계 분석은 함부르크 검찰이 1960년대에 실시했던 210건의 취조에서 나온 정보에 기초하고 있다. 취조 기록으로부터 장교, 행정공무원, 하사관을 제외한 대원 174명에 관한 통계가 작성될 수 있었다. 한편 취조한 대원들의 연령은 빈틈없이 파악될 수 있었지만 직업 항목은 그렇지 못하다. 어떤 대원들은 전후에야 얻은 직장을 표기했으며 많은 대원들은 취조 당시 그들의 연령에 맞게 연금생활자로 기재했다. 따라서 직업에 관한 한 표본조사는 단지 대원 155명의 증언에 기초하고 있다.

27 이러한 당원 통계는 BDC에서 소장 중인 나치당원카드에 근거하고 있다.

6 폴란드에 도착하다

1 지클론(Zyklon)-B를 사용하는 독가스 살해의 첫 실험은 1941년 9월과 10월 아우슈비츠 본부 수용소(Stammlager 또는 아우슈비츠 제1수용소)에서 시작되었다. 조직적인 신형 가스실(개조된 농가) 사용은 인접한 비르케나우 수용소(아우슈비츠 제2수용소)에서 1942년 2월 15일에 개시되었다. Danuta Czech, *Kalendarium der Ereignisse im Konzentrationslager Auschwitz-Birkenau 1939-1945*(아우슈비츠-비르케나우 집단수용소에서 발생한 사건일지 1939-1945)(Reinbeck bei Hamburg, 1989), 116, 174-75.

2 총독령 전체를 위해 총 3000명으로 구성된 특무대가 배치되었다. 그들 중 다수는 겉으로는 인종적으로 독일인 신분이라고 주장했지만, 그들 가운데 단지 25퍼센트만 독일어를 할 수 있었다는 사실로 미루어 폴란드인 부역자였던 것이 분명하다. *Diensttagebuch*, 574.

3 루블린 구역에서 살해된 유대인의 숫자와 피살된 날짜에 관해서는 Yitzak Arad, *Bełżec, Sobibór, Treblinka: The Operation Reinhard Death Camps* (Bloomington, Ind., 1987), 383-87, 390-91, Tatiana Brustin-Berenstein, "Martyrologia, Opór I Zagłada Ludnósci Żydowskiej W Distrykcie Lubelskim," *BZIH* 21(1957): 56-83, 그리고 다양한 독일 재판 기록을 참조했다.

4 *Diensttagebuch*(근무일지), 511(Polizeileitung, June 16, 1942).

5 기소장 호프만/볼라우프, 205-06.

6 Johannes R., HW 1807.

7 1942년 101예비경찰대대 소속 부대들의 지역 배치 현황에 관해서는 기소장 호프만/볼라우프, 208-12 참조.

8 Alfred S., HW 294-95; Albert D., HW 471; Arthur S., HW 1161; Friedrich B., HW 1581-82; Martin D., HW 1598-99; Wilhelm K., HW 1770; Herbert R., HW 2109; Heinrich E., HW 2169; Walter Z., HW 2622; Bruno G., HW 3300; Ernst N., HW 1648; August W., HW 2039.

7 집단학살의 서막: 유제푸프 학살

1 1960년대에 대대가 조사받을 때에는 트라프 소령도, 부관인 하겐도, 그나데 소위도 이미 죽은 뒤여서 이 모임에 관한 유일한 증인은 볼라우프 대위였다. 하지만 그의 해석은 모순되는 내용을 담고 있고 가능한 한 자신의 생존을 목표로 한 것이 분명했으며, 나머지 중대 사안에 관한 그의 증언도 얼마나 신빙성 없는 것인지는 수많은 증인이 그에 반대되는 주장을 했다

는 사실에서 드러난다.

2   Heinz B., HW 819-20, 2437, 3355, 4414.

3   Julius Wohlauf, HW 4329-30.

4   Friedrich Bm., HW 2091.

5   Hans S., G 328.

6   Bruno D., HW 1874.

7   Alfred B., HW 440.

8   Rudolf B., HW 3692.

9   Otto-Julius S.(이하 S.), 1953-54, 4576-79; August W.(이하 W.), HW 2041-42, 3298, 4589. S.와 W.는 트라프의 제안을 이런 식으로 세밀하게 기억했던 유일한 증인이었다. 다른 몇몇 증인들은 처음에는 사살조에 자발적으로 지원하라는 요구가 있었다고 기억했다 (Alfred B., HW 439-40; Franz G., HW 1189-90; Bruno G., HW 2020). 이 사건에 관해 질문을 받았던 다른 사람들은 트라프가 사실 그러한 제안을 했을 "가능성"을 인정(Anton B., HW 2693; Heinz B., HW 3356-57, 4415)했거나 또는 적어도 그런 일이 일어났다는 사실을 부정하거나 의심하지 않는다고 말했다. 트라프가 자신의 제안을 "나이 든" 대원에 국한했다는 사실은 S.의 증언에 나타난다(HW 1953, 4578). 다른 사안에 관해서는 대부분 S.의 증언을 명백히 확증해주었던 W.는 이러한 제한 조건을 언급하지 않았으며 젊은 대원들도 마찬가지로 앞으로 나왔다고 증언했다. 그러나 그도 트라프가 제안을 나이 든 예비대원들로 제한한 것으로 이해했던 것으로 보인다. 왜 앞으로 나오지 않았는지에 대한 질문에 대해 그는 자신이 비교적 젊은 지원병이자—징집된 예비대원이 아닌—"정규" 경찰대원이었다고 대답했다(HW 2041-42, 4592). S.와 W.가 증언한 내용은 비교적 정확하고 그 디테일이 생생했다. 그뿐 아니라—트라프의 제안과 일치하는—그에 뒤따른 대대 장교 및 하사관들의 행동 때문에 나는 S.와 W.의 증언이 다른 누구의 증언보다 훨씬 사실에 가깝다고 확신했다(뒤늦게 그들에게 와서 사살조 면제를 요청했던 경찰대원들에게 이를 허용해주었던 대대 장교 및 하사관들의 행동은 이전에 있었던 지휘관의 허락 없이는 결코 그렇게 일관성 있게 집행될 수 없었을 것이다).

10 3중대의 1, 2소대는 트라프의 명령이 내려지기 이전에 이미 마을 봉쇄를 위해 진출해 있었을 가능성이 높다. 그런데 이 두 소대의 대원들 가운데 누구도 트라프의 연설을 기억하지 못했으며 그들 중 한 증인(Bruno G., HW 2020)은 두 소대가 그곳에 있었다는 사실을 부인했다.

11 Heinrich S., HW 1563; Martin D., HW 1596; Paul H., HW 1648; Ernst N., HW 1685; Wilhelm K., HW 1767, 2300; Bruno G., HW 2019; August W., HW 2039; Wilhelm Gb., HW 2147; Heinrich B., HW 2596; Walter Z., HW 2618; Anton B., HW 2656; Ernst Hr., HW 2716; Joseph P., HW 2742; Kurt D., HW 2888; Otto I., HW 3521; Wolfgang H., HW 3565; August Z., G 275; Eduard S., G 639; Hellmut S., G 646; Karl S., G 657.

12 Georg G., HW 2182.

13 Hellmut S., G 647.

14 Friedrich E., HW 1356.

15 Bruno R., HW 1852.

아주 평범한 사람들

16 Harry L., G 223.

17 Ernst G., G 383.

18 Hans Kl., G 363.

19 Oskar P., HW 1743.

20 Erwin G., HW 2503.

21 Georg K., HW 2633; Karl S., G 657.

22 Wilhelm K., HW 1769; Friedrich Bm., HW 2091; Ernst Hn., G 506. 수색에 관한 또 다른 증언은 다음을 참조: Max D., HW 1345-46; Alfred L., HW 1351; Friederick V., HW 1539; Friedrich B., HW 1579; Bruno D., HW 1875; Hermann W., HW 1947-48; Otto-Julius S., HW 1954; Bruno G., HW 2019; August W., HW 2040; Bruno R., HW 2084; Hans Kl., HW 2270; Walter Z., HW 2168-69; Anton B., HW 2687; Ernst Hr., HW 2716; Joseph P., HW 2742; August Z., G 275; Karl Z., G 318; Eduard S., G 640.

23 Friedrich B., HW 1579; Bruno G., HW 2019; August W., HW 2041.

24 Ernst Hr., HW 2716-17.

25 Walter Z., HW 2618. Anton B., HW 2688과 Joseph P., HW 2742는 이 증언을 입증해준다.

26 Hermann W., HW 1948.

27 Ernst Hn., G 507. 두 명의 증인(Eduard S., G 642, Hellmut S., G647)은 군의관이 아니라 상사가 거기 함께 있었다고 회고했다.

28 August W., HW 2042.

29 Martin D., HW 1597.

30 Anton B., HW 2658-59.

31 Heinz B., HW 821-22. 함부르크에서 취조받은 경찰대원 가운데 아무도 호송대 일원이 아니었기 때문에 부흐만의 주장은 노동 유대인의 운명에 관한 유일한 견해이다. 호송대에 동원된 룩셈부르크인에 관해서는 Heinrich E., HW 2167을 참조. 부흐만의 지휘 아래 노동자의 선별과 유제푸프로부터의 행군 출발 과정에 관해서는 Wilhelm K., HW 1768; Hermann W., HW 1948; Friedrich Bm, HW 2092-93; Ernst Hn., G 507을 참조.

32 1중대 사살조원의 증언에 관해서는 특히 Friedrich B., HW 1580-81; Friedrich Bm., HW 2091-93; Erst Hn., G 507-8; Heinrich R., G 623; Hellmut S., G 646-47; Karl S., G 658-59를 참조.

33 Paul H., HW 1648-49.

34 Heinrich H., G 453.

35 Wilhelm I., HW 2237.

36 Friedrich Bm., HW 2092.

37 Hellmut S., G 647.

38 Heinrich Bl., HW 462.

39 Hermann W., HW 1948.

40 Alfred L., HW 1351.

41 Bruno R., HW 1852.

42 Erwin N., HW 1686.

43 Bruno D., HW 1870; Anton B., HW 4347; Wilhelm Gb., HW 4363; Paul M., G 202.

44 Ernst Hr., HW 2717.

45 Erwin G., HW 1640, 2505.

46 Friedrich Bm., HW 2092.

47 Wilhelm G., HW 2149.

48 Ernst Hr., HW 2718.

49 Wilhelm Gb., HW 2538.

50 Ernst Hr., HW 2719.

51 Ernst Hr., HW 2720.

52 Wilhelm Gb., HW 2539, 2149.

53 Erwin G., HW 1639-40, 2504; Alfred B., HW 2518.

54 Anton B., HW 4348. Max D., HW 2536도 참조.

55 Walter Z., HW 2619-20; Erwin G., HW 4345.

56 Heinrich S., HW 1567, 4364; Georg K., HW 2634.

57 Joseph P., HW 2743-45.

58 Paul M., G 206-07.

59 Gustav M., G 168.

60 Hans D., HW 1336, 3542.

61 Walter N., HW 3926, G 230.

62 August Z., G 277.

63 Georg K., HW 2634.

64 Otto-Julius S., HW 4579; Friederick V., HW 1540.

65 Rudolf B., HW 2434, 2951, 4357.

66 Franz K., HW 2483-86.

67 앞서 언급한 경찰대원 외에 몇 차례의 사살조 가담 후 정신력이 한계에 도달하여 사살조 면제를 요청한 대원은 브루노 D.였다. Bruno D., HW 1876, 2535, 4361.

68 Erwin G., HW 2505; 루돌프 K.가 이를 확인해주었다. Rudolf K., HW 2646-47.

69 Anton B., HW 2691-93, 4348.

70 Willy R., HW 2085.

71 Alfred B., HW 440; Walter Z., HW 2621; Georg K., HW 2635; August Z., G 278.

72 Friedrich B., HW 1581.

73 Julius Wohlauf, HW 758.

74 Heinrich B., HW 2984.

75 Alfred B., HW 441.

76 August W., HW 2042.

77 Otto-Julius S., HW 1955.

78 취조받은 대원들은 이날 밤의 느낌을 묘사하기 위해 너도나도 반복하여 erschüttert(충격적인), deprimiert(우울한), verbittert(비통한), niedergeschlagen(낙심한), bedrückt(침울한/짓눌린), verstört(당혹한), empört(격분한), belastet(부담스러운/괴로운)와 같은 용어를 사용했다.

79 Friedrich Bm., HW 2093; Hellmut S., G 647.

80 Heinrich Br., HW 3050.

81 Wilhelm J., HW 1322.

82 Willy S., HW 2053. Wolfgang Hoffmann, HW 774-75 ; Johannes R., HW 1809 ; Bruno R., HW 2086도 참조.

83 Karl M., HW 2546, 2657.

84 Friedrich Bm., HW 2093-94. Karl G., HW 2194도 참조.

8 집단학살에 대한 성찰

1 Heinz B., HW 4413 ; Kurt D., HW 4339.

2 폴란드인 구조대원에 관한 분석에서 네케이마 테크는 유대인을 도운 폴란드인들은 오래 생각하거나 고민한 것이 아니라 순간적이고 본능적으로 그렇게 행동했었다는 결론에 도달했다. Nechama Tec, *When Light Pierced Darkness: Christian Rescue of Jews in Nazi-Occupied Poland*(New York, 1986), 188.

3 Anton B., HW 2693.

4 Bruno D., HW 2535, 2992.

5 August W., HW 4592.

6 Erwin G., HW 1640, 2505, 4344.

7 Friedrich M., HW 1708.

8 *IMT* 29 : 151(1919-PS)

9 Karl G., HW 2194.

10 Hans Pz., HW 3938.

11 Hero B., HW 890.

12 Arthur S., HW 1165.

13 Hermann W., HW 1947.

14 Gustav M., G 169-70.

15 Heinz B., HW 2439-40.

16 Heinrich Br., HW 3050.

17 Heinrich R., G 624 ; August W., HW 3303.

18 Heinz B., HW 647, 822, 2438, 3940-41.

9 워마지: 2중대의 추락

1 YVA, 0-53/121/27-31(킨트루프(Kintrupp)의 명령. KdO Lublin, July 9, 1942).

2 Brustin-Berenstein, tabel 2.

3 Kurt D., HW 1230, 4368 ; Anton B., HW 4371.

4 Heinrich B., HW 2600, 2985.

5 Kurt D., HW 1230, 1232, 2892, 4368 ; Ernst Hr., HW 2732.

6 Paul M., G 207.

7 Max F., HW 1387 ; Ernst Hr., HW 2722 ; Walter L., G 184 ; Fritz S., G 303.

8 Anton B., HW 2698-99, 4371 ; Ernst Hr., HW 2722 ; Wolfgang H., HW 2211 ; Kurt D., HW 4368 ; August Z., G 273.

9   Fritz S., G 303-04. Bernhard S., HW 1717; Ernst Hr., HW 2723; Heinrich B., HW 2985; Friedrich P., G 240도 참조.

10   Ernst Hr., HW 2723; Joseph P., HW 2749-50; Walter L., G 185; Paul M., G 208.

11   Gustav M., HW 1709.

12   이 표현은 Max F., HW 1386 참조; 거리에 관한 언급은 Heinrich B., HW 2601; Walter L., G 185에서 발견된다.

13   Max F., HW 1386; Paul M., G 207.

14   Walter Z., HW 2624; Georg K., HW 2638; Anton B., HW 4372.

15   Anton B., HW 2700-01.

16   Wilhelm Gb., HW 2150; Karl G., HW 2197; Heinrich B., HW 2600; Georg K., HW 2638; Joseph P., HW 2750; Hermann Bg., G 98; Walter L., G 185; Paul M., G 207; August Z., G 282; Fritz S., G 313.

17   Kurt D., HW 4335; 4368-70; Anton B., HW 2703, 3960, 4348; Joseph P., HW 2750; Henry D. HW 3071; Walter N., HW 3927; Ernst Hr., HW 3928; Heinz B., HW 3943; Walter Z., HW 3954. 그리고 그나데에 대한 반대 증언으로는 Ernst Hr., HW 3929; Walter Z., HW 3954 Wolfgang Hoffmann, HW 4318 참조.

18   Wilhelm I., HW 2239.

19   Friedrich P., G 241-42. August Z., HW 3519는 이 주장을 전적으로 확증해주었다.

20   Hermann Bg., G 98; Joseph P., HW 2750.

21   Walter Z., HW 2625; Georg K., HW 2638.

22   Friedrich P., G 241-42.

23   Ernst H., HW 2725.

24   Johannes R., HW 1810; Rudolf K., HW 2650; Joseph P., HW 2750-51; Kurt D., HW 4368; Paul M., G 209.

25   Ernst Hr., HW 2725-26.

26   Ernst Hr., HW 2256.

27   Ernst Hr., HW 2256-57; Kurt D., HW 4368; August Z., G 282; Joseph P., HW 2750-51; Walter L., G 186-87; Max F., HW 1388.

28   Bernhard S., HW 1717.

29   Rudolf B., HW 405; Bruno D., HW 2535; Heinrich B., HW 2613-14; August Z., HW 3365-66, G 284.

30   Fritz S., G 303-04; Paul M., G 209; Bernhard S., HW 1717.

31   Anton B., HW 4374.

32   August Z., G 282.

33   Ernst Hr., HW 2727-28; August Z., G 284.

34   Ernst Hr., HW 2727.

35   Georg K., HW 2638.

36   Paul M., G 206, 209.

37   Adolf B., HW 441.

38   Anton B., HW 2703-04.

10 8월 트레블링카행 강제이송 열차

1 Heinrich S., HW 1569.

2 Georg K., HW 2637 ; Joseph P., HW 2747.

3 Erwin G., HW 1642, 2507.

4 Hans K., HW 2251 ; Georg K., HW 2636.

5 '수색대'로서 1중대의 역할에 관해서는 Paul H., HW 1652 ; Hans K., HW 2251을 참조.

6 파르체프 이송에 관해서는 대체로 Heinrich S., HW 1569-73, 4383 ; Erwin G., HW 1641-42, 2507 ; Paul H., HW 1652 ; Bruno D., HW 1876-77 ; Heinrich E., HW 2170 ; Otto H., HW 2220 ; Hans K., HW 2251-52 ; Max D., HW 2536 ; Heinrich B., HW 2608 ; Georg K., HW 2636 ; August Z., HW 3366, G 278-79 ; Alfred K., G 575-76 참조.

7 Heinrich S., HW 1572. 슈타인메츠의 사실 인정은 예외에 속한다. 취조받은 경찰대원들 대부분은 이송되는 유대인들이 맞이할 운명에 대해 무언가 알았다는 사실을 부인했다.

8 Heinrich B., HW 2608 ; August Z., G 279.

9 거의 모든 대원들의 기억 속에서 미엥지제치로부터의 8월 이송은 단 하루에 이루어졌다. 그러나 한 대원(Heinrich R., G 626)과 모든 유대인 목격자들(Tauba T., HW 1066-67 ; Berl C., HW 1092 ; Rywka G., HW 1112 ; ZStL, 8 AR-Z 236/60[KdS-라진 분소의 수사기록], 1:3-4[Feigenbaum에서 발췌])은 작전이 이틀 동안 집행된 것으로 기억했다. 이송된 유대인의 수를 고려하면 이송 작전에 이틀이 걸린 것이 확실하다.

10 YVA, TR-10/710(Landgericht Dortmund 8 Ks 1/70 Judgment against Josef Bürger), 16.

11 1, 3중대 대원들의 증언에 따르면 2중대도 이에 가담했다. 그럼에도 불구하고 3소대를 제외하면—위마지와 유제푸프 이송에 대해서는 명쾌하게 증언했던—어느 누구도 8월 미엥지제치 이송에 대해서는 기억하지 못했다. 그러므로 나는 2중대 1, 2소대가 이 작전에 참가하지 않았을 가능성이 높은 것으로 판단한다.

12 Ernst Hn., G 512 ; Henrich R., G 625.

13 Heinrich H., HW 976, 3219. Friedrich B., HW 1582, 3529 ; Hans K., HW 2252, 3220도 참조.

14 H.가 1940년 12월 6일, 1941년 3월 31일에 작성한 평가서, HW 565-67.

15 R.이 1941년 4월 10일에 작성한 평가서, HW 569.

16 트라프가 1941년 7월 21일에 작성한 평가서, HW 574-80.

17 Hans Pg., HW 1945 ; Ernst Hr., HW 2713.

18 Heinrich E., HW 3351, 3354.

19 Heinz B., HW 4414.

20 Julius Wohlauf, HW. 750-51, 760.

21 Friedrich B., HW 1582 ; Friedrich Bm., HW 2099 ; Heinz B. & Arthur K., HW 3357 ; Ernst R., G 610 ; Heinrich R., G 627.

22 미엥지제치 이송에 관한 가장 상세한 증언은 Heinrich H., HW 976-78 ; Friedrich B., HW 1582-83 ; Hans K., HW 2253-54 ; Ernst Hn., G 512-13 ; Ernst R., G 610-12 ; Karl S., G 659-60 참조.

23 Hans K., HW 2253.

24 Karl S., G 659.

25 Heinrich R., G 610.

26 Friedrich B., HW 3529.

27 Friedrich B., HW 1583; Enrst Hn., G 512.

28 Heinrich H., HW 978, 3219; Hans K., HW 3220; Ernst R., G 611.

29 Heinrich H., HW 977; Friedrich B., HW 1584; Hans K., HW 2254; Ernst Hn., G 513; Ernst R., G 612.

30 Heinrich H., HW 977-78.

31 Ilse de L., HW 1293.

32 Heinrich H., HW 978; Hans K., HW 2254.

33 Berl C., HW 1091.

34 YVA 0-53/105/III(바르샤바 유대인평의회의 보고).

35 ZStL., 8 AR-Z 236/60(KdS 라진 분소의 수사 기록) 3:464(1942년 8월 25일의 오스트반 (Ostbahn) 운행시간표). 트레블링카에서의 임시 정차에 관한 좀 더 상세한 사항은 Gitta Sereny, *Into That Darkness*(London, 1974), 156-64; Arad, 89-96, 119-23 참조.

11 9월 말의 학살

1 Ferdinand H., HW 3257-58.

2 Hans K., HW 2256.

3 세로코믈라 학살에 관한 가장 중요한 증언은 Friedrich B., HW 1586-89, 3534; Hans K., HW 2256-60; Ernst R., G 612a-b; Karl S., G 661-62 참조.

4 Friedrich P., HW 3534.

5 Hans K., HW 2258.

6 Albert D., HW 3539; Arthur S., HW 3540.

7 Heinrich Bl., HW 464; Hans K., HW 2255; Friedrich Bm., HW 2096.

8 Heinrich E., HW 2173.

9 Hans K., HW 2256.

10 Ernst Hn., G 509.

11 Ernst Hn., G 509; Friedrich B., HW 1590.

12 Heinz B., HW 826.

13 Georg W., HW 1733.

14 Gerhard H., G 541.

15 Hans K., HW 2255; Friedrich Bm., HW 2097; Hellmut S., G 648.

16 Alfred H., HW 286.

17 Heinrich Bl., HW 464-65.

18 Friedrich Bm., HW 2097-98; Hans K., HW 2255-56; Hellmut S., G 648-49; Karl S., G 662.

19 1942년 9월 26일 경찰연대 본부에 제출한 트라프의 보고서, HW 2548-50.

20 Heinz B., HW 648, 822, 824, 2438, 2440-41, 3941, 4415.

21 Heinrich E., HW 2172.

22 Hans K., HW 2242; Kurt D., HW 2678; Arthur S., HW 3539; Alfred K., G 582; Ernst
    G., G 612d.

23 Heinrich E., HW 2174.

24 Heinz B., HW 648, 2438.

25 Heinz B., HW 2441.

26 Heinrich E., HW 2174.

12 다시 시작된 강제이송

1   Brustin-Berenstein, 21-92.

2   YVA, O-53/121 W I/124-25(1942년 8월 27일 킨트루프의 명령, 1942년 8월 2일 발효).

3   생존자인 Jozef B., HW 1122 & Sara K., HW 3250의 증언. 브루스틴 베렌슈타인의 저
    서에 게재된 표(이하 '브루스틴 베렌슈타인 표') 2에 따르면 약 6000명의 유대인들이 9월
    23~24일에 비아와포들라스카 군의 작은 마을들로부터 미엥지제치로 이송되었다. 브루스
    틴 베렌슈타인의 통계표에 따르면 비아와에서만 9월 26일과 10월 6일에 4800명이 바로 트
    레블링카로 이송되었는데, 생존자들의 증언은 적어도 9월에는 비아와로부터 우선 미엥지제
    치로 이송됐다는 사실을 보여준다.

4   브루스틴 베렌슈타인 표 1은 유대인 610명이 코마루프카, 800명이 보힌, 1019명이 체미에
    르니키에서 왔음을 보여준다.

5   Johannes R., HW 1810-11; Kurt D., HW 1621; Anton B., HW 2705-06.

6   Paul M., HW 2659.

7   브루스틴 베렌슈타인 표 10에 따르면 1724명이 아다무프(Adamów), 460명이 슈타닌그
    미나(Stanin gmina), 446명이 울란그미나(Ulan gmina), 그리고 213명이 보치에스쿠프
    (Wojcieszków)에서 온 유대인이었다.

8   YVA, TR-10/710(Landgericht Dortmund, 8 Ks 1/70, 요제프 뷔르거(Josef Bürger)에
    대한 판결): 10, 16(이하 '뷔르거 판결문')

9   라진 보안경찰과 지방경찰 병력의 규모를 추정하기 위해서는 다음을 참조: ZStL,
    8 AR-Z 236/60(KdS 라진 분소의 수사기록), 1:28(Braumüller), 113(Bürger),
    120(Käser); 2:176-79(Reimer), 209-10(Brämer), 408(Behrens), 420(Kambach);
    4:550(Schmeer), 715(Avriham); Sonderband(Rumminger, Schoeja, Waldner 증언),
    쪽 번호 누락.

10 브루스틴 베렌슈타인 표 10.

11 Helmuth H., HW 317-20, 991; Heinz B., HW 823; Heinrich E., HW 2176; Richard G.,
    G 389.

12 Heinrich S., HW 1573-74; Max D., HW 2536.

13 Alfred H., HW 45, 279-80.

14 Kurt D., HW 1266, 2966-67, 4391; Paul M., HW 2663.

15 Alfred H., HW 45, 280-82.

16 Peter Ö., HW 1790; Walter L., G 189-90; Friedrich P., G 244.

17 Kurt D., HW 1268, 2968, 4390.

18 Friedrich P., G 244.

19 August Z., HW 3367-68, G 288.

20 알프레트 H.(HW 45, 282)는 처음에 6000명에서 1만 명의 이송을 주장했다가 나중에 자신
의 추정치를 1000명 정도로 정정했다(HW 1621). 쿠르트 D.도 마찬가지로 약 1000명을 언
급했다. 그러나 모든 증인들은 한 자원 보조경찰이 10월 초 작전 수행에서 치안경찰대를 돕
기 위해 파견되었다는 데 의견 일치를 보았다. 1개 대대 치안경찰대가 이미 투입되었다는
점을 고려한다면 그토록 작은 규모의 작전을 위해 대규모의 보조경찰이 파견되었을 것 같지
는 않다. 지난 몇 주 동안 미엥지제치에 수용되었던 수만의 유대인들을 고려한다면 이송자
의 수가 그렇게 적지는 않았을 듯하다.

21 Hellmut H., HW 991; Stephan J., HW 1041-43; Tauba T., HW 1069; Friedrich B.,
HW 1585.

22 Kurt D., HW 1270-71, 2790, 4391; Max F., HW 1389-90; Johannes R. HW 1012;
Franz K., HW 2479.

23 Lucia B., G 595-96; 1943년 5월 5일 호프만의 편지, HW 512.

24 Julius Wohlauf, HW 752, 762-64.

25 Heinrich H., HW 972; Rudolf B., HW 406-07; Max D., HW 1347.

26 August Z., G 286; Konrad H., G 404-05; Wilhelm K., G 568.

27 Wilhelm Gs., HW 2466.

28 뷔르거 판결문, 18.

29 Alfred K., G 579.

30 뷔르거 판결문, 20; Aviram J., HW 1059-60; Gedali G., HW 1080; Friedrich Bm., HW
2100; Hans K., HW 2262-63. 한스 K.에 따르면 유리히는 재봉틀을 둘러싸고 다투다가 유
대인평의회 의장을 사살했다.

31 뷔르거 판결문, 20.

32 Georg W., HW 1731-32.

33 브루스틴 베렌슈타인 표 10에는 우쿠프에서 11월의 어느 날 유대인 200명이 사살되었다고
표기되어 있다. 경찰대원들의 증언은 이틀이었다고 주장한다. 뷔르거 판결문, 20-21은 11
월 11일과 14일 각각 500명이 사살되었다고 확증하고 있는데, 이는 독일 법정이 희생자의
숫자를 다른 자료보다 높게 평가한 드문 예이다.

34 한 가지 중요한 예외는 부흐만의 경우이다(Heinz B., HW 822, 824, 3942, 4417). 부흐만
은 1960년대 있었던 취조에서 자신이 지휘하는 어느 부대도 유대인을 사살하지 않았으며,
유제푸프 이후 라진 게토 소개 작전 외에는 어떠한 유대인 학살 작전도 목격하지 못했다고
주장했다. 라진에서도 주둔하기는 했으나 어떤 명령도 받지 않았다는 것이었다. 사실 그는 1
차 우쿠프 학살이 있기 일주일 전인 11월 4일 함부르크로 복귀했다. 그와 함께 일정 기간 동
안 라진과 우쿠프에 있었으며 그를 아주 잘 알았던 여러 참모진의 매우 분명한 기억과 증언
을 고려할 때 부흐만은 무의식적으로 이 사건에 대한 기억을 억누르고 있었거나 수사관들에
게 이를 은폐했던 것으로 보인다.

35 Heinrich H., G 456.

36 Heinrich H., G 455-56; Hans Pz., HW 3525.

37 Hans S., G 328; Ernst S., G 330; Paul F., HW 2242.

38 Heinrich H., G 456-57; Hans Pz., HW 3525; Henry J., G 411-12.

39 Hans S., G 330; Ernst S., G 334-335; Paul F., HW 2243.

40 Henry J., G 413-14.

41 Heinz B., HW 648, 824-25, 2438, 2441, 4417.

13 호프만 대위의 이상한 병

1 호프만의 "항의 서신", 1943년 5월 3일, HW 509.

2 Bruno G., HW 2026.

3 Erwin H., HW 1168; Martin D., HW 1602; August W., HW 2043.

4 Alfred S., HW 298; Erwin H., HW 1169; Martin D., HW 1602; Pater C., HW 1865; August W., HW 2043-44.

5 Martin D., HW 1602; August W., HW 2043-44.

6 August W., HW 2045.

7 Erwin H., HW 1169; Wilhelm J., HW 1323; Georg L., HW 1427; Friederick V., HW 1542; Martin D., HW 1603; Peter C., HW 1865; Bruno G., HW 2025; August W., HW 2044-45.

8 Martin D., HW 1605.

9 Friederick V., HW 1542.

10 Martin D., HW 1605-06

11 Alfred S., HW 299; Georg L., HW 1428; Martin D., HW 1603; Bruno G., HW 2025-26; August W., HW 2045, 3305-06.

12 Amandus M., HW 1631-32.

13 Friederick V., HW 1592.

14 August W., HW 2045.

15 호프만의 "항의 서신", 1943년 5월 3일, HW 513; Wolfgang Hoffmann, HW 2304, 2925.

16 Friederick V., HW 1541; Martin D., HW 1605-6, 3212-13, 3319; Erwin N., HW 1693-94, 3319-20; Wilhelm K., HW 1776, 3345-49; Bruno G., HW 2030-31, 3301, 3347; Bruno R., HW 2086; Erwin H., HW 1167.

17 호프만의 편지, 1943년 1월 30일, HW 523-24.

18 트라프의 편지, 1943년 2월 23일, HW 509-10.

19 호프만의 "항의 서신", 1943년 5월 3일, HW 509-15.

20 라인도르프(Rheindorf)가 함부르크 경찰청장에게 보낸 편지, 1943년 7월 2일, HW 538-39.

21 Wolfgang Hofmann, HW 788-89.

14 "유대인 사냥"

1 YVA, TR-10/970(함부르크 검찰, 147 Js 8/75, 아르파트 비간트(Arpad Wigand)에 대한 기소장): 81-92. 그리고 Christopher R. Browning, "Genocide and Public Health: German Doctors and Polish Jews, 1939-41," *Holocaust and Genocide Studies* 3, no. 1(1988), 21-36도 참조.

2 YVA, TR-10/970(함부르크 검찰, 147 Js 8/75, 아르파트 비간트에 대한 기소장): 92-99;

Ferdinand H., HW 3257-58; *Diensttagebuch*(근무일지), 456.

3 YVA, TR-10/542(아우구스부르크 검찰, 7 Js 653/53, 귄터 발츠(Günther Waltz)에 대한 기소장).

4 Heinrich S., HW 1573.

5 Kurt D., HW 1623.

6 Arthur S., HW 1164.

7 Georg L., HW 1429; Friedrich B., HW 1552; Paul H., HW 1653; Johannes R., HW 1812; Bruno G., HW 2030; August W., HW 2048; Heinrich E., HW 2177; Heinrich B., HW 2206; Hans K., HW 2261-62; Wilhelm K., HW 2379; Anton B., HW 2708; Ernst Hr., HW 2731; Martin D., HW 3213; Walter L., G 192; Friedrich P., G 247; Hugo S., G 474; Alfred K., G 580.

8 Erwin G., HW 4400.

9 Paul H., HW 1653.

10 Georg L., HW 1428-30.

11 Peter Ö., HW 1794; Otto H., HW 2227; Hans K., HW 2261.

12 Alfred S., HW 302.

13 Heinrich H., HW 975-76; Rudolf B., HW 408; Heinrich E., HW 2178; Hans K., HW 2261; Karl S., G 664.

14 Rudolf B., HW 403; Franz G., HW 1192.

15 Wilhelm K., HW 1774, 2379; Bruno G., HW 2033-34.

16 Alfred S., HW 300-01.

17 Martin D., HW 1600; Erwin N., HW 3321-22.

18 Friedrich Bm., HW 2101; Hans K., HW 2263-64.

19 Friedrich Bm., HW 2102.

20 1중대에 관해서는 다음을 참조: Arthur S., HW 1164; Max F., HW 1531; Friedrich Bm., HW 2101; Heinrich E., HW 2175; Hans K., HW 2262-66; Hans Pz., HW 3265; Friedrich B., HW 3531; Alfred K., G 580; Ernst R., G 612; Karl S., G 663.
2중대에 관해서는 다음을 참조: Rudolf B., HW 403, 407-08; Adolf B., HW 442-4; Max D., HW 1346; Heinrich S., HW 1573; Erwin G., HW 1641-42; Peter Ö., HW 1743-44; Wilhelm G., HW 2153-56; Helmuth H., HW 2207; Otto H., HW 2206-07; Walter Z., HW 2267-68; Georg K., HW 2639-40, 3344-45; Anton B., HW 2708-11; Ernst Hr., HW 2731; August Z., HW 3066-67, G 286; Richard Gm., HW 3545; Walter N., HW 3553; Wolfgang H., HW 3563-64; Paul M., HW 3935; Hermann Bg., G 100-111; Gustav M., G 169; Walter L., G 192; Friedrich P., G 248.
3중대에 관해서는 다음을 참조: Karl E., HW 897; Walter F., HW 903; Martin D., HW 1600-01, 1609, 3321; Erwin N., HW 1689, 1693-95; Richard M., HW 1890; Bruno P., HW 1916, 1924-25; Arthur R., HW 1938-39; Bruno G., HW 2030-34; August W., HW 2046-48, 3304; Alfred S., HW 2067; Friedrich S., HW 2072-73; Herbert R., HW 2111-12.

21 Erwin N., HW 1693.

22 Bruno P., HW 1917.

23 Hans Kl., HW 3565.

24 Wolfgang H., HW 3564.

25 Lucia B., G 598.

26 Ernst Hn., G 511.

27 Adolf B., HW 2532.

28 Heinrich B., HW 3615.

29 Walter Z., HW 2629.

30 Otto-Julius S., HW 4577-78.

31 Adolf B., HW 442-43.

32 Gustav M., G 169. 다른 한 경찰대원(Hero B., HW 890)은 자신이 유대인 작전에 단 한 번 동원되었으며 정치적으로 신뢰받지 못하는 논쟁적인 사람이었다고 묘사했다.

33 Heinrich F., G 445-46.

34 Hugo S., G 474.

35 Bruno P., HW 1925.

36 Arthur R., HW 1938-39.

37 Martin D., HW 3213.

38 Henry J., G 415.

39 Friedrich P., G 248.

40 YVA, 0-53/121 II w(1943년 5월); 0-53/122 X I(1943년 6월); 0-53/122 X II(1943년 7월, 8월); 0-53/123 Y I(1943년 9월, 10월).

41 YVA, 0-53/115/2-170, 673-725. 또한 YVA, TR-10/970(함부르크 검찰, 147 Js 8/75, 아르파트 비간트에 대한 판결문): 103-07도 참조.

42 ZStL, Ord. 410, 994-96, 498, 500-01(24경찰연대 133예비경찰대대, 5중대 주간 보고서, 1942년 11월 24일-12월 12일).

15 마지막 집단학살: "추수감사절 작전"

1 크뤼거의 포고령, 1942년 10월 28일, *Faschismus-Ghetto-Massenmord* (Berlin, 1960), 342-44에 수록.

2 Karl E., HW 896.

3 Jakob A., HW 1064.

4 페이가 시트린(Feiga Cytryn)과 J. 슈타인(Stein)의 회고록에서 발췌, ZStL, 8 AR-Z 236/60(이하 KdS 라진 사건), 1:6-7.

5 리 차루치(Lea Charuzi)의 증언, KdS 라진 사건, 다양한 증언들을 한 권에 수록한 문서철, 30.

6 Johannes R., HW 1811; Karl M., HW 2660; Wilhelm K., G 106-08.

7 리브카 카츠(Rywka Katz)의 증언, KdS 라진 사건, 다양한 증언들을 한 권에 수록한 문서철, 18.

8 다른 독일인들의 상황 설명을 보기 위해서는 Herbert F., HW 1389; August Z., G 287-89 참조. 유대인들의 설명은 Berl C., HW 1094; Rywka G., HW 1113-14; KdS 라진 사건,

Mosche Feigenbaum, 1:4-5; Liowa Friedmann, 1:10; 다양한 증언들을 한 권에 수록한 문서철, Feigenbaum, 6; Rywka G., 24; Mosche Brezniak, 18; Mortka Lazar, 28. 트라브니키 병력의 참여에 관해서는 ZStL, II 208 AR 643/71(함부르크 검찰, 147 Js 43/69, 카를 슈트라이벨(Karl Streibel)에 대한 판결문; 이하 트라브니키 기소장): 104.

9   5월 초와 5월 말 이송열차의 목적지와 관련해서 증언들이 엇갈리는데 나의 서술은 브루스틴 베렌슈타인 표 10에 근거한다.

10 트라브니키 기소장, 104; Jakob A., HW 1063.

11 1963년 5월 21일의 메모, HW 1348; Arthur S., HW 1165; Otto-Julius S., HW 1955; Friedrich Bm., HW 2105; Heinrich E., HW 2161; Joseph P., HW 2756; Otto I., HW 3522; Ernst Hn., G 505.

12 Herbert R., HW 2112; Karl G., HW 2201; Ernst Hr., HW 2715.

13 Georg L., HW 1430; Erwin G., HW 1644; Friedrich B., HW 3143. BDC, Friedrich B., Hermann F., Erwin G., Ernst Hr., Erwin N., Ernst R., Walter Z.의 파일.

14 Heinrich H., HW 973; Bruno D., HW 1880.

15 Rudolf B., HW 409.

16 1942년 10월 2일자 Himmler Aktenvermerk, 기소장 호프만/볼라우프, 320-22.

17 트라브니키 기소장, 104-06.

18 "추수감사절 작전"에 관해서는 Helga Grabitz, Wolfgang Scheffler, *Letzte Spuren: Ghetto Warschau-SS Arbeitslager Trawniki-Aktion-Erntefest*(마지막 흔적: 바르샤바 게토-친위대 노동수용소 트라브니키-추수감사절 작전)(Berlin, 1988), 262-72, 328-34; Jozef Marszalek, *Majdanek: The Concentration Camp in Lublin*(Warsaw, 1986), 130-34; ZStL, 208 AR-Z 268/59(Wiesbaden 검찰, 8 Js 1145/60, 로타르 호프만(Lothar Hoffmann)과 헤르만 보르토프(Hermann Worthoff)에 대한 기소장, KdS 루블린 사건): 316-31, 617-35, 645-51; 트라브니키 기소장, 159-97; YVA, TR-10/1172(뒤셀도르프 주법원, 하흐만(Hachmann) 등에 대한 판결문; 이하 '마이다네크(Majdanek) 판결문'으로 표기): 456-87.

19 Werner W.(SSPF 루블린에 보낸 KdO 통지문), HW 600-01.

20 마이다네크 판결문, 459; Marszalek, 130; Grabitz and Scheffler, 328-29.

21 마이다네크 판결문, 459; Werner W., HW 601-02.

22 Helmuth H., HW 2206.

23 Rudolf B., HW 409-10; Herbert F., HW 1392; Martin D., HW 1610.

24 11월 3일 마이다네크에서 사살된 유대인 수에 관해서는 ZStL, II 208 AR-Z 74/60(함부르크 검찰청 기록, 141 Js 573, 아우구스트 비르메스(August Birmes)에 대한 판결문): 126-29; 마이다네크 판결문, 456-57, 471 참조.

25 Rudolf B., HW 410; Herbert F., HW 1392; Martin D., HW 1610; Paul H., HW 1655; Bruno R., HW 1856; Bruno P., HW 1928; Otto H., HW 2229; Wilhelm Kl., G 109.

26 Fritz B., HW 804-05; Otto H., HW 2228-29.

27 Heinrich Bl., HW 467-68.

28 ZStL, 208 AR-Z 268/59(비스바덴 검찰청 기록, 8 Js 1145/60, 로타르 호프만과 헤르만 보르토프에 대한 판결문, KdS 루블린 사건): 633-35

29 Heinrich Bl., HW 468; Alfred L., HW 1354; Martin D., HW 1610; Bruno R., HW 1856; Wilhelm Kl., G 109.

30 Alfred L., HW 1354; Johannes L., HW 1444; Bruno R., HW 1856; Bruno P., HW 1928.

31 Martin D., HW 1611-13.

32 Wilhelm Gb., HW 2155.

33 Karl E., HW 900.

34 Johannes L., HW 1445; Eduard D., HW 433-34.

35 Wilhelm K., HW 1777-78.

16 그 이후

1 Wolfgang Hoffmann, HW 768; Kurt D., HW 1224.

2 Heinrich Bl., HW 469.

3 Wolfgang Hoffmann, HW 790, 2922-24.

4 Heinz B., HW 649, 825; Arthur K., HW 61.

17 독일인, 폴란드인, 유대인

1 Wolfgang Hoffmann, HW 780.

2 Heinz B., HW 826.

3 Bruno P., HW 1919.

4 Lucia B., G 597.

5 Wolfgang Hoffmann, HW 2299.

6 Walter H., G 602.

7 Bruno P., HW 1925-26.

8 Wolfgang Hoffmann, HW 2921.

9 Kurt D., HW 2886-87.

10 Alfred K., G 582; Ernst R., G 608, 612d; Georg S., G 635.

11 Hermann Bn., HW 3067, 3214-15, 3512, 3515; Rudolf B. and Alfred B., HW 3514.

12 Erwin G., HW 2503; Alfred B., HW 2520.

13 August Z., HW 3368.

14 Erwin G., HW 1640, 2504; Conrad M., HW 2682; Anton B., HW 2710; Kurt D., HW 4338; Hermann Bg., G 101.

15 Bruno D., HW 1876; Anton B., HW 4347; Kurt D., HW 4337; Wilhelm Gb., HW 2149.

16 Rudolf G., HW 2491.

17 Ernst Hd., HW 3088-89.

18 Georg W., HW 1733.

19 Gerhard K., HW 3083.

20 Friedrich Bm., HW 2097.

21 Karl G., HW 2200.

22 Erwin N., HW 1690.

23 Friedrich Bm., HW 2103; Hellmut S., G 652.

24 Hans K., HW 2265.

25 Friedrich P., G 247; Wilhelm K., G 517-18; Walter N., HW 3354.

26 Oskar P., HW 1742.

27 Wilhelm J., HW 1322; Friederick V., HW 1540; Emil S., HW 1737; Ernst Hr., HW 2717.

28 Wolfgang Hoffmann, HW 2294.

29 Rudolf B., HW 407; Friedrich B., HW 1592; Martin D., HW 1609; Heinrich E., HW 2171; Georf K., HW 2640; August Z., G 285; Karl S., G 663.

30 Gustav M., G 169.

31 Bruno P., HW 1924.

32 Bruno P., HW 1918-19.

33 Wilhelm J., HW 1324.

34 Friedrich Bm., HW 2104; Anton B., HW 2709-10; August Z., HW 3367, G 286.

35 Bruno G., HW 3301; Hans K., HW 2265.

36 August Z., HW 3365, 3367.

37 Anton B., HW 2710-11.

18 아주 평범한 사람들

1 John W. Dower, *War Without Mercy: Race and Power in the Pacific War* (New York, 1986), 특히 3-15("Patterns of a Race War"), 33-73("War Hates and War Crimes") 참조.

2 이 마을의 폴란드식 이름은 비드고슈치(Bydgoszéz)이다. 이 마을에 거주하던 독일 교포들이 전쟁 발발 직후 며칠 동안 살해되었는데, 다음 달 이 마을을 점령한 독일군은 이에 대한 보복으로 특별히 잔인한 살인과 추방을 집행했다. Krausnick and Wilhelm, 55-65 참조; Tadeuz Esman and Wlodjimierz Jastrzebski, *Pierwsje Miesiac Okupacji Hitlerowkiej w Bydgoszéz*(히틀러의 비드고슈치 점령 초기의 몇 달)(Bydgoszéz, 1967).

3 학살을 공적으로 인정한 좋은 예는 미국 해병들로 하여금 이미 물에 빠져 허우적거리는 일본 군인들에게 한 시간 이상 기관총을 발사하여 학살하도록 했던 미국 잠수함 와후(Wahoo)호 지휘관들이 해군십자훈장(Navy Cross)과 군 특별공로십자훈장(Army Distinguish Service Cross) 등을 받은 경우이다. Dower, *War Without Mercy*, 330, n. 94 참조.

4 Dower, *War Without Mercy*, 11.

5 Richard Rubenstein, *The Cunning of History*(New York, 1978); Zygmunt Baumann, *Modernity and the Holocaust*(Ithaca, 1989)[한국어판: 정일준 옮김, 《현대성과 홀로코스트》, 새물결, 2013]는 이 점에서 힐베르크의 저서가 의미하는 바를 상세히 분석했다. 한나 아렌트는 자신의 저서 *Eichmann in Jerusalem: A Report on the Banality of Evil*(New York, 1965)[한국어판: 김선욱 옮김, 《예루살렘의 아이히만: 악의 평범성에 대한 보고서》, 한길사, 2006]에서 아이히만을 "단순한 관료", 즉 거대한 관료제 기구의 한 작은 톱니바퀴라고 묘사했다. 아이히만이 실상 "단순한 관료"를 보여주는 최상의 사례는 아니었다 할지라

도 이 개념은 수많은 홀로코스트 범죄자들을 이해하는 데 여전히 유효하다. 힐베르크와 다른 연구자들은 평범한 관료들이 자신들의 다른 전문적인 임무를 수행했던 것과 전적으로 같은 방식으로 계획적인 집단 학살 프로그램에서 핵심적인 기능을 수행했음을 밝혀냈다. 악(惡)은 분명 사소한 것이 아니었다. 그러나 범죄자들 대부분은 의심할 여지 없이 단순한 존재들이었다. 여기에 분명히 아렌트가 "악의 평범성"이라는 개념으로 연결하려 했던 "가공할 만한 범죄행위와 그 범죄를 저지른 인간들의 부정할 수 없는 단순함"(54) 사이의 간격이 있다.

6   Hans-Heinrich Wilhelm, 미출판 원고.

7   Bettina Birn, *Die Höheren SS-und Polizeiführer*(친위대·경찰 고위 지도자)(Düsseldorf, 1986), 363-64; ZStL, II 208 AR-Z 74/60(함부르크 검찰청 기록, 141 Js 573/60, 비르메스에 대한 판결문): 62-65.

8   Sereny, *Into That Darkness*, 83-88.

9   T. W. Adorno et el., *The Authoritarian Personality*(New York, 1950), 1-10.

10 Adorno et el, *The Authoritarian Personality*, 222-279.

11 Baumann, *Modernity and the Holocaust*, 153.

12 John M. Steiner, "The SS Yesterday and Today: A Sociopsychological View," in *Survivors, Victims, and Perpetrators: Essays on the Nazi Holocaust*, ed. Joel E. Dimsdale(Washington, 1980), 431-34, 443.

13 Ervin Staub, *The Roots of Evil: The Origins of Genocide and Other Group Violence*(Cambridge, 1989), 18, 128-41.

14 Staub, *The Roots of Evil*, 26, 126. 스터브의 연구에는 베트남 전쟁에 참전했던 한 미국 병사가, 유제푸프 작전에서 처음에는 자포자기식으로 반응했던 101예비경찰대대 소속 경찰대원들이 곧 학살에 익숙해진 것과 비슷한 과정을 경험했다는 사실이 나타나 있다. "부대가 헬리콥터를 타고 민간인 집단 위를 날아가고 있을 때 그는 그 민간인들을 사살하라는 명령을 받았지만 따르지 않았다. 헬리콥터가 그 지역을 선회하는 동안 그는 다시 사격 명령을 받았지만 이번에도 명령에 따르지 않았다. 이에 담당 장교가 군법 재판에 회부하겠다고 엄포를 놓자 그는 다음 비행에서 결국 민간인 집단에 사격을 실시했다. 사격 직후 그는 구토를 했으며 몹시 절망에 빠졌다. 그런데 이 퇴역 군인의 증언에 따르면 그는 곧 매우 짧은 시간 안에 민간인에 대한 사격을 마치 움직이는 표적에 대한 연습 사격처럼 느끼게 되었고 나아가 그 행동을 즐기게 되었다."(134).

15 Baumann, *Modernity and the Holocaust*, 166-68.

16 Craig Haney, Curtis Banks, and Philip Zimbardo, "Interpersonal Dynamics in a Simulated Prison," *International Journal of Criminology and Penology* 1(1983): 69-97.

17 Haney, Banks, and Zimbardo, "The Stanford Prison Experiment: Slide show and audio cassette."

18 Gustav M., 169-70; Heinz B., HW 2439-40.

19 Herbert Jäger, *Verbrechen unter totalitärer Herrschaft*(전체주의 지배하의 범죄)(Frankfurt, 1982), 81-82, 95-122, 158-60.

20 Stanley Migram, *Obedience to Authority: An Experimental View*(New York, 1974),

1. 밀그램의 실험에 대한 학계의 반응에 대해서는 Arthur G. Miller, *The Obedience Experiments: A Case Study of Controversy in the Social Sciences*(New York, 1986) 참조.

21 Milgram, *Obedience to Authority*, 13-26.

22 Milgram, *Obedience to Authority*, 32-43, 55-72, 93-97, 113-22.

23 Milgram, *Obedience to Authority*, 135-47.

24 Milgram, *Obedience to Authority*, 148-52.

25 Milgram, *Obedience to Authority*, 7, 177.

26 Milgram, *Obedience to Authority*, 9, 176-77.

27 Milgram, *Obedience to Authority*, 113-15.

28 Stanley Milgram, "Group Pressure and Action Against a Person," *Journal of Abnormal and Social Psychology* 9(1964), 137-43.

29 Milgram, *Obedience to Authority*, 142.

30 Milgram, *Obedience to Authority*, 177.

31 Bernd Wegner, *Hitlers Politische Soldaten: Die Waffen-SS 1939-1945*(히틀러의 정치적 병사들: 무장 친위대 1939-1945)(Paderborn, 1982); Krausnick and Wilhelm.

32 BA, R 19/467(RFSS and chief of German police directives of October 27, 1942, and April 6, 1943, signed by Winkelmann).

33 BA, R 19/308(guidelines for training of police battalions, January 23, 1940).

34 BA, R 19/308(guidelines for training of police reserves employed in the Schutzpolizei of the Reich and the communities, March 6, 1940).

35 BA, R 19/308(training of Order Police formations and Reserve Police on precinct duty, December 20, 1940).

36 BA, R 19/308(six-days officer education plan).

37 BA, R 19/308(staff plan for National Socialist instruction, January 14, 1941).

38 BA, R 19/308(guidelines for carrying out ideological training of the Order Police in wartime, June 2, 1940).

39 YVA, 0-53/121 W I(KdO, Police Regiment 25, December 17, 1942, Christmas/New Year's greetings and recognitions, signed Peter).

40 BA, RD 18/15-1, Gruppe A and 2, Gruppe B: *Politscher Informationsdienst, Mitteilungsblätter für die weltanschauliche Schulung der Orpo*.

41 BA, RD 18/15-1, Gruppe A, Folge 16, June 10, 1941.

42 BA, RD 18/15-1, Gruppe A, Folge 27, December 1, 1941.

43 BA, RD 18/15-2, Gruppe B, Folge 22, September 20, 1942.

44 BA, RD 18/42, *Schriftenreihe für die weltanschauliche Schulung der Ordnungspolizei*, 1941, Heft 5, "Die Blutgemeinschaft der germanischen Vöker" and "Das grossgermanische Reich."

45 BA, RD 18/16, 1942, Heft 4, "Deutschland ordnet Europa neu!", RD 18/19, 1942, Sonderheft, "SS-Mann und Blutfrage."

46 BA, RD 19/41, 1943, Heft 4-6, "Rassenpolitik."

아주 평범한 사람들

47 BA, R 19/305(chief of Order Police guidelines for combatting partisans, November 17, 1941).

48 Bruno, D., HW 2992.

49 Gustav, M., G 169.

50 Primo Levi, *The Drowned and the Saved*, Vintage edition(New York, 1989), 36-69 〔한국어판: 이소영 옮김, 《가라앉은 자와 구조된 자》, 돌베게, 2014〕.

2판 후기

1 Daniel Jonah Goldhagen, "The Evil of Banality," *New Republic*(July 13 & 20, 1992), 49-52; Daniel Jonah Goldhagen, *Hitlers Willing Executioners: Ordinary Germans and the Holocaust*(New York, 1996). 이 책은 그의 박사학위 논문을 출판한 것인데, 골드하겐은 30개 이상의 각주에서 나의 연구서를 논박했다: Daniel Jonah Goldhagen, "A Reply to My Critics: Motivs, Causes, and Alibis," *New Republic*(Dec. 23, 1996), 37-45; "Letter to the Editor," *New Republic*(Feb. 10, 1997), 4-5. 골드하겐은 내가 1989년 5월 함부르크 검찰 기록에 관한 문서고 작업을 마친 몇 달 뒤 바로 그곳에서 같은 기록에 대한 연구를 시작했다. 그리고 그는 늦어도 1989년 가을에 예비경찰대대를 주제로 한 나의 연구서에 대해 알게 되었다. 그의 비판에 대한 답변으로 나 역시 골드하겐의 저서를 비판했다. Christopher R. Browning, "Daniel Goldhagen's *Willing Executioners*," *History & Memory* 8/no. 1(1996), 88-108; "Human Nature, Culture, and the Holocaust," *Chronicle of Higher Education*(Oct. 18, 1996), A72. 우리는 1993년 12월 미국 홀로코스트 추모관(U.S. Holocaust Memorial Museum) 개관 기념 심포지엄에서도 의견을 교환했는데 당시의 발제문들은 아직 출판되지 않았다.

2 골드하겐의 *Hitler's Willing Executioners*에 대해 이미 적어도 두 권의 논평집이 출간되었다: Julius H. Schoeps, ed., *Ein Volk von Mördern?*(Hamburg, 1996), and Franklin H. Littel, ed., *Hyping the Holocaust: Scholars Answer the Holocaust*(Merion Station, Pa, 1997). 이 밖에 분명 또 다른 책들의 출간이 진행 중이다. *Hitler's Willing Executioners*에 대해 가장 상세하고 시종일관 비판하는 두 편의 논문은 다음과 같다: Ruth Bettina Birn, "Revising the Holocaust," *Historical Journal* 40/no. 1(1997), 195-215; Norman Finkelstein, "Daniel Goldhagen's 'Crazy' Thesis: A Critique of *Hitler's Willing Executioners*," *New Left Review* 224(1997): 39-87. 또 하나의 상세한 평가서는 Dieter Pohlm, "The Holocaust-Forschung und Goldhagen's Thesen," *Vierteljahrsheft Für Zeitgeschichte* 45/1(1997), 1-48이다.

3 Raul Hilberg, *The Destruction of the European Jews*, 개정증보판에서 인용(New York, 1985), 1011, 994.

4 Herbert Jäger, *Verbrechen unter totalitärer Herrschaft*(Frankfurt/M., 1982), 81-82, 95-122, 158-60.

5 Goldhagen, *Willing Executioners*, 106.

6 Goldhagen, *Willing Executioners*, 85.

7 Goldhagen, *Willing Executioners*, 399, 443.

8 Goldhagen, *Willing Executioners*, 39, 43.

9   Goldhagen, *Willing Executioners*, 582, 각주 38; 593-94, 각주 53.

10 Goldhagen, *Willing Executioners*, 35-36.

11 Goldhagen, *Willing Executioners*, 444.

12 Hans-Ulrich Wehler, *The German Empire*(Leamington Spa, 1985) 〔한국어판: 이대헌 옮김, 《독일 제2제국》, 신서원, 1996〕. James Retallack, "Social History with a Vengeance? Some Reactions to H-U Wehler's 'Das Kaiserreich'," *German Studies Review* 7/no. 3(1984), 423-50. Roger Fletcher, "Recent Developments in West German Historiography: The Bielefeld School and its Critics," *German Studies Review* 7/no. 3(1984), 451-80.

13 George Mosse, *The Crisis of German Ideology*(New York, 1964); Fritz Stern, *The Politics of Cultural Despair*(Berkeley, 1961); Jeffrey Herf, *Reactionary Modernism: Technology, Culture and Politics in Weimar and the Third Reich*(Cambridge, 1984) and "Reactionary Modernism Reconsidered: Modernity, the West and the Nazis," 이 논문은 곧 출판 예정.

14 John Weiss, *Ideology of Death: Why the Holocaust Happened in Germany*(Chicago, 1996).

15 Shulamit Volkov, "Anti-semitism as a Cultural Code," *Leo Baeck Institute Yearbook*, 23(1978), 25-46. Peter Pulzer, *The Rise of Political Antisemitism in Germany and Austria*(London, 1964)도 참조.

16 History of Anti-semitism List, 5.15.96.

17 Gavin Langmuir, "Prolegomena to Any Present Analysis of Hostility Against the Jews," 이 논문은 Michael Marrus ed., *The Nazi Holocaust*, vol. 2(Westport, Conn., 1989), 133-171에 재수록, 특히 150-154 참조; 그리고 "From Anti-Judaism to Anti-Semitism," *History, Religion, and Antisemitism*(Berkeley, 1990), 275-305, 특히 289-97 참조.

18 Saul Friedländer, *Nazi Germany and the Jews*(New York, 1997), 73-112.

19 Goldhagen, "Reply to My Critics," 41.

20 Goldhagen, *Willing Executioners*, 399, 85.

21 William Sheridan Allen, *The Nazi Seizure of Power*(Revised Edition: New York, 1984), 84.

22 Goldhagen, "Reply to My Critics," 41.

23 Ulrich Herbert, *Best: Biographische Studien über Radikalismus, Weltanschauung und Vernunft 1903-1989*(Bonn, 1996).

24 Ian Kershaw, "The Persecution of the Jews and German Public Opinion in the Third Reich," *Leo Baeck Institute Yearbook* 26(1981), 261-89; *Popular Opinion and Political Dissent in the Third Reich: Bavaria 1933-1945*(Oxford, 1983); *The Hitler "Myth": Image and Reality in the Third Reich*(Oxford, 1987); "German Popular Opinion and 'the Jewish Question,' 1933-1943: Some Further Reflections," *Die Juden im Nationalsozialistischen Deutschland: 1933-1943*(Tübingen, 1986), 365-85. Otto Dov Kulka, "'Public Opinion' in Nazi Germany and the 'Jewish

Question '," *Jerusalem Quarterly* 25(1982), 121-44 and 26(Winter 1982), 34-45; and Otto Dov Kulka and Aaron Rodrigue, "The German Population and the Jews in the Third Reich: Recent Publications and Trends in Research on German Society and the 'Jewish Question'," *Yad Vashem Studies* 16(1984), 421-35. David Bankier, "The Germans and the Holocaust: What Did They Know," *Yad Vashem Studies* 20(1990), 69-98; and *The Germans and the Final Solution: Public Opinion Under Nazism*(Oxford, 1992). 그리고 다음을 참조: Marlis Steinert, *Hitler's War and the Germans*(Athens, Ohio, 1977); Walter Laqueur, "The German People and the Destruction of the European Jews," *Central European History* 6, no. 2(1973), 167-91; Sarah Gordon, *Hitler, Germans, and the "Jewish Question"*(Princeton, 1984); Robert Gellately, *The Gestapo and German Society: Enforcing Racial Policy: 1933-1945*(Oxford, 1990). 이와 대조되는 해석은 Michael Kater, "Everyday Anti-Semitism in Prewar Nazi Germany," *Yad Vashem Studies*(1984), 129-59 참조.

25 Friedländer, *Nazi Germany and the Jews*, 298, 327-28.

26 Bankier, *Germans and the Final Solution*, 151-20.

27 Kulka and Rodrigue, "German Population and the Jews," 435.

28 Kershaw, "Persecution of the Jews," 288.

29 Kulka and Rodrigue, "German Population and the Jews," 430-35.

30 Goldhagen, *Willing Executioners*, 439-40, 592.

31 Goldhagen, *Willing Executioners*, 279, 185.

32 Goldhagen, "Reply to My Critics," 40.

33 Goldhagen, *Willing Executioners*, 279.

34 Goldhagen, *Willing Executioners*, 241, 231, 451.

35 Goldhagen, *Willing Executioners*, 386, 414.

36 Goldhagen, *Willing Executioners*, 416, 392.

37 "Reply to My Critics" and "Letter to the Editors" in the *New Republic* 외에 그의 "Letter to the Editors," *New York Review of Books*, Feb. 6, 1997, 40도 참조.

38 많은 비판적 연구자들이 지적했듯이 골드하겐은 사실 독일인의 반유대주의와 비독일인의 반유대주의를 전혀 비교하지 않는다. 그러면서도 그는 아무 주저 없이 "어떤 나라의 반유대주의도 이처럼 즉각적으로 광범위하게 확산되어 문화적 공감대가 형성된 적은 없다. (…) 독일인의 반유대주의는 그들만의 고유한 것(sui generis)이었다"라고 주장한다. *Willing Executioners*, 419.

39 Goldhagen, *Willing Executioners*, 348-51. 골드하겐은 그의 저서 대부분에서 죽음의 행진 경비대원들을 어떤 차이도 없는 동질적인 집단으로 이야기하며, 차별 없이 "독일인들"로 언급하는 경우도 많다. 그러나 동시에 그 스스로가 매우 중요한 차이점들, 즉 상황에 따른 차이, 기관/단체에 따른 차이, 세대 간 차이를 보여주는 세부사항을 잘 알려주고 있다. 8-10명의 젊은 독일 교포 경비대원과는 대조적으로, 18-20명의 나이 든 남성 경비대원들은 (한 생존자의 증언에 따르면) "대부분 성품이 좋았고 우리[여성 유대인들]를 구타하거나 다른 식으로 고통을 가하지 않았다". 물론 독일 국경 밖에서의 독일계 소수민의 고용은 친위대의 권한이었다. 한결같이 잔인했으며, 젊은 여성 경비대원들은(그중 6명은 곧 탈영) 모두 경비

임무에 자원했었다(*Willing Executioners*, 335, 360).

40 이 통계들은 Danuta Czech, *Kalendarium der Ereignisse im Konzentrationslager Auschwitz-Birkenau 1939-1945*(Hamburg, 1989), 특히 126-32, 179에서 인용. Steven Paskuly, ed., *Death Dealer: The Memoirs of the SS Kommandant at Auschwitz Rudolph Höss*(New York, 1996), 132-34.

41 Michal Thad Allen, "Engineers and Modern Managers in the SS: The Business Administration Main Office(Wirtschaftsverwaltungshauptamt)," Ph.D. dissertation, University of Pennsylvania, 1995.

42 Yehoshua Büchler, "First in the Vale of Affliction: Slovakian Jewish Women in Auschwitz, 1942," *Holocaust and Genocide Studies* 10, no. 3(1996), 309.

43 Goldhagen, *Willing Executioners*, 410-11.

44 Goldhagen, *Willing Executioners*, 398, 410.

45 Henry Friedlander, *The Origins of Nazi Genocide: From Euthanasia to the Final Solution*(Chapel Hill, 1995), 110에는 다음과 같이 서술되어 있다: "하다마르에서 지휘관들은 그곳에서 살해된 환자의 수가 1만 명에 도달하자 기념행사를 열었다. 의사의 지시에 따라 전체 요원들이 1만 번째 희생자의 화장에 참여하기 위해 지하 소각로 앞에 집결했다. 발가벗겨진 시체는 꽃에 덮인 채 들것 위에 놓여 있었다. 집행관 뷩거(Bünger)가 연설을 했고 성직자 복장을 한 요원들이 행사를 진행했다. 참가한 모든 요원들은 맥주 한 병씩을 배급받았다."

46 Friedlander, *Origins of Nazi Genocide*, 389.

47 Primo Levi, *The Drowned and the Saved*(Vintage edition: New York, 1989), 125-26; Gita Sereny, *Into That Darkness*(London, 1974), 101.

48 Fred E. Katz, *Ordinary People and Extraordinary Evil: A Report on the Beguilings of Evil*(Albany, 1993), 29-31, 83-98.

49 Goldhagen, Willing Executioners, 408.

50 Goldhagen, Willing Executioners, 409.

51 발표문은 Browning, "Daniel Goldhagen's *Willing Executioners*"로 출간되었다. 그 가운데 특히 94-96 참조.

52 Goldhagen, *Willing Executioners*, 463.

53 Goldhagen, *Willing Executioners*, 467.

54 Goldhagen, *Willing Executioners*, 464.

55 Goldhagen, *Willing Executioners*, 601, 각주 11.

56 Goldhagen, *Willing Executioners*, 467.

57 Goldhagen, *Willing Executioners*, 221.

58 골드하겐은 *Willing Executioners*, 537의 각주에서 Ernst G., G 383의 증언을 언급했다. 그러나 그는 이와 관련된 다른 증언들, 즉 George A., HW 421; Alfred L., HW 1351; Bruno P., HW 1915; Heinz B., HW 4415; Henry L., G 225; August Z., G 275; Hans K., G 363은 언급하지 않았다.

59 Georg A., HW 439 & Erwin N., HW 1685.

60 Friedrich B., HW 439; Bruno R., HW 1852; Bruno D., HW 1874; Bruno P., HW

1915; Bruno G., HW 2019.

61 Oskar P., HW 1743.

62 Goldhagen, *Willing Executioners*, 240.

63 Goldhagen, *Willing Executioners*, 241.

64 Bruno P., HW 1925-26. 이 사건의 목격자는 유죄를 입증해줄 많은 자료를 자발적으로 제공해주었으며 골드하겐은 그의 증언을 다른 맥락에서 종종 인용했다. 그러므로 이 목격자의 전반적인 신빙성에는 의문의 여지가 없다는 사실이 언급되어야 한다.

65 골드하겐이 나의 사료 선택과 사용을 편향적이며 오해를 초래한다고 폄하하고 있는 것은 말할 필요도 없다. 그의 지적 사항은 내게는 자주 사소한 것을 헐뜯는 식으로 보이기도 하지만 경우에 따라서는 적절한 것도 있다. 예를 들어 내가 트라프 소령이 "유대인에 대한 학대"를 목격한 후 "대원들은 유대인을 사살할 임무를 받았지 그들을 구타하거나 고문하라는 임무를 받지 않았다"라고 경고한 내용에 대해 그 동기와 함께 전문을 인용했어야 한다는 골드하겐의 지적은 옳다. Goldhagen, "Evil of Banality," 52.

66 Heinz Buchmann, HW 2439-40.

67 Goldhagen, *Willing Executioners*, 249-50.

68 Heinz Buchmann, HW 2411.

69 Heinz Buchmann, HW 4416.

70 Goldhagen, *Willing Executioners*, 248.

71 Goldhagen, *Willing Executioners*, 235-36; Hermann B., HW 3066-67, 3214, 3515.

72 Bruno D., HW 1874.

73 Wilhelm E., HW 2239.

74 Goldhagen, "Reply to My Critics," 38.

75 Goldhagen, *Willing Executioners*, 381-82.

76 골드하겐은 이것들이 전후 독일에서 반유대주의가 가라앉도록 뒷받침한 요소들이라고 본다. Goldhagen, *Willing Executioners*, 582, 593-94.

77 Goldhagen, "Reply to My Critics," 40.

78 Herbert C. Kelman and V. Lee Hamilton, *Crimes of Obedience: Toward a Social Psychology of Authority and Responsibility*(New Haven, 1989).

79 나치는 경우에 따라 이런 특성을 유지하는 것이 대다수 학살 집행자들의 정신 자세에 필수적이라고 판단했다. 유대인 사살 거부자들에 대한 재판은 없었지만 홀로코스트 전체 기간 중 가장 많은 피를 흘린 1942년에조차 "허가받지 않은" 유대인 살해에 대한 조사(한 경우는 살인 혐의에 대한 재판)가 이루어졌다. 구체적인 사례를 보려면 다음을 참조: Military Archiv Prague, Varia SS, 124; Feldurteil in der Strafsache gegen Johann Meisslein(요한 마이슬라인의 범죄에 대한 전시(戰時)재판), Gericht der kdtr. des Bereiches Proskurow(FK 183), March 12, 1943.

80 James Waller, "Perpetrators of the Holocaust: Divided and Unitary Self-Conceptions of Evildoing," *Holocaust and Genocide Studies* 10, no. 1(Spring 1996), 11-33.

81 Goldhagen, *Willing Executioners*, 13.

82 Goldhagen, *Willing Executioners*, 383.

83 골드하겐이 대부분의 비판에 반박하기 위해 최근 사용하는 기술("Letter to the Editors," 5)

은 매우 기발하고 희한하다. 그는 동료 집단의 압력과 관련된 가설적이거나 사실에 어긋나는 증언을 글자 그대로 고안하거나 상상해낸다. 그리고 바로 이와 같은 특별한—바로 허공에서 꾸며낸—글자 그대로 '증언이 없다'는 사실은 동료 집단의 압력 자체가 아예 존재하지 않았다는 증거라고 설명한다.

84 Goldhagen, "Reply to My Critics," 38-40. 그의 책에서 골드하겐은 같은 주장을 반복했다. "기존의 해석들은 (…) 학살자들의 인간성, 즉 그들이 도덕적 선택을 할 수 있는 도덕적 행위자이며 도덕적 존재임을 부정한다." *Willing Executioners*, 389-92.

85 스탠리 밀그램은 "권위에 대한 복종"이라는 심리 현상이 모든 문화에 걸쳐 존재했다고 가정한 것이 아니다. 그는 단지 그 존재 여부를 실험했으며 가해자에게 희생자에 대한 편견과 부정적인 이미지를 주입하는 교육을 했을 때 가해자들은 희생자들에게 고통을 주려는 자발적 의욕을 강하게 갖게 되었다는 점을 분명히 인정했다. 짐바르도는 실험 결과가 왜곡될지 모른다는 점을 우려해서 편견을 가진 가해 주체라는 요소를 의도적으로 배제했다. 켈먼과 해밀턴은 문화적 요소—희생자들에 대한 부정적인 인상과 같은—가 법적 권위에 의해 공인된 집단 학살 정책에 대한 대중의 동의를 용이하게 했을지 모른다고 확신한다.

86 Goldhagen, *Willing Executioners*, 389.

87 Goldhagen, *Willing Executioners*, 27, 269.

88 Goldhagen, *Willing Executioners*, 34.

89 Goldhagen, *Willing Executioners*, 106.

90 Goldhagen, *Willing Executioners*, 399, 85.

91 Goldhagen, *Willing Executioners*, 443.

3판 후기: 이후 25년

1 Heiner Lichtenstein, *Himmlers grüne Helfer: Die Schutz- und Ordnungspolizei im "Dritten Reich"* (Köln: Bund-Verlag, 1990).

2 Konlad Kwiet, "From the Diary of Killing Unit," *Why Germany?*, ed. John Milfull (Oxford: Berg, 1991), 92-110; "Auftakt zum Holocaust. Ein Polizeibatallion im Osteinsatz," *Der Nationalsozialismus. Studien zur Ideologie und Herrschaft*, ed. Wolfgang Benz, Hans Buchheim, and Hans Mommsen (Frankfurt am Main: Fischer, 1993), 191-208. Andrej Angrick, Martina Voigt, Silke Ammerschubert, and Peter Klein, "Da hätte man schon ein Tagebuch führen müssen. Das Polizeibataillon 322 und die Judenmorde im Bereich der Heeresgruppe Mitte während des Sommers und Herbstes 1941," *Die Normalität des Verbrechens: Bilanz und Perspektiven der Forschung zu den nationalsozialistischen Gewaltverbrechen*, ed. Helge Grabitz, Klaus Bästlein, and Johannes Tuchel (Berlin: Edition Hentrich, 1994), 325-86.

3 Winfried Nachtwei, "'Ganz normale Männer.' Die Verwicklung von Polizeibataillonen aus dem Rheinland und Westfalen in den nationalsozialistischen Vernichtungskrieg," *Ville Ten Hompel: Sitz der Ordnungspolizei im Dritten Reich*, ed. Alfons Kenkmann (Münster: Agenda Verlag, 1996), 54-77.

4 Richard Breitman, *Official Secrets: What the Nazis Planned, What the British and Americans Knew* (New York: Hill and Wang, 1998), 45-53, 63-66, 79-80.

아주 평범한 사람들

5   Edward B. Westermann, "'Ordinary Men' or 'Ideological Soldiers'? Police Battalion 310 in Russia, 1942," *German Studies Review* 21, no. 1(1998), 41-68.

6   Klaus-Michael Mallmann, "Der Einstieg in den Genozid. Das Lübecker Polizeibataillon 307 und das Massaker in Brest-Litovsk Anfang July 1941," *Archiv für Polizeigeschichte* 1999, 82-88.

7   *Wessen Freund und wessen Helfer? Die Kölner Polizei im Nationalsozialismus*, ed. Harald Buhlan and Werner Jung(Köln: Emons Verlag, 2000). *Im Auftrag: Polizei, Verwaltung, und Vernichtung*, ed. Alfons Kenkmann and Christoph Spieker(Essen: Klartext Verlag, 2001).

8   Stefan Klemp, "'Ab nach Siberien?' Zur Sanktionierungspraxis gegenüber Polizeibeamten des Dritten Reiches: Der Fall des Polizeibataillons 9," *Im Auftrag*, 278-300.

9   Stefan Klemp, "Ermittlungen gegen ehemalige Kölner Polizeibeamte in der Nachkriegszeit: Die Verfahren gegen Angehörige des Reservepolizeibataillons 69 und der Polizeireservekompanie Köln," *Wessen Freund und wessen Helfer?*, 602-18.

10 Harald Welzer, *Täter: Wie aus ganz normalen Menschen Massenmörder werden*(Frankfurt am Main: Fischer, 2005).

11 Edward B. Westermann, *Hitler's Police Battalions: Enforcing Racial War in the East*(Lawrence: University of Kansas Press, 2005).

12 Karl Schneider, *Auswärts eingesetzt: Bremer Polizeibataillone und der Holocaust*(Essen: Klartext, 2011).

13 Wolfgang Curilla, *Die deutsche Ordnungspolizei und der Holocaust im Baltikum und in Weissrusssland 1941-1944*(Paderborn: Ferdinand Schöningh, 2006); *Die Judenmord in Polen und die deutsche Ordnungspolizei 1939-1945*(Paderborn: Ferdinand Schöningh, 2011).

14 Schneider, *Auswärts eingesetzt*, 118-77.

15 Schneider, *Auswärts eingesetzt*, 413-17.

16 Schneider, *Auswärts eingesetzt*, 137.

17 Curilla, *Die deutsche Ordnungspolizei und der Holocaust im Baltikum und in Weissrussland*, 828-33; Curilla, *Der Judenmord in Polen und die deutsche Ordnungspolizei*, 838-45. 쿠릴라의 통계 숫자에서 100명 단위 이하는 생략했다.

18 학살 집행자 연구들에 관한 폭넓은 서평을 살펴보려면 다음을 참조: Thomas Kühne, "Der nationalsozialistische Vernichtungskrieg und die 'ganz normalen' Deutschen: Forschungsprobleme und Forschungstendenzen der Gesellschaftsgeschichte des Zweiten Weltkrieges," *Archiv für Sozialgeschichte* 39(1999), 580-662; Gerhard Paul, "Von Psychopathen, Technokraten des Terrors und 'ganz gewöhnlichen' Deutschen: Die Täter der Shoah im Spiegel der Forschung," *Die Täter der Shoah: Fanatische Natoinalsozialistischen oder ganze normale Deutsche?*, ed. Gerhard Paul(Göttingen: Wallstein Verlag, 2002), 13-90; Donald Bloxham, "Perpetrators and Perpetration," *The Holocaust: Critical Historical Approaches*, ed. Donald Bloxham

and Tony Kusher(Manchester: Manchester University Press, 2005), 61-175; Claus-Christian W. Szejnmann, "Perpetrators of the Holocaust: A Historiography," *Ordinary People as Mass Murderers: Perpetrators in Comparative Perspective*, ed. Olaf Jensen and Claus-Christian W. Szejnmann(Blasingstoke: Palgrave Macmillan, 2008), 25-47.

19 James Waller, *Becoming Evil: How Ordinary People Commit Genocide and Mass Killing*(Oxford: Oxford University Press, 2002), p. xiv. 월러는 다음 논문에서 이 모델을 간결하게 제시한다. "Becoming Evil: A Model of How Ordinary People Commit Genocide and Mass Killing," *Lessons and Legacies, vol. VII: The Holocaust in International Perspective*, ed. Dagmar Herzog(Evanston: Northwestern University Press, 2006), 142-55.

20 Leonard S. Newman, "What Is a 'Social-Psychological' Account of Perpetrator Behavior? The Person versus the Situation in Goldhagen's *Hilter's Willing Executioners*," *Understanding Genocide: The Social Psychology of the Holocaust*, ed. Leonard S. Newman and Ralph Erber(Oxford: Oxford University Press, 2002), 43-67.

21 Westermann, *Hitler's Police Battalions*, 7.

22 Westermann, *Hitler's Police Battalions*, 237-39.

23 Jürgen Matthäus: "Ausbildung Judenmord? Zum Stellenwert der 'weltanschaulichen Erziehung' um SS und Polizei im Rahmen der 'Endlösung,'" *Zeitschrift für Geschichtswissenschaft* 47, no. 8(1999), 673-99; "'Warum wird über das Judentum geschult?' Die ideologische Vorbereitung der detuschen Polizei auf den Holocaust," *Die Gestapo im Zweiten Weltkrieg: 'Heimat' und besetzten Europa*(Darmstadt: Primus Verlag, 2000), 100-24; "An vorderster Front: Voraussetzungen für die Beteiligung der Ordnungspolizei an der Shoah," *Die Täter der Shoah: Fanatische Nationalsozialisten oder ganz normale Deutsche?*, ed. Gerhard Paul(Göttingen: Wallstein Verlag, 2002), 137-66; "Die 'Judenfrage' als Schulungsthema von SS und Polizei: 'Inneres Erlebnis' und Handlungslegitimation," *Ausbildungsziel Judenmord? "Weltanschauliche Erziehung" von SS, Polizei und Waffen-SS im Rahmen der 'Endlösung,'* ed. Jürgen Matthäus, Konrad Kwiet, Jürgen Förster, and Richard Breitman(Frankfurt am Main: Fischer Taschenbuch Verlag, 2003), 35-86.

24 Klaus-Michael Mallmann, "Vom Fussvolk der 'Endlösung.' Ordnungspolizei, Ostkrieg, und Judenmord," *Jahrbuch für deutsche Geschichte* 26(1997), 355-91.

25 Mallmann, "Vom Fussvolk der 'Endlösung.' Ordnungspolizei, Ostkrieg, und Judenmord," 386-91.

26 Harald Welzer, *Täter: Wie aus ganz normalen Menschen Massenmörder werden* (Frankfurt am Main: S. Fischer Verlag, 2005). 다음도 참조: Harald Welzer, "Wer waren Täter? Anmerkungen zur Täterforschung aus sozialpsychologischer Sicht," *Die Täter der Shoah*, 237-53; "On Murder and Morality: How Normal People Become Mass Murderers," *Ordinary People as Mass Murderers:*

Perpetrators in Comparative Perspectives, ed. Olaf Jensen and Claus-Christian W. Szejnmann (Basingstoke: Palgrave Macmillan, 2008), 165-81.

27 Thomas Kühne: *Kameradschaft. Die Soldaten des nationalsozialistischen Krieges und das 20. Jahrhundert* (Göttingen: Vandenhoeck & Ruprecht, 2006); "Male Bonding and Shame Culture: Hitler's Soldiers and the Moral Basis of Genocidal Warfare," *Ordinary People as Mass Murderers: Perpetrators in Comparative Perspective*, ed. Olaf Jensen and Claus-Christian W. Szejnman (Blasingstoke: Palgrave Macmillan, 2008), 55-77; *Belonging and Genocide: Hitler's Community, 1918-1945* (New Haven: Yale University Press, 2010).

28 Kühne, *Belonging and Genocide*, 64.

29 Kühne, *Belonging and Genocide*, 6-7, 73.

30 Kühne, *Belonging and Genocide*, 63.

31 Kühne, *Belonging and Genocide*, 67, 71.

32 Kühne, *Belonging and Genocide*, 171.

33 Kühne, *Belonging and Genocide*, 83.

34 Kühne, *Belonging and Genocide*, 87 (*Deutscher Osten 1939-1945*, ed. Klaus-Michael Mallmann, Volker Riess, and Wolfram Pyta (Darmstadt: Wissenschaftliche Buchgesellschaft, 2003), 120에서 인용-(퀴네의 번역)).

35 Kühne, *Belonging and Genocide*, 83-7, 112-17.

36 "The 'Willling Executioners'/'Ordinary Men' Debate," Occasional Paper of the United States Holocaust Research Institute, USHMM, 1996.

37 Heinrich E. Landgericht의 증언. Hamburg 141 Js 1957/62, 2167, 2169, 2172, 3351.

38 Roger Vietor, "Ich hatte eine Beschützer," *Freiwellegekompanie 1940-1945*, ed. L. Jacoby and R. Trauffler (Luxembourg: St. Paul, 1986), 220-21.

39 Jean Heinen, "Das Schicksal einer Gruppe," *Freiwellegenkompanie 1940-1945*, 207-19.

40 Christopher R. Browning, "Goldhagen's willige Vollstrecker," *Der Weg zur "Endlösung": Entscheidungen und Täter* (Bonn: Dietz, 1998), 161-81, 특히 169-71.

41 Jean Heinen, "Die Luxemburger im Reserve-Polizeibataillon 101," *Luxemburger Wort*, August 3, 7, and 10, 1996.

42 Landgericht Hamburg 141 Js 1957/62, 2245-67 (Hans K.의 증언).

43 Staatsarchiv Hamburg, Bestand 213-12, A 81/95D, Verfarhungssignatur 0022/003, 1955-56, 1970-73 (Johann Weber, Marcel Jean Speller, Emil Konsbrueck가 서명한 기록, February 22-23, 1972).

44 Staatsarchiv Hamburg, Bestand 213-12, A 81/95D, Verfahrungssignatur 0022/003, 1948-54, 1956-69 (Weber, Speller, Konsbrueck의 인터뷰, December 1973).

45 Staatsarchiv Hamburg, Bestand 213-12, A 81/95D, Verfahrungssignatur 0022/003, 1986-2006, 2040-44 (Heinrich H., Heinrich F., Hans Karl P., Helmut S., Friedrich B.에 대한 취조 기록, January/February 1974).

46 Frederick B.의 증언, 2040-44.

47 Henrich H.의 증언, 1986-89.

48 Helmut S.의 증언, 2000-06.

49 Paul Dostert, "Die Luxemburger im Reserve-Polizei-Bataillon 101 und der Judenmord in Polen," *Hémecht: Zeitschrift für Luxemburger Geschichte* 52(2000), 81-99, 특히 84-89.

50 Staatsachiv Hamburg: Bestand 331-8, Polizeiverwaltung—Personalakten, Nr. 792-802.

51 홀로코스트 사진 가운데 가장 상징적인 한 사진에 관한 논쟁을 보려면 Dan Porat, *The Boy. A Holocaust Story*(New York: Hill and Wang, 2010) 참조.

52 우쿠프와 타르노프의 서로 경쟁적인 주장에 관한 다니엘 우칠(Daniel Uziel)의 이메일, Photo Archives, Yad Vashem, May 12 and 15, 2011. 야드바셈은 두 번째와 세 번째 사진만 소장하고 있다.

53 골드하겐의 *Hitler's Willing Executioners*를 둘러싼 여러 논쟁에도 불구하고, 그의 책은 101예비경찰대대와 관련된 사진들을 광범위하게 분석했다는 장점이 있다. 하지만 이번 연속 사진의 경우 골드하겐은 두 번째, 세 번째 사진에 신중하지 않은 설명을 붙였다: "우쿠프 유대인들을 죽음의 수용소 트레블링카로 강제이송하기 직전, 101예비경찰대대 대원들은 시간을 내서 한 유대인 집단에게 카메라 앞에서 자세를 취하라고 강요했다."(p. 260).

54 USHMM 49189/YIVO Łuków 1.

55 USHMM 49198A/Yad Vashem 117FO3a.

56 USHMM 18604/YIVO Łuków 2/ Yad Vashem 117EO6, 74CO7, 4613/523, 2746/13, 68091/39, 8030/16.

57 다니엘 우칠이 보내온 이메일, May 15, 2011.

58 USHMM, Acc. 1999.99.1-3 O'Hara Collection. 이 앨범들을 분석하고 연구한 위르겐 마테우스에게 깊이 감사드린다. Jürgen Matthäus and Christopher R. Browning, "Evidenz, Erinnerung, Trugbild. Fotoalben zum Polizeibatallion 101 im 'Osteinsatz,'" *Naziverbrechen: Täter, Taten, Bewältigungsversuch*, ed. Martin Cüppers, Jürgen Matthäus, and Andrej Angrick(Darmstadt: Wissenschaftliche Buchgesellschaft, 2013), 135-90, 특히 163-81.

59 USHMM 47432, 47430.

60 USHMM 47441, 47442.

61 USHMM 47438, 47439.

62 USHMM 47453, 47454.

63 USHMM 47447, 47444.

64 USHMM 47436.

65 USHMM 57619/Lichtbildmappe 1; Lichtbildmappe 2; USHMM 57619/ Lichtbildmappe 4.

66 Lichtbildmappe 18-22, 24-5; 그 예를 보여주기 위해 여기에서는 사진 21과 24를 수록했다.

67 Lichtbildmappe 15.

68 Lichtbildmappe 16.

69 Christopher R. Browning, *Ordinary Men*, 92-95 [이 한국어판의 148-54].

70 Browning, *Ordinary Men*, 127, 149 [이 한국어판의 198, 229-30].

71 USHMM 57629-32/Lichtbildmappe 85-88.

72 USHMM 57701/Lichtbildmappe 90.

73 Himmler Order, December 12, 1941, *Einsatz im "Reichskommissariat Ostland": Dokumente zum Völkermord im Baltikum und in Weissrussland 1941-1944*, ed. Wolfgang Benz, Konrad Kweit, and Jürgen Matthäus(Berlin: Metropol, 1998), 28-29 에 수록.

74 Lichtbildmappe 17.

75 USHMM 57620-4/Lichtbildmappe 26-30). 이 사진들은 기소를 위해 그나데의 2중대 대원 헤르베르트 쿠르트 F.에 의해 확인되었다. 그런데 그는 첫 번째 심문 당시에는 미 엥지제치에 머물렀던 2중대의 후기 사진만을 식별했다. LG Hamburg 141 Js 1957/62, 1383-93(Herbert Kurt F. 취조 기록, July 1, 1963). 이 사진들은 1965년 중반까지는 취조 에 사용되지 않은 듯하다(p. 2061, Heinrich B. 취조 기록, June 1, 1965).

76 Goldhagen, *Hitler's Willing Executioners*, 224-25에 따르면, 첫 번째 사진(㉗)에서 사진 가운데에 정면으로 서 있는 독일인 경비병이 앉아 있는 유대인을 뒤로한 채 카메라를 응시 하고 있는데, 이는 그가 인종 학살 작전에 참가하고 있는 자신의 이미지를 숨기지 않고 오히 려 후세에 남기기를 원할 만큼 자신의 행동에 대해 자부심을 갖고 있었음을 암시한다고 골 드하겐은 주장한다. 하지만 나는 이런 해석이 사진 자료를 심각하게 과장하고 있다고 생각 한다. 그 대원은 멀리 있었기 때문에 아마도 사진이 촬영되고 있다는 사실조차 알지 못했을 것이다.

77 USHMM Photo Archive 89352/Landgericht Hamburg 141 Js 1957/62, Lichtbildmappe 39, 69.

78 Browning, *Ordinary Men*, 108-09 [이 한국어판의 172-73].

79 Browning, *Ordinary Men*, 121-32 [14장 "유대인 사냥"].

80 USHMM 57627/Lichtbildmappe 91-92.

81 Browning, *Ordinary Men*, 134 [이 한국어판의 208-09].

82 USHMM 57625/Lichtbildmappe 33, 59; USHMM 89237/Lichtbildmappe 58; USHMM 46321/Lichtbildmappe 36, 60; USHMM 89328; Lichtbildmappe 37.

83 Lichtbildmappe 78.

84 USHMM 89329, 8329A/Lichtbildmappe 62, 63.

85 USHMM 89330.

86 Lichtbildmappe 79.

87 USHMM 89347/Lichtbildmappe 40, 66; USHMM 61538, 79067/ Lichtbildmappe 41, 64; USHMM 89349/Lichtbildmappe 38, 67, 74; USHMM 89351/Lichtbildmappe 42; USHMM 89350/Lichtbildmappe 68, 76.

88 USHMM 89346/ Lichtbildmappe 32, 70. 막사 정면에 있던 드라이어(Dreyer) 중위의 사 진 한 장(Lichtbildmappe 75)은 여기 수록되지 않았다.

89 USHMM 51233-5.

90 USHMM 57702-11; 여기 수록된 사진은 57704, 57708, 57709, 57711.

91 Porat, *The Boy. A Holocaust Story*, 11.

92　Judith Levin and Daniel Uziel, "Ordinary Men, Extraordinary Photographs," *Yad Vashem Studies* XXVI(1998), 267-68.

93　Levin and Uziel, "Ordinary Men, Extraordinary Photographs," 266, 289-90.

94　Goldhagen, *Hitler's Willing Executioners*, 245에는 나치범죄 중앙수사본부 (Zentrale Stelle der Landesjustuzverwaltung zur Aufklärung nationalsozialistischer Verbrechen)가 전형적인 굴욕 의식인 수염 자르기 의식이라고 인정하면서 그 주범이 101 예비경찰대대의 일원이라고 표기한 사진이 포함되어 있다. 하지만 우쿠프 사진들과 마찬가지로 이 사진은 검사 측이 수집한 사진철에는 누락되어 있으며, 가해자들의 신원도 확인되지 않았다. 그러므로 현재 우리가 우쿠프 사진들에 대해 알고 있는 사항을 감안할 때, 이들 사진에 대해서도 신중하게 접근해야 할 것이다.

옮긴이의 말

1　Raul Hilberg, "Significance of the Holocaust," ed. Saul Friedländer & Sybil Milton, *The Holocaust: The Ideology, Bereaucracy, and Genocide*(New York, 1980), 101-02.

2　Christopher R. Browning: "The Decision Concerning the Final Solution," *Fateful Months: Essays on the Emergence of the Final Solution*(New York, 1985), 8-38; "Nazi Ghettoization Policy in Poland, 1939-1941," *The Path to the Genocide: Essays on Launching the Final Solution*(Cambridge, 1992), 28-56.

3　Omer Bartov, "Ordinary Monsters: Perpetrator Motivation and Monocausal Explanations," *Germany's War & the Holocaust: Devided Histories*(New York, 2003), 130-31.

4　Zygmund Baumann, *Die Moderne und der Holocaust*(Hamburg, 2002), 8.

5　Gordon J. Horwitz, *In the Shadow of Death: Living Outside the Gates of Mauthausen*(New York, 1990).

6　Gordon J. Horwitz, "Places Far Away, Places Very Near. Mauthausen, the Camps of the Shoah, and the Bystanders," *The Holocaust: Origins, Implementation, Aftermath*(London, New York, 2000), 204-20, 오머 바르토프의 소개글, 8, 204-05.

7　Otto Dov Kulka and Aaron Rodrigue, "The German Population and the Jews in the Third Reich: Recent Publications and Trends in Research on German Society and the Jewish Question," *Yad Vashem Studies* 16(1984), 430-35.

8　Saul Friedländer, *Die Jahre der Vernichtung. Das Dritte Reich und die Juden, 2. Band 1939-1945*, München, 2006, 13-14.

9　Alain Finkelkraut, *Remembering in Vain. Klaus Barbie Trial and Crimes against Humanity*(New York, 1992), 25-37. 물론 이들의 변론은 바르비의 감형을 위한 전략의 일환이었을 뿐이나 그들이 비판한 사실 자체가 부정될 수는 없다.

10　지그문트 바우만·임지현 대담, 〈'악의 평범성'에서 '악의 합리성'으로: 홀로코스트의 신성화를 경계하며〉, 《당대비평》 21, 2003, 12-32쪽.

찾아보기

101예비경찰대대

1중대 88, 99, 101, 102, 105~112, 117, 118,
  128, 146~152, 157~160, 164, 170~176
  1소대 100
2중대 88, 99~102, 109~111, 117, 118,
  131~143, 146~148, 159, 168, 171,
  208~210, 395~412
  1소대 110, 111, 131, 132, 139, 168
  2소대 112, 131, 132, 139, 168, 171, 237
  3소대 101, 110~113, 131, 132, 139, 146,
  148, 171, 175, 191
3중대 87, 101, 110, 181, 182, 192, 218, 219,
  239
  1소대 148, 158, 182, 400
  2소대 181, 182, 201, 231
  3소대 99, 101, 102, 181, 182
게토 소개 167~171
구성 19, 27, 77, 81, 85~90, 252, 254, 356, 357
대원 선발 251~255
룩셈부르크 출신 대원 86, 106, 324, 350,
  373~382
사살 참가자 및 거부자에 대한 분석 245~291
사진 증거 자료 382~420
수사, 취조, 기소(1962~1972) 18~20,
  115~116, 121~130, 222~243, 269, 325,
  353, 382, 385, 394~414
이념 교육 275~283
정치적으로 조종된 잔학행위 248~291
종전 후 경찰 경력 221~222
집단행동 290~291
치안경찰 소속 다른 대대들과 비교 350~358

"평범한 독일인들"의 대표자로서의- 344~346
학살 기록 219, 357~358, 422~423
학살 동기 311~314, 359~372
다음도 참조: 골드하겐, 다니엘 요나; 루블
  린; 미엥지제치; 비우고라이; 세로코믈라;
  우치; 우쿠프; 워마지; 유대인 사냥; 유제
  푸프; 중간게토; 집결게토; 추수감사절 작
  전; 탈친; 트라프, 빌헬름; 트레블링카; 코
  인스코볼라; 코츠크; 파르체프

치안경찰 소속 기타 대대

3대대 358
9대대 353, 357
11대대 51, 52, 58, 350
41대대 358
45대대 48~50, 350, 351, 354~358, 367, 368
53대대 358
61대대 80, 351, 357, 358
65대대 350, 351
69대대 354
74대대 65, 66
105대대 149, 355, 356
131대대 358
133대대 67, 74, 204, 350, 356, 357
303대대 48, 351, 355~358
304대대 48, 50, 358
306대대 191
307대대 351, 352
309대대 41~43, 350, 351, 365
310대대 351
314대대 48~50, 351

316대대 43, 44, 351
320대대 48, 49, 358
322대대 43~47, 350, 351

연구자

골드하겐, 다니엘 요나 13, 293~347,
　349~353, 359~363, 367, 368, 372, 373,
　426~439
　《히틀러의 자발적인 학살자들》 295, 297,
　315, 349, 373, 426, 427
나흐트바이, 빈프리트 351
뉴먼, 레너드 S. 360~362
다우어, 존 245, 246, 286
　《무자비한 전쟁》 245
도스터트, 폴 373, 377~381
랭뮈어, 게빈 302
레비, 리처드 302
레비, 프리모 287~289, 322
　《가라앉은 자와 구조된 자》 287
레빈, 주디스 415~417, 419
리히텐슈타인, 하이너 350
　《힘러의 녹색 조력자들》 350
마테우스, 위르겐 363~367
말만, 클라우스-미하엘 352~367
밀그램, 스탠리 265~272, 284
바우만, 지그문트 256~258, 433
뱅키어, 데이비드 307, 309, 310
벨처, 하랄트 354, 355, 367~369
　《학살 집행자》 354
볼코프, 술라미트 300
브라이트먼, 리처드 351
　《공식적인 비밀》 351
브루스틴-베렌슈타인, 타티아나 168
블로크, 마르크 23
빌헬름, 한스-하인리히 251
세레니, 지타 252
　《그 깊은 어둠 속에서》 252

슈나이더, 카를 355, 357
　《외지에 투입되다》 355
슈타이너, 존 256, 257
스터브, 어빈 257
아도르노, 테오도어 255, 256
앨런, 마이클 테드 317
앨런, 윌리엄 셰리던 305
예거, 헤르베르트 294
와이스, 존 299
우칠, 다니엘 415~417, 419
월러, 제임스 360, 361
　《악마가 되어가다》 360
웨스터먼, 에드워드 351~356, 363, 364, 367
　《히틀러의 경찰대대》 354
짐바르도, 필립 258~260, 359
커쇼, 이언 307~311
쿠릴라, 볼프강 355, 357
쿨카, 오토 도브 307, 309, 310, 437
퀴네, 토마스 367, 369, 371
클렘프, 슈테판 353, 354
토드 그룹 354
포레트, 댄 414
프리들랜더, 사울 303, 308, 437
허프, 제프리 299
헤르베르트, 울리히 305
힐베르크, 라울 249, 294, 295
　《홀로코스트 유럽 유대인의 파괴》 11, 294

아카이브

군사 아카이브(프라하) 351
독일 연방기록보존소 275
미국 홀로코스트 추모관(USHMM) 324, 373,
　383, 387, 412
야드바셈 기록보존소(예루살렘) 382, 383, 386
유대문제연구소/YIVO(뉴욕) 382, 383, 386
유대역사연구소(바르샤바) 406
함부르크 기록보존소 380

ㄱ

가스실 열차 321
갈리치아 35, 62, 67, 74, 95, 204, 350, 356
감옥 실험 258
게브하르트, 빌헬름 218
게슈타포 260
경부 사격 108, 115, 139, 159, 173, 192, 194,
    196, 202, 203
경찰 조직 32
    마을경찰/민간경찰/방위경찰/보안경찰/
    비밀경찰(게슈타포)/지방경찰/치안경찰 32
    경찰교육대/경찰백인대 33
계몽주의 299, 346, 367
공정한 세계 현상 362
괴벨스, 요제프(나치 선전부 장관) 275
구우파 303
권위에 대한 복종 13, 255, 265~272, 335,
    337, 339, 359
그나데, 하르트비히(소위, 2중대장) 24, 84,
    88, 99, 101, 110, 131~139, 142, 143, 150,
    168, 171, 172, 174, 191, 209, 210, 218,
    221, 233, 254, 275, 395, 404~406, 410,
    412, 419
그라프만(상병) 223, 224
그로스, 발터(나치 인종정책부장) 275
그룬트, 루돌프(병장) 164, 223, 224
그리스 62
근본적 귀인 오류 362
글로보츠니크, 오딜로(루블린 친위대·경찰 지
    도자) 36, 37, 91~99, 146, 154, 155, 209,
    211, 212, 252, 254
기마경찰 49

ㄴ

나겔(소령) 44, 47
나레브카-말라 47
나이세 64

나치 윤리 368
나치즘(국가사회주의) 12, 88, 125, 126, 231,
    232, 256, 257, 274, 280, 287, 288, 305,
    352, 356, 358, 366, 371, 419, 425, 438
네덜란드 35, 62, 356
네링(하사) 236, 237
노동 유대인 98, 100, 102, 105, 106, 139,
    174, 194, 211, 216, 218
노르웨이 35, 149, 356
노르트하임 305
노이엔가메 381
뉘른베르크 국제전범재판 11, 224
뉴기니 246
니에즈두프 231, 330
니하우스, 발터 114

ㄷ

다원적 무지 362
다윗의 별 81, 403
다하우 381
단치히 33
달루에게, 쿠르트(치안경찰 총장) 32~37, 43,
    44, 47, 57, 58, 61, 283, 363
데블린 64
데트몰트, 마르틴 202, 217, 218
데틀레만, 한스 113
덴마크 323
독일 교포 33, 34, 78~81, 94, 95, 157, 169,
    173
독일사의 특수성 299
독일청소년단 388
돌격대 87, 232, 305
동료 집단에 대한 동조 13, 142, 245, 271,
    284, 359
동료 집단의 압력 270, 335
동지애 363, 366, 369~371
뒤셀도르프 62, 84

드네프로페트로프스크 50

드루커, 쿠르트(소위, 2중대 2소대장) 88, 112,
113, 117, 125, 132, 138, 171~173, 191,
221~224, 232, 237, 242, 263, 281, 287

ㄹ

라돔 64, 145, 154, 155

라바루스카 204

라인하르트 작전 93, 94, 97

라진 131, 145~148, 151, 158, 161~164,
167, 170, 173~175, 423

람브레히트 190

러시아 16, 39~59, 61, 62, 84, 85, 91, 188,
192, 193, 248, 275, 282, 313, 319, 374, 425

레닌그라드(상트페테르부르크) 33, 352

레르히, 에른스트(작전 지휘관) 93

레마르크, E. M. 370

《서부전선 이상 없다》 370

레츨라프(소장) 43

레플러, 게오르크 192

렌츠부르크 86

렘베르크(르부프) 67~73

로드리그 309, 310

로어바우흐, 아르투어 202

로젠베르크, 알프레트(러시아 점령구 장관) 275

루바르투프 95

루블린 9, 35~37, 64, 65, 91~100, 106, 119,
128~131, 145~148, 154~157, 161, 163,
168, 169, 181~184, 187~190, 203, 204,
207~219, 223, 251~254, 277, 279, 315,
352, 373, 397, 404, 406, 414, 422

루트비히스부르크 17, 223

룬덴부르크 64

뤼베크 82, 352

르완다 321, 339

리가 62, 82~85

리벨 46~48

리히터, 하인츠 333

ㅁ

마닐라 246, 247

마르크스, 카를 278

마이다네크 106, 209, 213, 216~219, 251,
414, 422, 436

말메디 247

망명 사회민주당 305

메스만(중위) 182, 183, 187, 194, 228

메츠거, 파울 142

멜러(상병) 223, 224

몬투아(대령) 44, 45, 351

무스펠트 288, 289

무자비를 향한 경쟁 371

무장 친위대 39

미엥지제치 145~154, 164, 167~175, 189,
191, 207~211, 219, 277, 375~378,
403~406, 412, 418, 419, 422, 423

미하엘손, 구스타프 201, 240, 261

미할센, 게오르크(작전 지휘관) 6

민스크 46~48, 51, 52, 57, 58, 82~85, 136,
188, 289, 351

민족공동체 368~370

민코브츠키 49

ㅂ

바라노비치 54, 57

바르바로사 작전 41

바르바로사 포고령 41

바르샤바 17, 35, 43, 80~83, 96, 145, 153~
155, 168, 190, 203, 204, 211~213, 351,
358, 371, 382, 383

바르테가우 77, 78, 92

바비야르 집단학살 50, 210

바이마르 공화국 11, 337, 388

바이스(소령) 41~43

아주 평범한 사람들

바흐-첼레브스키, 에리히 폰 뎀(친위대·경찰 고위 지도자) 40, 43~47, 58, 59
반동적 근대주의 299
반볼셰비즘 363, 369
반슬라브주의 369
반유대주의 13, 14, 124, 126, 231~234, 238, 243, 274~276, 283, 286, 294~316, 318, 323, 330~339, 342, 345, 353, 360, 363, 365, 369, 387, 417, 419, 426, 428, 430, 432, 438
　독일사 속의- 294~314
　-적 연속성 311
　몰살 추구적- 14, 298, 315, 363, 428
　속죄적- 303, 305
　이민족 혐오적- 302, 303, 307
　허상 속의- 303, 305, 307
발트해 지역 78, 350, 355, 356
방위군 33, 34, 46, 51, 55, 56, 58, 72, 77, 192, 316, 378, 385, 387
백러시아인 53~56, 188
베르디체프 50
베르사유 조약 32, 312
베를린 32, 36, 37, 61, 210, 282
베서(소령) 50
베스트, 베르너 305
베우제츠 62, 68, 69, 72~74, 92, 95, 96, 204
베케마이어, 하인리히(병장, 2중대 3소대장) 132, 139, 146, 199, 223, 224, 233, 332, 333, 395, 396
베트남 246, 340
벤트하임, 토니 [안톤](병장) 114, 116, 134, 140, 143, 223, 224, 242, 403
벨기에 62
벨라루스 351
보스니아 무슬림 339
보조경찰 48, 51~57, 133~141, 146~148, 151~154, 159, 169~175, 182, 188, 209,

243, 251, 380
보헤미아 35
보홀트, 하인리히 214
보헌 168, 423
볼라우프, 율리우스(대위, 1중대장) 24, 87, 88, 99, 100, 107, 108, 110, 112, 118, 149~152, 158~161, 174, 175, 221~223, 254, 275, 331, 377, 395~397
볼셰비즘 44, 278, 281, 312, 363, 364, 369
부진 215
부헨발트 381
부흐만, 하인츠(소위, 1중대 1소대장) 88, 100, 106, 127, 128, 150, 151, 162~165, 176~179, 222, 223, 228, 233, 235, 254, 261, 264, 289, 331, 334, 373
불가리아 62
뷔르거, 요제프(게토 관리소장) 208
브란트, 루치아(브란트 소위의 아내) 198, 229, 396, 397
브란트, 파울(소위) 88, 157, 158, 163, 175, 195, 198, 209, 229, 230, 379, 396, 397
브레머하펜 123
브레멘 82, 115, 235, 355, 357
브레스트-리토프스크 조약 312
브레슬라우 87
브롬베르크 246
브루너(하우프트슈투름퓌러) 63
브륀 64
브워다바 207, 211
비르케나우(아우슈비츠) 12, 92, 288, 309, 317, 318, 356, 435, 436
비르트, 크리스티안 93, 155
비소키에 97
비슈니체 9, 132
비아와포들라스카 131, 168, 208, 423
비아워비에자 46
비아위스토크 41~47, 58, 211, 212, 350,

351, 365

비우고라이 27, 97, 99, 101, 106, 108, 117, 119, 148, 150

비토르, 로저 374, 379

비트너, 아돌프 199~201

비페른, 게오르크 93

빈 62~66, 96

빈니차 50

빌헬름스하펜 86

ㅅ

사냥 소대 210

사진 증거 자료 382~420

사회적 제국주의 299

상상된 강요 263

상트페테르부르크(레닌그라드) 33, 352

샤르퓌러(친위대) 63

세로코믈라 157~161, 164, 167, 174, 189, 250, 376, 377, 378, 422

셰어, 한스(소위, 2중대 1소대장) 88, 110~ 112, 132, 138, 210

셰페토브카 50

소련 → 러시아

소비부르 62~67, 92, 95, 96, 131, 155, 181, 203, 212

쇤펠더 박사 105

수면자 256~258

수정의 밤 308

순응 339, 341, 360, 366, 370, 371, 426

슈타인메츠, 하인리히(병장, 2중대 3소대장) 101, 110, 112, 114, 117, 125, 146, 147, 171, 175, 191, 193, 210, 223, 224

슈탕글, 프란츠(중위) 65, 155, 252, 322

슈트라이벨, 카를 94

슈트라이허 305

슈페어리히, 알프레트(메스만의 운전병) 194

슈포렌베르크, 야코프(친위대·경찰 지도자)

212, 213, 215

슐레스비히-홀슈타인 86

슐레지엔 77, 92

스몰레비치 51

스콜레 68

스타니스와부프 69, 71

스탈린, 이오시프 40

스탠퍼드 감옥 실험 258

슬라부타 49

슬라브인 43, 319, 353

슬로바키아 62, 96, 318

슬로베니아 381

슬루츠크 51~54, 57, 350

시니아틴 69, 70

신우파 303

심케, 오토-율리우스 101, 115, 200

ㅇ

아스팡역(빈) 63

아우슈비츠(비르케나우) 12, 92, 288, 309, 317, 318, 356, 435, 436

아이히만, 아돌프("최종해결" 실무책임자) 61

안락사 프로그램 92, 252

알렉산드루프 118, 129

알펜슬레벤, 루돌프 폰(힘러의 측근) 157

F-척도 255~258

예켈른, 프리드리히(남부 러시아 친위대·경찰 고위 지도자) 40, 48

옛 전사 87, 89, 253

오라두 247

오버슈투름퓌러(친위대 계급) 64, 68, 72, 73

오버하우저, 요제프 부관 93

오스트리아 37, 62, 82, 96, 179, 436

오스트만(병장) 173, 263

오폴레(오펠른) 64, 77, 231, 330

우치 17, 80~85, 92, 149, 229

우쿠프 145, 148, 155, 169~171, 174~179,

189, 191, 207~211, 236, 290, 375, 376, 383~387, 414, 417, 419, 422, 423
우크라이나 48, 50, 94, 209, 350, 356
운터슈투름퓌러(친위대 계급) 169, 170
울라누프 97
워마지 131~143, 145~147, 159, 167, 175, 189, 219, 233, 251, 277, 332, 395, 400, 403, 418, 422
유고슬라비아 248
유대인 사냥 189~205, 219, 240, 241, 250, 259, 289, 332, 376, 422
유대인 없는 유럽 276, 429
유대인 없는 지역 169, 189, 209, 219
유대인 해외이주 추진 중앙본부 61, 63
유리히(병장) 159~161, 175
유스트만(상사) 186
유제푸프 27~29, 31, 97, 99~119, 121, 122, 125, 128~133, 136, 139~143, 147, 151, 159, 163, 167, 178~181, 185, 189, 197~201, 210, 219, 239, 246~251, 255, 263, 268~271, 277, 285, 289, 327~330, 373, 377, 422
의용군 94, 95
의용장교단 31, 312
이념적 전사들 352, 363, 364
이즈비차 64, 95, 98, 148, 207, 211
이탈리아 62, 323
인간 공포(멘셴슈레크) 171, 174
인간성 343, 367
인민위원 명령 41, 283
인식 모델 343, 353
인지 부조화 이론 361~365
일본 246~248
일상사 22, 425, 435

ㅈ
자기 선발 255, 256, 260, 261

자모시치 95, 97, 209
자크슈프 97, 99, 101
작센하우젠 381
잔혹성의 문화 371
잘리터, 파울(소위) 62
장애인 학살 313, 321
전쟁일지 43~48, 351
제국 보안청 251
제도적 규범 363~372
제3제국 22, 32, 221, 268, 273, 343, 373, 438
조직문화 354, 363, 367
주 검찰청 중앙본부 17, 223
중간게토 97, 148, 168, 171, 191
지방경찰 32, 33, 36, 55, 94, 169, 183, 187, 203
집결게토 181, 182, 403
집시 78, 82, 352, 431

ㅊ
차프라토프 69
1848년 혁명 299, 338
체미에르니키 148, 158, 168, 182, 400, 423
체코 35, 62
체코슬로바키아 93, 179
쳉스토호바 64, 77
초른, 아우구스트 114
추수감사절 작전 207~219, 251, 376, 414
치머만, 발터 199
치안경찰 사령관, 구역(KdO) 35, 36, 203
치안경찰 총장, 총독령(BdO) 36, 203
친위대·경찰 고위 지도자(HSSPF) 36, 40, 41, 44~49, 58, 207, 252
친위대·경찰 지도자(SSPF) 36, 37, 91, 93, 97, 212, 216
친위대 제국지도자 32, 44, 59, 399, 400

ㅋ

카겔러, 게오르크 115, 142

카르코프 51

카를, 하인리히 57

카를센(병장) 187, 219

카메네츠, 포돌스키 49

카스텐바움, 프란츠 115, 116

캄머(병장) 101, 106~108, 128, 149, 165, 222, 223, 235

캄보디아 321

캐츠, 프레드 322

켈러, 한스(병장) 83, 157, 158, 160, 161, 377, 378

코도로프 68

코마루프카 148, 168, 169, 171, 237, 242, 423

코브노 51, 52, 58, 82

코브린 47

코블렌츠 275

코소프 69

코워미야 62, 67~71, 74

코인스코볼라 181~185, 187, 189, 207, 239, 241, 422

코츠크 148, 157~162, 164, 167, 170, 175, 189, 195, 236, 237, 241, 250, 375~379, 422

콜베르크, 베른하르트 387~394, 417, 419

퀼른 381

쿠베, 빌헬름(민스크 총독) 52

크라스니스타프 95

크라시니크 95, 215, 216

크라쿠프 35~37, 65, 66, 95, 96, 203, 213

크레멘추크 50

크로아티아 62

크뢰펠린(보안경찰대장) 68

크뤼거, 프리드리히-빌헬름(친위대·경찰 고위 지도자) 36, 37, 212

클라센, 쿠르트(작전 지휘관) 93

키엘체 64, 77, 145

ㅌ

타르노그루트 97

타르노프 383, 386, 387, 417

탈친 160~164, 167, 222, 228, 230, 250, 329, 330, 376~378

태평양 전쟁 245~247

테레지엔슈타트 62

투로빈 97

투츠나 131

트라브니키 64, 94, 95, 129~134, 143, 167, 208, 209, 213~216

트라프,빌헬름(소령, 101예비경찰대대 대대장) 23, 28, 29, 86~88, 99~110, 117, 118, 121~124, 128, 129, 141, 143, 146, 149, 150, 161~165, 174~179, 187, 191, 193, 202, 213, 221~223, 228, 230, 235, 253, 254, 263, 264, 269, 271, 290, 327~329, 334, 373, 395, 396

트레블링카 92, 96, 129, 145~155, 167~170, 174, 176, 189, 209, 212, 219, 251, 252, 322, 375, 397, 404, 406, 423

특무대 94, 157

특수기동대 39~41, 173, 282, 354, 358, 427

특수작업반 288

ㅍ

파르체프 131, 145~148, 154, 167, 168, 171, 175, 189~193, 207, 277, 376~378, 422, 423

파멸 전쟁 246, 282, 312

페로벨, 이제크 383

페터스, 오스카(소위, 3중대 1소대장) 88, 158, 159, 182, 221

평정 작전 80

포니아토바 213, 216, 218, 219, 251, 414, 422

포이히트, 하인리히 201

포즈난 77, 85, 188, 229

폴, 헬무트 93

폴타바 50

푸와비 95, 131, 181~187, 194, 218, 228, 237

프라이벨레게콤파니 379, 380

프라하 61, 62, 351

프람폴 97

프랑스 62

프랑크, 한스(총독령 폴란드 총독) 189

프롭스트, 브루노 79, 81, 83, 229, 230, 241

프리메이슨 82, 83, 278, 364

플루크바일(대장) 42, 43

피셔, 프리츠(운터슈투름퓨러) 169

피시만(소위) 63, 66, 67, 96

피아스키 95, 98, 148, 207, 211

핀스크 59

ㅎ

하겐(중위, 트라프의 부관) 88, 100, 105, 106, 161, 193, 221

하다마르 321

하슬라흐(대위, 3중대장) 219

하우프트샤르퓨러(친위대 계급) 63

하우프트슈투름퓨러(친위대 계급) 63, 87, 108, 181, 221

하이넨, 장 374~376, 379

하이덴(하사) 202

하이드리히, 라인하르트(보안경찰 총장) 32, 61, 93, 251, 282

하일만, 알프레트(그나데의 운전병) 171, 172

한국전쟁 273

헝가리 62

헤어시베르크, 모틀 383

헤움 64, 95, 168

헤움노 92

헬름브레히츠 죽음의 행진 315, 316, 324

호로덴카 69, 70

호프너, 발터(소위, 3중대 2소대장) 88, 181, 201, 202, 231, 241, 263

호프만, 볼프강(소위, 3중대장) 23, 87, 88, 99, 101, 105, 181~188, 193, 194, 221~224, 228, 230, 232, 236~239, 254, 261~263, 275, 290, 331, 377

회스, 루돌프(아우슈비츠 수용소 소장) 317

회플레, 헤르만(글로보츠니크의 보좌관) 93

흐루비에슈프 168

히틀러, 아돌프 11, 12, 32, 39~41, 61, 78, 87, 89, 91, 186, 211, 232, 240, 275, 276, 295, 297, 298, 304~307, 315, 319, 335, 336, 345, 371, 381, 427~433

히틀러-스탈린 협정 78

히틀러 청소년단 87, 232, 388

힌덴부르크(제국 대통령) 306

힘러, 하인리히(친위대 제국지도자, 독일 경찰 총수) 32, 33, 36~44, 50, 57, 59, 78, 87, 88, 91~94, 126, 157, 209~212, 252, 253, 273, 275, 283, 317, 350, 363, 379, 380, 399, 400

아주 평범한 사람들

101예비경찰대대와 유대인 학살

1판 1쇄 2010년 8월 20일
2판 1쇄 2023년 2월 20일

지은이 | 크리스토퍼 R. 브라우닝
옮긴이 | 이진모

펴낸이 | 류종필
편집 | 이정우, 이은진, 권준
마케팅 | 이건호
경영지원 | 김유리
표지 디자인 | 석운디자인
본문 디자인 | 이미연
교정교열 | 오효순

펴낸곳 | (주) 도서출판 책과함께
　　　　주소 (04022) 서울시 마포구 동교로 70 소와소빌딩 2층
　　　　전화 (02) 335-1982
　　　　팩스 (02) 335-1316
　　　　전자우편 prpub@daum.net
　　　　블로그 blog.naver.com/prpub
　　　　등록 2003년 4월 3일 제2003-000392호

ISBN 979-11-92913-02-5 03920